全球视野下的亚洲研究

——外交学院亚洲研究所文集（2004—2014）

主　编：秦亚青
副主编：江瑞平　魏玲

世界知识出版社

图书在版编目(CIP)数据

全球视野下的亚洲研究：外交学院亚洲研究所文集（2004—2014）/ 秦亚青主编. —北京：世界知识出版社，2014.12

ISBN 978-7-5012-4798-1

Ⅰ.①全… Ⅱ.①秦… Ⅲ.①亚洲—研究—文集 Ⅳ.①D73-53

中国版本图书馆CIP数据核字（2014）第290725号

责任编辑 贾丽红
责任出版 赵 玥

书　　名 全球视野下的亚洲研究——外交学院亚洲研究所文集（2004—2014）
Quanqiu Shiyexia De Yazhou Yanjiu—Waijiaoxueyuan Yazhou Yanjiusuo Wenji (2004-2014)

主　　编 秦亚青
副 主 编 江瑞平　魏玲

出版发行 世界知识出版社
地址邮编 北京市东城区干面胡同51号（100010）
网　　址 www.wap1934.com
电　　话 010-65265923（发行）　010-85119023（邮购）
经　　销 新华书店
印　　刷 北京京科印刷有限公司
开本印张 720×1020毫米　1/16　26½印张
字　　数 460千字
版次印次 2014年12月第一版　2014年12月第一次印刷
标准书号 ISBN 978-7-5012-4798-1
定　　价 48.00元

积极作为，努力进取，致力亚洲和平发展合作

（序言）

这部文集收录了亚洲研究所成立十年来主要研究人员的学术成果。2003年底，外交部指定外交学院作为“东亚思想库网络”（NEAT）的中国国家协调单位，学院于2004年正式成立东亚研究中心，作为东亚思想库网络中方秘书处，开展第二轨道外交工作，并以此为契机推动学院的相关学术与政策研究。2014年初，为适应新形势提出的新要求，东亚研究中心正式更名为亚洲研究所。

十年前学院从各系抽调骨干研究力量参与NEAT工作的情形还历历在目，今天亚洲研究所已经发展成为三大地区智库系列的中方协调单位，产生了大量高质量的政策研究报告和学术论著，培养出了一支具有竞争力的中青年研究队伍，具备了较高的地区知名度。亚洲研究所的成长得益于区域合作的发展，得益于周边外交的发展，得益于外交部的直接领导和外交学院历任院领导的大力支持，得益于院内外学界同仁的支持与帮助，更是大家多年来团结一心，积极作为、努力进取的成果。

亚洲研究所的工作是从NEAT开始的。2002年，东盟与中日韩（10+3）领导人会议通过了“东亚研究小组（EASG）”关于建设东亚共同体以及26项相关措施的建议。NEAT是建设东亚共同体的17项短期措施之一，被定位为“10+3”的第二轨道进程，为官方合作提供智力支持。中方认领了NEAT。2004年外交学院东亚研究中心承担了“NEAT中国”的国内和地区协调工作，并开始进行相关机制建设、研究工作和团队建设。同年，在中方的直接推动下，NEAT通过了章程文件《东亚思想库网络基本规则和框架》，建立了国家协调员会议、年会和工作组会议三级工作机制。2005年NEAT工作组正式启动，当年就设立了六个专题工作组。十年来，NEAT设立工作组近50个，研究涉及金融合作、贸易投资、能源安全、粮食安全、灾害管理、地区架构、互联互通、水资源管理、人文交流、城镇化、包容性增长、采掘业合作等各个领域。NEAT每年向“10+3”领导人会议提交

政策建议报告，得到了各国领导人的重视和高度评价，被誉为东亚二轨的领头羊。

随着地区合作的深入发展、地区力量的重组和地区架构的演变，特别是新形势下中央对周边外交在发展大局和外交全局中地位和作用的进一步提升，亚洲研究所获得了新的重大发展机遇。2013年，中国与东盟纪念战略伙伴关系十周年，双方决定将战略伙伴关系从“黄金十年”推进到“钻石十年”，李克强总理倡议建设中国—东盟思想库网络（NACT）。亚洲研究所被指定为NACT中国国家协调单位。在短短一年多时间里，亚洲研究所已经牵头开展了大量政策研究工作，并在国内和地区两个层面上与多家知名研究机构与智库建立了合作关系，智库网络基本搭建成型。2014年11月，李克强总理在东亚系列领导人会议上明确表示，要发挥东亚思想库网络和中国–东盟思想库网络的积极作用，为亚洲合作贡献智慧。与此同时，为改进因双边政治困难造成的中日韩三边合作进展不足的情况，推动二轨交流与合作，外交部依托亚洲研究所成立了“中日韩合作研究中心”，这是国内首家官方认可的专门从事中日韩合作研究的智库，也将作为即将成立的“中日韩思想库网络”的中方协调单位。

目前，亚洲研究所同时承担着NEAT、NACT和“中日韩合作研究中心”三大地区智库系列的中方协调与相关研究工作，打造了《东亚地区合作（年度报告）》、《东亚要报》、《中日韩合作动态》等系列研究成果，为相关外交战略与决策提供了重要参考和直接支持。研究所还多次举办各种地区合作框架下的高层研讨会和能力建设项目，在国际交流与合作中提升了研究能力与水平，提高了知名度。

地区二轨进程在一定程度上是地区总体进程的反映。十年来，在地区二轨实践进程中，亚洲研究所与东亚各国智库之间培育了一种合作文化。无论彼此观念多么不同，争论多么激烈，大家都有一个基本共识，必须要维护合作，合作破裂便是各方皆输，合作进程不断向前推进才是各方最大的共同利益。在持续不断的实践中，这种合作的理性共识已经发展成了自觉维护合作的习惯与文化。保持、维护和推进合作是地区进程的重要内容，也是构建地区合作文化的重要途径，是地区各方搁置和超越分歧、不断深化地区进程的重要动力。因此，第二轨道不仅仅是交流意见、增信释疑、贡献智慧的进程，更是塑造合作规范与合作文化的重要力量，亚洲研究所十年来参与地区二轨进程的实践因而具有深远的意义。

当前，新形势下的周边外交对我们的学术和政策研究都提出了更高要求，亚洲研究所正在迎来新的发展机遇，也将肩负更大的责任和使命。站在新的起点上，相信以“全球视野下的亚洲研究，学术根基上的高端智库”为发展理念的亚洲研究所，定会更加积极作为，努力进取，为亚洲和平、发展与合作做出新的更大的贡献。

秦亚青

2014年12月1日

管控分歧，发展合作，走向持久和平与共同繁荣

吴建民*

东亚和印度洋沿岸地区的经济发展与国际形势密切相关。2014年，国际形势呈现出四个突出特点：中东动荡，美欧与俄罗斯关系严峻，欧洲仍在与金融危机苦斗，东亚依旧是全球经济中最有活力、增长最快的地区。因此，从总体上看，国际形势对于东亚和印度洋沿岸地区的发展有利。随着中印合作加强、中巴关系回暖，印度洋沿岸和东亚地区出现了更强的谋发展、求合作的势头。如何抓住机遇，乘势而上，是摆在本地区面前的一项影响深远的重大课题。要充分发挥亚洲基础设施投资银行的作用；要把孟中印缅经济走廊真正建设起来；要做好海上丝绸之路研究；要有战略思维，顾全大局。管控分歧，发展合作，是本地区走向持久和平、共同繁荣的必由之路。

一、国际形势总体上对于东亚和印度洋沿岸地区的发展有利

东亚和印度洋沿岸地区的经济发展与国际形势密切相关。2013年国际形势出现三个中心：国际动荡、冲突、局部战争的中心在中东和北非；国际金融危机的中心在欧洲；全球经济增长的中心在东亚。2014年的国际形势比2013年有了一些新的变化。

（一）中东地区更加动荡

2014年6月29日，“伊拉克和大叙利亚伊斯兰国”宣告成立，这是一个恐怖主义的组织。伊斯兰国成立后，与伊拉克政府军、库尔德军以及叙利亚政府军展开了激烈的战斗。由于伊拉克政府军和库尔德军节节败退，美国8月8日出动空军对伊斯兰国的部队进行空袭。在美国的推动下，现已成

* 吴建民，外交部外交政策咨询委员会委员，外交学院前院长。本文是吴建民大使在“第四届中国与印度洋地区共同发展国际研讨会”上的致辞，2014年10月17日。

立了有54个国家参加的反伊斯兰国联盟。伊斯兰国的出现和引发的战争，是叙利亚战争的外溢。叙利亚的内战和伊斯兰国与国际联盟的战争，正在如火如荼地进行，现在还看不到尽头。

2014年7月8日，以色列国防部队发动了“保护边缘行动”，进攻哈马斯控制的加沙地区，冲突持续了50天，造成2141名巴勒斯坦人和69名以色列人死亡，被称为以色列与哈马斯之间的第3次战争。在埃及的调停下，8月26日双方达成了停火协议，形势走向缓和。但是巴以之间爆发冲突的原因俱在，今后在某个时候再度爆发冲突的可能性不能排除。

上述情况说明中东地区动荡冲突的形势可能长期化。该地区作为国际关系中动荡、冲突、局部战争中心的地位，可能会延续很长时间，吸引着国际社会的关注和大国外交的注意力。

（二）乌克兰危机使美欧与俄罗斯的紧张关系升级，进入了冷战后最严峻的时期

乌克兰危机始于2013年11月21日，由于亲俄的乌克兰总统亚努科维奇中止和欧洲联盟签署政治和自由贸易协议，乌克兰亲欧派在基辅开展了反政府游行示威。抗议群众要求政府和欧盟签署协议、亚努科维奇下台、提前举行选举。2月22日，亚努科维奇被议会罢免，逃往克里米亚。2月26日，俄罗斯武装部队在乌克兰边境集结，随后进入克里米亚，占领了两座机场，并包围了乌克兰海军基地。3月11日，克里米亚议会通过了克里米亚独立宣言。3月17日，俄罗斯将克里米亚并入俄罗斯联邦。与此同时，乌克兰东部的顿涅茨克州和卢甘斯克州也要求独立，加入俄联邦。乌克兰政府军随即出动军队对抗俄罗斯军队和亲俄武装人员，双方冲突升级。

美国与欧盟均反应强烈，频频向普京施压，对俄采取了一系列的制裁措施，北约决定建立一支针对俄罗斯的快速反应先头部队，部署在临近俄罗斯的北约东部成员国。7月17日，马来西亚航空MH17航班在东部反对派控制地区被导弹击落，机上297人全部遇难，政府与反对派相互指责对方击落了该飞机。西方对俄罗斯的制裁升级。东乌克兰的反政府军与政府军的冲突不断，直到9月5日，乌克兰冲突双方才在明斯克签署了停火协议，但双方军事上的较量仍在继续。截止到2014年9月8日，乌克兰冲突已经造成超过3000人死亡，其中包括马航MH17航班的近300名遇难者。

乌克兰危机是冷战结束之后，俄罗斯与西方爆发的最严重的危机，可能预示着俄罗斯与美国、欧洲的关系将会陷入长期紧张的状态。有的国际舆论称，俄罗斯与西方的新冷战已经开始。

（三）欧洲仍然在同金融危机进行苦斗

金融危机对欧洲的影响并没有结束。法国2014年上半年经济是零增长，德国在欧元区中情况是比较好的，第一季度增长2.5%，但第二季度为 -0.3%。欧洲要完全摆脱金融危机的阴影，尚需时日。乌克兰危机对于正在同金融危机苦斗的欧洲而言，无疑是雪上加霜。

（四）尽管东亚地区围绕东海和南海问题出现了紧张局势，但东亚仍是全球经济中最有活力、增长最快的地区

2014年上半年中国经济增长7.4%，印度增长5.2%，韩国3.7%，日本1.4%，印尼5.2%。东亚作为全球经济增长中心的地位仍在保持。

尽管围绕东海和南海问题，中日关系以及我国与东南亚少数国家的关系出现了紧张，但东亚总体和平的形势并没有被打破。而且，近一段时间以来，开始出现了缓和的迹象。2014年8月和9月，中日两国外长先后会晤了两次，这是自2012年12月安倍第二次出任首相以来，两国外长的首次接触。

纵观今年的国际形势，动荡冲突的中心依然在中东和东欧地区，东亚仍然保持了和平与增长的势头。总的看，印度洋沿岸地区和东亚所面临的发展环境总体上是有利的。

二、印度洋沿岸和东亚地区出现了谋发展、求合作的势头

（一）莫迪政府上台

2014年5月16日，莫迪以压倒优势赢得印度大选，5月27日正式出任总理，结束了国大党半个多世纪长期执政的局面。

莫迪在大选中如此得人心，是因为他在古吉拉特邦的政绩。莫迪自2001年10月担任印度古吉拉特邦首席部长，执政12年，使该邦GDP增加了近两倍。2010年，人口仅占印度5%的古吉拉特邦，但工业产值却占到了全国的16%，出口总值的22%。莫迪上台执政，反映出印度人心思变，“发展是硬道理”。

2014年5月17日，莫迪在大选获胜后发表的演讲中称，他将不辜负选民的期待，努力发展经济。莫迪上任后，外交上十分活跃，频频出访，同时开放了多个经济领域，加大了外资吸引的力度，重视基础设施建设。

（二）习近平主席成功访问印度

2014年9月17日至19日，习近平主席访问印度，这是八年来中国国家主席首次访问印度。习主席访问印度第一站是古吉拉特邦，莫迪总理亲往古吉拉特邦迎接。访问期间，两位领导人谈得很融洽，达成了众多的共识，一致同意建立更加紧密的发展伙伴关系。习主席宣布将在印度古吉拉特邦和马哈拉施特拉邦建立两个工业园区，并表示将争取在未来五年内向印度工业和基础设施发展项目投资200亿美元。

中印两国人口加在一起有27亿，是两个最大的发展中国家，也是本地区有影响的两个大国。中印两国加强合作，毫无疑问将会有利于中印两国，而且也会促进本地区繁荣与稳定。

（三）印巴关系稍有回暖

印度和巴基斯坦关系紧张，是长期困扰该地区的一个难题。然而，随着莫迪就任印度总理，两国关系稍有转暖。巴基斯坦总理谢里夫应邀出席了莫迪总理的就职仪式。5月27日，新任印度总理莫迪在上任第一天就会见了来访的巴基斯坦总理谢里夫。印巴关系稍有回暖是值得欢迎的。

三、对加强东亚和印度洋沿岸国家合作的几点想法

综上所述，国际形势总体上对于东亚和印度洋沿岸国家的发展有利；本地区又出现了谋发展、求合作的势头。如何抓住目前的机遇，乘势而上，是摆在本地区面前的一项影响深远的重大课题。

（一）充分发挥亚洲基础设施投资银行的作用，推动本地区的基础设施建设

在中国过去30多年大发展的过程中，出现了这样一条民谚：“要想富，先修路。”这是千真万确的。东亚也好，印度洋沿岸地区也好，基础设施都是经济发展中的薄弱环节。本地区的基础设施改善，必定会带来大发展。然而，基础设施需要大量的投资，而本地区许多国家资金匮乏，又是发展的软肋。据联合国统计，2002年到2012年，仅东亚地区的基础设施需求就高达8万亿美元，但到位的资金很少，简直是“杯水车薪”。印度洋沿岸国家的需求更大。

基础设施的投资周期长，回报慢，发达国家的大银行一般都不愿意为

基础设施投资，甚至把在基础设施领域的投资视为呆坏账。出于促进本地区发展的考虑，2013年10月2日，习近平主席在雅加达同印度尼西亚总统苏西洛举行会谈时，倡议筹建亚洲基础设施投资银行，愿向包括东盟国家在内的本地区发展中国家基础设施建设提供资金支持。印尼、泰国、马来西亚等东盟国家立即予以积极回应。

亚洲基础设施投资银行不是要取代亚洲开发银行，而是对亚洲开发银行的补充。亚洲基础设施投资银行是开放的，而不是封闭的，欢迎美国、欧洲、日本参与投资。2014年9月27日，筹建亚洲基础设施投资银行第五次多边磋商会在北京举行，21个有意愿成为亚投行创始成员的亚洲国家派代表团参会。

亚洲基础设施投资银行成立后，需要选择几个有影响力的大项目进行投资，让大家看到这个银行对推动本地区的基础设施建设中的作用。有了几个成功的大项目的示范作用，就会逐步在本地区形成投资基础设施的热潮。

（二）孟中印缅经济走廊

2013年5月中国总理李克强访问印度期间提出了建设“孟中印缅经济走廊”的想法，得到印度、孟加拉国、缅甸三国的积极响应。2013年12月18日至19日，孟中印缅经济走廊联合工作组第一次会议在昆明召开。来自孟中印缅四国政府部门官员、专家学者、国际组织和云南省代表出席了会议。

从目前情况看，要把孟中印缅经济走廊真正建设起来，各国需要调动毗邻走廊的边境省份的积极性。为此，就需要向它们放权。毗邻孟中印缅经济走廊的边境地区，到底要向中央政府要哪些权，需要认真研究。如果一时拿不出整套方案，能不能在研究基础上先提出几条初步的措施，进行试验，取得成绩后再予以推广。

（三）21世纪海上丝绸之路

2013年10月3日，习近平主席在印度尼西亚国会发表了题为《携手建设中国—东盟命运共同体》的重要演讲，提出建设中国—东盟命运共同体的战略构想，倡议共同建设21世纪“海上丝绸之路”。

古代海上丝绸之路始于唐朝中后期，宋朝时达到顶峰。宋朝时海上的商路近到东南亚，远至印度、阿拉伯半岛和东非，贸易空前繁荣。可惜明朝海禁后，海上丝绸之路走向衰落。

海上丝绸之路首先关系到东亚和印度洋沿岸国家，这些国家经济上有很大的互补性。新的海上丝绸之路建立起来，对促进上述国家之间的合作，一定能够发挥重要作用。我们需要研究的是，建设新的海上丝绸之路的突破点在哪里？要实现突破，需要哪些条件？实现突破后，会给各国带来什么样的好处？这些问题，需要下大力气去研究，需要充分发挥合作优势，各方学者聚集起来做联合研究。

（四）管控分歧，发展合作

习近平主席访问印度期间，与莫迪总理达成了一项重要的共识，就是：管控分歧，发展合作。这是发展地区合作的一个极为重要的思路。本地区蕴藏着巨大的发展潜力，但是勿庸讳言，本地区各国之间也存在着各种各样的矛盾、分歧和问题。管控分歧、发展合作的思路是一个双轨的思路。分歧是客观存在的，要使分歧得到有效的管控，必要时可以建立一些管控的机制。有这个机制和没有这个机制是不一样的。有了管控机制，出现问题时就可以交给这个机制去处理，紧张局势就会得以缓解，不会影响两国之间合作的大局。

发展合作是需要重点抓的。本地区各国，各自有各自的利益，但是各国的利益有交汇的地方，要发现各国利益的汇合点。在汇合点的基础上，开展合作，建立多种形势的利益共同体。这样各国关系的基础就会变得越来越牢固，大家从利益共同体中获得的好处就会越来越多，人们也就有了进一步建立共同体的积极性。在这种情况下，即使出现了分歧，处理起来各方也会更加理性，更加顾全大局。管控分歧，发展合作，是本地区走向持久和平、共同繁荣的必由之路，需要大力提倡。

目　录

五、伙伴探究

六、中国对策

一、理论构建

LILUN GOUJIAN

内容提要

研究地区问题需要有扎实的理论架构。秦亚青教授即在这方面进行了重要探索，取得了很有影响的学术成果，本文集选取的两篇重要论文均发表在《中国社会科学》上，受到国内外学术界广泛关注。

《国际关系理论的核心问题与中国学派的生成》指出中国国际关系学要想产生重要的理论学派，建构理论的核心问题是一个必不可少的条件。不同社会文化中能够出现不同的国际关系理论，但同时理论学派也需要符合通则性标准，不仅能够解释局部范畴的社会现象，也能解释世界范畴的国际社会现象。理论的核心问题是在特定的社会文化中由时间和空间两个维度确定的，经表象系统形成学理意义，并具有不可通约的性质。《关系本位与过程建构：将中国理念植入国际关系理论》提出过程建构主义的理论模式，将“过程”和“关系”这两个中国社会文化中的重要理念植入国际关系理论。过程是运动中的关系，其核心是关系。如果说西方个体本位的社会性质的核心理念是“理性”，那么中国社会文化的一个根本理念则是“关系”。过程建构主义以“关系本位”为基本假定，提出国际社会中的关系网络确定国家身份并孕化国际权力。过程建构主义是体系层次的进化理论，将分析重点置于国家之间的互动实践，强调过程的自在性以及对国际规范、国家身份和认同的建构作用，东亚地区的实践为这些理论研究提供了重要的依据。

本篇中的另外两篇论文分别对第二轨道进程和国际秩序进行了理论探讨。《第二轨道进程：清谈、非正式网络与社会化》一文将第二轨道进程界定为有官方背景的专家学者之间进行交流互动的平台，目的是为国家间合作提供智力支持。文章提出，第二轨道进程通过社会关系和议题联系将相关行为体编织到关系网络之中，通过非正式性清谈实现相关行为体的网络成员化，通过知识共享和规范社会化在各议题领域建立共同体，并以此塑造体系层面的规范结构。文章以东亚思想库网络为案例对二轨理论进行了验证。《批判建构主义视角下的国际秩序研究》借鉴了批判建构主义的主要理论，提出当代国际体系的知识是权力建构的结果，学界有必要对构成国际秩序的知识进行重建。当体系的权力结构处于一种相对平衡的状态且任何一个国家都没有足够的能力独自应对国际社会所面临的共同挑战时，国家间通过沟通行动，可以对知识进行重建，进而在更为合理的知识基础上构建国际新秩序。

国际关系理论的核心问题与中国学派的生成

秦亚青 *

战后国际关系理论发展的重心在美国。但英国的国际关系理论却不是美国国际关系理论的翻版，具有悠久历史和思维体系的英国在国际关系理论方面也表现出自己独特的研究风格。有学者指出，战后美国的国际关系主流理论取向是理性主义，而包括英国在内的欧洲国家则越来越趋向于社会建构主义和后现代主义。① 比如，就本体论而言，美国强调物质，英国偏重理念；从认识论角度来看，美国强调科学实在论，英国偏重理性思辨；在方法论方面，美国强调社会科学和自然科学一元论，英国偏重历史的和多元的研究方法。② 这些比较是中肯的，但是也忽视了一个重要方面：核心理论问题的建构。英美国际关系研究的一个重要不同在于核心问题的不同，因而也就导致了理论家思维重心的不同，结果建构了不同的理论。本文以英美为例阐述理论的核心问题这一概念，目的是为建构国际关系理论的中国学派提供有益的启示。

中国国际关系学在过去20年里发展迅速。我们有了学科和学派的自觉，但作为学科重要标志的原创性理论和理论学派却依然没有形成。③ 中国原创性国际关系理论需要具备三个基本特征。第一，它是基于局部的(中国的)思想文化、历史传统和现实经验而产生的；第二，它具有通则性特征，亦即具有超出局部传统和经验的普适性；第三，它的核心理论假定具有与其

---

* 秦亚青，外交学院院长、教授。本文发表在2005年第3期《中国社会科学》。

① Ole Waever, "The Sociology of a Not So International Discipline: American and European Developments in International Relations", in Peter Katzenstein, Robert Keohane and Stephen Krasner (eds.), *Exploration and Contestation in the Study of World Politics,* Cambridge, Mass,: The MIT Press, 1998, pp.48, 61-63.

② See Andrew Hurrell, "Keeping History, Law and Political Philosophy Firmly within the English School", *Review of International Studies,* Vol. 27, No. 3 (July 2001), pp. 489-494.

③ 这已经成为中国国际关系学界的一种共识。可见王缉思:《国际关系理论与中国外交研究》，载资中筠主编:《国际政治理论探索在中国》，上海：上海人民出版社1998年版，第298—299页。

他国际关系理论不可通约的性质。[①] 中国的学者提出了许多建议和主张，比如建立有中国特色的国际关系理论，创建中国学派等等，[②] 但依照这三条标准来衡量，目前仍然没有可以称之为学派的原创性理论。之所以如此，一个重要的原因就是理论核心问题的缺失。所以，当前必须厘清理论的核心问题，这样才可能建立可以称之为中国学派的原创性理论。

一、理论与理论的核心问题

理论是知识系统，是概念、原理的体系，是系统化了的理性认识。[③] 自从国际关系学科建立以来，主流理论界就存在对理论的两种不同理解。一种是“硬科学”派，认为理论必须包含可验证的假设，必须表述事物之间的因果关系，强调理论的实证性特征；另一种是所谓的“软科学”派，认为理论是一种系统、严谨、相互关联的概念和命题，强调理论的规范性特征。不过，两种观点虽然有着许多不同之处，但都承认理论是一个包含普

① 近些年来，中国已经有许多研究成果是应用西方国际关系理论的假定、假设、概念来分析中国的经验，研究中国的问题，验证西方理论的效度和信度。这些研究成果推动了中国国际关系学科的发展，出现了一些十分有意义的成果。但这类研究主要是围绕对原有理论的验证展开的，使用的是原有的话语体系和概念系统，不是我这里所说的原创性理论。原创性理论必须超越单纯的理论验证，它是根据局部经验生成的假定、假设和概念，具有不同于其他理论的话语特征，并导向通则性理论体系。

② 梁守德：《论国际政治学理论的中国特色》，载《外交学院学报》，1997年第2期，第40—46页。中国特色的国际关系理论和中国国际关系理论学派是有不同意义和标准的。根据梁守德教授的解释，中国特色国际关系理论注重中国的国家特色，具体来说有着三种特点：（1）以国家权力为核心；（2）强调生产力和经济优先，经济和政治相互渗透；（3）重视改革和发展，建立公平合理的世界经济政治新秩序。这些基本理论假定与西方的现实主义、新马克思主义和经济自由主义有很大的相同之处。我所说的中国学派则更多强调学理方面的意义，即：既符合普遍理论标准，又具有中国视角的理论；既在一定时空范畴内、在宏观层面上具有普适性的意义，又在微观层面上表现了属于中国的实践经验和理论建构路径。它的基本辨别标准应该是具有与现有理论不可通约的核心假定。

③ 关于理论是知识系统的定义，参见《辞海》，上海：上海辞书出版社1979年版，第1213页。《牛津英语词典》的相关定义是：A scheme or system of ideas and statements held as an explanation or account of a group of facts or phenomena; a hypothesis that has been confirmed or established by observation or experiment, and is pronounced or accepted as accounting for the known facts; a statement that is held to bet he general laws, principles, or causes of something known or observed. 参见 *The Compact Edition of the Oxford English Dictionary*, Oxford: Oxford University Press, 1971, p.3284。

适性命题的思想系统。[①] 既然理论是一个系统，理论的生成就会始于一个核心。系统的核心是系统形成过程中最早出现的部分，核心出现之后，经繁衍伸展，系统才会逐渐形成。根据拉卡托斯的论述，系统的核心被称为理论的"硬核"，[②] 硬核是一种理论区别于另外一种理论的根本标志，是理论的灵魂所在。

理论硬核的形成始于理论的核心问题。理论始于问题的论断是波普尔提出来的。[③] 他在批判归纳主义的时候指出，理论的发展和新理论的产生源自问题。他认为"应该把科学设想为从问题到问题的不断进步——从问题到愈来愈深刻的问题"。[④] 波普尔强调了三个重要的方面：第一，"科学只能从问题开始。"[⑤] 科学发现从问题出发，科学理论的创新源自提出新的问题。第二，产生原创性理论的问题有着特定的环境，也就是他所谓的"问题情境"。问题以及与之有关的猜测和假设都可能具有普遍意义，但问题的出现或发现则要依赖于相对特定的情景。第三，问题的显现主要在于原有理论和客观现实的不吻合状态。任何理论都有它解决不了的问题，一旦这种问题被发现，就可能产生新的理论。在国际关系学界，主流理论学者接受并遵从这一原则。比如，人们发现现实主义无法解释美国为什么对伊拉克两次使用武力，而对朝鲜至今仍在采取谈判的方式；[⑥] 结构现实主义难以解释冷战的结束和一个超级大国单方面放弃权力的行为；理性主义无法解释利他行为等等。这些现象都会产生问题，都会引发人们对原有理论的质疑。波普尔的问题是双向对话的结果，作为研究者的人已经具有了能动作

① See Kenneth Waltz, "Realist Thought and Neo realist Theory", in Charles W. Kegley (ed.), *Controversies in International Relations Theory: Realism and the Neoliberal Challenge,* New York: St, Martimps, 1995, pp. 67-83; Hedley Bull, "The Theory of International Politics, 1919-1969", in James Der Derian (ed.), *International Theory: Critical Investigation,* New York: New York University Press,1995, p.181.

② 伊·拉卡托斯著，兰征译:《科学研究纲领方法论》，上海：上海译文出版社1986年版，第67—69页。另外，拉卡托斯的研究纲领在某些方面近似于库恩的理论范式，强调理论核心命题的不可通约性。参见 Imre Lakatos, "Falsification and the Methodology of Scientific Research Programs," in Imre Lakatos and A. Musgrave (eds.) , *Criticism and Growth of Knowledge,* Cambridge: Cambridge University Press, 1970, pp. 91-196。

③ 波普尔的科学发展动态模式"P1 –TT-EE-P2 …"，中的P就是问题。参见刘放桐等编著：《新编现代西方哲学》，北京：人民出版社2004年版，第518—519页。

④ 波普尔:《猜想与反驳——科学知识的增长》，转引自王晓林《证伪之维：重读波普尔》，成都：四川人民出版社1998年版，第62页。

⑤ 王晓林:《证伪之维：重读波普尔》，第318页。

⑥ Peter Howard, "Why Not Invade North Korea? Threats, Language Games, and U.S., Foreign Policy", *International Studies Quarterly*, Vol. 48, No.4 (December 2004), pp. 805-828.

用：研究者在观察自然世界中发现现有理论与客观事实之间的差异，然后做出自己的猜测。但是，波普尔研究的对象是自然科学，所以，他的问题不具有社会文化性质，无需经过社会意义网络的建构。

在国际关系领域，批判理论学者罗伯特·科克斯对波普尔的问题说做出了新的解释，提出了“问题意识”的概念。[①] 波普尔和科克斯都认为理论始于问题，但波普尔的问题主要是指原有理论和客观事实之间的矛盾，其本身不包含提出问题的不同社会文化视角；科克斯的问题意识虽然仍以问题为基本内容，但它更是一种客观事实作用于某种特定环境中的主观意识的产物，因而也就具有更强的意识能动作用和行动者的阐释因素。正因为如此，科克斯将问题意识定义为：在特定历史时期对某些问题或事件的意识。[②] 如果说波普尔将问题定义为具有普适性质的话，科克斯的定义则表明问题必然与局部视角相关联，亦即问题是与特定社会文化视角相适应的。[③] 任何社会和政治理论初始状态的思维原点总是来自特定的问题意识，任何特定的问题意识都与特定的视角相关联，任何视角都是源于时间和空间的定位。之后才是寻求超越特殊性而发展成为一般性理论。成熟的理论会超越其初始问题意识，但是，一个理论永远不会完全脱离这一初始问题意识。这样，理论问题的社会文化性质就成为其基本特征之一。

但是，科克斯并没有阐述问题意识的社会文化性质是怎样产生的。我以为，不同的问题来自于不同的视角，不同的视角来自不同社会文化的不同表象系统 (representational system)。社会科学的研究人员面临的问题要成为理论的核心问题，就需要经历一种表象过程。这种表象过程不是简单的反映方式 (reflective approach)，而是一种建构过程或是一种构成方式 (constructivist approach)：行动者通过他们文化和语言的概念等表象系统来

---

① 科克斯使用的英文原词是“problematic”，他将这个形容词用为名词以示与“problem”的不同，并用斜体强调。他的原定义是：a historically conditioned awareness of problems and issues。科克斯指出了理论与问题意识之间的关系，认为问题意识是理论的起始点。参见 Robert Cox, Social Forces, “States and World Order”, in Robert Keohane (ed.), *Neorealism and Its Critics,* New York: Columbia University Press, 1986, p.207。我国学者也就“问题”的概念发表了很好的观点，比如，任晓认为我国应该有自己的研究问题，苏长和认为问题的缺失是中国国际关系研究的一大弱点。但核心理论问题不能完全等同于问题本身。两者之间的不同之处在于，核心理论问题是表象过程的产物并被某个学术共同体所接受，是抽象后的问题，而问题本身更多的是表象过程之前的具体问题。中国国际关系研究不是问题的缺失，我们缺失的是核心理论问题，因为我们仍然没有可以导向理论学派的独特的抽象问题，所以才有“进口问题”之说。参见苏长和:《问题与思想》，http：//www.irchina.org。

② Robert Keohane (ed.), *Neorealism and Its Critics,* p.207.

③ Ibid, pp. 207-208, 216-217.

建构意义。社会现象作用于人的意识，展开了理论家和客观世界之间的对话，于是出现了问题和对问题的意识。但初始的问题意识更多的是对特殊现象做出的具体反应，有着高度的经验特征。这类问题和问题意识会大量出现。有些问题可以成为理论的核心问题，有些问题则是昙花一现，这是文化选择的结果。也就是说，只有通过特定社会文化的表象系统，某些问题才会产生重要意义，才会进入思想交流的过程，并在交流中得到理论界普遍的认同，形成理论的核心问题。理论的核心问题是初始问题抽象化之后的产物。它不仅是科克斯的问题意识就可以确立起来的，还必须经由特定社会文化的表象系统才能够成型。[①] 这种表象过程也可以称之为问题化的过程，问题化过程的结果是得到明确界定的、有意义的核心理论问题。波普尔强调的问题更多的是自然事实的反映；科克斯强调的问题意识更多的是社会事实作用于具有特定视角的人所产生的反应。我也借用了问题的概念，但想强调的是：理论的核心问题是社会事实作用于人的意识并通过特定社会文化的表象系统产生的独特抽象问题。抽象问题引出一般意义上的假设，导致理论硬核的形成。[②] 理论的核心问题并不仅仅是社会事实的镜像反映，也不仅仅是社会事实作用于人脑所产生的意识，它还是人在实践活动中通过意义网络完成的社会性建构。表象系统不同，行动者的视角就不同，因此他们所建构的问题也就不同。比如，十字架在基督教文化中表示耶稣基督以肉体受难拯救罪恶深重的人类，而在非基督教文化中则只是一个十字的形状。表象系统在这一过程中的重要作用使得不同文化中产生不

① 格尔茨对文化的定义是："……从历史上留下来的存在于符号中的意义模式，是以符号形式表达的前后相袭的概念系统，借此，人们交流、保存和发展对生命的知识和态度。"本文中采用的就是这种意义。参见克利福德·格尔茨，韩莉译:《文化的解释》，南京：译林出版社1999年版，第109页。

② 这种理论硬核近似拉卡托斯的理论"硬核"概念。如果我们使用拉卡托斯的科学研究纲领说，核心理论问题应导向理论"硬核"。研究纲领是理论系列，比如爱因斯坦相对论和马克思主义都是研究纲领。从这个意义上说，它近似于库恩的理论"范式"或者说是"宏理论"。纲领的硬核是其最核心的概念和命题，比如牛顿的力学三定律和万有引力定律。研究纲领的硬核是不可通约的。参见伊·拉卡托斯:《科学研究纲领方法论》，第5、65、67页。

同的社会理论成为可能。[①]

这样界定的理论核心问题涉及了时间特征、空间特征和文化特征。时间特征指初始历史条件对于行动者意识的作用。历史对理论是重要的，因为理论总是可以追溯到在特定历史条件下对某些问题和事件的认识。国际政治中的国家理论和国际体系理论，都须从历史的发展和特定的历史阶段中加以建构。比如威斯特伐利亚体系和主权理论就是国际社会发展到民族国家时代的理论，而超越民族国家的世界社会理论只能在威斯特伐利亚体系出现危机的时候才能产生。空间特征指社会事实对于社会空间中处于某种位置的行动者意识的作用：由于行为体在社会中的位置不同，对同样的社会事实就会产生不同的思考，故而产生不同的问题。比如，美国和阿根廷在国际政治经济体系中的位置是不同的，所面临的问题也就不同，因而很难产生同样的理论问题。于是，美国是霸权稳定论的发源地，而阿根廷则成为依附理论的沃土。文化特征指通过特定文化的表象系统产生的共有意义。同样的问题在一种文化之中产生一种意义，在另外一种文化中则可能产生另外一种意义。西方国家的发展理论学者认为西方发达国家的发展模式是发展中国家的楷模，而发展中国家学者却会将这样的发展模式视为西方对非西方国家剥削的过程。之所以如此，是因为文化的表象系统是有差异的。通过西方的意义系统去观察非西方社会现象，与通过非西方意义系统观察同样的现象所产生的结果是不同的。时间和空间交汇确定了问题和问题意识，文化使其具备了共有意义，成为学术界的共识，从而建构了理论的核心问题。在社会世界中，不存在与时空确定的视角毫无关联的理论；进而，没有文化表象系统赋予意义和交流思想，也就不会形成具有社会意义的核心问题。

强调理论的核心问题，也就使理论在某种意义上具有符合目的性的特征。科克斯认为西方国际关系主流理论的目的是解决西方战后面对的各种

① 这是一个与完全普适性理论不同的概念，也是自然科学和社会科学不同的根本理由。表象是一个过程，是某种文化中的成员使用表象体系或者意义网络体系（比如语言）建构意义的过程。在不同社会文化（空间）中和不同历史阶段（时间）中，意义是变化的。因为文化是不同的，文化成员赋予社会世界的意义也就会出现差异，因而出现对于同一社会问题的不同视角。正是基于这样的观点，才可能思考不同社会文化造就不同社会理论的问题。参见 Ferdinand de Saussure, *Course in General Linguistics,* London：Peter Owen，1960；Ian Hacking, *Representing and Intervening: Introductory Topics in the Philosophy of Natural Science,* Cambridge: Cambridge University Press, 1983; Stuard Hall (ed.), *Representation: Cultural Representations and Signifying Practices,* London: Sage, 1997, pp. 15-64；John R. Searle, *The Construction of Social Reality,* New York：The Free Press, 1995, pp.150-152。

问题，是维护以西方为主导的世界性权力体系与国际社会的各种关系，并使之顺利、有效地运转。所以，时间特征和空间特征对理论的问题加以定位，并使理论具有明显的目的特征。也正是根据这一标准，科克斯得以将理论分为两类：解决问题的理论和寻求解放的理论，并依此提出了一个很有影响的观点：理论总是为某些人或某种目的服务的。[①] 虽然科克斯对理论形成的论述是为了批判西方主流理论，但同时也是希望建立他的以解放人类为目的的理论，从根本上解决资本主义体系的问题。所以，我们可以从他的论述中得到一个重要启示，即真正形成体系的重大理论都具有由时空向度交汇得以确定、由表象系统赋予意义的核心问题，都具有解决问题的目的特征。而且，只有当理论的核心问题是重大的，独特的，并具有深刻的学理意义时，理论才可能成为范式，并形成一种主导话语。这种主导话语界定了理论研究的议程，而围绕这种主导话语也就形成了所谓的“话语联盟 (discourse coalitions)” [②] 或理论学派。正因为如此，冷战时期的美国是不可能将其核心问题定位于国际社会的，而依附理论也只能在发展中国家才能找到它的“问题情境”。[③] 一旦主导话语得以确立，社会事实对意识的作用就不再是决定核心问题的主要条件，因为核心问题自身已经立身于社会的意义网络之中，成为主导话语框架中设定研究议程的关键因素，并派生出理论研究人员的具体研究问题。在这种情况下，理论研究人员考虑

---

① 罗伯特·基欧汉主编，郭树勇译：《新现实主义及其批判》，北京：北京大学出版社2002年版，第190页。

② Ole Waever, “The Sociology of a Not So International Discipline: American and European Developments in International Relations,” p.55.

③ 依附理论（Dependency Theory）也是一个很好的个案。1950—1970年代北美和西欧比较政治学的主导模式之一是以美国学者罗斯托为代表的“发展理论”，强调国内政治和经济制度是发展中国家发展的关键因素，认为发展中国家只有效仿西方发达国家，才能完成从传统社会到现代社会的发展。而1960年代首先在拉美发展起来的依附理论则强调国际经济体系中心和边缘地带的不平等分工造成的依附状态是发展中国家发展的最大障碍。依附理论的主要理论家，如Prebisch（阿根廷）、Dos Santos（巴西）、Amin（埃及）等，也多来自发展中国家。可见，虽然同处一个世界，发展中国家政治经济学界对如何实现现代化这一核心问题性的建构与发达国家的建构是完全不同的。参见王正毅、张贵岩：《国际政治经济学：理论范式与现实经验研究》，北京：商务印书馆2003年版，第242—272页；Myron Weiner and Samuel P. Huntington (eds.)，*Understanding Political Development,* Boston: Little, Brown, 1987。

的问题是具体和已定的问题，不是抽象和独特的问题。① 由于他们身处主导话语语境之中，所以，可以无意识地追随主导话语已经设定的研究问题。这近似于库恩所说的常规科学研究。② 据此演绎，具体的研究问题大多导向常规研究，具有独特意义的核心问题则可能导向科学革命和新学派的建立。

二、美国国际关系理论的核心问题

美国国际关系理论的核心问题是霸权护持。③

二战以后的历史时期是美国霸权时期，面对的问题是如何确立、巩固和完善国际霸权体系。正因为如此，美国国际关系理论的核心问题是霸权护持，要解决的问题也是如何维护美国在战后国际体系中的领导地位和如何维护这种霸权体系的秩序和稳定。

美国战后的主流国际关系理论发展大致可分为三个阶段：第一阶段是二战之后至1970年代，这是权力霸权阶段。此时古典现实主义占据主导地位，摩根索的现实主义理论成为美国国际关系理论发展的第一个里程碑。《国家间政治》提出了一整套以权力对抗权力的现实主义原则。虽然这些原则涉及国际政治的诸多方面，但从根本上说，国家间，尤其是大国间的政治是以夺取、维持和增强权力为特征的。国家对外政策的目的就在于几乎是无限制地获取权力，其根源在于人性或国家性。摩根索古典现实主义的根本在于获取最大权力，亦即霸权，因为这才是国际政治权力的峰巅。④ 而在这一阶段，国际霸权体系的最大威胁在于苏联的军事实力，乔治·凯南关于苏联行为根源的论文，加上NSC-68所确定的以军事实力为遏制手段的

---

① 在目的性方面，我虽然借鉴了科克斯的论述，但有一点不同。科克斯更多强调研究人员有意识的目的性，我认为目的性更多地表现为无意识的服务功能。比如美国的国际政治学是美国国际政治发展史（时间性）和美国目前在国际政治结构中的位置和互动情势（空间性）的产物。时间性和空间性通过社会表现系统作用于研究人员的意识，产生了理论的核心问题。此为问题化过程。一旦理论的核心问题得以确立，研究人员很可能无意识地验证和应用某种理论，而意识不到理论本身的目的性。

② See Thomas S. Kuhn, *The Structure of the Scientific Revolution, 2nd edition,* Chicago: University of Chicago Press, 1970.

③ 美国国际关系学界使用的霸权一词具有中性的意义，所以，也有西方学者称之为世界领导地位。参见 Joseph Nye, *Bound to Lead: The Changing Nature of American Power,* New York: Basic Books, 1990。关于霸权护持，参见秦亚青：《霸权体系与国际冲突》，上海：上海人民出版社1999年版。

④ See Hans J. Morgenthau, *Politics among Nations: The Struggle f or Power and Peace, 5th edition,* New York: Knofp, 1973.

基本政策，正是权力霸权的理论与实际的结合。[①] 所以，除了在理论上的总括，美国国际关系学界的具体研究内容也集中在怎样对付苏联的挑战以及美苏的核竞争方面，其解决问题的目的性十分明显。

第二阶段是1970年代至1980年代末，这是从权力霸权向制度霸权过渡的阶段。在这一阶段，美国经历了越南战争、石油危机等一系列重大国际事件，其国际政治学界极端关注霸权衰退问题。所以，理论发展的前沿集中在霸权衰退方面。保罗·肯尼迪的《大国的兴衰》代表了许多学者对美国衰退的担心。[②] 现实主义学者，如吉尔平、克莱斯纳等，转而研究霸权体系的稳定、国际规则与霸权维持的关系。[③] 而自由主义，尤其是新自由制度主义则更加在国家制度和霸权体系这两者之间的关系方面进行探索。当现实主义者得出霸权国衰退必然导致国际规则的失能，因而霸权体系也危在旦夕这样的悲观结论之时，基欧汉首先提出了霸权国权力下降条件下国际制度仍然可以持续的论点，其内涵在于霸权国权力下降，但霸权体系可以通过霸权国建立起来的国际制度持续存在。[④] 约瑟夫·奈更是明确强调美国霸权的护持在于加强美国的软权力，以弥补硬权力的缺失。[⑤] 因此，第二阶段重大的理论突破是霸权衰退条件下霸权体系的护持。

第三阶段是1980年代末至今这段时期。这是美国在权力霸权和制度霸权之间摆动的时期，国际政治理论也出现了三足鼎立的局面。现实主义理论的突出代表是米尔斯海默。他提出进攻性现实主义，其根本仍然是考虑美国霸权在冷战后的护持问题。他明确指出大国的根本安全在于获得霸权，霸权国保证安全的手段是进攻性地阻止任何挑战国的崛起，所以，他把中国视为美国霸权最大的潜在威胁，主张遏制中国。[⑥] 自由主义仍然坚持软权力观，奈在其《美国权力的悖论》一书中再次呼吁美国加强软权力。他认为美国权力再强大也不能解决霸权体系中出现的复杂问题。他一再提议，

---

① See John Spanier, *American Foreign Policy since World War II,* Washington, D.C.: Congressional Quarterly Inc., 1988, pp. 30-34.

② Paul Kennedy, *The Rise and Fall of the Great Powers: Economic Change and Military Conflict from 1500 to 2000,* New York: Vintage, 1987.

③ 罗伯特·吉尔平著，武军等译:《世界政治中的战争与变革》，北京：中国人民大学出版社1994年版；Stephen Krasner, *International Regimes,* Ithaca and London: Cornell University Press, 1983.

④ 罗伯特·基欧汉著，苏长和等译:《霸权之后：世界政治经济中的合作与纷争》，上海：上海人民出版社2001年版。

⑤ Joseph Nye, *Bound to Lead: The Changing Nature of American Power.*

⑥ 约翰·米尔斯海默著，王义桅等译:《大国政治的悲剧》，上海：上海人民出版社2003年版。

美国需要采取多边主义和国际合作的方式，以加强包括同化权力和国际制度在内的软权力来保证美国在国际体系中的领导地位。[①]2004年，奈又出版专著《软权力》，将软权力明确定义为“通过吸引力而不是强制和赎买方式得到你希望得到的东西的能力。它产生于一个国家文化、政治理想和政策的吸引力”。[②] 他强调，世界政治中的成败在很大程度上取决于国家的软权力。建构主义作为美国国际关系理论的三足之一，提出建立以欧盟和北大西洋地区为模本的国际安全共同体。有人认为，温特建构主义的思想意识是美国式的自由主义，所以，他的理论是自由建构主义，表现的是一种自由派的意识形态。[③] 还有人认为，温特提出的康德文化的根本在于以霸权体系价值观念为核心重新整合世界的观念结构，以便在这种基础之上建立普世性集体认同。[④]

如果说美国国际政治理论研究的核心问题在于霸权体系的护持，那么这一核心问题恰恰来自于时间（美国霸权时期）和空间（霸权体系中的霸权国位置）交汇作用于国际政治研究者意识所产生的认知反应，并通过美国文化的意义网络和表象系统（比如“天命所定”等美国价值观）成为美国国际关系学界的核心理论问题。这一问题在《世界政治》、《国际组织》和《美国政治学评论》等美国主流学术杂志的带动、引导、反复提倡之下，逐渐形成了美国国际政治学界的主导话语体系，吸引众多博士生和研究人员围绕这一主导话语形成不同的话语联盟或学派。所以，卡赞斯坦、基欧汉和克拉斯纳认为，美国国际关系的发展特征是研究问题类似趋同，而理论流派五彩纷呈，[⑤] 其根本就在于这些理论研究的具体问题不同，提出的理论假设也不同，但关注的都是相同的核心问题。

---

① Joseph Nye Jr., *The Paradox of American Power: Why The World's Only Super power Can't Go It Alone,* Oxford: Oxford University Press, 2002.

② Joseph Nye Jr., *Soft Power: The Means to Success in World Politics,* New York: Public Affairs, 2004, p.x.

③ Samuel Barkin, “Realist Constructivism, International Studies Review”, Vol. 5, 2003, pp. 325-342; “Realist Constructivism and Realist-Constructivisms”, *International Studies Review,* Vol. 6, 2004, pp. 349-352.

④ Martin Shaw, “Waltzing Alexander: Constructing the New American Ideology”, http://www.sussex.ac.uk/Users/haf3/wendt.htm.

⑤ Peter Katzenstein, Robert Keohane and Stephen Krasner (eds.), *Exploration and Contestation in the Study of World Politics,* p.1.

三、英国国际关系理论的核心问题

英国国际关系理论的核心问题是国际社会的形成和发展。①

英国学派是在二战以后逐渐发展起来的。虽然英国学者在军事对抗、战争原因、战略威慑等问题上也做了大量研究，但是，英国国际政治理论在国际上得到广泛认可并产生重大影响的目前只有英国学派。1950年代末，英国学者成立了英国国际政治理论委员会，目的是探索国际政治理论的根本问题。② 虽然英美学者都声称要探索国际政治理论的根本问题，但是，他们对问题的界定却是不同的。美国政治学界思考的是国际霸权体系的稳定，而英国学者重点思考的则是一个由国家组成的社会以及这个社会的历史演变和现实运作。人们记住英国学派的就是"国际社会"研究。正如英国学者布赞所说，英国学派已经成为一个"全球认可的知名品牌"。③

对于英国学者来说，英国学派与美国国际政治学的根本区别在于认知和思维方法。邓恩在总结英国学派特点的时候，谈到三个重要方面。第一，具有独特的研究传统，亦即从历史社会的视角研究国际政治，特别重视欧洲国际社会的传统和法律外交的经验。第二，采用诠释性研究方法，而不是实证主义的经验型研究。第三，将国际政治理论视为规范性理论，伦理

---

① 英国与欧洲一体化的关系是一个很有意义的个案。从二战结束初期至今，英国由一个不支持欧洲一体化的国家逐渐向欧洲一体化靠拢，无论其间有着多少徘徊坎坷，英国政策的取向是越来越多地参与欧洲一体化进程。布莱尔1997年担任首相之后，明确希望在欧洲一体化过程中发挥积极作用。观察英国学派的历程，也会发现一条并行的发展路径。1950年代英国学派提出了国际社会的概念，但声音十分微弱；1970年代布尔阐述的国际社会理念仍是以主权国家为基本成员单位，在着力阐述国际社会的同时，也强调了国家的主权；1990年代，英国学派进一步发展，更多地强调超国家社会和非国家行为体作为国际社会的基本成员。一方面，英国作为欧洲大国，不情愿但又不得不参与一个"国际社会"的建立和发展。这种"虽然不十分情愿，但又不得不参与"的情势正是战后英国的时空地位所造成的。由此所产生的张力，强烈冲击着英国学派学者的意识，建构了英国学派理论的问题性。关于英国与欧洲一体化的关系，可参见赵怀普:《英国与欧洲一体化》，北京：世界知识出版社2004年版。

② Timothy Dunne, *Inventing International Society,* Houndmills, Basing stoke, Hampshire and London: Macmilan, 1998, p.xi. 关于英国学派对国际社会这一核心问题性的阐述，还可参见 Martin Wight, *Systems of States,* Leicester University Press, 1977; Hedley Bull and Adam Watson (eds.), *The Expansion of International Society,* Oxford: Clarendo, 1984; Watson, *The Evolution of International Society: A Comparative Historical Analysis,* London: Routledge, 1992。

③ Barry Buzan, "The English School: An Underexploited Resource in IR", *Review of International Studies,* Vol.27, 2001, p.471.

是核心因素之一。[①] 邓恩的总结抓住了英国和美国国际政治研究的重要差异，但从总体上看，这种表述的重点在于方法的差异，亦即美国注重所谓的科学方法，强调理论的超历史特征、价值中立性以及经验实证性，而英国学派强调理论的思辨性、历史性以及理论必然具有的价值内涵。[②]

这些总结是英美学者普遍认可的认识论和思维理念的差异。但是这些问题的孰是孰非是有很大争议的。尤其是在理论建构方面，美国学者就认为英国学派缺乏清晰的理论和研究方法，无法提出具有因果意义的明确假设。[③] 由此可见，英国学派被国际政治学界承认并产生影响，最重要的是它的理论所包含的核心问题。美国学者可以批评英国学派的认识论和方法论，但却接受英国学派“国际社会”这一核心理论问题。[④] 可以说，英美两国学者忽视了两国国际关系理论研究差异的一个重要原因，这就是英美战后在国际关系实践场域中的时空坐标的定位不同。美国是战后霸权体系中的霸权国，英国在战后则成为一般性大国。美国面对的是世界范围内的霸权护持问题，英国面对的更是一个二战之后的欧洲和欧洲一体化的进程。这一时空定位对于英美两国的国际政治理论研究产生了重大的影响，也确定了英美国际政治理论核心问题的差异。

二战之前英国国际政治研究的主导议题还是权力政治。爱德华·卡尔的经典著作《20年危机》被视为国际政治现实主义的理论宣言，它全面批判了威尔逊理想主义。[⑤] 英国学派的领军人物马丁·怀特早期也信奉权力政治。他强调国际政治的无政府性、权力政治实质和战争的不可避免性。[⑥] 到1950年代，怀特在卡尔将国际政治理论分为现实主义和乌托邦主义两大类的基础上，提出了第三类国际政治理论，亦即在现实主义与理想主义之间加入理性主义，在霍布斯的自然状态说和康德的世界一统说之间加入格劳修斯的思想，从而为国际社会的研究奠定了基础。于是，价值观念、规范、

---

① Timothy Dunne, *Inventing International Society,* pp. 5-11.

② Barry Buzan, “The English School: An Underexploited Resource in IR”, pp. 471-488.

③ See Martha Finnemore, “Exploring the English School”, *Review of International Studies*, Vol.27, 2001, pp.509 -513.

④ 美国的建构主义研究，尤其是以 Ruggie 为首的新古典建构主义和以温特为首的自然派建构主义，都受到国际社会理论的影响，参见 John Ruggie, “What Makes the World Hang Together: Neo-utilitarianism and the Social Constructivism Challenge”, in Katzenstein, Keohane, and Krasner (eds.), *Exploration and Contestation in the Study of World Politics*, pp. 215-245。

⑤ 爱德华·卡尔著，秦亚青译:《20年危机（1919—1939）：国际关系研究导论》，北京：世界知识出版社2005年版。

⑥ 马丁·怀特著，宋爱群译:《权力政治》，北京：世界知识出版社2004年版。

制度、规则与权力共同成为国际关系中的重要变量。[①]

怀特的理论转变反映出英美在世界体系中位置的差异。在美国人注重权力、霸权体系的建立和与苏联之间的霸权竞争的时候，英国学者开始从理论角度考虑一种国际社会的可能。怀特的转变是一个典型的案例：英国人对国际政治其他问题的研究都淹没在美国国际政治学的大潮之中，只有英国学派例外。在怀特之后，经巴特菲尔德、布尔、文森特等人的继承与发展，直到布赞在更加注重历史和理论的基础上进行的拓展性研究，成为国际政治理论中独树一帜的理论。布赞同意维沃的观点，认为英国学派的发展历程经历了四个阶段：1959—1966年，巴特菲尔德和怀特的《外交研究》建立了以国际社会为核心的国际关系理论研究议程；1966—1977年，布尔的《无政府社会》和怀特的《国家组成的社会》确立了以历史方法研究国际社会的议程；1977—1992年，巩固以国际社会为核心的研究议程；1992年至今，是新一代英国学派的出现和国际社会理论的拓展。[②] 从这一简单的历史回顾，可以看到英国学派的发展几经代际更替但研究议题却始终有一个核心，即国际社会。这个概念否定了现实主义完全以权力政治为核心的国际体系说，提出以规范和制度为核心的国际社会说，并且由这一概念继续推进，逐步从大历史的角度，研究国际体系的发展轨迹和发展前景，探讨国际体系单位的变化规律，并在新一代英国国际关系学者的努力之下，向着世界社会的概念迈进。[③]

二战以后英国的历史地位和面临的问题与美国有着根本的不同。这种不同，通过英美两国社会文化表象系统的折射，显示出质的差异。它在很大程度上使美国人更多地关注国际体系，使英国人更多地关注国际社会；使美国人更多地关注国际体系的霸权护持，使英国人更多地关注国际社会的建构与运作；使美国人更加注重软硬权力，使英国人更加注重规范与规则。作为与霸权无缘的英国，在历史和现实坐标上的定位，使其无法像美国学者那样将关注集中到霸权体系上面。而欧洲战后的基本情况是试图克服传统大国政治的悲剧，建立一种制度框架中的超国家市民社会。[④] 于是，英国国际政治学界的国际社会学派经过几代学者的努力，成为全球认可的

① Martin Wight, *International Theory: The Three Traditions,* Leicester: Leicester University Press/ Royal Institute of International Affairs, 1991.

② Barry Buzan, “The English School: An Underexploited Resource in IR”, pp. 473-474.

③ 巴里·布赞、理查德·利特尔著，刘德斌等译：《世界历史中的国际体系》，北京：高等教育出版社2004年版。

④ 陈玉刚：《国家与超国家：欧洲一体化理论比较研究》，上海：上海人民出版社2001年版。

重要国际政治理论。在历史进程中成为一般性大国并置身于欧洲统一进程之中的英国，它的国际政治学研究议程最可能成功的核心问题就是对国际社会的研究。[①] 这种研究不仅与欧洲一体化进程相吻合，而且对冷战后地区主义的兴盛和世界的发展趋势有着重要的学术意义。如果欧洲一体化模式和欧洲超国家社会具有普遍意义的话，英国学派的发展潜力仍然很大。并且，由于学者的自觉和英国学术杂志的推动，[②] 逐渐形成了以英国学派为核心和主导的话语联盟。所以，英国学派的新一代学者才提出以英国学派的研究问题和方法重新组织国际关系研究的口号。[③]

四、中国国际关系研究核心理论问题的缺失

比较英美两国国际关系理论发展的异同，会发现国际政治理论的核心问题主导一个特定行为体的研究议程。如果这样的问题符合三个条件，就有可能建立原创性理论。第一，理论的核心问题是独特的。它始自一个特殊行为体在某一特定历史发展阶段面临的实际问题，亦即起始于时间和空间上特定的一个交汇点，以此展开理论家与客观世界的对话。这是核心理论问题的社会实践向度。第二，理论的核心问题是具有学理意义的。它通过特定社会文化的表象系统成型，导向一般性的理论命题。它不仅仅是一个特殊行为体对自己具体情况的表述和分析，还要上升为国际社会面临的一般性问题。这就要求核心问题超越政策宣示和对策研究的范畴，进入知识的王国。这是它的知识向度。第三，核心问题必须具有前瞻意义，它不能只是对历史的简单回顾和总结，而是要代表人类发展的需求和进步观念，符合世界体系整体发展的方向，这是它的目的向度。[④] 美国学者温特和当今的英国学派学者以不同的方式得出了类似的结论：国际体系中的单位会越

---

① 英国学派认为欧盟是国际社会的最高阶段，参见 Martin Wight, *Systems of States*; Barry Buzan, “The English School: An Underexploited Resource in IR”。

② 主要是 *Review of International Studies* 和 *European Journal of International Relations* 等学术期刊。

③ Barry Buzan, “The English School: An Under Exploited Resource in IR”.

④ 拉卡托斯将研究纲领分为进步的和退化的两类，前瞻意义与进步的研究纲领有着相似的含义。参见伊·拉卡托斯:《科学研究纲领方法论》，第8页。

来越向着更大的实体发展。[①] 我们虽然还不能断定这就是国际体系的发展方向，但这起码是一种对世界政治发展大趋势的思考和研究。如果中国国际政治学者能够有意识地在三个向度方面对理论的核心问题进行深刻的思考，就有可能产生世界政治的中国学派。

中国学者在中国国际政治研究问题上一直有着建立中国国际政治学派的意识。但大都是在考虑思想渊源和思维模式对国际政治的影响，很少意识到核心理论问题的重要意义，因此很难产生一个理论硬核进而发展成为一个中国学派。不过，反观近年来的研究成果，却会发现，我们研究的许多实际问题是从中国在国际体系中面临的重大问题派生出来的。比如我们十分关注中国地位上升面临的机遇与挑战。这是问题化过程的初始阶段。但是，关注问题不能简单地等于建构理论的核心问题。我们在做大量的实际研究，[②] 但是，这些研究或是对已有理论的验证，或是对外交政策的诠释，或是感知的引导和个体经验的总结。这不是对核心问题的自觉建构，因而也难以生成理论学派不可或缺的理论硬核。

中国国际关系研究的核心理论问题是什么？

回答这个问题，必须界定中国相对于国际体系的身份。我们的基本假定是：中国是一个上升的社会主义大国，正在经历着从体系外国家向体系内国家的转型。如果我们假定当今世界是一个国际社会，那么，中国就是一个正在经历社会化过程的重要国家。

如果这一假定成立，它就确立了中国在时空坐标上的基本位置：上升的社会主义大国面对融入国际社会的现实。作为这样的国家，必然面对一种重要的关系，即上升大国与现有国际体系的关系。这样的关系，无论从历史还是从逻辑上讲，都可能具有和平与否两种可能。政治现实主义的一个重要论断就是霸权更替必然打破和平。[③] 自由主义力图说明经济相互依存

---

① 参见Barry Buzan, *From International to World Society? English School Theory and the Social Structure of Globalization,* Cambridge: Cambridge University Press, 2004；亚历山大·温特著，秦亚青译：《世界国家的出现是历史的必然：目的论与无政府逻辑》，载《世界经济与政治》，2003年第11期，第57—62页。

② 近年来出现了不少关于中国与国际社会关系的研究成果，如，门洪华：《国际机制与中国的战略选择》，载《中国社会科学》，2001年第2期，第178—187页；秦亚青：《国家身份、战略文化和安全利益：关于中国与国际社会关系的三个假设》，载《世界经济与政治》，2003年第1期，第10—15页；王逸舟主编：《建构中的磨合：中国与国际组织关系的多视角透视》，北京：中国发展出版社2003年版。

③ 罗伯特·吉尔平：《世界政治中的战争与变革》。

和国际制度以及其他因素能够减弱这种暴力行为的可能，[①] 建构主义则认为非暴力在康德文化中不但可以实现，而且也是国际社会发展的前景。[②] 就上升大国的和平社会化过程而言，现实主义基本持否定态度，而自由主义和建构主义都没有真正的经验性研究，所以这方面的理论基本上是空白。而中国恰恰是一个上升大国和平社会化的最佳个案。所以，考虑大国怎样融入国际社会的问题是一个具有重大意义的实际问题和知识问题。因此，也最有可能形成中国学派的核心理论问题。这个问题可以起始于当下中国的实际情况，追溯至中国的文化传统，发展为关于上升大国和平社会化过程、甚至国际体系的和平转化的一般性理论，也应该是国际体系发展过程中符合人类希望的走向。所以，和平融入国际社会是一个具有实践向度、知识向度和目的向度的问题。

如果说中国和平融入国际社会可以是中国国际关系研究的一个核心问题，那么，我们应该怎样在这一问题框架之内提出具体的研究问题、构建具体的研究议程呢？

将中国和平融入国际社会作为核心问题并对其进行理论化，就是将一个上升的世界性社会主义大国和平社会化的过程理论化。所以，中国是否可以和平融入，什么条件可以促成中国的和平融入，国际社会负责任的成员对于中国具有什么含义——围绕上升大国和平融入国际社会这一核心问题所产生的这些具体研究问题，应该构成中国国际关系研究议程的重要部分。

具体来说，三个方面尤为重要。第一，国际体系的结构和进程。上升的中国与国际体系结构的关系是和平融入的一个重要方面，现实主义关于大国上升必然趋于暴力的论断主要是依据上升大国撕裂原有国际结构的历史。我们可以使用区段分析的方法 (sectoral analysis)，[③] 分析上升大国对国际体系不同区段中原有结构所产生的作用：政治权力结构、经济结构、社会结构和观念结构。由于中国和平融入国际社会是在这四个结构环境中发生和发展的，所以，研究中国的发展过程与这四种体系结构的关系，进而研究大国崛起与国际体系结构的关系，就可能成为中国学派的核心特征和理论取向。同时，可以分析什么样的国际进程可以促成上升大国的非暴力

① 罗伯特·基欧汉：《霸权之后》；罗伯特·基欧汉、约瑟夫·奈著，门洪华译：《权力与相互依赖》，北京：北京大学出版社2002年版；Bruce Russett, *Triangulating Peace,* New York：W.W. Norton, 2001。

② 亚历山大·温特著，秦亚青译：《国际政治的社会理论》，上海：上海人民出版社2000年版。

③ 布赞、利特尔：《世界历史中的国际体系》，第73—77页。

社会化。其次是国内结构和进程。在考虑国际结构和进程的同时，应该考虑行为体的国内特征以及这些特征是怎样“嵌入国际体系之中”的；国内结构和进程的发展趋向与实际变化是使大国趋向和平还是相反；[①] 国内进程帮助形成了冲突型还是合作型的战略文化；[②] 国际国内两个层面是趋于和平还是趋于暴力的互动。第三，集体身份的形成。[③] 我们需要思考国内国际两个层次上哪些结构与进程因素会促进集体身份的形成。社会化的底线是社会，社会的底线是集体身份。国际社会中的集体身份不是消灭个体身份，而是个体主体性存在前提下的多元集体认同。比如，中国正在积极参与的东亚共同体建设是否遵循着一条独特的和平路径。也正是在这个方面，我们需要考虑中华民族特性和人类共性的关系。

中国国际关系学者近年来做了不少富有意义的经验性研究。从改革开放到现在20多年的时间里，中国的国际关系研究重心已经开始转移：从改革开放前以阶级斗争为纲的国际主义转入1980年代兴起的以国家利益为中心的理性主义。[④] 此后，和平外交和国际合作研究也大量出现。在具体问题领域，对国际组织、国际机制和制度、全球化和全球治理等问题的研究呈上升趋势。[⑤] 对中国文化中的核心概念，比如“仁”、“大同”、“和而不同”等思想的发掘和阐释也开始出现。在分析层次方面，区域层次和全球层次上的研究都在增多。所以，和平融入国际社会也是中国国际关系研究人员日益意识到的经验性问题。不过，中国国际关系学者仍未有意识地去考虑国际政治研究的核心理论问题及其与学派建立的关系，对国际制度理论和中国加入国际制度以及方兴未艾的东亚地区主义等研究，更多的是对具体问题本身的直觉，是对已有理论的应用，而不是对核心理论问题的自觉，更不是对这种问题有意识的建构。有了对核心问题的自觉，我们才能具有理论的目的性自觉，这是建立中国学派的必要条件。

---

① Peter Katzenstein, Robert Keohane and Stephen Krasner (eds.), *Exploration and Contestation in the Study of World Politics,* p.13.

② 关于战略文化的概念，参见 Alastair Iain Johnston, *Cultural Realism,* Princeton, NJ.: Princeton University Press, 1995。

③ 亚历山大·温特:《国际政治的社会理论》，第402—430页。

④ 阎学通:《中国国家利益分析》，天津：天津人民出版社1996年版。

⑤ 王缉思:《当今中国的国际关系研究：成就、趋势和局限》，载福特基金会编:《中国的国际关系研究》，第19—40页。

关系本位与过程建构：将中国理念植入国际关系理论

秦亚青 *

到目前为止，西方国际关系主流元理论的发展主要是在体系层次，从华尔兹的结构现实主义（1979）开始，相继出现了基欧汉的新自由制度主义（1984）和温特的结构建构主义（1999）。这些理论在一定程度上解释了国际关系领域的某些现象，但是，它们又都忽略了一个重要的社会性要素：社会互动过程和与之密切相关的社会性关系。结果是讨论国际关系的理论中却没有"关系"的地位，也鲜有"关系"理论，这是西方国际关系主流理论的重大缺失。实际上，过程和关系是中国社会文化中的重要元素，是中国政治哲学中的核心概念。过程包含关系，关系建构过程，过程的核心是运动中的关系，关系的运动形成了过程。如果说西方自启蒙以来三百余年的一个核心理念是"理性"（rationality），那么中国传统思想中的一个核心理念就是"关系性"（relationality）。将这个中国元素概念化，以这个重要概念为核心，并与西方国际关系理论的立论方式相结合，结果会呈现什么样的理论取向呢？本文试图设计一种国际关系的过程建构主义理论，[①] 即采纳建构主义国际关系理论的基本假设和分析构架，吸收社会学关于社会性关系的论述，但其内涵要素则是中国的核心理念——关系性，亦即过

* 秦亚青，外交学院院长、教授。本文发表在2009年第3期《中国社会科学》。

① 秦亚青：《国际关系中的进程因素》，载《中国书评》，1998年第13期，第5—18页；Qin Yaqing, "East Asian Regionalism: A Process -Focused Model", Paper presented at the Conference of "East Asian Cooperation and Sino-US Relations", Beijing, China, November 3-4, 2005。

程中的关系和关系中的行为体。[①] 由于篇幅所限，本文只提出一个过程建构主义的基本分析框架及其核心假定，目的是在形而上层面勾勒一种国际关系理论的轮廓。

一、社会过程与社会性关系：国际关系体系理论缺失的要素

为了清楚地发现国际关系体系理论的缺失，我们需要对现有西方国际关系体系理论做一个简单的分析。过去30年里发展起来的西方国际关系的元理论主要是三种体系理论，即：结构现实主义、新自由制度主义和结构建构主义。[②] 这些理论都试图在国际体系层面构建理论体系，讨论国际体系因素如何影响国家行为。

首先来看结构现实主义。结构现实主义注重的是物质实力的分布，将国际体系视为无政府体系，将体系中的行为体视为各自独立的单位（主权国家）。这样就预设了一种原子论假定，即单位是构成体系的最小成分，单位之间的互动依靠外来力量的推动。这也就是弹子球比喻：每一个国家都是球台上的一个球，当球杆打出之后，球与球之间在外力的作用下发生物理性互动，并因之产生某种结果。根据国家的实力大小，国际体系又呈现单极、两极或多极格局，直接影响着国家的战争与和平、冲突与合作行为。对于结构现实主义来说，物质力量分布的状态足以决定国际体系的整体稳定以及主要国家在体系中的行为模式。[③]

新自由制度主义审视了国际体系与单位行为的变化之间的关系。基欧汉认为，如果依照结构现实主义理论进行推理，国际体系的物质权力分布不变，国家的战争 / 和平、冲突 / 合作行为也不会变。但在实际的国际体系中，在国际体系结构不变的情况下，国家行为也会发生变化。比如冷战

---

① 过程建构主义主要借鉴的理论包括：建构主义国际关系理论；西方社会学和政治学关于关系的论述；中国社会学和社会心理学学者对中国传统中的“关系”的理论化成果。参见亚历山大·温特著，秦亚青译：《国际政治的社会理论》，上海：上海人民出版社2000年版；Alexander Wendt, “The Agent-Structure Problem in International Relations Theory”, *International Organization*, Vol. 41, No. 3, 1987, pp. 335-370; Mustafa Emirbayer, “Manifesto for a Relational Sociology”, *American Journal of Sociology*, Vol. 103, No. 2, 1997, pp. 281-317; Patrick Thaddeus Jackson and Daniel H. Nexon, “Relations before States: Substance, Process and the Study of World Politics”, *European Journal of International Relations*, Vol. 5, No. 3, 1999, pp. 291-332; 黄光国：《儒家关系主义：文化反思与典范重建》，北京：北京大学出版社2006年版；翟学伟：《人情、面子与权力的再生产》，北京：北京大学出版社2005年版。

② 秦亚青：《权力·制度·文化》，北京：北京大学出版社2005年版。

③ 肯尼思·华尔兹著，信强译：《国际政治理论》，上海：上海人民出版社2003年版。

两极体系中的苏联和美国，即便在最敏感的核军备竞赛方面，也会出现合作的情况，在其他低政治、低敏感度领域的合作就更多了。到底是什么因素在起作用，使得国际体系的无政府性被削弱，使得国家在无政府体系中可以进行合作？基欧汉发现，是国际制度在发生作用，由此提出新自由制度主义。① 新自由制度主义以“制度选择”更替了结构现实主义的“结构选择”，认为国际制度影响国家行为、促成国际合作。新自由制度主义是体系层次理论，因为它关注的是国家之间的互动。对于新自由制度主义学者来说，这种互动就是过程。国家之间互动所产生的作用是不能还原到单位层次去寻找因果关系的，所以，最重要的因素是影响互动的有形的国际制度。从这个意义上讲，一些自由制度主义学者认为他们是注重过程的。②

结构建构主义也是体系层面的理论。在温特提出施动者—结构问题的时候，他试图强调行为体和结构之间的互构关系，所以借鉴了吉登斯的结构化理论，双向互构也成为早期建构主义国际关系理论的一个基本标志。③ 但后来温特为了发展一种体系层次的元理论，借鉴了结构现实主义的理路，其理论体系的完善也标志着结构建构主义的形成，亦即体系层面的观念结构（文化）成为温特建构主义中的核心因素，观念结构影响了单位行为体的身份构建，并因之影响了它们的行为方式。温特建构主义的核心被称为“文化选择”，以有别于华尔兹的“结构选择”和基欧汉的“制度选择”。1999年《国际政治的社会理论》一书的问世，标志着结构建构主义理论体系的完成，也使温特的理论成为单向建构理论，重点在于讨论国际体系层次的观念结构是如何影响国家行为体的，并且这种观念结构更多地用“规范”来表现。所以，在主流建构主义的研究议程中，多是国际规范是如何传播、如何建构行为体身份和影响行为体行为的。温特从双向建构转向单向建构说明西方体系理论学者很难摆脱线性思维的束缚，一旦开始考虑元理论，便开始了从一点到另外一点的因果推理。

---

① 罗伯特·基欧汉著，苏长和等译：《霸权之后》，上海：上海人民出版社2001年版。

② 小约瑟夫·奈在《理解国际冲突：理论与历史》一书中专门讨论了结构与过程的问题。他将过程定义为“单位之间互动模式与类型（patterns and types of interaction among its units）”，进而又将过程定义为“游戏是如何进行的（how the game is played）”。他认为结构与过程都是国际关系中的重要因素。参见小约瑟夫·奈著，张小明译：《理解国际冲突：理论与历史》，上海：上海人民出版社2005年版，第45—46页。

③ Alexander Wendt, “The Agent-Structure Problem in International Relations Theory”; J. Samuel Barkin, “Realist Constructivism”, *International Studies Review*, Vol. 5, No. 3, 2003, pp. 325-342; J. Samuel Barkin, “Realist Constructivism and Realist-Constructivisms”, *International Studies Review*, Vol. 6, No. 4, 2004, p. 351.

应该说，这三种国际关系的体系理论都具有解释作用。但是，它们又都缺少了一个重要的因素，这就是国际体系中的社会要素：关系。可以说，西方主流国际关系理论虽然将学科称之为国际关系，但却没有形成真正的讨论“关系”的理论。结构现实主义对关系性的重视程度最低，对过程基本不予讨论。新自由制度主义认为自己重视过程，实际上仅仅将过程视为一种背景，视为一种行为体活动的场所，它最终强调的是制度，是过程的一种物化形式。一旦国际制度形成，国际制度与行为体之间的因果关系就成为核心研究议程，国际制度可以直接作用于国家，而过程则成为几乎完全不在研究范围之内的黑匣子。[①] 结构建构主义也强调过程。尤其是在温特早期的论述中，施动者与结构的互动被视为一个过程，在这个过程中施动者和结构本应没有孰先孰后的问题，它们在互构中产生和互生。但是，到了温特全面构建结构建构主义理论的时候，结构被物化了，结构成为解释施动者身份和认同的原因，过程再次成为一种背景、一种场所或是一个舞台：虽然过程不可或缺，但不是分析的主要对象，而是不能脱离施动者和结构的依附性因素。[②]

实际上，过程或曰社会互动过程，是中国经验和思想中的重要元素。费孝通对比了中国与西方社会关系的不同，认为西方是个人主义社会，西方社会中的个人如一捆捆竖立在田地里的稻秸，相互独立，由社会契约和组织将他们维系在一起；中国的社会结构则好像水面上一圈一圈的波纹：每个人都是其社会关系推出去的圈子的中心，每个圈子和每个波纹都是通过某种关系联系在一起。[③] 其实，波纹之间的不间断就是过程，条条波纹恰恰是关系的链条。个体与这些波纹环环相连，在无数的过程中影响和受到影响。台湾学者黄光国更是以《儒家关系主义》为名出版了他的研究论文集。如果将社会过程这个中国文化中的重要元素作为一个核心要素，将关系性作为过程中的核心内容并确立关系本位的假定，那么会呈现一种什么理论取向呢？

---

① 参见罗伯特·基欧汉:《霸权之后》。

② 对比温特的早期重要论文“The Agent-Structure Problem in International Relations Theory”和他后来的重要著作《国际政治的社会理论》，可以清楚地发现这个转向。参见秦亚青主编:《文化与国际社会：建构主义国际关系理论研究》，北京：世界知识出版社2005年版。

③ 费孝通:《乡土中国》，上海：上海人民出版社2007年版。

二、过程建构：过程建构主义的理论趋向

任何社会理论的关键是抓住社会分析的根本环节，也就是社会中的核心纽结。西方社会的个人本位决定了西方社会理论将独立的个体作为社会的基本单位和核心纽结。西方的国际关系学也是以此为基础的。中国则不同，在中国社会中，个人不是社会的核心单位。中国社会的思维模式是“家国天下”，从家庭到国家到天下都是人的集合体，亦即社会单位。独立的个人只有在集体中才具有意义。所以，中国历来注重群体中的个人。没有群体，也就没有个人。群体的纽结是关系。正因为如此，过程建构主义的核心是关系，过程建构主义的理论趋向与核心假定都是围绕关系性展开的。

（一）过程建构主义的理论取向

我们首先制定一个分类标准，即使用两对标量来对现有的体系理论进行分类。这两对标量是：物质与理念；结构与过程。① 根据这一标准，现有体系理论可以大致分为结构理性主义（华尔兹的结构现实主义）、过程理性主义（基欧汉的新自由制度主义）和结构建构主义（温特的结构建构主义）。本文提出的“过程建构主义”理论，其分析重点是过程，其理论硬核是关系性。关系性是社会活动的本质要素，关系性界定社会。我们说过程即运动中的关系，也就是说它表现的是复杂关系的流动变化。过程既是关系运动的载体和场所，也是产生和发展关系的根本动力。过程与关系是不可分割的，是你中有我、我中有你的孪生要素。由于三大体系理论都忽视了关系这个中国文化中最具生命力的要素，所以我们首先在体系层次的理论谱系里面补足这个概念，以此确定过程建构主义在国际关系理论谱系中可能占据的地位，然后再对其理论取向加以解释和说明。

① Robert Keohane, “International Institutions: Two Approaches”, in Robert Keohane, ed., *International Institutions and State Power*, Boulder: Westview, 1989, pp. 158-179; 亚历山大・温特：《国际政治的社会理论》。

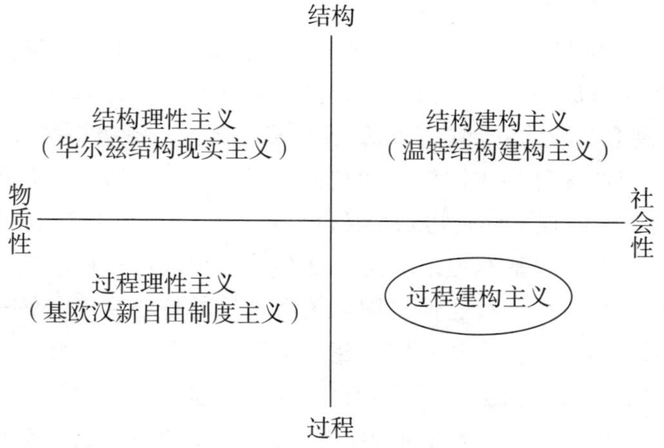

国际关系体系理论图谱

从这个图谱上看，结构理性主义属于物质主义范畴的理论，尤其强调以物质性权力分布定义的国际体系结构，这种结构规定了体系内单位——国家——的基本行为方式，所以，结构理性主义的基本理论取向是物质性结构理论。温特的结构建构主义将华尔兹以权力分布定义的结构替换为以观念分布定义的结构，亦即国际体系的文化。他提出了三种国际体系文化：霍布斯文化、洛克文化和康德文化，认为是这些文化建构了体系单位（国家）的基本身份，因而也就决定了单位的利益与行为。他与华尔兹一样强调结构，但却将华尔兹的物质性结构改变为理念性结构，理念性结构规定了国家的相对身份并因之规定了它们的利益。所以，结构建构主义的基本理论取向是社会性结构理论。新自由制度主义大致属于过程范畴的理论，并且从形式上看，它重视的是国际制度，似乎非物质性的成分要大一些。但是，这里有一个重要的问题，那就是新自由制度主义所强调的过程，是一种“有规律的互动方式”。在这里过程只不过是背景和陪衬，因为使这种互动有规律并可预期的是国际机制或是国际制度。[①] 国际制度是依靠对国家提供的实际奖惩情况而发生作用的。新自由制度主义所说的过程是一种附着性的物化，它对过程的重视只在于过程是互动的平台。从根本上说，新自由制度主义仍然属于物质主义范畴，它所讨论的制度虽然在很大程度上是非物质的，但其作用取决于制度能够提供的物质回报，物质性权力和利

① 小约瑟夫·奈著，张小明译：《理解国际冲突：理论与历史》，上海：上海人民出版社2005年版，第46页。

益仍然是国家行为的主要动因。所以，过程理性主义是物质性过程理论。简言之，对于现实主义来说，观念是无足轻重的，对于新自由制度主义来说，观念能够成为一个与权力和利益并列的自变量，具有独立的因果作用。[①] 然而观念与权力和利益之间虽然是相互独立、相互并列的关系，但观念的作用也只能弥补物质性权力和利益解释的不足。所以，新现实主义和新自由制度主义的根基都是物质主义世界观。

过程建构主义的基本理论取向是社会性过程理论。也就是说，它强调社会性建构作用，认为社会性是国际关系理论的核心要素。另一方面，它提出了一个与结构建构主义不同的建构机制：以关系性为标示的过程。由于过程建构主义属于社会性理论，它接受结构建构主义的三个基本假定。第一，社会本体。国际关系的世界不仅仅是物质性的形成，而且更重要的是社会性建构。[②] 这一假定并不是要否定物质的客观存在，而是反对把物质的客观存在作为解释行为体行为的唯一原因。物质主义国际关系理论假定行为体身份和利益是在社会性互动之前就已经存在的，是给定因素，是不以行为体的实践活动和话语结构的变化而变化的，因之也是非历史的。社会本体论认为，行为体有意义的行为只有在主体间社会语境中才得以成为可能。没有身份认同的行为体也就没有利益可言。因此，在国际关系的世界里，社会是第一性的，国家身份首先是国家在国际社会中的社会身份，这种身份产生于国家与其他国家在国际社会中的互动实践，并在这种不间断的实践过程中得以定义和再定义。[③] 第二，国家作为国际体系的基本单位。在当今国际体系中，国家仍然是国际体系的基本单位。这并不意味其他国际体系行为体，比如个人或是国际组织，在国际体系中的作用不重要，而是因为国家仍然是现代国际体系运行的主要实践者和国际关系活动的主要组织者。即便是对于全球性问题，虽然没有任何一个国家可以单独应对和解决，但国际合作仍然主要是通过国家进行的。进而在全球化时代，国际国内两个层面高度互动，但是这种互动的协调中枢仍然是国家。第三，国际社会进化原则。国际关系的运动是变化的，这种变化是行为体能动作用使然。过程建构主义相信国际体系的变化是朝着更加符合人类期冀的方向变化，因此也就是朝着进步的方向进化。温特提出三种文化，即霍布斯

① Judith Goldstein and Robert Keohane, eds., *Ideas and Foreign Policy: Beliefs, Institutions, and Political Change*, Ithaca and London: Cornell University Press, 1993.

② 亚历山大·温特：《国际政治的社会理论》；约翰·塞尔著，李步楼译：《社会实在的建构》，上海：上海人民出版社2008年版。

③ 秦亚青：《国家身份、战略文化和安全利益》，载《世界经济与政治》，2003年第1期。

文化、洛克文化和康德文化，分别以丛林原则、竞争原则和友谊原则表示，反映了一种进化发展的国际关系取向。虽然在某一历史时段和某一局部地域中国际关系可能会出现逆向发展的情景，比如从洛克文化倒退到霍布斯文化，[①] 但过程建构主义同样认为国际社会从总体上说是朝着进步方向发展的。结构建构主义的一个突出问题是，它没有为这种进化提供动力，似乎一种文化在非历史、无动力的条件下就突然跃入另外一种文化。过程建构主义为这种进化提供了动力。

因此，过程建构主义首先是体系层次理论，是讨论国际体系层面因素如何影响国际体系单位的行为的，并且认为这些体系因素是无法还原到单位层面的。其次，过程建构主义主张社会本体论，关注重点是非物质性的社会因素，强调的是行为体互动行为的意义生产过程。第三，过程建构主义相信社会进化原则，认为国际社会具有社会的基本特征，国际社会的发展过程是朝着更加符合人的期冀的方向发展。体系层次、社会本体和社会进化这三点构成了过程建构主义的基本理论取向。上图也表明过程建构主义重社会性、重过程的基本特征。

（二）过程的意义

本文提出的过程建构主义理论虽然采用了主流建构主义的三个重要假定，但弱化了观念结构建构身份的自上而下的因果型模式，由强调观念结构转向强调主体间的实践过程。过程建构主义的主要论点是：过程在社会化中起到关键的和不可替代的作用。过程是运动中的关系，具有自在的地位。维持过程，就是维持关系，就会延续建构身份的实践互动。过程起关键作用，是指过程本身成为实践活动的中心。由于过程建构主义的关键部分是社会过程，所以首先对过程做一个界定。

1. 过程与过程特征

过程指产生社会意义的持续的实践互动关系。这就是说，过程建构主义的过程是运动中的关系，也就是复杂且相互关联的动态关系复合体，它的基础是社会实践。关系与过程是两个不可分割的因素。一般来说，重个体的社会强调结构，因为结构表现了独立个体的基本位置，这种位置决定了个体之间的互动。比如，在国际体系中，结构现实主义认为，霸权国的行为和主要大国的行为是它们在权力结构中的位置使然：霸权国希望保持

① J. Samuel Barkin, “Realist Constructivism”; “Realist Constructivism and Realist-Constructivisms”.

霸权地位，大国希望夺取霸权地位。以此得出的结论就是大国之间必然发生悲剧性的冲突。[①] 结构建构主义虽然不像结构现实主义那样几乎完全不考虑过程的意义，但仍然认为国家的行为是由于它们在国际文化结构中的相对角色使然。重关系的社会必然强调过程，因为关系在过程中发生、发展并得以体现。过程既是关系复合体，也是关系运作的时空域境。关系变，过程取向就会变，国家行为也会变。杰克逊和奈克森将过程定义为一系列“事件”，[②] 这其实是回归了实质主义，将在某一时空点上发生的事件及其物化结果作为过程的构成部分。过程建构主义将过程核心定位于动态“关系”，强调的是互动关系而不是事件；突出的是流动的、历时性的主体间行为，而不是具体的行为结果；观察的是运动中的变化，不是互动中的物化；思考的是“关系选择”，也就是说关系影响着行为体的行为。过程建构主义的过程因之有着以下几个重要特征。

第一，过程与行为体是共生的、相互建构的，共同参与并进行着社会化实践。这里不存在因果律所规定的时间上的先后顺序问题，也无法将过程与行为体分离开来。西方国际关系学近年来将社会化作为一个重要的研究方向，大量社会化的研究成果也已经问世。[③] 但在这些论述中，尤其是在具体的研究议程上，过程和行为体总是处于一种二元结构之中：或是行为体优先，由行为体建构过程，然后再由过程发生作用。[④] 或是过程先于行为体，过程建构行为体、施动行为体。[⑤] 无论是行为体优先还是过程优先，都摆脱不了二元结构，都试图将过程视为可以和行为体分离的东西。原因是西方人的思维方式里面，因果律总是第一位的，即便是在考虑过程的时候，也试图建立一种过程与结果之间的线性因果关系。但是，我们无法想象没有过程的行为体抑或没有行为体的过程。过程建构主义认为，过程与行为体是共存共生的。实际上，对过程的形象表述就是阴阳八卦图像：两个鱼形的阴阳和整个图像的圆是一体的，是互动互补的。脱离了两个鱼形不成

① 秦亚青：《霸权体系与国际冲突》，上海：上海人民出版社1999年版；约翰·米尔斯海默著，王义桅等译：《大国政治的悲剧》，上海：上海人民出版社2003年版。

② Patrick Thaddeus Jackson and Daniel H. Nexon, “Relations before States: Substance, Process and the Study of World Politics”, p. 302.

③ Alaistair Iain Johnston, *Social States: China in International Institutions, 1980-2000,* Princeton and Oxford: Princeton University Press, 2007.

④ 小约瑟夫·奈著，张小明译：《理解国际冲突：理论与历史》，上海：上海人民出版社2005年版，第47—61页。

⑤ Patrick Thaddeus Jackson and Daniel H. Nexon, “Relations before States: Substance, Process and the Study of World Politics”.

其圆，脱离了圆则阴阳无形。阴、阳、圆图像同体共存，行为体通过行动和互动形成了过程，过程也制约行为体或是赋予其能动作用。过程和行为体之间的关系以及过程中行为体之间的关系，不是线性的工具性因果关系，而是必须从整体角度、以圆的思维而不是用线的思维去审视的建构关系。这意味着，在国际社会里，国家从一开始就处于国际社会错综复杂的关系过程之中，没有任何国家可以脱离过程而天马行空，也没有任何过程可以没有国家而以空中楼阁的形式存在。

第二，过程建构主体间性。过程使行为体之间的互动实践成为可能，互动实践建构了行为体之间的主体间性。互动可以产生实质性的结果，所以过程有着平台的作用，过程中的关系也有着工具性质，西方理性主义国际关系理论对过程感兴趣的正是过程的这种工具性作用，比如互动过程可以产生制度，制度可以制约行为体的行为等等。但对于过程建构主义来说，过程更为重要的是它建构了主体间性。主体间性被界定为一个使互动具有意义的实践和关系过程，国际体系的规范和观念结构在这一实践中产生和发展。① 主体间性互动产生了规范与规则，又在以规范和规则为基础的语境中展示自我与他者之间关系的运动，使行为在互动中产生共有意义。② 过程中的建构性互动关系具有三个特点：其一，国家间的互动实践在过程中发生和发展某种关系，从而确定一个国家相对于其他国家的身份；其二，物质权力通过国家间的实践互动和表象系统产生了意义，通过关系发生作用；其三，互动实践使国家不断调整自己的身份定位，因而也就调整自己的利益。行为体凭借互动实践中产生的规范和规则来赋予行为以意义，使行为体能够理解世界并且也使自身的行为能够被其他行为体所理解。因此，在主体间互动意义上由实践活动所界定的过程才是有意义的，并能促使体系的政治文化发生改变。

第三，过程逻辑包含中国的包容性辩证思维。中国式的辩证法与西方的辩证法有着很大的不同。西方注重实体的思维是分离式思维：首先要明确实体的本质，比如实体 A 的本质属性和属性特征，然后确定 A 的存在和 A 的类属，因此，A 永远不可能是非 A。而中国传统的辩证思维则是互容

---

① Rey Koslowski and Friedrich V. Kratochwil, "Understanding Change in International Politics: The Soviet Empire's Demise and the International System", *International Organization*, Vol. 48, No. 2, 1994, p. 216.

② Friedrich Kratochwil, "Is the Ship of Culture at Sea or Returning", 转引自 Maja Zehfuss, *Constructivism in International Relations: The Politics of Reality*, Cambridge: Cambridge University Press, 2002, p. 96.

式思维，亦即A可以包含非A。比如，在过程的任何一个时空点上，一个互动中的行为体的身份正在形成之中，此时，存在和非存在是共在的（既是A也是非A；或者说既不是A也不是非A）。西方学者也意识到这种同体共存现象，比如，吉登斯使用了结构化（structuration）概念，试图用二重性（duality）替代二元论（dualism），以克服西方思维中的二元定势；[①]温特使用了互构概念，希望讨论行为体和结构的共在问题。但是由于他们的文化底蕴和思维根基是西方的二分法，所以，对于这种A包含非A的中国式辩证法，西方人大多认为是不合逻辑的悖论，因此根本不会想到要采用这样思维；只有中国哲学传统中才包含了这种辩证思维。[②]过程恰恰是这种思维可以解释的东西。所以，任何社会行为体从一开始就完全嵌入过程之中，没有什么独立于过程的先验社会存在。在这个过程中，行为体发生变化，不仅其行为发生变化，其实质也会发生变化，A可以转化为非A。正题和反题之间的关系不是通过斗争形成合题，而是相互诠释、相互定义、相辅相成，通过和谐形成合题。比如，在国际关系中，西方往往是定义一个国家为“流氓”国家，然后通过外交、经济或是军事手段对其进行打击；中国的思维是任何国家都在国际关系过程中运动，其身份是不断变化的，好与坏也是可以转化的，关键是如何发挥过程的积极作用，促其向好的方向转化。

2. 过程的自在性与过程动力

如果承认过程的核心作用，就要论证有关过程的三个相互关联的基本命题，即：第一，过程具有自在性，它不是以结果和为结果而界定的；第二，过程本身可以产生动力，过程的动力来源是关系的运动；第三，这种动力是体系层面的因素，是不能还原到任何具体的个体行为体的。

过程的自在性指过程可以独立于结果。西方主流国际关系理论是注重结果的理论，[③]这也是受到因果律的影响，亦即凡事有因必有果，因与果之

---

① 安东尼·吉登斯著，李康、李猛译:《社会的构成》，北京：三联书店1989年版，第89—93页。

② 西方逻辑学的重要假定是：如果是A,则必然不是非A。但中国的辩证法则认为，首先，A是可以与非A互容的，存在可以既是A也是非A。其次，A可以转化为非A。这实际上否定了西方互动论的观点，即互动双方（A和非A）通过互动改变的只是次要特性，而非本质特性，因为A不可能成为非A，无论怎样互动都是如此。中国辩证法中的变化则是可以发生定义性变化的，亦即A可以变为非A。对中国式辩证思维最有影响的是《易经》和《老子》，这些经典著作表现了对立的两个方面相辅相成、共存共生、相互转化、变动不居等重要思想，比如“有无相生，难易相成”（《老子》第2章）；“物壮则老”（《老子》第55章）；“祸兮福所倚，福兮祸所伏”（《老子》第58章）等。

③ Qin Yaqing, “East Asian Regionalism: A Process-Focused Model”.

间的过程只是因果这两个研究中心的附着物和发生场所。正因为如此，即便是认为重视过程的新自由制度主义也只是将过程一方面作为实现制度的背景，另一方面作为制度约束行为体行为的工具。西方主流建构主义应该是关注过程并将其视为重要因素的，因为社会化本身就是过程。但是，在实际研究中，这种对过程的关注就消失了，大多数西方学者或是为了理论建构的简约，或是下意识地受到因果变量的支配，高度关注的总是过程之后的结果，因此也就有意无意地将过程省略，使其成为研究过程中的黑匣子。主流建构主义的规范研究就是一个很好的例子。第一波规范研究是在20世纪90年代中期出现的，研究主要是提出两个变量，一个是国际体系中已有的规范，一个是被社会化的行为体表现出来的行为，然后论证两个变量之间的因果关系。比如，先确定国际体系中的一个重要规范：发达的教育科学文化被视为现代国家的标志；再指明国家的行为：二战后独立的发展中国家表现出来的重视教科文的行为；最后将两者以因果律连接起来：国际组织将这一国际规范教给国家，国家才表现出符合这种规范的行为。[①] 国家为什么接受规范则是一个黑匣子。从2000年之后，尤其是近几年来，第二波规范研究开始重视社会化机制，也就是说他们希望打开黑匣子。比如切克尔主编的《国际组织》专辑就将研究设计的重点放在社会化机制上，但这就出现了另外一种情景，社会化机制这个作为中介变量的因素实际上成为研究中的自变量，国家行为成为因变量，社会化过程仍然只是一种事件发生的背景而已。[②]

过程的自在性特征表明，将过程自身置于研究重心不仅是合理的，而且是必要的。过程可以独立于结果、甚至不产生预期结果。杰克逊和奈克森曾使用过雷切尔的过程分类方法。雷切尔将过程分为两类：有主体过程（owned process）和无主体过程（un-owned process）。前者指过程有一个肇始者，这个肇始者有意识、有目的地给予过程以动力；后者指过程没有这样一个肇始者，过程无法还原到某个具体的行为体的有目的行为。[③] 西方建构主义规范研究大部分以有主体过程为思维定势，所以，芬妮莫尔必须

① Martha Finnemore, *National Interests in International Society*, Ithaca: Cornell University Press, 1996; 玛格丽特·凯克、凯瑟琳·辛金克著，韩召颖等译：《超越国界的活动家：国际政治中的倡议网络》，北京：北京大学出版社2005年版。

② 参见 *International Organization*, Vol. 59, No. 4, 2005; 秦亚青：《研究设计与学术创新》，载《世界经济与政治》，2008年第8期，第75—80页。

③ Nicholas Rescher, *Process Metaphysics: An Introduction to Process Philosophy*, Albany: State University of New York Press, 1996,转引自 Patrick Thaddeus Jackson and Daniel H. Nexon, "Relations before States: Substance, Process and the Study of World Politics", pp. 302-303.

要发现一个社会化过程中的教授者（国际组织），换言之，国际组织有意识、有目的地启动了国际社会化过程，教会了被社会化国家应有的规范。切克尔的社会化机制，比如胡萝卜加大棒、角色扮演、规范劝服等，也都可以十分明确地追溯到一个具体的施动者（在他设计的研究中是欧盟或是北约）。但是，雷切尔指出，许多过程是无法追溯到具体肇始者的，比如谣言的传播、磁场的震颤等，这样的过程无法还原到一个具体的行为体有目的、有意识的行动。其实，我们在考虑社会规范的时候，也会遇到类似谣言传播这类过程，亦即某种规范是在无肇始者和无意识的情况下形成的，比如东盟的“舒适度”规范。[①]

这两种过程都很有意义。但如果仔细想一想，第二种过程，亦即无主体过程的存在说明了什么呢？它说明过程是自在的。如果我们承认第二种过程的存在，也就必然接受过程本身就是过程的肇始者和维护者。试想一下全球化过程。人们普遍认为全球化的真正起始是冷战之后的事情，但是全球化进程的启动、它产生的动力、它已经和可能产生的结果等等，都是无法追溯到任何一个具体的个体行为体的。对于全球化过程中的国家和其他国际行为体来说，它们置身于这个过程之中，不断适应和调整，不断定义和再定义自我利益，但是它们之中也没有一个能够中断、阻止或是逆转这个过程。

过程既然可以是自在的，也就能够产生自身的动力。因此我们需要明确过程的动力发生机制，也就是说，只有证明了过程本身可以产生动力，才能反过来确证过程的自在性。原因很简单：动力是一切生命之源，如果过程自身不能产生动力，过程也就不能独立存在。我们不会预设过程是一个永动机，所以过程的动力需要来自运动要素。过程的运动要素就是关系。我们将过程界定为运动中的关系，就是说复杂的关系的交错流动产生了过程的能量。我们可以将关系分为两类，一种是静止的关系，一种是流动的关系。血缘关系可以属于前者。一个孩子降生到社会上来，也就降生到一种关系网络之中，其身份也就得到了基本的界定，比如“文革”中的黑五类（地主、富农、反革命分子、坏分子和右派分子）和红五类（革命军人、革命干部、工人、贫农、下中农）等，这种关系在一定程度上规定了其以后的行为方式。所以，这种关系有着重大的意义。但是静止关系本身不产生能量，因此也就不能成为过程的动力源。一旦静止的关系流动起来，就会产生动力。比如，利益权衡是行为体采取行动的直接原因，行为

① 秦亚青、魏玲:《结构、进程与权力的社会化》，载《世界经济与政治》，2007年第3期。

体在社会性过程中行动，自然会进行利益权衡。但行为体置身于关系复合体之中，并且每时每刻都在这种复合体中运动，所以，处于过程之中的行为体（actors-in-process）就会整合和被整合，其身份也会得以塑造和再塑造，利益也就会得以定义和再定义。进而，过程中的行为体会权衡利益，但利益的权衡并不意味着它可以任意脱离过程，因为行为体和过程是一体的。这种不断的运动，不断的塑造和被塑造，就成为产生动力的源泉。也就是说，过程是运动的关系，关系的运动产生过程动力。

与之相关的一个重要观点就是过程产生的这种动力是不能还原到个体行为体的，因为关系本身不可能是由某一个人建构的，它必然是相互性存在。我们仍以谣言的传播为例。谣言可以是有意传播的，也可以是无意传播的。前者属于有主体过程，后者属于无主体过程。当一个信息被无目的和无意识地传播开来并变成谣言的时候，这个过程就形成了。最后出来的谣言是与原来的信息完全不相同的东西，甚至是无中生有的东西。这个传播过程可以说是充满了动力，因为其中包含了复杂的人际关系网络，网络上的每一条经络都会运动起来，成为传播过程中的动力源，但是这一动力本身又无法还原到任何一条具体的经线和络脉。所以，过程理论从定义上讲只能是体系层面的理论。

3．过程的作用

在国际关系中，过程的重要意义在于过程通过互主性实践关系孕育规范、培育集体情感，并因此催生集体认同。虽然主流建构主义对规范形成和集体认同有过不少的讨论，这里我们还是希望补足一些被遗忘的东西，同时我们也希望将培育集体情感这个主流建构主义没有讨论过的方面作为过程的一个主要作用加以讨论。

过程孕育规范。规范是行为体广泛接受的适当行为的准则，[①] 规范的孕育和形成，有着两个方面的动力。一方面来自规范的倡导者，另一方面来自过程本身。西方主流建构主义强调的是前者，认为规范通过倡导者提出，通过制度化和社会化两种手段来实现并加以普及。[②] 制度化是规范的内化途径，但并非规范普及的必要条件，可以先于或后于规范普及。欧盟的发展

① Peter J. Katzenstein, "Introduction: Alternative Perspectives on National Security", in Peter J. Katzenstein, ed., *The Culture of National Security: Norms and Identity in World Politics*, New York: Columbia University Press, 1996, pp. 1-32.

② Martha Finnemore and Kathryn Sikkink, "International Norm Dynamics and Political Change", in Peter J. Katzenstein, Robert O. Keohane and Stephen D. Krasner, eds., *Exploration and Contestation in the Study of World Politics*, Massachusetts: The MIT Press, 1998, p. 255.

道路一直遵循高制度化的路径，通过签订一系列具有约束性的条约来推进欧盟的规范。[①] 而在东亚，由于对非正式原则的重视和制度建设的滞后，规范的传播与普及显然更多地是通过社会化而非制度化实现的，无论是东盟还是东亚13国的地区合作都是如此。但无论制度化还是社会化，都是在实践过程中实现的。比如，当社会化进程开始之后，参加的行为体都会感受到“伙伴压力”，即“一个地区许多国家接受新规范后（对新成员）产生的累积效应”。[②] 当规范被广泛接受以后，规范就被国家当作理所当然之物内化了，并因之成为国家行为适当性的自我判断标准。

第二方面是规范产生于过程本身。对于这一点，西方国际关系学者则很少关注，因为他们很少思考过程的自身动力问题。过程建构主义认为，规则和规范是在社会化进程中孕育的，形成的动力也来自过程本身。也就是说，规范不仅是行为适当性的标准，而且也是规范参与者的实践活动，这种实践过程使得规范得以塑造实践者，也被实践者所塑造。[③] 过程的运动既意味着规范通过行为体的社会性实践被持续不断地建构和再建构，共同利益被不断地生产和再生产，也意味着这些被建构的规范和规则反过来对过程的维持又起到了促进作用。这种互动的结构产生了行为体之间持续的社会化，行为体的实践活动又促进了这种互动的持续和发展。因此，过程的维持可能比任何实质性的立竿见影的结果都更为重要。过程建构主义承认有主体过程的重要意义，但更加突出了无主体过程的自身动力。在规范孕育和形成方面，过程建构主义更加突出的是过程本身的作用。承认过程的自身动力，试图发现这种动力的意义和作用，这是过程建构主义的重点研究议程。再以东亚地区合作为例，过程建构主义的学术兴奋点在于：哪些规范是无主体过程本身孕育和传播的；这样的规范孕育和传播又是如何改变和重塑东亚地区相互的角色身份的。

过程还有一个重要作用，这就是培育集体情感。主流建构主义以及西方重视过程的社会理论忽视了过程的另外一个重要作用，这就是过程建构

---

① 秦亚青主编：《观念、制度与政策——欧盟软权力研究》，北京：世界知识出版社2008年版，第11—17页。

② Francisco Ramirez, Yasemin Soysal and Suzanne Shanahan, “The Changing Logic of Political Citizenship: Cross-National Acquisition of Women’s Suffrage Rights, 1890 -1990”, *American Sociological Review*, Vol. 62, No. 5, 1997, pp. 735-745, 转引自 Finnemore and Sikkink, “International Norm Dynamics and Political Change”, p. 263。

③ 儒家的“礼”主要是指人际交往的原则和规范，在这个意义上讲，“礼”近似于西方社会学中的“规范”概念。当然，这是一种比较简单化的类比。由于儒学的入世原则，所以“礼”是具有高度实践内涵的。参见郝大维、安乐哲：《汉哲学思维文化探源》，南京：江苏人民出版社1999年版。

集体情感。理性社会对情感的重视较低，在其理论构建过程中往往有意排斥了情感的作用；而在关系性社会中情感的意义是极其重要的。① 肯尼斯·博尔丁在讨论权力的时候曾经注意到情感的重要意义，认为权力有着三张面孔，第一是强制性权力，比如海湾战争中的美国与伊拉克；第二是交换性权力，比如经济相互依存中中国与国际经济体系；第三是情感性权力，比如孩子与宠爱她的父母。一个年幼的孩子的物质性权力资源是极其有限的，但孩子之所以能够让父母做她希望做的事情，是因为她使用了情感这个能够影响父母的唯一权力杠杆。② 在心理学和社会学领域，中国（包括台湾地区）学者与西方学者的一个根本不同也是将研究重心放在情感方面。比如黄光国提出了三种关系：工具性关系、情感性关系和混合性关系。③ 混合性关系是工具性关系和情感性关系的混合形式，理性社会偏重工具性关系，关系性社会则偏重情感关系。④

集体认同是建构主义的重要概念，社会建构的重要结果就是形成集体认同，亦即行为体普遍认同主导规范和因之确定的相互身份。西方主流建构主义理论更多地注重与理性相关的因素。温特定义了与集体认同相关的四种主要变量——相互依存、共同命运、同质性和自我约束。⑤ 比如在应对1997年亚洲金融危机的过程中，东亚各国对于国际货币基金组织等全球性制度的失望使它们认识到相互依存、共同命运和东亚国家的同质性，也看到了中国坚持人民币不贬值的自我约束行为。所以，从东亚的例子可以看出，在地区合作进程中，东亚有着高度的相互依存、面对区域一体化和全球化大背景而产生的共同命运感、以及不断增强的共有规范和大国自我约束的征兆。⑥ 一场金融危机使得东亚国家的集体认同感大大增强，并因之启动了东亚“10+3”的合作进程。由于涉及这些主要变量的活动只能表现于互动的进程中，所以说进程催生了集体认同。

集体认同通过这四种变量的作用而形成，这无疑是有意义的讨论，但这些概念之中几乎完全没有情感因素的成分。所以，即便我们重视主流建

① 有中国学者因之称中国社会为“情场化”社会。参见黎鸣:《情场化社会》，北京：中国社会出版社2005年版。

② Kenneth Boulding, *Three Faces of Power*, Newbury Park, California: Sage, 1990.

③ 黄光国、胡先缙等:《面子：中国人的权力游戏》，北京：中国人民大学出版社2004年版，第5—11页。

④ 对于情感的作用，中国学者论述比较多。参见翟学伟:《人情、面子与权力的再生产》；黎鸣:《情场化社会》等。

⑤ 亚历山大·温特:《国际政治的社会理论》，第7章。

⑥ 比如在东亚，中国加入《南海各方行为宣言》和执行“早期收获计划”是这方面的例子。

构主义对集体认同的讨论，从过程的概念上面仍然可以看出，西方学者的研究重心是考虑过程如何通过理性使行为体内化体系规范并在利益和规范趋同的情况下产生集体认同。过程建构主义认为，过程还有十分重要的一面，就是建立、维系和强化情感性关系，使行为体在情感趋近的情况下产生集体认同，使得集体认同有着更加坚实的基础。这种情感趋近在许多时候不是理性作用的结果，而是在过程中通过不断交往和发展关系而产生出来的，同时，情感的接近又促动互动过程的进一步发展。西方国际关系理论往往重视理性的计算，并且认为“只要实现目的可以不择手段”。这类理论忽视了情感的力量。重视情感的社会重视维持过程，维持可以加深情感、加强关系的过程，重视维持和经营可以加深情感的关系。而情感性关系正是因为超越了利益的理性计算而往往是一种更趋长久和稳定的社会关系。①

过程只有在通过加强集体情感的情况下，才能呈现交感而化的效果。“交感而化”即关系的运动和建构导致渐进变化。过程在不同领域和不同层次上孕育共有规范和规则，赋予民族国家之间的互动以意义，催生集体认同和集体情感，改变体系内的角色结构，从而规定行为体的利益，塑造行为体的行为模式。比如迄今为止的东亚地区合作努力就代表了一种以过程为主导的社会建构模式，通过一体化过程实现渐进式的社会化和吸引主要国家参与过程的能力是这个模式的核心内容。理性国际关系理论首先为理性行为体在采取行动时设定了目标，所以将实现的过程视为“手段”，也就是次要的因素。在过程建构主义中，过程既被解释为手段也被解释为目的，既是实践活动的场所，也是实践活动本身。如果强行实现预设目标可能具有颠覆过程的危险，行为体宁愿推迟甚至重新设定目标来维持过程的延续，这正是过程的目的性特征。

三、关系本位：过程建构主义的核心假定

在讨论了过程的学理意义之后，还需要考虑它的实质性内涵，也就是它最不同于西方主流国际关系理论的理论硬核：关系性。过程的实质内涵是运动的关系，过程中的行为体也就是关系中的行为体（actors-in-relations）。所以，过程建构主义的分析重点是关系，观察对象是关系中的行为体。在国际关系领域，这就是国家间关系和关系中的国家。

① 黄光国：《人情与面子：中国人的权力游戏》，黄光国：《儒家关系主义：文化反思与典范重建》，第7页。

国外社会科学理论中重点讨论“关系”的论文是埃米尔拜尔1997年在《美国社会学杂志》上发表的《关系社会学宣言》。[①] 这篇论文首先提出了社会学领域的两大对立观点：实质主义（substantialism）和关系主义（relationalism）。埃米尔拜尔认为，实质主义是社会学的基本思维方式，将行为体视为独立的、分离的理性行为体，可以根据自己的自由意志采取独立的行动（self-action）。所以，社会研究的基本分析单位就是这种独立的个体。当然，这些独立的个体不可能不发生互动，互动也必然产生过程，但是这种互动是具有先验身份的个体以既定的身份、出于利益权衡而发生的，所以，从根本上这种过程只是一个空壳。而埃米尔拜尔提倡的社会学则将过程视为具有重要意义的基本分析单位。对于埃米尔拜尔来说，在关系社会学中，行为体不应被视为独立的、分离的理性行为体，他们是社会中的行为体，社会关系先于行为体而存在。

国际关系学界对于关系社会学的反应集中体现在1999年美国哥伦比亚大学的杰克逊和奈克森发表的论文《先有关系，后有国家：实质、过程与世界政治研究》中。[②] 这篇论文将埃米尔拜尔的关系社会学应用于国际关系领域，提出了一个“过程 / 关系”研究模式，强调了过程本身的建构作用和过程的动态性质。后来，杰克逊在一篇实证文章中将“关系建构主义”（relational constructivism）应用到北约对南斯拉夫发动的军事打击的研究之中。从这篇论文中可以看出，杰克逊的“过程”是一种话语过程，即行为体是如何通过话语作用使自己的行动具有合法性的。[③] 这篇论文指出了一个重要的问题：行为体的行为是在话语过程中被不断诠释的。但其过程 / 关系模式的动力机制局限于话语作用，话语过程有着明显的动力主体，即北约。所有使北约轰炸合法性的话语建构都是北约这个动力主体的有目的和有意识的行为。所以，作者的论述实际上更是对实体（entities）的研究，亦即一个独立的实体（北约）如何通过话语诠释，为自己的行为（轰炸南斯拉夫）辩解并使之具有合法性的。从这一点上说，他与西方语言建构主义研究的方式大致是相似的，也没有将过程的分析重心放在关系上面。

---

① Mustafa Emirbayer, “Manifesto for a Relational Sociology”, *American Journal of Sociology*, Vol. 103, No. 2, 1997, pp. 281-317.

② Patrick Thaddeus Jackson and Daniel H. Nexon, “Relations before States: Substance, Process and the Study of World Politics”, pp. 291-332.

③ Patrick Thaddeus Jackson, “Relational Constructivism: A War of Words”, in Jennifer Sterling-Folker, ed., *Making Sense of International Relations Theory*, Boulder and London: Lynne Rienner, 2006, pp. 139 -155.

这些关于过程与关系的论述的学理意义在于开拓了新的研究空间。他们的研究暗含了费孝通的稻秸和涟漪理论：独立分离的稻秸表现了西方的实质主义；连绵不断的涟漪表现了中国的关系主义。但是，由于其研究背景仍然是西方国际关系的理论话语体系，所以对关系的理解在很大程度上处于“为关系而关系”的状态。一方面，这些学者看到了在西方根深蒂固的实体性思维方式存在缺陷，认识到关系的重要性；另一方面，对关系的本质意义、关系与过程的关系、关系在社会互动实践中的作用等方面的认识是不清晰的。所以，无论埃米尔拜尔还是杰克逊和奈克森在理论假定中都将关系等同于过程，在实际研究中也都有意无意地回归实质主义和实体研究。进而，无论是费孝通的涟漪理论还是杰克逊和奈克森的关系理论，都需要一种外力的推动，都不具备上文提出的过程的自身动力问题。

为了能够真正使中国的关系主义成为国际关系理论的一个核心理念和形而上理论硬核，需要依照中国的思维方式进行概念化，为此，我们对关系性做出以下基本假定。

假定一：关系本位的假定。这是过程建构主义的核心假定。社会是多层面的复杂体，对社会的研究，关键是要发现多层面复杂体中至关重要的联结枢纽。西方将独立的个人视为社会中最重要的单位，是一切社会活动的枢纽。这是社会科学中的原子论，与西方自然科学的原子论相契合，而分析的基本单位自然是这些独立和分离的个人。西方微观经济学是一个典型的例子，西方国际关系理论也是在这样一种思维框架中展开的。华尔兹的结构现实主义、基欧汉的新自由制度主义等理性主义国际关系理论表现得最为明显。在主流建构主义强调社会性的论述之中，作为分析单位的个人虽然被弱化，但是其思维根基仍然没有摆脱独立个体作为基本分析单位的窠臼：在理论上予以否定，在实际研究中予以认可。[①] 所以，西方主流国际关系理论的一个主要特点是“个体本位”，是以个体为核心的思维路径，是以个人为出发点研究个人与个人之间的关系，而这种关系是由理性个体根据自己的给定利益加以界定的。温特建构主义虽然弱化了个体本位，但

① 参见斯蒂夫·史密斯（Steve Smith）对温特的批判，史密斯认为，从根本上说，温特仍然是一个理性主义者。Steve Smith, “New Approaches to International Theory”, in John Baylis and Steve Smith, eds., *The Globalization of World Politics*, New York: Oxford University Press, 1999, p. 186. 另参见 *Review of International Studies* 杂志专门设立讨论温特建构主义的论坛，尤其是其中 Steve Smith, “Wendt’s World” 等文章，*Review of International Studies*, Vol. 26, No. 1, 2000, pp. 123-180.

是第一次相遇的比喻说明他对独立个体优先性的承认。①

西方社会的个人主义和理性原则是根深蒂固的理念，而中国社会中产生的思维方式则不是如此。本文以为，中国社会的基本特点之一是“关系本位”。所谓关系本位，就是说在社会生活中“关系”是最具意义的内容，是一切社会活动的枢纽。所以，关系性，亦即以关系为基本内容的社会属性，构成了社会知识和社会生活的核心。儒学以关系为起点的基本政治哲学思想首先是以各种不同的关系界定社会等级和政治秩序的，社会和政治的稳定首先是各种关系的顺达，社会规范多是关于调理关系的规范，社会和谐则是以道德主导和调节矛盾为基本标志的。台湾心理学学者何友晖在他的“方法论关系主义”中对关系主义的论述实际上说明了“关系本位”的实质意义。他认为，社会现象的事实和原则是从许多个人形成的关系、群体和机构之中滋生出来，并独立于个人特征之外。因此，关于个人的事实必须放在社会脉络中加以理解。② 这种社会脉络就是各种关系的组合。如果说西方的个人本位是基于西方文化传统和社会事实，那么中国的“关系本位”也是基于中国文化传统和社会事实的。中国传统的阴阳观是将关系置于研究的核心，因为关系在中国人的思维中是处于第一位的。③

关系本位与个人本位具有十分不同的社会意义。作为多层面复杂体的社会中至关重要的联结枢纽就是关系。中国传统思维方式重视环境因素，环境主要是指社会环境，而社会环境主要由关系构成。环境本身就是一个复杂关系系统，是纵横交错的关系网络。这种关系网络的图像更像是中医的人体经络图。④ 如果说可以总结出一个“关系律”的概念，它与西方的因

---

① 温特设定个人优先于社会的存在，所以他设计了第一次相遇：两个原来完全没有互动的个体第一次相遇，并由此开始互动。参见亚历山大·温特:《国际政治的社会理论》，第180、414—418页。

② D. Y. F. Ho and C. Y. Chiu, “Collective Representations as a Metaconstruct: An Analysis Based on Methodological Relationalism”, *Culture and Psychology*, Vol. 4, No. 3, 1998, pp. 349-369; D. Y. F.Ho, “Relational Orientation and Methodological Relationalism”, *Bulletin of the Hong Kong Psychological Society*, No. 26/ 27, 1991, pp. 81-95转引自黄光国:《论华人的关系主义：理论的建构与方法论的考量》，黄光国:《儒家关系主义：文化反思与典范重建》，第87页。

③ 美国心理学家理查德·尼斯比特 (Richard Nesbitt) 做过一个试验：两组儿童，一组是美国儿童，一组是中国儿童。给他们看同一幅画，上面画着鸡、牛和草地，然后让他们将两样相关的物体连接起来。美国儿童将鸡和牛连接在一起，而中国儿童将牛和草地连接在一起。尼斯比特认为，中国人倾向于根据关系（牛吃草）思考问题，而美国人则是根据类属（鸡和牛同属动物）思考问题。参见 Richard E. Nesbitt, *The Geography of Thought: How Asians and Westerners Think Differently and Why*, New York: Free Press, 2003, pp. 139-147。

④ 区结成:《当中医遇上西医：历史与省思》，北京：三联书店2005年版。

果律必然出于不一样的思维方式和建构方式。因果律首先需要将事物或变量独立起来，然后找出两者之间的因果关系，有因必有果。而中国人则可能更会在一个关系网络的整体中发现变动不居的关系律。也就是事物因关系的变化而变化，整体关系网络可以影响网络中的个体，反过来，网络中的个体与个体互动也会影响整个关系网络。西方人要尽量控制可干扰变量，而中国人要尽量考虑可干扰因素。

关系是过程发展变化的动力，关系性是社会最根本的特性。由此推而广之，如果国际体系中也存在一个国际社会的话，[①] 关系性也是国际社会的根本特性之一。我们这样说并不是完全以关系性替代理性，关系中也包含着理性，只是对理性的认识不再是个体的、分离的思维所致，而是由关系的、整体的和社会的考量加以界定的；对理性个体的认识也不再是先验给定的理性权衡，而是关系理性式思维的社会人。

假定二，关系确定身份的假定。这一假定的关键是关系身份（relational identity），指个人的身份只有在关系中才能够界定，个人行为的意义也只能在关系中产生，也就是说行为体在关系之中才能存在。关系确定身份，没有关系就没有行为体。所以，个人从一开始就是社会人，不是独立和分离的自然单位，而是置身于一个复杂的关系网络之中，这个网络的脉络节点界定了个体的身份、角色和行为的适当性。温特假定的第一次相遇是虚假的假定，因为个人不仅降生到物质世界上，也同时降生到社会世界之中，从一出生就有着关系网络对身份的界定。任何个体的身份只有在关系网络复杂体中存在，绝对个体是没有身份的，也不可能是社会存在。正因为如此，绝对独立和分离的个体是不存在的。自我身份只有在与他者共存中才能够存在。

正是由于个体身份是由关系网络界定的，所以个体的身份也必然是多种共存，这样就形成了关系中行为体的身份格局。尼斯比特从诸多比较试验中发现，西方人重物质实体，并且首先发现和界定实体独有的自身性质，然后根据实体性质进行分类，并试图发现决定某类实体行为的规律。东方人的思维则不同，我们注重的是环境。任何实体只能存在于环境之中，要了解某个实体，必须首先了解这个实体与环境和环境中其他实体的关系。[②] 尼斯比特的试验给我们的启发是，关注实体，则必然重视独立变量以及独

① 赫德利·布尔著，张小明译：《无政府社会：世界政治秩序研究》，北京：世界知识出版社2003年版。

② Richard E. Nesbitt, *The Geography of Thought*.

立变量之间的因果关系，相对忽视的就是环境和环境因素，这样的思维必然认为独立变量之间的因果关系构成了了解世界的认识论；关注环境，则必然重视关系，世界原本是一个不间断的、相互关联的人物和事物构成的混合体，而不是一个相互分离的个体简单相加的集合体。这些人物和事物之间的关系本身产生事物发展变化的动力。关系使得事物变动不居，使得实体在非关系中成为非实体，实体存在因之也就成为非存在。所以，关系本位必然与方法论的整体主义相联系，关系本位的思考方式是难以产生西方个体主义方法论的。这就是为什么中国人在思考国际关系运作的时候，总是首先考虑“天下大势”或是总的国际形势环境，然后考虑中国作为国际体系中的行为体处于这种大势和各种复杂关系的什么节点上面，最后才会考虑通过什么样的关系来采取什么样的行动是合适的。

作为西方理性主义国际关系理论的现实主义和自由主义总是首先设定一个独立的自我，具有自身的属性和自组织能力。其实主流建构主义也是如此，首先确定独立个体，然后讨论两个独立自我的首次相遇，启动了自我与他者的关系，于是社会关系从这里开始。而中国哲学的思维是不存在独立于社会和他者的自我，不存在西方式的自由行为体。自我的身份总是在关系中产生和存在：没有自我和他者的关系，自我也就没有了身份，因此也就没有了自我。个体自我的存在是在诸如家庭、村庄、社会、国家等集体中获得身份的，自我只有在一系列的关系网络中才能具有实践活动的身份和能力。比如当一个中国运动员夺得金牌的时候，她会很自然地说要归功于祖国。对于西方人来说，可能首先归功于自己的努力。这不是中国人的虚伪，而是中国人的思维。在关系网络中，自我的不同身份可能会同时被激活，而不是像温特所说的那样，虽有多种身份，但可单一激活。所以，维护各方关系，保持整体和谐就成为中国社会的基本思维和行为方式。

关系确定身份这一假定还有一个重要的含义：身份的可变性。东西方的辩证法是不同的，根本的不同还是在身份的可变性上面。西方人认为身份就是事物或行为体的实质存在，没有一个特定的身份，也就没有了整个事物或行为体。所以，一个事物或一个行为体就是它自己而不是其他一个事物或行为体。即便强调变化的主流建构主义，也更多地讨论行为体身份中某些特征的变化，而不是其根本身份的变化。而中国人认为变化是常态，易者衡也。所以身份可以是多重的，可以是交互的，可以是变化的。同时，西方坚持非悖论原则，认为一个观点或是属真或是属假，不可能亦真亦假。而中国的矛盾原则是：真是假来假亦真，真中有假，假中有真；真可变假，假可变真。“变”字才是事物的本真性质，“变”才真正表现了关系中个体的身份。我们在上文中提到中国的包容式辩证思维方式：在过程中的某个时空点上，身份是变化中的身份，在身份正在变化的个体身上同时存在A和非A两种不同的身份特征。这种变化是根据社会关系的变化而变化。这是西方话语体系和概念体系无法解释也无法理解的东西。所以，中国哲学不会像西方那样预设某种个体身份，身份和关系网络是同时存在、同时设定、同时变化的。

过程建构主义接受主流建构主义的社会性假定，亦即接受了温特建构主义的一个重要观点：身份确定利益，利益决定行为。过程建构主义的论断是关系建构身份，因此，关系也就确定了行为体的利益和行为。试想，在“文革”当中，如果一个婴儿出生在一个“黑五类”的家庭之中，其也就出生在一个政治和社会关系网络之中。作为这个网络中的个体，其身份从一出生就被确定，其行为在很大程度上也就被设定了范围。这个关系网络的意义是可以发生变化的。比如改革开放之后，整体关系网络的政治和社会含义得到了重新诠释，“黑五类”这个术语已经不再具备现实意义，或者说在新的社会语境中已经没有意义。这样一来，其身份就可以得到重塑，从而其利益和行为也就得到重塑。所以，过程选择意味着关系性影响到关系中的行为体的行为，关系网络意义的变化导致关系中行为体身份的重塑，也意味着行为体行为的变化。

假定三：关系孕化权力的假定。关系孕化权力的假定表示，权力是关系性权力（relational power），权力在关系网络中孕化。权力是国际关系理论乃至政治学的核心概念，任何国际政治理论都无法逾越对权力的讨论。虽然人们对“权力”概念的定义难以达成一个完全的共识，但“大多数分析家们还是承认，权力基本上是指一个行为者或机构影响其他行为者或机构的态度和行为的能力”。[①] 如果用最简单方式表述，权力就是影响力。

西方对权力的经典定义出自罗伯特·达尔。其实，达尔也是将权力视为人与人之间的一种影响关系：A对B拥有权力就是指A具有让B做B本不愿意做的事情的能力。这样就将权力定义为那种让别人做他们本不愿意做的事情来满足自身目标的能力。这种能力以一定的资源为基础，通过一定的手段，以促使他人行为的改变来实现自身的目标为预期结果。西方政治学对权力的基本定义表现了两种推理方式。首先，它仍然表现了根深蒂

① 戴维·米勒、韦农·波格丹诺著，邓正来等译：《布莱克维尔政治学百科全书》，北京：中国政法大学出版社1992年版，第594—595页，转引自季玲：《软权力理论》，载秦亚青主编：《观念、制度与政策——欧盟软权力研究》，第25—26页。

固的因果式思维背景。尽管在这些定义中权力也被定义为关系，但是这又回归了将关系视为背景和场所的思维定势。因此，西方学者要先确立权力拥有方和权力接受方的二元结构，然后观察拥有方对权力的行使（原因）导致了权力接受方什么样的行为和态度的改变（结果）。对权力进行因果诠释是具有吸引力的，因为这样会使研究人员能将这种权力研究方法运用到更一般的情况中。① 其次，权力表现为个体的物质能力（硬权力）或是吸引能力（软权力）。无论前者还是后者，都是独立的个体行为体所拥有的东西，是可以直接作用于受力对象的。所以，虽然西方学者也认识到权力是一种关系，但是这样的关系又落入了实体理论的套路，关系不过是两个实体之间施加影响的平台和背景。

过程建构主义并不否认西方主流国际关系理论对权力的这种理解，权力的因果逻辑也确实是存在的：权力大的一方的意愿是原因，权力小的一方的行为是结果。但是过程建构主义更注重权力的关系性实质。这表现在三个方面。第一，关系是权力运作的平台，没有关系便没有权力。即便从达尔的经典定义来看，权力也必须表现在一种关系之中。所以权力总是关系性权力，也就是说，权力决不仅仅是某个实体的物质性拥有物，而是必然通过相互关系才能表现出来。比如在朝核问题上，虽然在参与的六方之中，美国的实力是最强大的，但是在最困难时期对朝鲜影响最大的不是实力最大的美国，而是中国。中国在朝核危机缓解方面起到了不可替代的作用，是因为中国与朝鲜的关系、中国与美国的关系以及中国与东北亚的关系都是其他国家不可替代的，中国的影响力来自关系，来自运作和协调涉及朝核各方的关系网络。

第二，关系可以放大权力，也可以制约权力。在任何一种关系网络中，关系总是对权力的运作产生影响。比如，在中国宗族社会中，父亲对儿子的权力是绝对的和至高无上的。这种权力并非是父亲拥有的、可以影响儿子的实际能力（比如体力和脑力）。父权得到无限的放大，是因为宗族社会规定了父子的关系。同时，权力也可以在关系中得到制约。就目前东亚地区的实力结构来说，中国的物质性实力已经远远超过了东盟中的任何一个国家，也超过了东盟这个次地区组织。但是，自1991年以来，中国重新界定了与东盟的关系，改原来的敌对关系为友好睦邻关系，并在其后的15年里将中国与东盟的关系发展为全面战略伙伴关系。这种关系不仅约束了中国对某种权力形式（比如武力）的使用，而且也使中国在维持和发展关系

① 季玲：《软权力理论》，载秦亚青主编：《观念、制度与政策——欧盟软权力研究》，第27页。

的过程中进行了自我约束。

第三，关系就是权力。西方国际关系学者在讨论权力的时候，很难考虑到关系这种无形的东西可以成为权力资源。现实主义学者考虑的总是物质性权力资源，比如经济实力和军事实力等。[①] 即便是研究软实力的学者，也往往不把关系置于分析框架之内。小约瑟夫·奈是这样表述软权力概念的："一个国家在世界政治中获得想要的结果可以是由于其他国家——羡慕其价值观、模仿其榜样、渴望达到其繁荣和开放的水平——愿意追随之。这种软权力——使其他国家想要你所想要的结果——同化他人而不是胁迫他人。"[②] 无论价值观、效仿榜样还是繁荣和开放，都是行为体自身的东西，这里面不包含具有相互性和主体间性的关系。但是，关系和关系网络是重要的权力资源。

四、结语

本文提出的过程建构主义是重视过程的体系层次理论模式，目的是要将中国社会文化中的一个核心元素——关系性——挖掘出来，以它为硬核，构建一个理论轮廓，并希望这个理论模式能够解释现有国际关系体系理论没有解释或是解释不足的国际关系现象，以此丰富国际关系理论的宏大体系，显现被压抑和被忽视的社会性特点。

过程建构主义有三个特点：第一，将过程置于集体身份建构的核心，将过程自身视为可以产生原动力的时空场域；第二，将"关系"设定为过程的核心内涵，也就是确立"关系本位"的过程建构主义基本假定；第三，过程因运动中的关系而具有自身动力，过程的基本功能是"化"的能力。过程建构主义的重心在过程，过程的核心是关系。过程的意义不仅在于它可以导向结果，而且更重要的是它能够通过关系的流动孕化权力、孕育规范和建构行为体身份。过程在加强情感性关系方面，具有重要的和不可替代的意义。所以，集体身份认同不仅仅是通过相互依存或是共同命运等基于理性和利益考虑而建构起来，它还要通过集体情感的建构，而维持、经营、强化过程是建构集体情感的重要环节。过程理论并不否定结果的重要

---

① 比如"战争相关系数"（Correlates of War, COW）指标体系的"权力"测量指标包括了军事、工业和人口三项指标。参见 A. F. K. Organski and Jacek Kugler, *The War Ledger*, Chicago: University of Chicago Press, 1980。

② Joseph S. Nye, *Soft Power: The Means to Success in World Politics*, New York: Public Affairs, 2004, p. 5.

性，行为体行动的目的是为了取得结果。但是在预知结果难以取得或是暂时无法取得的时候，维持过程可能比达到预期效果更加重要。维持过程，就有可能最终达成预期结果。即便无法达成预期结果，过程也通过关系的运动，调整着各方利益和对利益的认识，协调各方的关注和要求，加强各方的情感认同，因而达成更好的或是比较好的结果。这样一来，过程自身的地位就大大加强，也就是说，过程既是手段也是目的，维持过程本身与通过过程获得结果具有同等重要的意义。

过程建构主义将关系性这个中国社会的核心概念设定为自己的硬核，那么，这是否意味着它不会具有普适性意义呢？本文以为，社会科学的理论必然出自于局部的地缘文化背景，但也能够升华到具有普适意义的层面。比如西方的理性主义，它是从西方尤其是自启蒙以来的西方社会中产生的，但它抓住了人类的一个通性，即利己的、可以进行成本效益权衡的特点，使之成为社会理论的硬核，因之出现了大量的理论成果，成就了许多人类制度的创新，也使理性成为具有普适意义的核心概念。理性成为主导概念之后，便自觉不自觉地压抑了许多其他重要的社会性因素，使得理性成为唯一的元概念。无论理性概念多么重要，它都无法也无力承担起“唯一”的重负。

关系性是中国社会中的一个突出概念，几千年中国社会的历史和经验，无论是常人的实践活动还是思想家的思考论述，往往是将关系置于核心位置的。但我们在这里并不希望也不可能完全照搬传统理念对关系性的叙事，而是希望将这一概念置于现代国际关系和中国经验的框架之中，发掘关系性的意义。实际上，在任何社会中，关系性都是十分重要的因素，因为“社会必须定义为一种关系”。[①] 虽然不同社会对关系性的解读不尽相同，甚至差别很大，但任何社会都不可能不以关系性作为自己的定义性特征。正是因为过程建构主义的核心概念有着普适性的潜力，所以，这一理论模式也就可能产生普适性的意义。

① 流心著，常姝译：《自我的他性：当代中国的自我系谱》，上海：上海人民出版社2005年版，第5页。

第二轨道进程：清谈、非正式网络与社会化

——以东亚思想库网络为例

魏　玲*

自2005年以来，每年的东盟+中、日、韩（"10+3"）领导人会议都要评阅一份来自东亚第二轨道（简称"二轨"）的政策建议报告，这个二轨就是东亚思想库网络（Network of East Asian Think-tanks，简称NEAT）。东亚思想库网络成立于2003年9月，由东盟十国和中、日、韩三国的主要智库组成，当时是作为"10+3"领导人会议批准的建设东亚共同体的17项短期措施之一由中国方面负责落实的。短期措施的时间跨度是三年，在成立之时，有人认为这不过是又一个"清谈馆"而已。如今近六年过去了，东亚思想库网络不仅成为东亚共同体建设进程中推动功能合作最活跃的二轨活动，[①] 而且被列入了《2007—2017年东盟与中日韩合作工作计划》，[②] 向"10+3"领导人会议呈递NEAT政策建议报告也成了一个惯例。

自1997年东亚合作正式启动以来，亚太地区的第二轨道活动迅速增加。根据日本国际交流中心的统计，2005年亚太地区的第二轨道活动达到了216次，是1998年（34次）的6倍多。[③] 那么在众多二轨中，东亚思想库网络为什么能够在短短几年之内成为东亚地区最重要的二轨之一？第二轨道在地区一体化和共同体建设中究竟能发挥怎样的作用呢？本文从东亚思想库网络的问题出发，试图建立一个第二轨道的社会化和规范建构理论模型，并将以东亚思想库网络为案例进行验证。

---

* 魏玲，外交学院亚洲研究所所长、教授。本文发表在2010年第2期《世界经济与政治》。

① Dialogue and Research Monitor, Japan Center for International Exchange, "Overview Report, January-June 2005", http://www.jcie.or.jp/drm/Jan2005, 2008-1-10.

② "ASEAN Plus Three Cooperation Work Plan (2007-2017)", Singapore, November 20, 2007, http://www.mofa.go.jp/region/asia-paci/asean/conference/asean3/plan0711.txt, 2008-1-27.

③ Dialogue and Research Monitor, Japan Center for International Exchange, "Overview Report, January-June 2005".

一、“二轨理论”及其不足

关于第二轨道的理论研究并不多，我们可以将相关理论大致分为三类进行梳理和分析，即第二轨道外交、第二轨道进程和学术共同体研究。

（一）第二轨道外交

“第二轨道外交（Track II diplomacy）”是美国前外交官约瑟夫·蒙特维尔（Joseph Montville）于1979年提出的。[①] 在20世纪80年代，约翰·麦克唐纳（John McDonald）、罗纳德·费希尔（Ronald J. Fisher）和迈克尔·贝弗利（Michael Bavly）等人对其思想做了进一步的理论发展。[②] 1991年，蒙特维尔给第二轨道外交下了一个明确的定义，即“敌对国家或组织的成员之间的非官方、非正式的互动，互动的目的是制定战略、影响公众舆论、调动人力和物力资源，以帮助解决冲突”。[③] 第二轨道外交吸收了政治心理学和现实主义的基本假定，以心理上的“安全困境”为出发点，将非官方和非正式的互动作为官方外交（第一轨道）的补充和解决冲突的重要手段；陷入安全困境中的第一轨道会激活第二轨道，二轨一方面可以通过研讨会和谈判等形式疏通对话渠道、解决安全困扰，另一方面也可以通过观念、协议和政策建议影响一轨；一轨和二轨之间的互动模式是激活—影响型。“第二轨道外交”理论并不能解决第二轨道的物质性权力和第二轨道的观念性权力之间的张力，物质性权力仍然是互动中最重要的因素。这个理论也不能解释东亚思想库网络现象，因为它的产生并非缘于安全困境，

---

① M. J. Zuckerman, “Track II Diplomacy: Can ‘Unofficial’ Talks Avert Disaster?”, *Carnegie Reporter*, Vol. 3, No. 3, 2005, http://www.carnegie.org/reporter/11/trackii/index.html, 2007-5-10; William D. Davidson and Joseph V. Montville, “Foreign Policy according to Freud”, *Foreign Policy*, No. 45, 1981/1982, pp. 145-157.

② 参见 John W. McDonald and Diane B. Bendahmane, eds., *Conflict Resolution: Track Two Diplomacy*, Washington, D. C.: Foreign Service Institute, 1987; Louise Diamond and John McDonald, *Multi-Track Diplomacy: A Systems Guide and Analysis*, Grinnell: Iowa Peace Institute, 1991; Ronald J. Fisher, *Interactive Conflict Resolution*, Syracuse: Syracuse University Press, 1997; Michael Bavly, “Second Track Diplomacy”, http://www.shalam.org/Second%Track%20Diplomacy.htm, 2007-5-10.

③ Joseph V. Montville, *Conflict and Peacemaking in Multiethnic Societies*, New York: Lexington Books, 1991, pp.262. 在这个定义中，有一个根本特征后来发生了改变，这就是“敌对”方。传统第二轨道外交是为“敌对”双方搭建交流平台，此时的交流是基于相互威胁的交流，以交流对象为敌对方；而后来的第二轨道进程，如东亚思想库网络和亚太安全合作理事会（CSCAP）等是基于共同威胁的交流，敌对方是交流双方的共同威胁。

也不是为了解决互动各方之间的冲突。尽管东亚思想库网络是一轨建立起来的，但其发展动力主要不是来自外部，而是来自内部。

（二）第二轨道进程

20世纪90年代早期的经济地区化带来了一轨和二轨的平行发展，这一趋势在亚太地区尤其明显。[①] 当时的第二轨道研究集中于亚太地区几个有着官方背景的非正式论坛，如太平洋经济合作会议（PECC）和亚太安全合作理事会。在新自由制度主义的影响下，学者们重点研究了这些论坛的互动和过程因素，因此他们提出的理论主张可以被统称为“第二轨道进程”。参与第二轨道进程的是有着官方背景的专家学者，通过非正式的学术交流和政策建议塑造决策者的偏好、提升合作的制度化，并影响国家的政策行为。

这一类研究可以进一步细分为两类：一类是制度性的第二轨道进程，[②] 另一类是规范性的第二轨道进程。[③] 制度性第二轨道进程强调官方的非正式参与，认为这是保证二轨效率的重要前提条件。它还强调制度化，认为二轨进程成功与否的重要标志就是它是否有助于在官方层面建立某种合作制度。规范性第二轨道进程以对话为主要形式，认为对话可以塑造规范环境，以实现国家的社会化和合作。这两种进程理论也都无法解释东亚思想库网络现象。首先，东亚地区一体化（包括二轨进程在内）的制度化程度不高。[④] 其次，如果所有二轨进程都有助于塑造东亚的规范环境，那么东亚思想库网络为什么能够比其他二轨更为成功呢？

（三）作为共同体的二轨：认知共同体和跨国倡议网络

尽管认知共同体理论和跨国倡议网络并没有使用“二轨”这个术语，

① 可参考日本国际交流中心的统计数据，http://www.jcie.or.jp/drm，登录时间：2008年1月10日。

② Lawrence Woods, “Non-governmental Organizations and Pacific Cooperation: Back to the Future?”, *The Pacific Review*, Vol. 4, No. 4, 1991, pp. 312-321; Stuart Harris, “Policy Networks and Economic Cooperation: Policy Coordination in the Asia-Pacific Region,” *The Pacific Review*, Vol. 7, No. 4, 1994, pp. 381-395; Desmond Ball, “A New Era in Confidence Building: The Second-track Process in the Asia/Pacific Region”, *Security Dialogue*, Vol. 25, No. 2, 1994, pp. 157-176.

③ Paul Evans, “Building Security: The Council for Security Cooperation in the Asia Pacific (CSCAP)”, *The Pacific Review*, Vol. 7, No. 2, 1994, pp. 125-139; Brian L. Job, “Track 2 Diplomacy: Ideational Contribution to the Evolving Asia Security Order”, in Muthiah Alagappa, ed., *Asian Security Order: Instrumental and Normative Features*, Stanford: Stanford University Press, 2003, pp. 246-272.

④ 秦亚青、魏玲：《结构、进程与权力的社会化——中国与东亚地区合作》，载《世界经济与政治》，2007年第3期，第7—15页。

但是它们所研究的共同体或网络在参与者以及互动的目的和形式上都与“二轨”有很多相似之处。认知共同体实际上是一个专家网络，专家们在某个领域具有公认的专业知识和能力，并在此领域或其他相关政策领域掌握权威的政策知识。[①] 认知共同体理论认为，国家的利益观、价值观和期望不是自动从物质结构中产生的，而是人们的理解、知觉和因果逻辑建构的。国际政治中存在大量的不确定性因素，因此认知共同体可以在政策协调过程中通过自己的阐释“框定”结构，促成合作行为。[②] 有学者运用认知共同体理论对亚太安全合作理事会进行了研究，重点研究它对相关一轨，即东盟地区论坛（ARF）以及东亚地区安全政策的影响。[③] 但是，研究表明，认知共同体对于东亚地区的第二轨道进程并不能提供令人满意的解释，因为东亚地区具有自己的特性，如丰富的多样性、参与者的多重身份以及在政策进程中私人关系的作用等等。[④]

跨国倡议网络的参与者是一群旨在推动特定议题（如环境、人权等）的活动家。他们因为共同体的价值观、话语体系和大量的信息和服务交流而结成跨国网络。[⑤] 跨国倡议网络的倡议活动目标不仅仅包括国家、国际组织和公共部门，还有私营部门。他们框定议题、创建有利的规范背景，并通过信息政治、象征政治、杠杆政治和责任政治来塑造制度、规范和程序，目的是影响政策行为和政策结果。东亚地区第二轨道进程与跨国倡议网络的根本区别在于二轨与政府的关系不同。二轨进程一般都有官方背景，而且主要通过加强与政府和决策者的网络关系来塑造政策偏好和结果。

总之，现有的第二轨道相关理论在解释力上存在几个共同的问题：第

---

① Peter M. Haas, “Introduction: Epistemic Communities and International Policy Coordination”, *International Organization*, Vol. 46, No. 1, 1992, p. 3.

② Peter M. Haas, “Introduction: Epistemic Communities and International Policy Coordination”, p. 3; Emanuel Adler, “The Emergency of Cooperation: National Epistemic Communities and the International Evolution of the Idea of Nuclear Arms Control”, *International Organization*, Vol. 46, No. 1, 1992, p. 102; Emanuel Adler and Peter M. Haas, “Conclusion: Epistemic Communities, World Order, and the Creation of a Reflective Research Program”, *International Organization*, Vol. 46, No. 1, 1992, pp. 367-390.

③ Sheldon Simon, “Evaluating Track II Approaches to Security Diplomacy in the Asia-Pacific: The CSCAP Experience”, *The Pacific Review*, Vol. 15, No. 2, 2002, pp. 167-200; Pauline Kerr, “The Security Dialogue in the Asia-Pacific”, *The Pacific Review*, Vol. 7, No. 4, 1994, pp. 397-409.

④ Pauline Kerr, “The Security Dialogue in the Asia-Pacific”, pp. 408-409.

⑤ Margaret E. Keck and Kathryn Sikkink, “Transnational Advocacy Networks in International and Regional Politics”, in Friedrich Kratochwil and Edward D. Mansfield, eds., *International Organization and Global Governance: A Reader*, Beijing: Peking University Press, 2007, pp. 162-176.

一，它们都没有研究二轨和规范环境之间的互动，也没有研究二轨内部的动力机制。第二，在这些理论中，第二轨道或多或少被当做一种载体或工具，而不是有着独立身份和自主性的行为体。第三，关于亚太地区第二轨道的经验研究相对较多，理论研究极少，而对东亚地区第二轨道的理论研究基本还是空白。

二、基本假定：二轨进程、规范结构、网络与共同体

在建立第二轨道的理论模型之前，首先需要就几个基本概念进行假定。对于第二轨道，本文采用“第二轨道进程”这一术语，并以三个基本元素来界定，即进程性质、进程参与者和进程目的。第二轨道进程的性质是非官方的，但是与官方又有着密切联系；参与者主要是从事政策研究的学者；目的是为官方合作提供智力支持。本文假定，只有满足了这三个条件才能被称为第二轨道进程。本文采用“进程”一词，旨在强调第二轨道参与的互动是主体间性的，具有建构和社会化作用。第二轨道是社会事实和社会安排，是文化象征体系和意义网络体系的一部分，因此也是不间断的社会互动的一部分。“进程”能够最好地体现第二轨道的规范力。建构性进程孕育规范、推动行为体的社会化并塑造集体身份，进程是手段也是目的，规范结构转型的动力就在进程之中。①

“规范”也是本文的一个关键概念，因为所有社会共同体都依赖于行为的规范，② 而且规范是行为体和体系之间互动的媒介。规范产生于行为体在社会关系系统中的位置，③ 规定给定身份的行为体在特定环境中行为的适当性。对于行为体而言，规范既有限制性，也有建构性。规范结构是一个规范体系，它由体系中的主导规范定义。本文假定规范结构是一个由社会规范定义的文化结构。社会规范是社会成员关于行为适当性的共有知识，具有非正式性的特点，往往表现为期望、礼俗、惯例、理所应当之事等，通过认同、道德、反省和舆论来维持。东亚地区的规范结构是典型的社会规范结构，其地区一体化的非正式性和弱制度化就是这个规范结构的体现。

---

① 秦亚青、魏玲：《结构、进程与权力的社会化——中国与东亚地区合作》，载《世界经济与政治》，2007年第3期，第10—12页。

② 阿米塔·阿查亚著，王正毅、冯怀信译：《建构安全共同体：东盟与地区秩序》，上海：上海人民出版社2004年版，第32页。

③ 张文宏：《中国城市的阶层结构与社会网络分析》，上海：上海人民出版社2006年版，第7页。

本文研究的网络是社会关系网络，它是社会行为体及其相互之间关系的集合，由多个点（社会行为体，nodes）和各点之间的连线（行为体之间的社会关系，ties）构成。[①] 在社会学中，网络分析研究的是网络结构如何塑造人们的思维方式和行为方式。这是一种整体主义的结构分析方法，分析单位主要不是行为体，而是行为体之间的关系。[②] 行为体是社会网络中的一个点，在不同的关系中扮演不同的社会角色，这些关系和角色决定了他在网络中的位置（position）；通过对其位置的研究可以了解其相关关系和互动模式。通过网络，小范围或小规模的互动能够传递并发展成为大范围、大规模的互动。因此，小规模社会网络中的互动可以塑造更大规模的社会秩序和社会结构。[③] 第二轨道进程的动力就在"网络化"过程中，它建构社会规范，塑造社会共同体。

共同体是"我们感觉"，是认同。在社会学中，共同体是由个人构成的群体，这个群体的"我们感觉"来自于对价值观、规范和亲密人际关系的认同。在国际政治中，共同体是主权国家的群体，"我们感觉"来自于文化认同，是主体间性互动的结果。地区共同体是地区各国在互动中产生的认同感和归属感，是这个过程中建立的情感纽带和具有内聚力的文化，是地区成员国之间的"我们感觉"。因为规范塑造行为体的身份，所以地区规范结构在很大程度上决定着地区共同体建设的进程和结果。

三、第二轨道进程：清谈推动的非正式网络社会化

第二轨道进程通过社会关系和议题联系将相关行为体织入自己的关系网络中，通过非正式性清谈实现相关行为体的网络成员化，通过知识共享和规范社会化在各议题领域建立共同体，并以此塑造体系层面的规范结构；第二轨道进程与规范结构之间的持续双向互构过程是体系层面共同体建设的重要内容（见图1）。

---

① 刘军：《社会网络分析导论》，北京：社会科学文献出版社2004年版，第4页。

② 同上，第24页。

③ Donald Light, Jr., Suzanne Keller and Craig Calhoun, *Sociology*, New York: Random House, 1989, p.71.

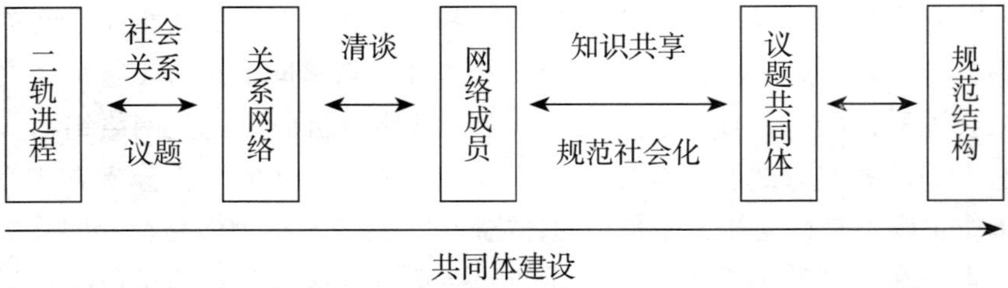

图1　第二轨道进程：清谈推动的非正式网络社会化

（一）织网者与网络关系

如果把社会体系看做是由一个个关系网络构成的网络体系，那么体系中的行为体可以是个人，也可以是社团或者集体的社会单位。[①] 第二轨道进程的参与者就是网络体系的行为体和织网者，包括个人和团体。他们编织的网络不同于跨国倡议网络。二轨网络的联系主要是关系性的，而跨国倡议网络的联系主要是议题性的。二轨网络的关系性是与生俱来的，因为它与相关一轨有着天然的密切联系而且必须保持和巩固这种联系。跨国倡议网络主要是在国际或体系层面横向延展，而二轨网络的延展模式要复杂得多，它在多个层面上发展着多重关系。二轨网络是不同类型的行为体之间社会关系的组合，是行为体扮演不同社会角色或者在网络中占据不同网络位置时的各种社会关系的组合。我们可以以地区二轨进程中一个国家协调员的社会关系为例，来说明它在网络中的基本角色及相关社会关系（见图2）。

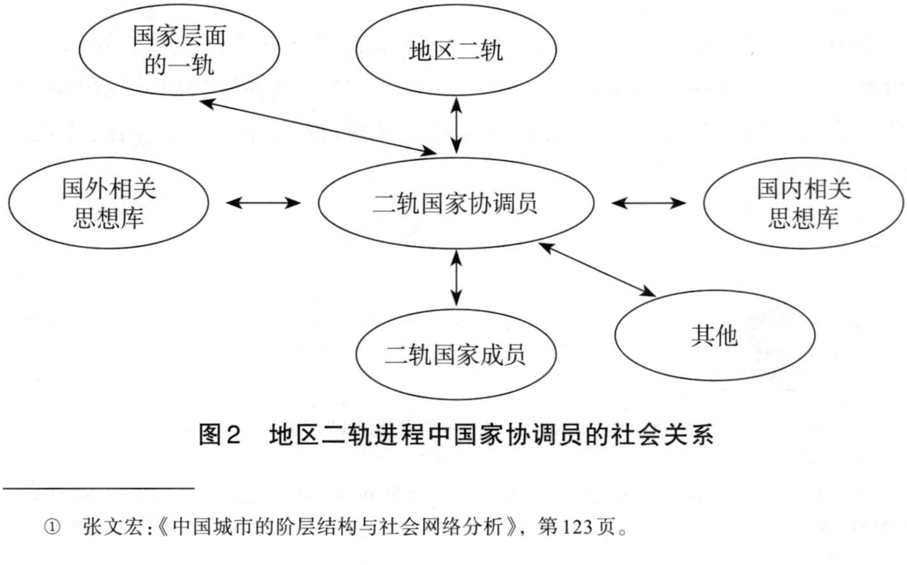

图2　地区二轨进程中国家协调员的社会关系

① 张文宏:《中国城市的阶层结构与社会网络分析》，第123页。

图2只是粗略勾画了地区二轨进程中国家协调员的基本社会关系。实际上，随着国家协调员在不同层面和不同关系组合中的占位不同，它也还有其他的一些社会关系，如与相关个人的关系、与地区或国际组织的关系、与产业界之间的关系等。

一方面，二轨的织网者将其社会关系延伸开来，自主地扩展了网络。在加入二轨进程并建构网络的时候，它们将自己的社会关系带入到网络之中。在地区层面，它们与其他参与者是完全联系的关系；在国家层面，它们的各种社会关系保留下来。所有这些联系或关系都先于或伴生于二轨的建立。为了在体系中扮演一个角色，作为一个整体已经嵌入到了错综复杂的网络之中的二轨要以自己为中心点建设一个自己的网络，否则，它就难以协调与其他行为体的互动，也就很难将互动的影响传递到更大的层面上去，在更大规模上产生它所期望的影响。另一方面，织网者通过在不同层面和不同的关系组合中定义二轨来搭建二轨网络，因为网络中的定位和关系是相辅相成的。首先，织网者要将二轨定义为一个行为体，确定其身份及在体系中的角色。其次，织网者要进一步选择二轨所涉及的议题领域。这些步骤都可以一步步深入下去，每一步都能帮助二轨与相关行为体建立某种联系。这样，二轨的关系性网络也就扩展开来了。

社会学中的网络研究将网络联系分为四种基本类型，即完全联系、放射性联系、连锁联系和环形联系。[①] 在二轨进程中，其制度成员之间是完全联系，而二轨作为一个行为体建立的其他联系和二轨各成员分别建立的联系有可能是任何一种类型的联系。这些联系有强有弱，强关系能够增进网络的聚合力，而弱关系能够使网络保持开放性，强弱关系的结合能够保证网络信息交流和知识生产与传播的效率。[②] 第二轨道是其建构的网络的核心，在网络了方方面面行为体之后，二轨可以充当这些“陌生人”之间的桥梁，凭借其“结构洞”的地位优势，在获取信息、控制资源和塑造影响方面发挥作用。[③]

---

① Donald Light, Jr., Suzanne Keller and Craig Calhoun, *Sociology*, p. 67.

② 林竞君：《网络、社会资本与集群生命周期研究——一个新经济社会学的视角》，上海：上海人民出版社2005年版，第366页。

③ “结构洞”是指竞争环境中竞争者之间的关系断裂或不平等状况。该理论认为，任何个人和组织，如果与相互无关联的个人和群体建立广泛的联系，就占据了结构洞的优势地位，在获取社会资源时就具有竞争优势。参见 Ronald S. Burt, *Structural Holes: The Social Structure of Competition*, Cambridge: Harvard University Press, 1992, pp.92-100。

（二）织网过程：非正式性与清谈效应

二轨网络进程的动力机制是非正式的“清谈”。非正式性是第二轨道进程的重要特点。“非正式（informal）”一词本身就具有关系内涵，它预设的行为情境是非官方和宽松的，预设的行为体关系是朋友或家庭成员。[①] 非正式交往具有社会性、情感性和非组织性的特点，其发生“必须以交往双方某些社会属性的匹配为条件，如身份、地位和行业等”；交往往往是“出于信任或赞赏”，交往中也“愿意投入更多的社会性情感”，以维持关系；随意漫谈的交往方式容易受到内心情感的驱动，发生的次数倾于频繁，也不拘形式。相对宽松、自由的非正式性交往环境有利于深化交谈内容、增进交往的效果；有助于行为体借助语言、体态和情感等多种交流方式，实现交互式的知识外化和内化；有助于信息搜索和知识传播。[②] 非正式交往是“隐性知识编码化的主要实现手段”。[③] 经济社会学家对硅谷的相关研究表明，硅谷的技术优势在很大程度上得益于通过个人或团体之间的非正式交往和联系促成的信息与知识的传播和扩散。[④]

“清谈”是第二轨道非正式性的具体体现，是一种规范说服的言语行为，是二轨进程最重要的网络社会化机制。清谈在形式上不受约束，但是在内容上可以具有丰富的内涵，并且具有规范建构的力量。主流国际关系理论几乎没有研究过“清谈”，因为它不能立刻产生看得见的结果。但是，由于谈话的环境和氛围宽松，听众的思想也比较放松开放，如果设计得当，清谈可以成为搭建关系和培育共识的有效机制。

首先，二轨有一轨的授权，可以就特定议题发表被认为是权威的看法。在二轨的清谈中，常常回顾已有进展、评估当前形势和预测未来发展。这些看起来似乎是套话，但却往往是清谈的核心内容，因为这样的谈话能够建构相关议题的权威背景和语境。不同的背景产生不同的政策，因此二轨通过清谈构建政策背景的行为是至关重要的。其次，二轨可以通过

---

① “informal”一词的英文定义是“(of situations) not formal or official, or (of clothing, behaviour, speech) suitable when you are with friends and family but not for official occasions”, *Cambridge Advanced Learner's Dictionary,* Cambridge: Cambridge University Press, 2003, version 1.0.

② 林竞君：《网络、社会资本与集群生命周期研究》，第207—210页。

③ J. Senker, “The Contribution of Tacit Knowledge to Innovation,” paper presented at the Exploring Expertise Workshop, University of Edinburg, September 1993，转引自林竞君：《网络、社会资本与集群生命周期研究》，第208页。隐性知识指无法系统表述的知识，下文将进一步说明。

④ 安纳利·萨克森宁著，曹蓬、杨宇光等译：《硅谷优势》，上海：上海远东出版社2000年版，第4页。

清谈建构社会事实。语言不仅表现并描述事实，也能够创造意义、建构社会现实，可以塑造目标行为体及其利益。[①] 不同的语言或言语创造不同的世界、不同的社会事实和不同的价值观。[②] 二轨通过网络传递和交换的不是跨国倡议网络所强调的"信息（information）"，而是"讯息（message）"。"信息"是中性的，是"关于某个情形、人、事件等的事实"；而"讯息"不仅有"信息"的含义，而且还意味着"最重要的观点"，[③] 包含着主观解读和倾向性思想。因此，二轨的清谈传递的是建构的事实和观念。清谈的目的是塑造听者和被网人的认知、偏好与认同。二轨进程具有开展建构性清谈活动的优势，因为它一方面具有专业知识和说服力，另一方面又是非正式的、宽松的，因此听者不会感到被强制灌输而反感。最后，二轨通过重复性的清谈可以建立惯例、规则和规范。言语行为将说话人的意图与言语活动结合起来。第一次清谈可能很难产生有意义的结果，但是如果清谈不断被重复，就会获得越来越多的关注，而且相关活动就会逐渐变成常规之事，即惯例。惯例具有示范效应，时间一长就会变成规则和规范。二轨的清谈是有意识的规范劝服和社会化过程。在不同层面和不同的次级网络中不断重复清谈有助于在特定议题和特定领域中建构共有意义和认同。

二轨以清谈的方式与其他行为体重复互动，塑造并社会化这些行为体。通过这样的方式，二轨网络不仅能够建立起来，而且还可以得到扩展、加强和丰富，从一个浅层次关系的脆弱的网发展成为由深层次关系和认同维系的牢固的网。尽管被织入二轨网络中的个人和单位在网络中的联系类型不同，但是它们都不会自动脱离网络，起初是因为利益已经与网络捆绑在一起，后来则是因为认同发生了根本变化。它们会将自己作为网络中新的节点，自觉维持并拓展网络。

（三）织网结果：社会资本、知识共享与规范社会化

网络分析的一个重要命题是网络成员通过社会关系如何占有或分配资源，在社会学研究中，这种资源主要是社会资本；在经济学研究中，这种资源是有助于产生最大效益的各种现实或潜在的经济和社会资源；第二轨道织网的结果是获得相关社会资本，实现网络知识共享和规范社会化，在

---

① Jeffrey T. Checkel, "International Institutions and Socialization in Europe: Introduction and Framework", *International Organization*, Vol. 59, No. 3, 2005, p. 812.

② 孙吉胜：《奥努弗与规则建构主义》，载秦亚青主编：《文化与国际社会：建构主义国际关系理论研究》，北京：世界知识出版社2006年版，第23页。

③ *Cambridge Advanced Learners' Dictionary*, 2003.

相关议题领域建构二轨共同体。

第二轨道的社会资本是其嵌入网络中的结果，存在于它建构的人际关系的结构之中，表现形式为义务、期望、信息、规范、知识和权威等。[①] 社会资本包括有形或无形的社会资源、资源的可获得性以及摄取资源的能力，社会资本的积累“依赖于行动者可有效动员的关系网络的规模”，依赖于与之有关系的个人或团体所拥有的社会资本的数量和质量，[②] 社会资本的积累是持续建构社会关系网络的过程。行为体可调动的社会资本的规模依赖于关系网络的规模、异质性和强弱平衡。一般而言，网络规模越大、异质性越强、强弱关系越平衡，行为体所能获得社会资源就越丰富；第二轨道相对松散、多样和开放的网络结构有利于其积累社会资本。

第二轨道的网络嵌入（embeddedness）包括关系性（relational）嵌入和结构性（structural）嵌入。关系性嵌入是指第二轨道的行动嵌入于它与他者通过互动形成的关系网络之中，处于持续建构中的网络关系的期望、规范和原则等会对其偏好、认知和行动产生重要的塑造作用；结构性嵌入是指第二轨道及其网络是与其他社会网络相联系的，是嵌入于更宏大的社会网络结构之中的，并受到这个结构的文化和价值因素的影响。[③] 第二轨道在嵌入过程中进行的最重要活动就是知识和规范的传播，最重要成果就是知识共享、规范社会化和各领域共同体的建构。第二轨道通过清谈搭建网络并在网络中传播知识，包括显性知识和隐性知识。显性知识是能够以书面文字、图表或数字公式等形式系统表述的知识；隐性知识无法系统表述，是个体的、情境性的和实践体验性的，但是它却在人类的知识结构中占据着中心位置，我们知道的往往比我们能够表达的要多得多。[④] 第二轨道传播的最重要观念和知识就是“合作”，包括显性的具体合作内容和隐性的合作习惯和规范。此外，隐性知识还包括互惠规范、信任和“我们感觉”等。

---

① 参见科尔曼的社会资本功能理论，James S. Coleman, “Social Capital in the Creation of Human Capital”, *American Journal of Sociology*, Vol. 94, Supplement, 1988, pp. 95-120; James S. Coleman, *The Foundations of Social Theory*, Cambridge: Belknap Press of Harvard University Press, 1990, chapter 12.

② Pierre Bourdieu, “The Forms of Social Capital”, in John G. Richardson, ed., *Handbook of Theory and Research for the Sociology of Education*, Westport: Greenwood Press, 1986, pp. 241-258, 转引自张文宏：《中国城市的阶层结构与社会网络分析》，第47—49页。

③ 参见格兰诺维特等在新经济社会学理论中对“嵌入性”的研究，M. Granovetter and R. Swedburg, *The Sociology of Economic Life*, Boulder: Westview, 1992。

④ M. Polanyi, *The Study of Man*, Chicago: University of Chicago Press, 1964, pp.12; M. Polanyi, *The Tacit Dimension*, Garden City, New York: Anchor Books, 1967, p.4.

第二轨道有意识的网络社会化是一个集体学习过程，是交互性的知识外化和内化过程。被织入网中的新成员接触到二轨网络所代表的群体的观念、规则和规范。通过清谈，它们与二轨的联系加强了，它们的认知和偏好被网络所塑造。随着重复性清谈和持续的网络化过程，它们成为网络中新的节点，这时就完全被二轨进程社会化了。随着网络化在不同的层面、不同范围、不同领域和不同议题中延展开来，二轨就将自己的价值观和规范传播开来，实现被网者的社会化并扩大自己的共同体，从而塑造了规范结构，并为体系层面共同体的建构创造了条件。需要特别指出的是，第二轨道的网络建构和社会化始终处于更宏大的网络结构体系中，无论二轨的参与者还是二轨作为一个行为体所进行的织网活动都始终处于双向建构的作用力中，而其实质是信任、规范和共有知识的持续双向互构过程，因此这个过程是体系层面共同体建设的重要内容。

四、案例研究：东亚思想库网络、网络社会化和东亚共同体

东亚是一个关系网络化的地区。关系和关系网文化体现在政治、经济和社会生活的方方面面。东亚早期的地区一体化是通过日本的公司网络和中国的家族商业网络实现的。1997年亚洲金融危机后，东亚兴起了新的地区化浪潮，“10+3”合作迅速发展，并走上了以共同体为长远目标的地区一体化道路。在此背景下，研究非正式的东亚二轨进程是怎样与制度化程度不高的地区进程互动并相互促进和发展的，就具有特别的理论和政策意义。我们可以以东亚思想库网络为案例来检验本文提出的理论模型。

（一）东亚思想库网络及其网络能力

行为体的网络是其所有社会关系的集合。网络规模及其拓展能力是行为体社会资本和社会影响力的体现。在东亚的社会文化背景中，关系性网络具有特别重要的意义。因此，东亚思想库网络的规范建构和规范社会化能力在很大程度上取决于其网络能力。

东亚思想库网络在成立之时就具有良好的社会关系基础。其参与者包括个人和团体在内，都将自己的社会关系带入了网络进程之中，构成了网络化发展的基础。这一基础是一个三层构架。第一，东亚思想库网络建立了网络架构（见图3）。这一网络架构是它的内在优势，使它具有包容性、延展能力以及构建不同类型和不同强度的网络关系的能力。第二，东亚思想库网络作为一个整体具有一些与生俱来的关系，例如，建议创建东

亚思想库网络的东亚展望小组（East Asian Vision Group）和东亚研究小组（East Asian Study Group）以及一些平行的地区进程，如东亚论坛（East Asian Forum）和东亚学研究网络（Network of East Asian Studies）等。第三，东亚思想库网络的机构成员在国内外都有广泛的社会关系网络，尤其是东亚思想库网络国家协调单位，如“NEAT 日本”和“NEAT 马来西亚”。“NEAT 日本”的网络基础是“东亚共同体评议会（Council on East Asian Community）”，这个机制是在东亚思想库网络成立之后由“NEAT 日本”的国家协调单位日本国际关系论坛（Japan Forum on International Relations）建立的。在成立不到一个月的时间里，“东亚共同体评议会”就发展了包括12个公共政策思想库、15个公司、50多位专家学者和9位内阁大臣在内的众多个人和机构成员。[①] 因此，“东亚共同体评议会”与官、产、学界的关系网络自然成为了“NEAT 日本”网络的一部分，并服务于其网络社会化进程。

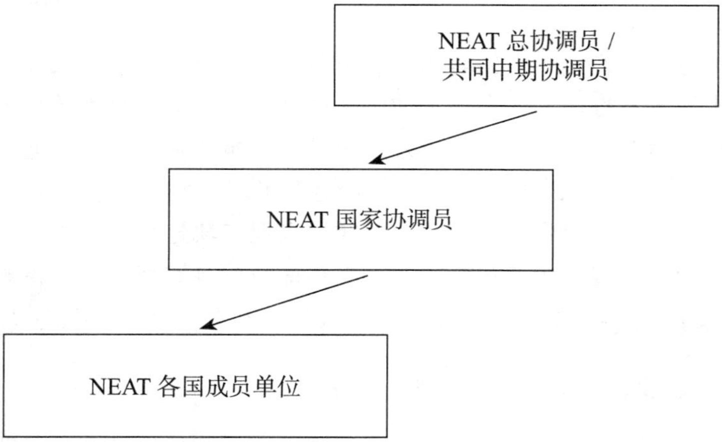

图3　东亚思想库网络的组织架构

除了三层架构的网络基础外，东亚思想库网络还建立了一个三级网络定位体系，以维持并发展自己的网络化能力。网络中的定位决定了行为体在关系性网络中扮演的角色。这个三级定位体系是通过东亚思想库网络的工作机制实现的（见图4）。

① Ito Kenichi, “A Japanese Perspective of the Community Building in East Asia,” “NEAT 日本”国家协调员伊藤宪一在 NEAT 第二届年会晚宴上的讲话，泰国曼谷，2004年8月16日。

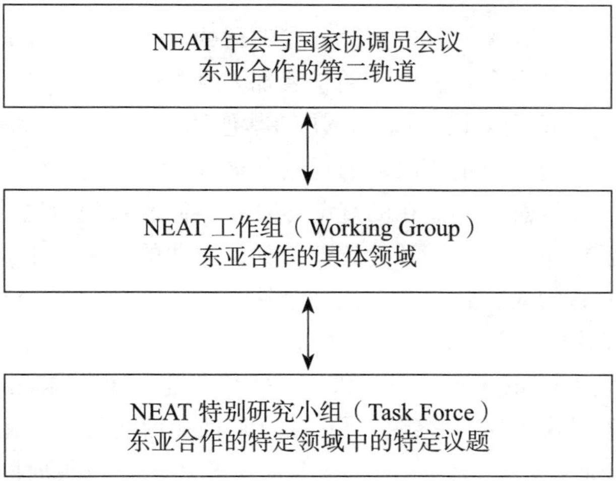

图4　东亚思想库网络的三级定位体系和工作机制

这些工作机制将东亚思想库网络定位于不同的网络关系组合中，使之能够扮演不同的社会角色，参与不同层次的互动。随后，潜在的社会角色规范被织入东亚思想库网络中的个人和机构成员社会化。因此，东亚思想库网络的定位体系和工作机制有利于网络的扩展及其所倡导的规范的社会化。自2003年秋天成立以来，东亚思想库网络已经召开了7次年会、11次国家协调员会议、20多次工作组会议，并成立了一个特别研究小组。

（二）东亚思想库网络及其清谈

东亚思想库网络化的动力就在清谈之中，清谈在国家、地区和国际三个层次上展开。在国家层面，我们可以以“NEAT 中国”的清谈活动为例，尤其是以“NEAT 中国”认领“东亚金融合作工作组”为案例，了解“NEAT 中国”是怎样通过清谈来织网的。从2005年到2008年，“NEAT 中国”连续四次认领“东亚金融合作工作组”并在上海召开了四次地区层面的工作组会议。四年的工作使“NEAT 中国”能够将其网络扩展到政府部门（包括中央和地方相关一轨）、金融机构、专家、大学和思想库、企业和中外媒体。在这些关系中，有很多都被制度化了。在四年里，有很多关键决定都是在清谈中做出的，很多重要关系也是通过清谈拓展现有关系网络而建立起来的。通过清谈，“NEAT 中国”及其清谈对象能够发现共同利益并决定开展合作拓展这些共同利益。通过重复性清谈，其清谈对象能够逐渐将“NEAT 中国”所倡导的规范社会化并成为东亚思想库网络中一个新的关系或节点。

在地区层面，清谈是通过两种方式进行的。第一，东亚思想库网络试图劝服那些在东亚有一定影响力的学者加入到NEAT进程中。第二，东亚思想库网络利用地区会议，如NEAT和其他地区会议与活动来发布信息、交流思想，使人们参与重要议题的讨论并倡导推广规范。清谈的核心内容是地区合作和地区意识，潜在的规范是基于共同利益的地区共同体建设。例如，东亚思想库网络从一开始就意识到，成功的关键在于是否能将一些具有地区影响力的人聚合起来形成一个核心小组来领导NEAT进程。中国的张蕴岭、吴建民、秦亚青，马来西亚的诺丁·索皮（Nordin Sopiee），新加坡的王赓武（Wang Gungwu）和日本的伊藤宪一（Ito Kenichi）几乎从一开始就进入了这个核心小组，后来印度尼西亚的尤素福·瓦南迪（Jusuf Wanandi）也加入进来，他先是应邀参加了几次东亚思想库网络工作组会议，后来参与程度日益加深，2008—2009年他甚至主持了《东亚思想库网络章程》的修改工作，他是东亚思想库网络社会化个人的最好例子。此外，2005年在日本举办的东亚思想库网络第三届年会也是一个很好的例子，当时恰逢中日关系困难时期，在日本召开年会并获得了成功，这说明东亚思想库网络的清谈使被网络化的人社会化了这样一个观念和规范，即中日合作关系到东亚共同体建设的成败。

在全球层面，东亚思想库网络的清谈式网络社会化还处在发展的初级阶段。尽管在成立后不久，“NEAT泰国”等就提出要开展与区域外行为体（主要是思想库）的对话，并积极进行过筹划，但是由于经费不足，至今尚未实现。不过，NEAT国家协调单位都非常积极地就东亚合作的议题自主开展了一些国际层面的对话活动，例如，“NEAT中国”的国家协调单位外交学院、“NEAT马来西亚”的国家协调单位马来西亚战略与国际问题研究所、“NEAT日本”的国家协调单位日本国际关系论坛以及“NEAT新加坡”的国家协调单位新加坡国立大学东亚研究所等。它们与区域外行为体的对话和交流有利于提升相互信任，增进区域外行为体对东亚地区化和共同体建设的理解。

（三）东亚思想库网络社会化和东亚共同体建设

东亚思想库网络进程是规范建构和社会化的手段也是结果。通过网络进程，东亚思想库网络实现了相关个人和机构的社会化，形成了不同的领域和议题上的共同体。这些个人和机构又成为东亚思想库网络新的关系增长点，它们实现了与东亚思想库网络的认同，自觉推动传播东亚合作和共同体建设的规范。通过网络社会化进程，东亚思想库网络将其网络内的小规模互动传递到范围更大的地区网络中，塑造了决策者和决策过程。

在2007年的第11次“10+3”领导人会议上，中国总理温家宝就东亚合作提出了几点建议，其中一条就是加快《清迈倡议》多边化进程，并尽快建设“10+3”地区外汇储备库。[①] “NEAT中国”几年来通过东亚思想库网络东亚金融合作工作组也在力推这一政策。在这次峰会上通过的《2007—2017年东盟与中日韩合作工作计划》列出了东亚金融合作的三点计划，其中前两点几乎与东亚思想库网络工作组提出的建议一样。[②] 政策过程非常复杂，但从一轨决策和二轨建议的高度相关性来看，可以说“NEAT中国”及其认领的工作组所推动形成的关于东亚金融合作的议题共同体对于地区金融合作在观念和规范方面都发挥了重要作用。

东亚地区化的动力来源于两个进程，一个是自上而下的官方进程，如亚太经济合作组织（APEC）和东盟地区论坛（ARF）；另一个是自下而上的半官方和非官方进程，包括二轨进程。[③] 自上而下的进程因为常常涉及具有法律约束力的条约和主权问题而更加难以推动。东亚地区化以自下而上的网络进程为特点。东亚思想库网络的非正式性网络进程推动了地区合作规范结构的塑造，而且还使自己成为东亚共同体建设进程的重要组成部分。

五、结语

目前，关于第二轨道的研究仍显不足，尤其是相关理论研究严重落后于实践。现实主义的二轨外交、制度主义的二轨进程以及学术共同体的相关研究都不能有效解释以东亚一体化为代表，以非正式性、清谈和网络为特征的社会化合作进程。实际上，非正式活动、安排和进程与正式制度进程是相互补充、相互促进的，是国际政治的重要内容。非正式进程往往比正式进程更具有活力和吸引力，它承载着情感、规范、关系和秩序等因素，具有强大的社会建构力。

---

① 温家宝：《凝聚共识再创辉煌——在第11次东盟与中日韩领导人会议上的讲话》，新加坡，2007年11月20日，http://www.mfa.gov.cn/chn/ziliao/wzzt/wenjiabaofangwen/t382702.htm，登录时间：2008年1月27日。

② “ASEAN Plus Three Cooperation Work Plan (2007-2017)”.

③ T. J. Pemple, “Introduction: Emerging Webs of Regional Connectedness”, in T. J. Pemple, ed., *Remapping East Asia: The Construction of a Region*, Ithaca and London: Cornell University Press, 2005, p. 6.

后工业化时代以来，由文学艺术引领的人文关注和人文回归也重新定义着“物理定律”主导的“科学”领域的研究议程。东亚一体化的实践说明，合作的成败往往不是由物质实力或者制度实力决定的，社会文化因素发挥着举足轻重的作用，尤其是以人为主体、以社会规范文化为主要语境的具有互主意义的互动。东亚地区的第二轨道活动兼具官方进程和社会进程的特点，体现了东亚的网络文化特性，是研究国际政治中非正式进程的重要切入点。本文对清谈、非正式性和网络化等概念的提炼，对第二轨道进程的理论建构都仅仅是初步的理论化尝试，真正建立起非正式国际政治进程的研究纲领，还需要进行更加系统、深入和细致的研究。

批判建构主义视角下的国际秩序研究

韩志立[*]

一、绪引

现实主义和自由主义提出了两种不同的国际秩序演进路径。现实主义者认为均势秩序具有客观规律性，是国际体系演进的必然结果；自由主义者则相信以自由和民主为基本特征的自由宪政秩序代表了人类的理性，是一种最为正义、合理的国际政治秩序。然而，学界日益质疑现实主义均势秩序的规律性和自由主义宪政秩序的正义性。现实主义学者之所以对均势秩序的规律性深信不疑，是与汉斯·摩根索（Hans J. Morgenthau）和肯尼斯·华尔兹（Kenneth N. Waltz）等代表的现实主义学者对均势秩序理论化的研究和探索是分不开的。然而，摩根索使用了智慧文字和历史叙事作为其论证手段，使其思想得以理论化，笔者认为这并未达到科学的标准。虽然华尔兹的新现实主义理论遵循经验证实、演绎逻辑、客观观察的实证主义原则，但他并没有找到一个本质上完全为"真"或"假"的事实基础，他将其整个理论大厦建立在理性主义的假定之上，因此其可靠性遭到诸多质疑。

自由主义学者试图从道德的角度证明以自由经济、民主政治为基础的自由宪政秩序最具正义性。约翰·博德利·罗尔斯 (John Bordley Rawls) 的正义论是当代重要的自由主义道德理论。然而，罗尔斯的正义论仅仅遵循了形式理性的要求，从实质理性的角度来看，罗尔斯的正义论把终极问题看做是一个可被忽略的因素，回避了对目的选择合理性的讨论。就这点而言，罗尔斯的正义论还没有达到人类理性的要求，其合理性仍值得质疑。

既然如此，我们有必要探索一条新的关于国际秩序的研究路径。为此，笔者转向了国际秩序的批判建构主义分析框架。该框架包括三个基本假定：

---

① *韩志立，外交学院亚洲研究所副研究员。本文发表在2010年第1期《世界经济与政治》。

秩序由规则定义，规则由知识建构，知识是权力或沟通行动的结果。其中，前两个假定来自既有建构主义的观点，而第三个假定是借鉴米歇尔·福柯(Michel Foucault)的后结构主义以及尤尔根·哈贝马斯(Jürgen Habermas)的批判理论对既有建构主义框架的拓展。当前构成国际秩序的知识是权力建构的结果，本文认为，国家间通过沟通行动，可以对知识进行重建，进而在更为合理的知识基础上构建国际新秩序。

二、既有建构主义的基本假定及存在的不足

（一）规则定义秩序

国际社会的秩序是指国家在所处体系中的一种稳定、具有规律性、可预测的行为模式。[①] 因此，行为体行为的稳定性、规律性和可预测性是社会秩序的本质特征。

1. 对理性选择模式的批判。在国际关系学界，理性选择理论对此问题的探讨居于主导地位。该理论认为，行为体的行为之所以具有稳定性、规律性和可预测性，是因为行为体是经济人。经济人的理性表现为以成本最小的手段实现自己的目的。因此，根据理性选择理论，要判断行为体的行为选择，需要了解行为体的两个因素：行为体的偏好，即行为体追求什么目的；行为体的信念，即行为体相信什么途径可以最有效实现目标。[②] 行为体的偏好和信念决定行为体的行为。但当我们应用理性选择理论判断行为体的行为时，很快发现该理论存在以下几个重大缺陷：

第一，在现实社会生活中，理性选择行为仅仅是多种社会行为方式中的一种。马克思·韦伯（Max Weber）指出行为体的社会行为方式至少包括四种：工具理性行为（行为者通过计算的方式，选择最有效的方法实现其目的）；价值理性行为（行为体的目标或价值观对行为体具有重要意义，以致于行为体为了实现其目标或捍卫其价值观而完全不考虑行为的代价和后果，其行为完全出于对责任或自身道德原则的考虑，如英雄主义行为、自我牺牲行为等）；传统行为（根据约定俗成的规范而采取的行为，这类行为

---

① Nick Bisley, "Counter-Revolution, Order and International politics", *Review of International Studies,* Vol. 30, Issue 1, 2004, pp. 49-69; Hedley Bull, *The Anarchical Society: A Study of Order in World Politics,* New York: Columbia University Press, 1977, p. xii.

② Martin Hollis, *The Philosophy of Social Science: an Introduction,* Cambridge: Cambridge University Press,1994, p. 151.

是由规范约束的传统社会中最为典型的行为，可以通过约定俗成的规范来理解）；反应性行为（仅仅由人的本能欲望所驱使，未加以思考而采取的行为，如因为口渴而喝水的行为）。[①] 在上述四种行为方式中，理性选择模式只适用于解释第一和第四两种行为，而对于价值理性行为和传统行为，该模式的解释就显得有些牵强附会。此外，上述四种行为都是理想化行为模式，在现实社会生活中，行为体的某一行为往往并非纯粹属于某一种理想化的行为模式，可能是几种行为模式的融合。对于融合几种理想模式的行为，理性选择模式更是难以对之进行解释。

第二，即使对于工具理性行为，理性选择理论的解释同样具有局限性。根据理性选择理论，只要行为体的行为能够以最小代价使其实现目的，那么它的这个行为就是理性的。而行为体的目的是如何产生的？受什么因素约束？理性选择理论并没有对此进行解释。[②]

第三，行为体的哪些目的具有适当性？这一问题对于理性选择理论来说没有意义。理性选择理论认为理性的行为体是自私的，每个行为体的偏好从道德规范看都处于同等水平。如马丁·霍利斯（Martin Hollis）所说，“圣人的偏好和罪人的偏好”在该理论看来同样自私。因此，行为体偏好的适当性问题在决策时并不需要考虑。而在现实中，行为体的目的还要受合法性的约束，并非所有目的都是适当的。人们在为自己的行为做选择的时候，不单单要考虑行为的功效问题，同时还要考虑自己追求的目标是否是适当的。[③]

2．规则对社会行为的作用。理性选择模式不仅难以解释价值理性行为、传统行为，而且在解释工具理性行为方面也存在不足。那么行为体社会行为的稳定性、规律性和可预测性到底来自何处？对于这个问题，马克思·韦伯、路德维希·维特根斯坦（Ludwig Wittgenstein）等社会学者提出了规则决定论。

韦伯首先区分了社会行为与非社会行为，认为并非所有行为都是社会行为。社会行为仅仅指那些被行为体赋予其主观意义的人类行为。行为体在选择社会行为时，往往需要考虑其他社会成员的行为方式，并以此来确定自己行为方式的行为。韦伯举了骑车上路和雨天打伞的例子来说明。在

① 马克思·韦伯著，杭聪编译：《经济与社会》，北京：北京出版社2008年版，第5—7页。

② J. Elster, *Nuts and Bolts for the Social Sciences*, Cambridge: Cambridge University Press, 1989, p.30.

③ Martin Hollis, *The Philosophy of Social Science: an Introduction,* Cambridge: Cambridge University Press,1994, pp.157-160.

公路上骑自行车是一种社会行为，而雨天打伞不是。对于公路上骑车这种行为，骑车者需要考虑他人在马路上的行为方式，需要按照人们共同接受的交通规则，来理解别人给出的信号、表达自己的意图。而打伞这种行为不必考虑他人的行为方式，仅需要根据天气情况而定。[①] 在对社会行为定义的基础上，韦伯提出社会行为体是社会人的假定，社会人的理性在于遵循规则。具体讲，规则对社会行为的作用体现在三个方面：

第一，规则传递社会行为意义。社会行为在韦伯看来是一种行为体之间的互动过程。主观意义在互动过程中，实际上表现为主体间意义。一方面，行为体利用规则表达自己的主观意义；另一方面，其他行为体通过规则理解这个行为所要传递的意义。再回到骑车上路的例子：在公路上骑自行车是一种社会行为，因为公路上骑车这种行为需要考虑人们共同接受的交通规则，骑车人只能根据公认的交通规则，才能表达他的主观意义，而他所表达的主观意义也只有通过人们公认的交通规则，才能被他人正确理解。[②]

维特根斯坦在讨论规则的作用时，将语言与游戏进行了类比。例如，观众观看象棋手下棋，如果观众不知道象棋为何物，也不知道下棋的规则，那么他们所看到的只是两人将一些小块木头在方形的格子里挪动，不会明白这个木块代表什么，也不明白挪动木块又在传递什么意思。没有下棋的规则，就没有下棋这种游戏。同样，如果没有语言规则，交流这种游戏也就不存在了，如当一个人发出“这只狗危险”的声音时，不懂这种语言的人听到的也仅仅是一些噪音而已。因此，维特根斯坦认为任何游戏都必定有它的规则。[③] 一方面，规则建构游戏本身，决定意义，赋予行为体身份、物质和行动具体意义；另一方面，规则构成一种主体间语境。没有规则，人们就无法相互交流，游戏也无法继续。[④]

第二，规则约束着行为体的行为。维特根斯坦提出规则不仅在传递意义中发挥作用，更重要的是，游戏规则直接约束着游戏者的行为，行为体需要遵守游戏的规则。正是由于有了规则，人们才知道在具体的语境里，

---

① 马克思·韦伯著，杭聪编译：《经济与社会》，北京：北京出版社2008年版，第1—7页。

② Martin Hollis, *The Philosophy of Social Science: an Introduction,* Cambridge: Cambridge University Press,1994, p. 147.

③ 路德维希·维特根斯坦著，涂纪亮主编，涂纪亮等译：《维特根斯坦全集》，第11卷，石家庄，河北教育出版社2003年版，第197页。

④ K. M. Fierke, “Besting the West: Russia’s Machiavella’s Strategy”, *International Feminist Journal of Politics,* Vol.1, No.3, 1999.

应该如何采取下一步行动，人们在游戏中感受到规则的存在，并遵守着相关规则。[①]

第三，规则定义了行为体在社会中所扮演的角色，而角色又建构了行为体的目的和信念。在社会人假设的基础上，韦伯提出社会的结构层面是由规则构成的。社会的结构表现为不同社会位置的有序结合。每个社会位置都由一个承担该位置责任的角色所扮演，这些角色共同构成了社会。[②] 加入社会角色这个因素可以弥补理性选择理论对行为体的目的和信念来源解释力的不足。

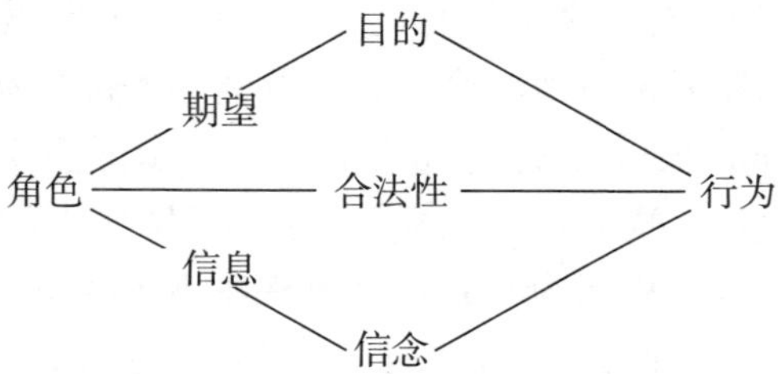

图1　行为体理性决策形态图

图1反映出行为体所扮演的社会角色如何影响着自己的理性判断。行为体理性选择的依据是他的目的和信念，而行为体的目的和信念由他在社会中所扮演的角色而建构。在这个建构过程中，规则发挥了三个方面的作用：其一，定义了行为体所扮演角色的目的；其二，赋予行为体获取信息的权力，从而使他能够掌握最多的信息，分析出哪个途径成本最小，从而形成一种信念；其三，提供了目的和信念合法性的依据，根据对该角色的社会期许，可以证明自己所设定的目的、所采取的手段是否正当。[③]

（二）知识建构规则

1. 对理性选择说的批判。既然秩序来自于规则，那么规则建立的基础又是什么？理性主义学者认为，规则不具有总体目的性，它们仅仅是国家为实现自我利益而达成了一种契约。早在20世纪50年代，卡尔·门格尔（Carl Menger）和弗里德里希·哈耶克（Friedrich Hayek）就曾提出，规则

① 孙吉胜:《语言、意义与国际政治：伊拉克战争解析》，上海：上海人民出版社2009年版，第53—56页。

② 马克思·韦伯著，杭聪编译:《经济与社会》，北京：北京出版社2008年版，第146页。

③ Vivienne Jabri, *Discourses on Violence*, Manchester: Manchester University Press, 1996, pp.62-70.

仅仅是行为体为实现自身利益同其他行为体达成的一种契约。门格尔认为制度是自然的设计，是人类行动的非目的性结果。从立法的过程来看，制度来自缔造者的意愿，是个体利益推动的结果。制度的发展在总体层面缺乏目的性。哈耶克强化了这种观点，并提出外交谈判的重要性，认为国际秩序是理性的国家行为体通过外交谈判，为实现自己的国家利益而达成的一种契约。①

新自由制度主义学者提出了机制需求论，认为作为自私的、理性的国家在解决国家间的利益冲突时，其首先考虑的是以最小的代价实现自己的利益，而合作往往是成本收益较高的方式，并非其最优选择。因此，国际社会为了实现国家间的有效的合作，需要建立国际机制。冷战后，以约翰·伊肯伯里 (John Ikenberry) 为代表的新自由国际主义学者反省了美国单边主义的失败教训，提出作为国际秩序主导国的美国应该回归到规则制度，他认为建立以国际机制为基础的宪政秩序不仅维持成本小，而且可以为美国带来更为长久的收益。② 同一时期，一些持多元论的学者提出，国家的利益不能看做是铁板一块，国家利益已经被国内不同的利益机构所肢解，这些利益机构具有特有的专业身份，分别代表国家利益的不同部分，同其他国家的相应机构进行跨国交流。正是由于这些被分解了的不同政府部门、非政府部门以及其他跨国机构的交往，推动美国更多地参与到国际制度当中。③

上述学者的分析有一个共同点，即他们都是从国家利益的角度解释国际体系为何建立规则。然而，这些学者将分析变量局限于国家利益，从而大大限制了自身的解释能力。国际规则的发展呈现出越来越多的超越国家利益的特征，比如，国际规则所应对的问题更多地超越了单个国家的利益，更多地涉及人类整体的利益（如环境、人权、恐怖主义、人员移置、国际金融等）；一些国际规则的制定过程不是由个别国家主导，而是由国际组织、非政府组织等非国家行为体主导。这样，以国家利益为核心考量的理性主义在分析代表超越国家利益的国际规则方面时就具有内在的缺陷，存

---

① Nicholas Onuf, "Institutions, Intentions and International Relations", *Review of International Studies*, Vol.28, No.2, 2002, pp.211-228.

② John Ikenberry, *After Victory: Institutions, Strategic Restraint, and the Rebuilding of Order after Major Wars* Princeton: Princeton University Press, 2001. pp. 69-72.

③ Peter Spiro, "Disaggregating US interests in international law: sketching a theory of liberal transnationalism", in Thomas Biersteker etc., ed., *International Law and International Relations: Bridging Theory and Practice,* London and NY: Routledge, 2007, pp. 247-266.

在解释力明显不足的问题。

2. 国际机制的“生成语法”。人们对国际机制的认识不能停留在表层，而应该探讨国际机制的生成“语法”，即国际机制及其意义的更深层次的原则。是什么原则决定了国际机制的形成和演变？人们在认识国际机制变迁时，需要认识这种制度性变化的深层的目的。对于此问题，不同学者提出了不同的看法。

其一，维特根斯坦的“生活的形式”。维特根斯坦提出规则的基础是“生活的形式”。由于不存在一套完整的、连贯的规则覆盖所有的行为和不可预测的情况，因此在规则之外需要更高的判断标准。如解释外交策略、外交信号，需要了解外交惯例。但外交的目的并非实现外交惯例，其目的存在于外交惯例之外。再如要了解法院上发生的事情就需要了解法律的实践以及法律游戏的规则。但是，法律的目的是为了实现正义，这个目的是存在于法律规则之外，需要在法律之外验证法律规则的正义性。①

维特根斯坦则将这个更高的评判标准表述为“生活的形式”。他认为某个具体行动必然从属于某一类实践活动，而此类实践活动又嵌入更为广泛的实践活动中，这种广泛的实践活动则构成了“生活的形式”。“生活的形式”是集体观念认为合理的行为规范。这种“生活的形式”是一个存在于个体之外的规范结构。这种结构不同于客观规律结构，因为该结构存在于集体之内，是主体间的而非客观的。“生活的形式”是给定因素，在其之外，不存在更深层次的基础。因此，规则的基础是“生活的形式”，要想理解某个具体行动或某种实践就需要理解更广泛的“生活的形式”。②

其二，鲁杰的社会目的。规则在其制定之时就已经明确了该规则的目的。比如，外交规则的目的并非是实现外交规则本身，其真正目的存在于外交规则之外，即通过外交规则传递外交信息。例如，联合国创设的目的是维持国际和平与安全，发展国际间友好关系，增进并激励对人权及基本自由的尊重；世界银行创设的目的是为全球减贫等。

鲁杰认为，不管政治权威的具体机制表现形式是什么，它都是由权力和具有合法性的社会目的所构成。因此，我们在研究国际权威时，不应仅侧重于权力，而忽视社会目的。鲁杰认为，规则是为了实现某种社会目的而设计的结果，多边制度设计的基础是国际行为体行为的总原则，而这些

① 路德维希·维特根斯坦著，涂纪亮主编，涂纪亮等译:《维特根斯坦全集》，第11卷，石家庄：河北教育出版社2003年版，第220页。

② 路德维希·维特根斯坦著，涂纪亮主编，涂纪亮等译:《维特根斯坦全集》，第8卷，第14页。

总原则往往并不涉及行为体在具体条件下的具体利益。①

理性选择的解释模式只能解释权力和利益在建立维护国际机制中的作用，却无法解释建立何种国际秩序。鲁杰研究了荷兰霸权、英国霸权和美国霸权下的国际经济秩序，发现三个霸权分别主导建立了重商主义、自由放任主义和内嵌式自由主义的三种不同经济秩序。究其原因，这是因为三个霸权国的社会目的不同：荷兰主导的秩序其本源是国内保护主义；英国主导的秩序其本源是国内层面的放任自由主义；美国主导的秩序其本源是机制下的国内干涉主义。鲁杰指出，规则的表现形式可能因为权力的改变而改变，但是规则的内在目和规范结构却可以保持相对稳定。如果内在目的没有发生变化，权力变化也不会使制度发生本质变化。②

其三，弗里德里希·克拉托赫维尔 (Friedrich Kratochwil) 的道德观。从逻辑角度看，任何一个论证都必须有一个逻辑起点，这个起点也就是该推论的基础。如果某个推论仅涉及到一个利益相关方，那么它的基础是该行为体的利益。如果某个推论涉及到两个利益相关方，那么它的基础是双方博弈的规则。如果某个推论不仅涉及到两个利益相关方，而且还涉及到一个无任何利益瓜葛的第三方时，推论的依据则是"道德观点"。第三方对冲突双方的利益和论述，依据道德观点，进行公正、平等的评判。克拉托赫维尔认为，社会冲突可以依据道德观点以非暴力方式解决。③

虽然各位学者的答案不同，但是维特根斯坦的生活方式、鲁杰的社会目的以及克拉托赫维尔的道德观点都是约束和评判行为体行为的总原则，这些原则正是在社会中处于主导地位的知识。

3. 既有建构主义分析框架的缺陷。社会的主导性知识是如何生成的？对于这个问题，学界没有形成统一的答案。国际正义原则体现在国际关系领域就表现出多元性。比如，现实主义将国家道德设定为国际社会的最高道德标准。摩根索认为在国际社会中占据主导地位的是国家道德，而非普世道德。国家道德主义者认为争取国家的利益就是国家的道德，国家利益就是国家道德的标尺。普世道德虽然存在，但不能适用于国家，抽象、绝

① John G. Ruggie, "International Regimes, Transactions, and Change: Embedded Liberalism in the Postwar Economic Order", in Stephen Krasner eds., *International Regimes,* Ithaca: Cornell University Press, 1983, pp.195-232.

② John G. Ruggie, *Constructing the World Polity: Essays on International Institution,* London: Routledge Press, 1998, p.62.

③ Friedrich V. Kratochwil, *Rules, Norms and Decisions: On the Conditions of Practical and Legal Reasoning in International Relations and Domestic Affairs*, Cambridge: Cambridge University Press, 1989, p.16.

对的道德观念在国际关系中是没有意义的。国家决策者不能以所谓的普世道德来指导自己的行为。[①] 自由主义认为功利主义和罗尔斯的正义论是最具影响力的以理性为基础的正义理论。两者都从理性选择模式的基本假定出发，试图回答社会应如何组织才是合理的这一问题。古典功利主义的答案是，社会的主要制度如果能使社会成员整体达到最大满足感，这个社会就是合理的、有秩序的；而罗尔斯认为正义的原则是最大均等自由原则、公平的机会均等原则和允许差异原则。

哪种关于正义的原则会成为社会构建规则和规范的主导性知识呢？克拉托赫维尔试图从实践理性与法律理性的角度回答正义原则的形成机制，其论证的过程如下：

其一，克拉托赫维尔从约翰·奥斯丁（John Austin）的语言—行动理论出发，提出伦理问题不是关于客观存在的问题，而是关于人的精神和情感状态的问题，因此无法在“工具—理性”框架下进行研究。社会世界由规则管理的行为组成，与语言具有内在的联系，语言因此是人们研究规范的出发点。根据该理论，语言中的一类动词代表着某种行动，如骑马、钓鱼、洗衣等；另外一类动词含有规范因素，如授权、任命、禁止、赞扬等。这类动词依靠更深层次的规范赋予自身意义。规范性陈述性句子中都含有“应该”“必须”这类词语，这就意味着这些陈述并非对应着外在世界中的某个客观存在，而是指向了说话者的某种精神或情感的状态，比如他的偏好或价值观等。这样，对规范的讨论以及关于责任的问题就无法在“工具—理性”的框架下进行。[②]

此外，克拉托赫维尔提出，在理性选择模式下无法找到关于正义原则推论的合理答案。传统的理性选择模式已预先假定了一个具有优先性的价值体系，并在此价值体系下进行逻辑推理。而伦理推理的目的却是要确定哪种价值体系具有优先性。因此，理性选择模式无法实现伦理推理。克拉托赫维尔从制定法律条款的过程中得到启发，提出伦理推理可以通过实践理性得以实现。克拉托赫维尔通过研究国际法庭的司法宣判，发现作为实践理性的一种特殊形式，法律理性是国际法制定的重要工具。虽然国际法庭法官来自不同文化背景、持有不同角色概念，但他们所遵循的推论原则

① 秦亚青:《权力·制度·文化：国际关系理论与方法研究文集》，北京：北京大学出版2005年版，第26—53页。

② Friedrich V. Kratochwil, *Rules, Norms and Decisions: On the Conditions of Practical and Legal Reasoning in International Relations and Domestic Affairs*, Cambridge: Cambridge University Press, 1989, pp. 6-8.

同国内领域法律的推论原则相似：新的法律条款并非简单地从已有条款出发，通过逻辑推导产生。在制定新法律条款过程中，各相关方对该条款内容先进行推理辩护，然而评审团对各方推理的合理性进行评估，谁的推理最为合理，谁的主张就会被采纳。克拉托赫维尔认为，道德原则也可以通过这种实践理性得以确立。[①]

然而，克拉托赫维尔将塞缪尔・冯・普芬多夫（Samuel von Pufendorf）的自然法默认为是其正义性话语的基础。克拉托赫维尔认为，自然法与实证法之间具有兼容性，即使是持实证法立场的法官在决策时，他依然需要参考自然法的原则。克拉托赫维尔将自然法视为判断彼此冲突的目标之间优先次序的原则。[②] 因此，克拉托赫维尔的实践理性是在自然法框架下发挥作用的，其仍然没有解决在多元的价值体系中哪种价值观更具优先性，哪种价值观会成为构建社会规则和规范的核心知识的问题。

三、批判建构主义对国际秩序研究框架的拓展

这样，对国际秩序根源的探究最终归结到社会主导知识的生成机制上来。在多元的价值体系中，哪种价值观会成为国际社会的核心价值并成为构建社会规则的核心知识？思想冲撞之后，将形成新的知识。这个知识是权力较量的结果还是思想之间妥协的结果？本文借鉴了福柯和哈贝马斯关于知识来源的论述，认为国际社会的知识的生成模式有两种：一种是权力建构的结果，即当存在霸权时，霸权国会在体系内推动其私有知识成为国际体系的共有知识；另一种是沟通行动的结果，即当体系内缺乏霸权或权力处于一种相对平衡状态时，国家间可以在平等的基础上进行沟通，并对真理的标准达成共识，从而形成共有知识。

（一）知识是权力建构的结果，霸权国的私有知识被建构成国际社会的公有知识

福柯研究的重点是通过探索权力、话语、知识之间的关系，试图揭示知识的本质，他提出，知识并非客观存在，而是为了建构和维持社会秩序，权力所规定出来的游戏规则。

---

① Friedrich V. Kratochwil, *Rules, Norms and Decisions: On the Conditions of Practical and Legal Rreasoning in International Relations and Domestic Affairs*, pp. 16-17.

② Ibid.

一方面，福柯认为话语是权力建构的结果。以《颠狂与文明：理性时代的疯癫史》一书为例，福柯探讨了颠狂与理性话语的历史转变。在一个理性的社会秩序中，颠狂意味着冲破理性的束缚，代表着超脱于社会之外的自由，是一种激进的表现。而这种自由威胁了基于理性的社会秩序。[①]因此，社会试图寻求一种有效方式，把这部分人排除在正常的社会生活之外。将这部分人定义为精神病人来诊断与处理，被认为是一种理想的方式。这样，对精神病人的诊断从身体转向了思想。关于精神疾病的传统话语体系崩溃了，并随之建立了关于精神病的新的心理、伦理和观念的主导性话语。[②]

另一方面，福柯试图揭示权力与实践的关系。比如，他在《规训与惩罚：监狱的诞生》一书阐述了监狱对罪犯的惩罚方式的转变及其意义。传统的惩罚方式表现出集中性、公开性和报复性的特征，而新的惩罚表现出分散性、隐蔽性、规训性的特征。按照新的惩罚方式，权力通过类似治疗的惩罚手段，对那些不符合社会规范要求的个体，施以强制性的矫正措施，使该个体重新遵循社会所设立的思想规范、行为标准和价值观，并重新嵌入到一个由约束、义务和禁止构成的社会体系当中。这样，监狱的主要功能转变为对罪犯施行规训，将其教化为顺服社会规范和行为准则的人。[③]

据此来看，在国家社会中权力和知识表现出如下特征：首先，知识与权力结合的必然性。研究表明，权力的意志会有意或无意地转化为大众必须遵守的行为规范，而权力意志向相应规范的有意识转化是规范产生的重要来源之一。[④] 这一研究说明权力关系与规范的统一性，即只有在规范的制约下，权力关系才能够得以实现；反过来，规范又定义了权力关系。知识定义着权力关系，任何一种知识都要定义什么是对的、合理的、好的行为，什么是错的、不合理的、坏的行为。正确的、合理的、好的行为要被允许、弘扬，而错误的、不合理的、坏的行为要被压抑、排斥。这样，知识就定义了某种权力关系。珍妮·埃德金斯（Jenney Edkins）认为，如果不存在某一领域的知识，那么就不存在这一领域的权力关系，任何知识都同时指

① 米歇尔·福柯著，刘北成、杨远婴译：《疯癫与文明：理性时代的疯癫史》，北京：生活·读书·新知三联书店2003年版。Jonathan Joseph ed., *Social Theory: a Reader,* Edinburgh: Edinburgh University Press, 2005, p.245.

② Jonathan Joseph ed., *Social Theory: A Reader,* Edinburgh: Edinburgh University Press, 2005, p. 246.

③ 高宣扬：《福柯的生存美学》，北京：中国人民大学出版社2005年版，第97页。

④ 高尚涛：《国际关系的权力与规范》，北京：世界知识出版社2008年版，第90—91页。

示或构建着某种权力关系。[①]

其次，权力是知识的推衍工具。当权力意识到某一知识有利于它的利益时，权力就会与这种知识结合，并对为了实现自己的利益而推动这种知识的散播。当权力足够大时，它就会将其知识向外推衍。权力到哪里，知识就会扩散到哪里。例如，二战结束后，美国向欧洲推广其自由经济、集体安全的观念，并采取了利益诱惑的手段，通过向欧洲提供经济援助和军事保护，以此方式来换取欧洲对自由经济和欧美集体安全秩序的支持。再如，当美国的自由民主观念在伊拉克受到萨达姆政权的阻碍，美国就采取了强制手段，通过发动战争推翻萨达姆政权，以此方式实现其知识在伊拉克的推衍。

最后，知识与权力结合需要学者的推动。在权力与知识结合的过程中，学者们往往会处于一个非常关键的汇合点上，他们促使了权力和知识的结合。学者们在追求真理的同时也掌握着相应的权力，他们为真理而斗争时，实际上也是在为实现某种权力关系而斗争。[②] 知识追求真理，而权力追求利益。当学者生产了知识后，需要向权力证明：为什么这种知识有利于权力实现自己相应的利益。正如摩根索向美国政府提出建立均势秩序的策略建议一样，以证明均势观念有利于增强美国权力，实现美国的国家利益。约翰·伊肯伯里（John Ikenberry）论证了宪政观念最符合主导国利益，可以给主导国带来长久的收益。即使主导国的权力优势消失，基于宪政观念所建立的国际机制也不会随之崩溃，因此他向美国政府提出了建立国际宪政秩序的策略建议。当观念及策略建议被权力所认可和采纳后，知识就实现了与权力的结合。

（二）沟通理性理论对知识的重构

哈贝马斯认为沟通理性才是社会一致性和统一性的基础。哈贝马斯在寻找现代性本源时，从工具理性转向了沟通理性。哈贝马斯重新审视了人类理性的基础。他认为广义理性不能限制在“工具—目的”这个狭义理性的概念上。广义理性的基础是人类的沟通行为，是透过一种所谓的“话语伦理”来建立一种合理和规范的基础。人们的沟通行为的最终目的是达成了解或一致；沟通行为能够顺利进行下去，其前提条件在于沟通者所讲话

---

① Jenney Edkins, “Foucault’s Docile Bodies”, in Jenny Edkins, *Poststructuralism and International Relations: Bring the Political Back In,* Boulder: Lynne Rienner, 1999, p.53.

② 郑莉:《理解鲍曼》，北京：中国人民大学出版社2006年版，第67—69页。

语的有效性。话语的有效性包括四个条件：所表达出的语句是可以被了解的，所说的话是真的，他的意图是真诚的，讲话的方式和内容是对的、恰当的。在沟通行为过程中，一旦沟通者对彼此的话语有效性提出质疑，沟通就不能再继续下去，这样双方就必须通过交谈来解决分歧。交谈是日常生活中更为抽象层次的沟通行为。在此过程中，交谈者仅仅受话语理性的支配，而不受权力和利益的驱使，交谈的目的是为了达到一种纯粹理性的共识。哈贝马斯指出，这种交谈在现实世界中几乎无法实现，因为我们的理性受客观环境、主观偏见和意识形态的束缚，纯粹理性的交谈在现实世界是一件无法办到的事。①

为此，哈贝马斯提出了"理想的说话境况"的假设，在这种假想的境况下，每一个交谈者都有相同的机会去选择、使用他所想要的言语行动，每一个参与者都是自律及平等的、没有被理性以外的力量所影响。在这种境况下，交谈者所达到的一致和共识是非强制的。"话语伦理"是这种"普世性交谈（cosmopolitan discourse）"的基础，"普世性交谈"的核心是交谈者理性的解释，而非一种盲目的自我捍卫。② 在这种沟通理性的指导下，哈贝马斯提出将终极目的设定为交谈的对象，放在"理想的说话境况"中，在没有任何强制性影响下，完全透明地、平等地、自由地依靠理性对其进行辩论，并最终达成一致。透过这种"话语伦理"所达成的一致，人们可以批判地建立一种正义的基础。③

具体来讲，沟通行动具有四个特征：

其一，沟通行动不同于理性协商。理性协商常常被误认为是沟通行动，因此有必要在此澄清两者之间的差异。首先，两者的目的不同。理性协商是行为体之间的理性互动过程，在这个互动过程中的参与者是自私的、理性的行为体，无论谈判的内容是什么，其目的都是使行为体（谈判方）获得最大效用。比如，对两个行为体是否要合作这个问题协商的过程中，现实制度主义的绝对优势说认为，国家在与他国的合作之中，所要考虑的不仅仅是是否可以获利，而且要考虑自己获益是否多于对方。相对获益少的一方很可能采取不合作行为。不管是自由制度主义的相对收益说，还是现

---

① 石元康：《罗尔斯》，桂林：广西师范大学出版社2004年版，第161—163页。

② Steve Smith, Ken Booth and Marysia Zalewski, ed., *International Theory: Positivism and Beyond*, Cambridge: Cambridge University Press, 1996, pp. 27-28；尤尔根·哈贝马斯著，曹卫东选译：《哈贝马斯精粹》，南京：南京大学出版社2004年版，第378—387页。

③ 罗伯特·所罗门著，张卜天译：《大问题——简明哲学导论》，桂林：广西师范大学出版社2004年版，第461页。

实的绝对收益，国家行为体谈判的原则都是要使自身利益最大化。再比如，在通过互动构建国家身份的过程中，亚历山大·温特 (Axexander Wendt) 认为社会身份的形成依赖于国家之间、国家与体系之间的互动过程。国家之间不同的初始行为通过互应机制产生霍布斯、洛克、康德三种不同的文化结构，这三种文化结构反过来又建构了不同的国家身份认同。① 他所提出的建构理论仅仅是理性的国家行为体，为了实现自己利益的最大化，在霍布斯、洛克、康德三种不同文化之间做出的不同选择。而沟通行动的目的不是为了实现自我利益的最大化，而是通过人们的沟通行为，对知识的标准最终达成理解和一致，从而建立规范的基础。

另外，理性互动的依据是工具理性，即实现自我利益的最大化。理性行为体在某一给定环境中会遵循工具理性（即能够确立目标），考虑多种政策方案的可行性和可能导致的后果，然后选择能够最大限度实现自己目标的政策方案，并采取某种行动为其目标服务。沟通行动所依据的是沟通者所讲话语的有效性，即沟通者所表达出的语句是可以被理解的，所说的话是真的，他的意图是真诚的，讲话的方式和内容是对的、恰当的。

其二，哈贝马斯的“理想的说话境况”不同于罗尔斯的“无知之幕”状态。罗尔斯运用了“无知之幕”这一假想工具以及博弈论中的最大最小值原理推导出其正义论的两原则。罗尔斯认为，“无知之幕”背后的立约者是“无知”的，即它不知道自己的具体利益，不能提出对自己有利的原则，只有这样才能保证各方最后所达成的契约不受自我利益的限制，才能是公正的。在罗尔斯看来，当人们并不知道自己选择会产生何种的后果，也无法计算每种后果出现的或然概率时，如果某个选择产生的最坏后果比其他选择产生的最坏后果要好，那么这个选择就是最合理的选择。罗尔斯的正义论是建立在“无知之幕”这一工具之上，并且符合最大最小值规则，因此它被认为是最优的道德选择。

而哈贝马斯的“理想的话语状态”并非是“无知”状态。纳伊姆·伊纳亚图拉（Naeem Inayatullah）和大卫·布兰尼（David Blaney）质疑文化结构是国家间初次交往的结果这一结论，他们认为在国家交往之前存在本国传统、文字、神话、伦理、审美情趣等构成的前文化状态，这些因素构成了初次交往前国家的自我形象。因此，文化分析的起点不应该是初次交

① Alexander Wendt, “Identity and Structural Change in International Politics”, in Yosef Lapid and Friedrich Kratochwil ed., *The Return of Culture and Identity in IR Theory,* Boulder, London: Lynne Reinner Publishers, 1996, pp. 47-65.

往，而应该从历史的角度来比较分析不同国家的文化是如何构建自我和他者的。同时，要分析国家的传统、文字、神话等因素在国家的相互交往前、交往过程中、交往后的历史性转变，分析不同文化是如何相互冲突、和谐、竞争的，并最后形成共同文化的。① 因此，在哈贝马斯的理想状态下，行为体是前文化状态，沟通行动是不同文化在不受外力干预情况下沟通并形成一致的过程。

其三，权力的多极化趋势使国家间的沟通行动成为可能。哈贝马斯提出的“理想的说话境况”是一种不受外力作用的状态。然而，权力无处不在，总是影响着人们之间的交谈，因此哈贝马斯所提出的这种状态过于理想，在现实中根本不存在。但权力平衡状态同“理想的说话境况”具有一定相似性，在权力平衡状态下，交谈者的权力相当，每一个交谈者都有相同的机会去选择、使用他所想要的言语行动，每一个参与者都是自律及平等的，他们的交谈可以不被理性以外的力量所影响。哈贝马斯的交流行为理论将知识视为关于真理所达成的共识。在一定伦理和规范下，当权力处于平衡状态时，权力对交流行为产生的影响和扭曲较小，这有助于公正地对知识进行批判，谋求建立一种具有普世性的、更加自由、公正和平等的知识体系。

其四，共同威胁增强了国家间沟通行动的必要性。当前国际秩序威胁因素性质发生了变化，硬威胁严重程度下降，软威胁严重程度上升。以往国际秩序的主要威胁来自国家间的安全威胁，而冷战结束之后，国际秩序的主要威胁来自跨国性、全球性安全威胁，例如核扩散、气候变化、能源问题、传染性疾病、恐怖主义、内战和地区战争、贫困问题等。这些威胁的跨国性质，使得任何国家都无法独自应对。国际威胁因素的跨国性质，增强了国家在平等基础上，通过沟通行动，形成应对新威胁共识的必要性。

四、结语

既有的建构主义理论分析框架包括两个层次的内容：秩序源于规则、规则由知识建构。首先，社会秩序体现为社会行为的规律性和可预测性。而社会行为之所以具有规律性和可预测性，是因为社会行为体是社会人，

① Naeem Inayatullah and David L. Blaney, “Knowing Encounters: Beyond Parochialism in International Relations Theory”, in Yosef Lapid and Friedrich Kratochwil ed., *The Return of Culture and Identity in IR Theory,* Boulder, London: Lynne Reinner Publishers, 1996, pp. 65-84.

社会人的理性在于遵循规则，规则定义了行为体在社会中所扮演的角色，约束着行为体的行为。其次，规则具有目的性，是为了实现某种社会目的而设计的结果，规则设计的基础是关于社会行为的一些总原则，在这些总原则中，公正的原则最为根本，是价值中的价值，构成了社会知识的核心内容（如图2中“既有建构主义分析框架”所示）。

然而，既有建构主义框架没有解决在多元的价值体系中哪种价值观更具优先性，哪种价值观会成为构建社会规则和规范的核心知识这一问题。本文借鉴福柯的后结构主义，提出了当代国际体系的知识是权力建构的结果。知识与权力结合具有必然性，知识定义着权力关系，权力的运作需要知识。当权力意识到某一知识有利于他的利益时，权力就会与这种知识结合并推动该知识的散播。在国际体系中，霸权推动其私有知识成为体系的知识，并在此基础上建构体系内部秩序（如图2中“批判建构主义对该框架的拓展”所示”）。

因此，笔者认为，学界有必要对构成国际秩序的知识进行重建，而沟通行动是实现知识重建的重要手段（如图2中“批判建构主义对该框架的拓展”所示”）。哈贝马斯提出在没有任何强制性影响的“理想的说话境况”中，交谈者可以完全透明、平等和自由地依靠理性进行辩论，透过这种“话语伦理”所达成的一致，人们可以批判地建立一种正义的基础。这样，当体系的权力结构处于一种相对平衡的状态时，国家间可以在相对平等的基础上进行沟通，并对真理达成共识，形成体系的知识。行为体面对共同的挑战是沟通行动的前提。在面对共同挑战的情况下，任何行为体都没有能力独自应对，这就增加了行为体间采取沟通行动的必要性。

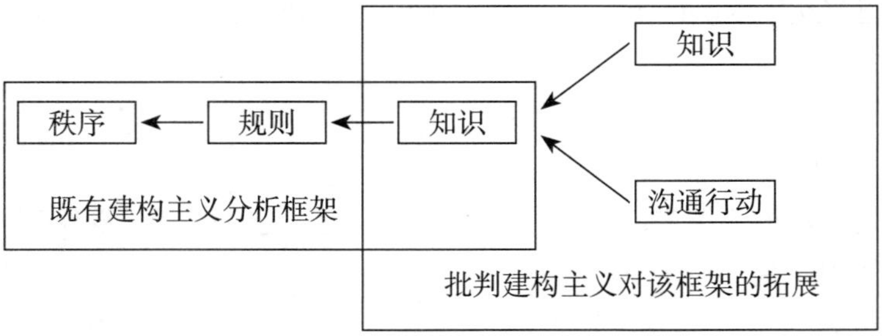

图2　秩序生成模式示意图

二、全球视野

QUANQIU SHIYE

内容提要

研究地区问题需要有全球视野。美国在亚洲地区具有重大利益和传统影响，二战后，美国同盟体系界定了亚洲的安全结构。全球视野的亚洲研究必须要研究美国的全球战略与亚洲政策。《美国与东亚安全的区域治理》指出，东亚安全环境和地区权力结构在后冷战时代已经发生了显著变化，美国以双边军事同盟为基础、多边机制为补充的“管制”型安全模式已经无法适应东亚安全公共物品的需求，美国参与的地区多边安全机制也在很大程度上成为美国谋求地区主导权的工具；东亚需要培育一种区域“治理”型安全模式，以满足不断增长的地区安全公共物品需求。《奥巴马的国际战略变革》对美国智库近年来的三项重要国际战略研究报告进行了分析，即普林斯顿计划、管理全球不安全因素项目和凤凰动议。这三份报告建议美国从依靠权力推行民主自由转向实施战略性领导，通过大国沟通与合作应对共同威胁。这些原则构成了奥巴马国际战略的重要内容。当然，现实主义和美国传统价值观仍然对奥巴马政府的对外政策具有重要影响。

美国与东亚安全的区域治理
——基于公共物品外部性理论的分析

郭延军 *

后冷战时代的东亚安全，既存在传统的国家间“安全困境”，又面临恐怖主义、金融危机、跨国犯罪、海盗、公共卫生、环境恶化等非传统安全挑战。安全威胁的多元化一方面导致东亚地区安全的不确定性上升，另一方面也造成了安全公共物品的匮乏。作为东亚安全的主导国，美国广泛介入地区安全事务并提供安全公共物品。美国安全公共物品的主要供给模式是以双边军事同盟体系为核心，以多边安全机制为补充的“管制”型安全模式。虽然它在维持地区均势中发挥了一定的积极作用，但随着东亚权力结构的变迁以及大量非传统安全威胁的出现，美国不再愿意、也不再有能力承担首要责任，而是有选择地提供安全公共物品，从而导致国际公共物品局部供给不足，[①] 并呈现出明显的负外部性。东亚能否发展一种新的区域性安全治理模式，弥补现有安全模式的缺陷，增加区域性安全公共物品的供给，减少公共物品的负外部性，确保东亚的持久安全与和平，成为当前东亚安全中亟待破解的难题。本文拟从公共物品外部性的视角，分析美国安全公共物品供给中产生负外部性的成因及其对地区安全的消极影响，进而对构建新的东亚区域安全治理模式作一初步探讨。

一、东亚安全公共物品：供给模式与外部性

公共物品概念来源于经济学。丹尼斯·缪勒（Dennis C. Mueller）将公共物品定义为：“能以零的边际成本给所有社会成员提供同等数量的物

---

* 郭延军，外交学院亚洲研究所副所长、副研究员。本文发表在2010年第7期《世界经济与政治》。

① 杨国庆：《危机与霸权：亚洲金融危机的政治经济学》，上海：上海人民出版社2008年版，第204页。

品”。[①] 公共物品具有两个主要特征：一是受益上的非排他性，二是消费上的非竞争性。[②] 只有同时满足这两个条件，才能称为“纯公共物品”。但是在国际安全中，“纯公共物品”极为稀少，因为一方的安全往往意味着另一方的不安全。人们所说的公共物品一般指俱乐部产品和公共财产资源等不纯的公共物品，或称之为“准公共物品”。

公共物品的非排他性特点决定了其具有外部性。从理论上说，一种公共物品不能排斥任何人消费该种产品，从而任一消费者都可以免费消费公共物品，或者阻止不付费消费者的消费行为很困难。公共物品的外部性有两个主要来源：一是基于公共物品的特有属性产生的外部性，主要表现为“搭便车”行为，导致公共物品提供者的生产成本与收益不一致，削弱了公共物品生产者为之付费的动机，由此产生外部性。二是政府在提供公共物品过程中产生的外部性。由于政府在公共物品的供给中不可能将每个消费者的意见集中起来，会出现了政府失灵，也可以导致外部性的产生。简单地说，外部性就是一种溢出效应，指的是一个人或一群人的行动和决策对另一个人或一群人强加了成本或赋予利益的情况，表现为正外部性和负外部性。正外部性是指不但公共物品的生产者获得了收益，而且也给他人带来好处。假如生产者在自身获得收益时对他人造成了伤害而没有支付成本（或将成本强加于他人），其行为就具有负外部性。[③] 可见，负外部性是公共物品供应中产生的消极溢出效应。那么，能否避免或减少负外部性呢？假如负外部性的成本由公共物品的提供者全部承担，那么其外部性就“内部化”了，[④] 也就意味着负外部性得以避免。在国家内部，政府可以通过直接或间接的干预和管理来最大限度地避免或减少负外部性。

但是，在国际社会中并不存在一个与国家政府相对应的机构或体制，因此国际公共物品常常面临供给不足的问题，[⑤] 其负外部性也很难避免。为

---

① 丹尼斯·缪斯著，杨春学等译：《公共选择》，北京：中国社会科学出版社1999年版，第15页。

② 有关公共物品理论的详细论述，参见 Bruce M. Russett and John D. Sullivan, “Collective Goods and International Organization”, *International Organization*, No.4, 1971, pp.845-865；张建新：《国际公共物品理论：地区一体化的新视角》，载张建新主编：《国际公共产品与地区合作》，复旦国际评论第9辑，上海：上海人民出版社2009年版，第34页。

③ 李增刚：《全球公共物品：定义、分类及其供给》，载《经济评论》，2006年第1期，第131—147页。

④ Patrik Stålgren, “Regional Public Goods and the Future of International Development Cooperation: A Review of the Literature on Regional Public Goods”, *Working Paper*, No.2, 2000, p.8.

⑤ 英吉·考尔等编，张春波、高静译：《全球化之道——全球公共物品的提供与管理》，北京：人民出版社2006年版，第55页。

了解决这一问题，美国学者查尔斯·金德尔伯格（Charles Kindleberger）在《1929—1939年世界经济萧条》一书中提出，国际经济体系的稳定运转需要某个国家来承担“公共成本”。这一观点后来被罗伯特·吉尔平（Robert Gilpin）发展成“霸权稳定论”。该理论认为，在政治、经济、军事和科技等各方面占据绝对优势的霸权国家，通过为国际社会提供稳定的国际金融体制、开放的贸易体制、可靠的安全体制和有效的国际援助体系等国际公共物品，来获得其他国家对霸权国所建立的国际秩序的认同，从而实现体系内的稳定和繁荣。[①] 吉尔平进一步指出，国际公共物品虽以一个霸权国为主导，但可以依靠国际协调共同提供，即在国际组织的协调下，由各国达成集体行动，制定约束相互行动的准则，一起承担提供公共物品的责任。[②] 这两种观点实际上是国际公共物品的两种不同模式，即霸权稳定论和国际机制论。美国在战后成功地将其霸权体系与国际机制相结合，形成了所谓的“制度霸权”，降低了美国“霸权护持”的成本，有效解决了国际社会的“搭便车”行为。[③]

在东亚安全领域，对于美国是否已经建立起“制度霸权”还存在不同观点。不过可以确定的是，美国凭借双边军事同盟体系以及广泛参与地区多边安全合作，在东亚安全中发挥着主导性作用，成为该地区安全公共物品的主要提供者。美国相信，可以通过提供公共物品，为地区国家提供安全保障，[④] 以此获得其他国家对其领导权的支持和认可。[⑤] 而且，只有为其他国家提供足够的安全公共物品，才能保证美国在东亚地区安全中的主导权。[⑥] 为此，美国建立了以双边军事同盟为基础、多边安全机制为补充的安全体系，但是，这种安全体系已无法适应后冷战时代东亚安全环境的变化以及东亚日益增长的安全公共物品需求，而且出现了一系列负外部性。

---

① 樊勇明：《区域性国际公共物品——解析区域合作的另一个理论视点》，载《世界经济与政治》，2008年第1期，第7—13页。

② 杨国庆、黄帅：《西方地区公共物品理论及其政策意义》，载张建新主编：《国际公共产品与地区合作》，复旦国际评论第9辑，上海：上海人民出版社2009年版，第13—14页。

③ 参见 Mancur Olson, “Increasing the Incentives for International Cooperation,” *International Organization*, Vol.25, No.4, 1971, pp.866-874.

④ 仇发华：《地区多边安全合作——西欧与东北亚比较研究》，北京：世界知识出版社2009年版，第189页。

⑤ 山本吉宣：《亚太地区综合安全合作体系框架》，载《亚洲区域合作的政治经济分析——制度建设、安全合作与经济增长》，王正毅等主编，上海：上海人民出版社2007年版，第209页。

⑥ Thomas J. Christensen and Jack Snyder, “Chain Gang and Passed Buck: Predicting Alliance Patterns in Multi-polarity”, *International Organization*, Vol. 44, No. 2, 1990, p.168.

二、排他性：美日同盟及其负外部性

以美日同盟为核心的美国双边军事同盟体系只吸纳了少数东亚区域内国家，其他国家无法分享其排他性的“俱乐部产品”，而只能被动地接受其建立的秩序和有限的安全公共物品。这种排他性的安全体系已经无法适应东亚变化的安全环境，呈现出明显的负外部性，其成因和消极影响表现在以下三个方面。

第一，后冷战时代东亚地区爆发大规模军事冲突的可能性下降，非传统安全问题成为该地区面临的主要挑战。近年来，金融危机、恐怖主义、自然灾害、传染性疾病、跨国犯罪等非传统安全挑战日益严峻，成为东亚国家面临的共同威胁。由于非传统安全所具有的超越国家安全范畴的跨国性和地区性，任何一个国家都无法独善其身，域内传统的军事同盟也无法有效应对。① 虽然冷战后美日同盟进行了相应调整，但仍没有摆脱冷战的思维模式和以军事为中心的战略取向，缺乏对非传统安全议题的关注和投入。同时，美日同盟的排他性也决定了美日两国无法在双边同盟框架内开展同其他国家在非传统安全领域的合作，这一方面不利于东亚地区非传统安全合作的发展，另一方面也削弱了美日同盟在东亚安全体系中的有效性与合法性。

第二，由于日本国内强烈的民族主义情绪和安全自主性的提升以及中国的快速崛起，地区权力结构正在加速转型。封闭性、排他性的美日同盟已经越来越难以在“包容”中国的崛起与日本的“大国化”进程之间保持平衡。② 美日同盟的功能定位和角色转化很大程度上取决于中国因素。据美国预测，到2025年，中国将成为世界第二大经济体和主导性军事大国，届时，美国的经济和军事利益将面临新的挑战。③ 一种颇具代表性的观点是：美国的影响力正在下降，东亚正在努力适应一个以中国为中心的地区秩序。④ 有学者认为，东亚的变化即使不是由中国主导的，也是由中国推动

① 倪建平：《美国与东亚一体化：地区公共物品的视角》，载张建新主编：《国际公共产品与地区合作》，复旦国际评论第9辑，上海：上海人民出版社2009年版，第209页。

② G. John Ikenberry, “American Strategy in the New East”, *The American Interest*, Vol. 2, No. 1, September/October 2006, p. 90.

③ *National Intelligence Council, Global Trends 2025: A Transformed World*, November 2008, http://www.dni.gov/nic/NIC_2025_project.html.

④ Robert Sutter, “Assessing China’s Rise and U.S. Leadership in Asia: Growing Maturity and Balance”, Pacific Forum CSIS, *PacNet 6*, Honolulu, 29 January 2009.

的。[①] 按照传统的均势理论，中国作为一个崛起国家会挑战现存国际秩序，即使不对美日两国构成威胁，也会给美日带来更多的问题。[②] 对待崛起的中国，美国的本能反应是通过加强双边联盟（尤其是美日同盟）和在亚洲的军事存在来维持均势。[③] 为此，美国通过在日本部署“战区导弹防御系统”（TMD），进一步增强了日本的军事能力，不断推动日本转变成为一个积极的地区安全行为体。美国认为这种转变可以鼓励日本在安全方面的积极性，是防止由于中国日益增长的军事能力而导致地区均势遭到破坏的一个有效途径，[④] 同时也可以将日本纳入其全球战略框架。[⑤] 而日本将其在美日同盟框架内的地区安全角色视为所有亚洲国家提供的“公共物品”。[⑥] 不可否认，在后冷战时代安全形势不确定的条件下，美国的军事存在对于平衡崛起的中国力量和限制日本的重新军事化是有价值的。有分析家认为，美日同盟解散的直接后果是日本与中国的军备竞赛，以及日本重新回归“军事大国化”的道路。[⑦] 从中短期来看，美日同盟这种既在战略上“防范中国”，又在政策上“看管日本”的双重角色不会消失。[⑧] 但是，随着东亚权力变更的发展，单纯依靠势力均衡无法为本地区提供充足的安全公共物品，也不可能真正保障东亚持久的稳定与繁荣秩序。

第三，正是由于美日同盟越来越难以适应地区权力结构变迁的现实，因此导致美日同盟的内部关系变得更加微妙。尤其是在履行相互同盟义务方面，日本担心美国“靠近中国”的倾向会使其面临被“抛弃”

① William A. Callahan, “How to Understand China: The Dangers and Opportunities of Being a Rising Power”, *Review of International Studies*, Vol. 31, 2005, pp.701-714.

② Wang Jisi, “The China-Japan-United States Triangle: A Power Balance Analysis”, Paper presented for the international workshop “China’s Grand Strategy Thinking and Making: Experience and Lessons from the US”, CISS, Peking University, November 7, 2009.

③ 谢淑丽:《亚太地区安全：势力均衡还是大国协调？》，载《亚洲区域合作的政治经济分析——制度建设、安全合作与经济增长》，王正毅等主编，上海：上海人民出版社2007年版，第197页。

④ Daniel Twining, “America’s Grand Design in Asia”, *The Washington Quarterly*, Summer 2007, pp.79-94.

⑤ Nick Bisley, “Securing the ‘Anchor of Regional Stability’? The Transformation of the US-Japan Alliance and East Asian Security”, *Contemporary Southeast Asia*, Vol.30, No.1, 2008, pp.73-98.

⑥ Ralph Cossa and Brad Glosserman, “U.S.-Japan Defense Cooperation: Has Japan Become the Great Britain of Asia?”, *Issues and Insights 5*, No.3, March 2005, pp.14-15.

⑦ 参见 Thomas J. Christensen, “China, the US-Japan Alliance, and the Security Dilemma in East Asia”, *International Security*, Vol.23, No.4, 1999, pp.5-38; Reinhard Drifte, *Japan’s Security Relations with China Since 1989: from Balancing to Bandwagoning?* New York: RoutledgeCurzon, 2003。

⑧ 朱锋:《国际关系理论与东亚安全》，北京：中国人民大学出版社2007年版，第118页。

（abandonment）的危险；而美国也担心同盟义务的扩展有可能使自身“卷入”（entrapment）本地区错误的冲突或战争。这就产生了一种同盟间的一般性理论困境：担心被抛弃的国家并无法制止盟国的行动；拒绝卷入的国家则担心盟国失去对自己的信任，转而寻求更可靠的合作伙伴。[①] 例如，日本担心中美两国走向G2共治模式，鸠山政府上台以后，极力宣称要推动“东亚共同体”（并暗示这一共同体不包括美国），其中一个重要目的就是提醒美国不要同中国走得太近，否则将与中国联手推动东亚一体化。与此同时，美国也担心由中日共同主导的东亚一体化进程会损害自身的利益，因此，奥巴马政府明确反对鸠山政府提出的把美国排除在外的任何形式的“东亚共同体”倡议。随着东亚权力结构转型的加速，日美同盟内部战略互信的问题会更加突出。

三、私物化：美国的多边行为及其负外部性

在坚持双边军事同盟的基础上，美国通过广泛参与东亚区域及次区域的多边安全合作，努力维护其在东亚区域安全中的利益和影响。尤其是奥巴马执政以来，强调在巩固双边同盟的基础上，推动多边机制建设，在具有共同利益的领域寻求与亚洲国家的广泛合作，尤其是与中国等地区大国的合作，以此来改善美国形象，加强对东亚安全的介入，以便更好地维护与巩固美国在东亚安全中的主导地位。美国有学者认为，如果多边主义被有效运用，美国就能重建在国际社会的威望，从而为美国在全球的利益和行动提供更大的合理性。[②] 但是，美国在东亚进行的一系列多边安全努力，其重要目标之一就是为了改变由美国单独承担维护地区安全与稳定的义务的局面，[③] 并通过美国主导的制度化合作，让其他国家分担更多的提供国际公共物品的责任，维持和扩展美国的霸权与战略主导权。[④] 希拉里·克林顿

① 相关论述参见 Glenn H. Snyder, “The Security Dilemma in Alliance Politics”, *World Politics,* Vol.36, July 1984; Glenn H. Snyder, *Alliance Politics*, Ithaca, NY: Cornell University Press, 1997; Thomas Christensen and Jack Snyder, “Chain Gangs and Passed Bucks: Predicting Alliance Patterns in Multipolarity”, *International Organization*, Vol.44, Spring 1990; Stephen M.Walt, “Alliances in a Unipolar World”, *World Politics,* Vol. 61, No.1, January 2009, pp.86-120。

② Johanna Mendelson Forman, “Investing in a New Multilateralism: A Smart Power Approach to the United Nations”, *Smart Power Initiative*, CSIS, January 2009, p.13.

③ 余建军:《冷战后美国在亚太地区的多边安全行为研究》，上海：上海社会科学院出版社2009年版，第244页。

④ 时永明:《奥巴马的东亚政策与地区构建》，载《和平与发展》,2010年第1期，第31—36页。

就直言不讳地表示，单靠美国无法解决最为紧迫的问题，而没有美国，世界也无法解决这些问题，“我相信世界一向需要美国主导，而且现在仍然需要”。[①] 美国在东亚的基本安全利益和目标并没有改变，它创建或参与的地区多边安全机制很大程度上也已被“私物化”（privatization），[②] 成为美国谋求地区主导权的工具，导致东亚地区性的多边主义和多边机制难以发展，同时也使得亚洲的多孔化更加明显。[③] 通过分析美国在六方会谈和东盟地区论坛中的多边参与行为可以看出，美国将地区多边机制“私物化”的做法导致了安全公共物品的负外部性。

（一）六方会谈

六方会谈作为解决朝核问题最有效的机制，从2003年第一轮六方会谈至今步履维艰，主要原因是国际社会在要求朝鲜弃核的同时，并没有给予朝鲜足够的安全保证和公共物品。尤其是美国，把朝鲜弃核作为关系正常化的前提，这是朝鲜不能接受的，也是朝鲜不断做出挑衅行为、试图改变现状的根本原因。对于美国来说，朝鲜并不是一个直接的威胁，美国更为担心的是朝鲜拥核后的核扩散问题，尤其是如果朝鲜将核武器扩散到恐怖分子及其所谓的“流氓国家”、“无赖国家”以及“失败国家”时，将对美国的国家安全构成极为严重的威胁。因此，美国的首要目标是促使朝鲜弃核而不是急于与其改善关系。美国国防部长盖茨曾表示：“美国将利用其包括核保护伞在内的一切军事能力继续保持（对朝鲜的）威慑。”[④]

从短期来看，朝美双方的相互敌视政策很难发生改变。目前，朝鲜的“拥核自保”政策成为恢复六方会谈的最大障碍。这一政策背后的信息是对抗性的、而非和解性的。而奥巴马政府的朝核政策也很明确，继续坚持有条件地接触政策，坚持在六方会谈框架下解决问题，坚持朝鲜无条件弃核的原则。正如2009年底美国国家安全委员会亚洲事务高级主任贝德所提出

---

① Hillary Clinton, “Statement before the Senate Foreign Relations Committee”, Washington, DC, January 13, 2009, http://www.state.gov/secretary/rm/2009a/01/115196.htm.

② 樊勇明：《区域性国际公共物品——解析区域合作的另一个理论视点》，载《世界经济与政治》，2008年第1期，第7—13页；李巍：《霸权国与国际公共物品——美国在地区金融危机中的选择性援助行为》，载《国际政治研究》，2007年第3期，第164—186页。

③ 彼得·卡赞斯坦著，秦亚青、魏玲译：《地区构成的世界：美国帝权中的亚洲和欧洲》，北京：北京大学出版社2007年版，第53—64页。

④ “Gates Pledges Nuclear Umbrella to Counter North Korea,” http://www.nytimes.com/reuters/2009/10/22/us/politics/politics-us-korea-north-gates.html?scp=4&sq=north%20korea%20nuclear&st=cse.

的“朝鲜需要明确表示重返六方会谈”和“永久放弃核武器”，美国才同意与朝鲜进行双边会谈。显然，这一表态已经明确拒绝了朝鲜“有条件回归”六方会谈的建议，强调的是朝鲜必须“无条件地”回归六方会谈，而且，回归六方会谈后的解决方案，只能是朝鲜“永久放弃核武器”。但早在2006年，朝鲜就强调“半岛无核化”不应该是其单方面的核裁军，而应是解决“朝美之间敌对关系、从朝鲜半岛和其邻近地区撤除一切核武器”的无核化。[①] 从长远看，美国能否调整对朝敌视政策将是影响朝核问题的决定因素，而朝鲜能否改变拥核政策则是建立东北亚安全公共物品的必要条件。可见，美朝之间的对抗性政策导致六方会谈机制无法为东北亚提供有效的安全公共物品，而美国在六方会谈基础上推动建立东北亚多边安全机制的政治意愿与能力也出现前所未有的降低。美国对朝政策总体上仍是不作为、以拖待变。奥巴马政府很有可能利用朝核局势的长期化和复杂化来实现巩固东亚同盟体系，甚至利用朝核危机来制衡中国。

（二）东盟地区论坛

安全始终是美国在东南亚最重要的利益。冷战后美国在亚太地区一方面继续领导双边防务体系，但另一方面它只是作为普通国家参加多边安全活动（主要是东盟地区论坛）。[②] 尤其是“9·11”之后，非传统安全议题成为美国和东盟安全对话的重点。[③]

东盟地区论坛确实可以帮助美国实现一些诸如传递政府意图、增进相互了解和培养安全合作习惯等软性目标，却不能如美国所愿去解决诸如朝核问题和中国崛起等硬性问题。为此，美国试图对东盟地区论坛进行改造，包括提出新的议题、加快合作步伐、努力推动制度化进程乃至要求分享主权等。例如，东盟地区论坛成立后，美国一再要求东盟放弃对论坛的主导权，要求把论坛建成一个尽可能独立于东盟之外的机构，使其最终成为美国亚太安全网络的组成部分。[④] 再如，考虑到东盟地区论坛是“广泛的（成

① *Statement of the DPRK Foreign Ministry*, Korean Central Broadcasting Station and Korea Central News Agency, October 3, 2006.

② 转引自余建军：《冷战后美国在亚太地区的多边安全行为研究》，第246页。

③ 马嫚：《奥巴马东南亚政策展望》，http://www.siis.org.cn/zhuanti_view.aspx?id=10003。

④ 徐万胜等著：《冷战后的日美同盟与中国的周边安全》，北京：社会科学文献出版社2009年版，第250页。

员)”但“浅层的(成员的承诺)”,[①] 美国及其亚洲盟国力图通过推动ARF预防性外交,将东盟地区论坛建成类似欧安组织的地区安全机制,增强对地区安全问题的介入能力,解决在“一个大集团中容易产生的搭便车和公共物品供给不足”[②] 的问题。提出的建议和措施包括:建立早期预警机制、成立事实真相调查团、提升东盟地区论坛主席的调停作用、成立地区危机预防中心等。但是,不少国家担心开展预防性外交会损害“不干涉内政原则”和“协商一致”的“合作安全”模式,在某些问题上还可能侵害国家主权。[③] 可见,“东盟方式”是地区国家间合作的基础,改革这一原则将会削弱东盟的团结与统一。[④] 美国等西方国家力推的预防性外交议程无疑会在协商一致的东盟决策程序下被阻断。[⑤]

美国虽然参与和支持东盟地区论坛,且较为忠实地遵守和执行包括建立信任措施在内的相关活动,但一直将它置于边缘性地位和作为一种补充性的安全手段。其中很重要的原因是,东盟地区论坛在帮助解决美国所关切的地区安全问题上的能力和效用较低。相比之下,美国更偏好于建立一些针对特定安全问题的功能性多边安全安排。[⑥] 东盟担心美国迟迟不作出任何有实际意义的对地区安全多边主义的承诺,可能会导致地区内的某些国家,如印尼和越南,寻求同美国更加正式的双边安全联系。[⑦] 这势必会导致东盟某些国家对多边主义承诺的不确定性,一定程度上阻碍东亚安全地区主义进程。总的来说,美国参与并支持东盟地区论坛的多边安全对话与合作,其前提是强调美日同盟在亚太安全架构中的核心作用,其本质是通过

① [美]谢淑丽:《亚太地区安全:势力均衡还是大国协调?》,载《亚洲区域合作的政治经济分析——制度建设、安全合作与经济增长》,王正毅等主编,上海:上海人民出版社2007年版,第189页。

② 参见Mancur Olson, *The Logic of Collective Action*, Cambridge: Harvard University Press, 1965。

③ Ralf Emmers and See Seng Tan, “The ASEAN Regional Forum and Preventive Diplomacy: A Failure in Practice”, *The RSIS Working Paper Series*, No.189, December 7, 2009.

④ 王士录:《“东盟共同体”建设面临的挑战与前景》,载《亚太经济》,2008年第2期,第13—18页。

⑤ Sheldon Simon, “ASEAN and Multilateralism: The Long, Bumpy Road to Community,” *Contemporary Southeast Asia*, Vol.30, No.2, 2008, pp.264-292.

⑥ 余建军:《冷战后美国在亚太地区的多边安全行为研究》,上海:上海社会科学院出版社2009年版,第240—241页。

⑦ 参见Denald E. Wertherbee, “Political Change in Southeast Asia: Challenges for US Strategy”, in Tellis and Wills (eds.), *Strategic Asia*, 2007-08, pp.234-265。

介入东南亚安全事务，为美国持续介入亚太安全事务提供某种框架，[①] 是一种“工具性”参与，而非“规范性”参与。

四、减少负外部性：东亚安全的区域治理模式

在东亚地区缺乏一种完整的具有利益分享性的“霸权稳定”体系和地区多边安全机制的情况下，一方面“霸权国”无法提供充足的安全公共物品，另一方面本地区也难以独立开展有效的集体行动进行自我公共物品生产，从而造成地区安全公共物品的短缺。[②] 美国所提供的安全公共物品，虽然在一定程度上维护了东亚的安全与稳定，但从本质上讲，美国的安全公共物品供给是一种以美国为中心、以双边军事同盟为基础、以多边机制为补充的“管制”型安全模式。这种建立在冷战军事思维和权力政治之上的缺乏制度创新的公共物品供应，已经无法满足日益增长的地区安全需求，地区安全公共物品的匮乏和负外部性越来越明显。东亚有必要通过制度创新，发展一种新的区域安全“治理”[③] 模式（见表1），弥补现有安全模式的不足，提高地区安全公共物品供给，减少公共物品的负外部性，促进地区持久稳定与和平。

---

① Ralph A. Cossa, “Asian Multilateralism: Dialogue on Two Tracks”, *Joint Force Quarterly*, Spring 1995, p. 36; Ralph A. Cossa, “The Major Powers in Northeast Asian Security”, *McNair Paper 51*, Washington, D.C.: Institute Strategic Studies, National Defense University, August 1996, p.54.

② Vinod K. Aggarwal and Cedric Dupont, “Goods, Games, and Institutions”, *International Political Science Review*, No. 4, 1994, pp.393-409.

③ 阿德勒等将“安全治理”定义为由单个和全体行为体所认同的一种规则体系，其目标在于协调、管理和控制集体行动，应对各种安全威胁。这种规则体系主要建立在由政治权威认可的规范、实践以及制度基础上。参见 Emanuel Adler and Patricia Greve, “When Security Community Meets Balance of Power: Overlapping Regional Mechanisms of Security Governance”, *Review of International Studies*, Vol.35, 2009, pp.59-84。本文将安全治理视为一个权力因素、制度因素和规范因素的综合性过程和体系。

表1 霸权“管制”型安全模式与区域“治理”型安全模式[①]

	“管制”型安全模式	“治理”型安全模式
制度形式	条约制度主义	过程制度主义
管理理念	目标型管制	过程型治理
价值取向	工具性	规范性
管理方式	强制性	非强制性
基本形态	封闭式	开放式
制度结构	等级制	平等制
主要议程	传统安全	综合安全
行为主体	霸权国	国家/地区组织

2010年1月，美国国务卿克林顿在夏威夷东西方中心发表演讲，宣布美国将“重返”亚洲并“留在”亚洲，并提出了美国关于亚洲地区架构的五点原则意见，即美国双边安全同盟是基石；地区制度应推进共同目标的实现，包括政治、安全和经济等领域的目标；应提高地区制度的效率；地区架构要有灵活性，可以根据不同的议题形成不同的核心小组；在各种地区制度中，应突出最主要的制度。[②] 可以将美国所乐见的东亚地区安全架构归纳为：在双边安全同盟基础上的多中心、多层次、多领域的灵活与高效的地区安全制度建设。这为东亚地区发展一种多层次、多中心的安全治理模式提供了契机。为了实现这一目标，美国和东亚应从以下几方面做出努力。

第一，在美日同盟双边框架下，加强中美、中日双边及中美日三边安全互动与协调，缓解三国之间的安全困境，塑造地区新均势，并对地区安全议题进行共同治理。东亚地区安全进程无法排除美国，美国在东亚地区的军事存在以及双边军事同盟是东亚地区安全的一个重要基础。尤其是美日同盟，两国的经济规模占据世界经济总量的40%，军费总额占据世界军费开支的57%，[③] 依然具有崛起中的中国无法匹敌的权力优势。从总体上

① 有学者指出，安全从“传统”转向“非传统”，安全维护也将从“管制”转向“治理”。管制更多体现的是一种刚性的制度设计，治理则更多体现的是一种柔性的能力建构；治理同时也是体现强制、自愿以及强制与自愿相结合的多种形式的合作；治理不是一种静态的制度，而是持续的互动。参见崔顺姬、余潇枫:《安全治理：非传统安全能力建设的新范式》，载《世界经济与政治》，2010年第1期，第84—96页。

② Hilary Clinton, “Remarks on Regional Architecture in Asia: Principles and Priorities”, Honolulu, Hawaii, 12 January 2010, http://www.state.gov/secretary/rm/2010/01/135090.htm.

③ Emily Parker, “Japan's Relations with China: Facing a Rising Power”, *Far Eastern Economic Review*, Vol.170, No.1, 2007, pp.71-72.

看，美国依然能够在东亚地区扮演着战略平衡者（或是离岸平衡手）的角色。美国领导的地区均势体系以及以美国为中心的自由主义秩序也将继续存在。[①] 但是，美日同盟自身面临着一定的困境，最重要的原因在于美日同盟的封闭性导致其无法适应由于快速崛起的中国带来的地区权力变迁。能否重新定位美日同盟在亚洲中所扮演的角色与作用，减少其负外部性，很大程度上有赖于能否与中国建立起一种稳定和建设性的伙伴关系与协调机制，从而在东亚塑造一种建立在权力和利益分享基础上的新均势，真正实现与地区安全进程的良性互动。这种制度性互动的结果是有希望建立一种新的均势，与传统的均势状态[②] 有所不同，新的均势更多体现了合作与协商，而非制衡与对抗，并与大国之间权力平衡的变化相适应。[③]

当前，非传统安全威胁和共同威胁的增加使得和平与安全政策的外部性在东亚地区日趋突出。安全的负外部性不仅体现在不安全和发展落后的紧密联系上，还表现在一国的不安全会影响到地区并妨碍整个地区的发展政策，[④] 从而在整个地区结构中引起一种负面的多米诺骨牌效应。中美日三边开展合作对地区安全进行治理是保证地区安全公共物品供给的必要条件。治理的议题不但包括军事安全和核不扩散等重要问题，而且需要更加关注能源安全、气候变化、环境保护等其他非传统安全问题。[⑤] 中美日三边关系的制度化互动，是东亚安全公共物品的重要来源，也是增加安全公共物品正外部性和避免冲突的必要条件。正如美国负责东亚和太平洋事务的助理国务卿坎贝尔所指出的，为新兴强国拓宽空间的综合性战略可以保证

① Zhu Feng, "Security in East Asia: Regional Perspective and Emerging Trends", Paper presented for "US-Japan-China Trilateral Security Dialogue," CISS, Peking University, August 29-30, 2009.

② 传统均势理论建立在这样一种观念上：在缺乏绝对权威、限于安全困境并有可能引发军备竞赛和战争的情况下，由相互竞争性的权力中心根据各自能力作出安排所构成的国际体系。参见 Emanuel Adler and Patricia Greve, "When Security Community Meets Balance of Power: Overlapping Regional Mechanisms of Security Governance", *Review of International Studies*, Vol.35, 2009, pp.59-84。

③ 布鲁斯·琼斯等著，秦亚青等译:《权利与责任：构建跨国威胁时代的国际秩序》，北京：世界知识出版社2009年版，第46页。

④ Daniel G. Arce M. and Todd Sabdler, *Regional Public Goods: Typologies, Provision, Financing and Development Assistance*, Stockholm: Almqvist & Wiksell International, 2002. 转引自《国际公共物品与地区合作》，第203页。

⑤ Wang Jisi, "The China-Japan-United States Triangle: A Power Balance Analysis", Paper presented for the international workshop "China's Grand Strategy Thinking and Making: Experience and Lessons from the US", CISS, Peking University, November 7, 2009.

它们和平崛起，遵循推动国际机制的路线，冲突完全可以避免。[①]

第二，中国应积极推动六方会谈的机制创新，增强六方会谈在地区安全公共物品供应中的正外部性。朝鲜半岛在地缘上与中国联系最广，在安全和战略上联系最深。中国把朝鲜半岛的稳定视作极端重要利益，因为中朝接壤，一旦朝鲜半岛出现混乱或战事，首先会威胁到中国东北地区的边境安全，破坏中国的东北发展战略。而且中国确信，一旦朝鲜拥核成为事实，形势将难以逆转。因此中国的一贯政策是强调半岛稳定及无核化，支持并坚决执行联合国相关决议，对朝鲜进行制裁，积极推动六方会谈这一多边外交进程，并支持朝美在六方会谈框架内展开双边会谈，避免因朝鲜发展核武器或导弹试射而引发半岛紧张局势。可以说，中国支持了一切六方会谈和联合国有利于无核化和地区稳定的决议和议案，同时也坚持了对朝鲜的人道主义援助，保证了中朝边境的贸易正常化和边境安全。中国与美国、韩国、日本、俄罗斯等国就朝核问题保持着良好而有效的沟通，在维持地区稳定和推动无核化进程中发挥了独特和不可替代的作用。中国的朝核政策现有的优点是维持了在半岛问题上“不核、不武、不统”的战略性目标，但欠缺的地方是，始终未能传递一个准确而又清晰的信号，即中国究竟能在促成朝鲜最终弃核问题上提供怎样的公共物品？

对于中国来说，现实的选择是，通过赋予六方会谈新的任务，增加安全公共物品供给，缓解美朝对抗的负外部性，推动六方会谈的制度化进程。新任务的重点首先是帮助朝鲜实行经济改革与开放。近年来，中国一直致力于帮助朝鲜实行改革开放。例如，2000年开始，朝鲜设立了经济特区，中国鼓励朝鲜的改革措施，并于2006年邀请金正日访问深圳。2009年，金永南访问了山东省。中国目前已经与朝鲜签署了一系列经济合作协议，其中也包括技术与教育援助。“中国模式”对于朝鲜改革开放具有重要的借鉴意义。朝鲜的开放和改革是朝鲜弃核的最终途径，这已经成为国际学术界的普遍共识。[②] 加大力度让朝鲜经济开放，也是中、美、日、韩、俄对朝政策的重要共同点。在六方会谈的多边外交框架内，五方共同制定切实可行的路线图，推动朝鲜进行国内经济改革与开放，促进朝鲜内部政治、经济、社会的积极变化，加强同外部世界的联系，逐步融入地区经济网络，缓解其安全担忧，把军事为中心的战略转移到经济建设上来。经济上的变

---

① 参见美国国务院国际信息局(IIP)《美国参考》，http://www.america.gov/st/peacesec-chinese/2010/March/20100305161930dmslahrellek0.5963055.html.

② 有关此观点，请参见 Kun Young Park, “Preparing for a Peace Process in the Korean Peninsula,” *Asian Perspective*, Vol.33, No.3, 2009, pp.183-207。

化会促进朝鲜的和平转变，从而能够为其人民创造更多福祉，并以非敌对方式与别国交往。[①] 需要指出的是，五方应共同承诺为朝鲜提供安全保证，才有可能促进朝鲜的上述积极变化。

其次是继续推动六方会谈的机制化进程。朝核问题的本质是东北亚地区安全与半岛和平问题，现有六方会谈的议程虽然不能满足美朝双方的愿望，但它仍是对朝核问题进行管理的有效途径。[②] 有学者指出，增强六方会谈机制的制度化建设，是引导和带动六方会谈实现三大任务——朝鲜半岛无核化、有关国家关系正常化和建立东北亚多边安全机制——的基本出路和战略保障。[③] 在目前六方会谈停滞不前的情况下，恐怕只有中国才能找到不同立场之间的结合点，打开和平解决朝核问题的僵局。[④] 为此，中国应当在不放弃朝鲜半岛无核化的前提下，进一步推动六方会谈成为东北亚国家建立信任与合作的框架，[⑤] 并进而促进整个半岛和平机制的建立与东北亚地区安全进程的发展。六方会谈在架构上包容朝美会谈、并优先于朝美会谈，客观上符合朝鲜的利益，也有助于美朝对话的深入。在这样的大背景下，启动朝美对话与恢复六方会谈应该是一个平行的过程，是一个彼此促进、相辅相成的过程。通过六方会谈带动东北亚多边安全机制的建立，最重要的是通过各国合作解决朝核问题为突破口，创立区域内各国在危机问题上合作的习惯、程序和信念，培养和建立起一个相应的合作规则和合作意识，明确多边合作机制在应对区域安全冲突中的"路径选择"。[⑥]

第三，鼓励并支持东盟地区论坛在规范建构和非传统安全治理方面发挥主导作用。东盟地区论坛第一次把亚太地区的主要国家同时拉入了对话席，这种以松散的、对话型方式推进的亚太地区安全合作进程，是现阶段本地区安全治理的主要特征。尽管东盟地区论坛的"清谈馆"形象以及"协商一致"的非约束性原则经常受到质疑和批评，但它所体现的包容性、预

---

① "North Korea Inside Out: The Case for Economic Engagement", Report of an Independent Task Force, Asia Society and University of California, October 2009.

② Victor D. Cha, "What Do They Really Want?: Obama's North Korea Conundrum", *The Washington Quarterly*, Vol.32, No.4, October 2009, pp.119-138.

③ 朱锋：《六方会谈的制度建设与东北亚多边安全机制》，载《现代国际关系》，2007年第3期，第1—13页。

④ 朴键一：《朝核问题与中国的外交安全》，载《亚太地区发展报告（2010）——中国周边安全环境评估》，北京：社会科学文献出版社2010年版，第43—44页。

⑤ Michael J. Green and Bates Gill(eds.), *Asia's New Multilateralism: Cooperation, Competition, and the search for Community*, New York: Columbia University Press, 2009, p.27.

⑥ 朱锋：《六方会谈的制度建设与东北亚多边安全机制》，载《现代国际关系》，2007年第3期，第1—13页。

防御性、渐进性和灵活性等原则充分照顾了各方的“舒适度”，得到了各国的广泛认可与支持，成为相关国家就共同关心的地区安全问题建立联系、加强沟通、增进理解和建立信任的重要机制和渠道，保证了其成员国“将在未来的多次合作中再次相会，以此来增强地区安全合作的吸引力”。① 尤其是在地区安全问题的信息共享、促进信心建设以及提高透明度等方面发挥了重要作用。②“清谈”虽然无法解决棘手的安全问题，但它能够提高战略透明度，减少战略误判，同时也是成员国观念与规范互构的过程。从国际关系理论的角度看，它是权力因素、制度因素和认同因素的综合，是一种平等的而非等级的治理结构，更准确地说，它是“被多数接受的一种规则体系”。③ 正如阿查亚所指出的，“东盟方式”是“一个地区内互动的进程”，④ 这个进程需要培育某些习惯，如自由裁量权、非正式性、协商一致以及非对抗性的讨价还价等。⑤ 而且，“东盟方式”从东南亚地区向整个亚太地区扩展，⑥ 证明了小国集团主导的东亚多边主义是有效的。⑦

加强非传统安全治理是东盟地区论坛能力建设的关键。随着地区安全环境的不断变化，东盟地区论坛所涉及的领域和范围也不断扩展。面对恐怖主义、自然灾害、跨国犯罪、海上安全、气候变化、能源安全、不扩散和裁军等非传统安全威胁，论坛积极探索有效的应对方式与途径。东盟地区论坛在2008年外长会上通过的回顾文件中指出，虽然传统安全问题依然占据中心地位，但论坛应当在非传统安全领域发挥作用，重点推进反恐、跨国犯罪、减灾、核不扩散和裁军、海上安全以及维和行动等关键领域的

---

① 多米尼克·赫勒:《东盟地区论坛对亚太地区安全的适用性》，载《南洋资料译丛》，2006年第2期，第13—28页。

② Ralf Emmers, “The Influence of the Balance of Power Factor within the ASEAN Regional Forum”, *Contemporary Southeast Asia*, Vol. 23, No. 2, August 2001, pp. 275-291.

③ 詹姆斯·N·罗西瑙:《世界政治中的治理、秩序和变革》，载詹姆斯·N·罗西瑙主编，张胜军、刘小林等译:《没有政府的治理》，南昌：江西人民出版社2001年版，第3—8页。

④ Amitav Achaya, “Ideas, Identity, and Institutions Building from the ‘ASEAN Way’ to the ‘Asia-Pacific Way’?”, *Pacific Review*, Vol.10, No.3, 1997, p.319.

⑤ David M. Jones and Michael L.R. Smith, “Making Process, Not Progress——ASEAN and the Evolving East Asian Regional Order”, *International Security*, Vol.32, No.1, Summer 2007, pp.148-184.

⑥ 参见阿米塔·阿查亚著，王正毅、冯怀信译:《建构安全共同体：东盟与地区秩序》，上海：上海人民出版社2004年版，第238—280页；陈寒溪:《东盟地区论坛的效力评估——一种理性主义视角》，载《外交评论》，2008年第5期，第88—94页；魏玲:《〈第二份东亚合作联合声明〉与东亚共同体建设》，载《外交评论》，2008年第1期，第60—67页。

⑦ 参见 Victor D. Cha, “Powerplay: Origins of the U.S. Alliance System in Asia”, *International Security*, Vol.34, No.3, Winter 2009/10, pp.158-196。

合作。[①] 需要注意的是，开展非传统安全合作，同样应坚持尊重主权、互不干涉内政原则，树立以互信、互利、平等、协作为核心的新安全观，以互信求安全，以互利求合作。[②]

东盟的主导作用是东盟地区论坛有效性的基础。近年来，出现了很多质疑东盟主导能力的声音，但是，东盟主导仍然是目前东亚最现实、最有效的选择。《东盟宪章》的颁布，以法律形式确定了东盟的规则、组织结构、价值观以及决策程序，有可能推动东盟发展成为一个更强大、更统一和更有效率的地区组织。[③] 可以预见，东盟将继续通过加强其在东盟地区论坛中的领导地位，在亚太安全合作中发挥更加重要的作用。

五、结论

新的治理模式要求美国的双边同盟体系更加开放，更多关注体系外成员的安全关切；中国推动的六方会谈机制化建设应当成为现有安全架构的有益补充，而不是潜在挑战；东盟地区论坛在保持其论坛性质的基础上，应加强在非传统安全领域的务实合作。这种治理模式最大的优势是有助于实现权力的分享、制度的创新和规范的建构，并形成不同领域的治理中心，对各种竞争性，甚至冲突性的安全议题进行区域治理，从而最大限度地减少安全公共物品的负外部性。

在美国结构现实主义者看来，安全区域化进程会削弱美国在该地区的影响力，对美国的霸权地位和现有秩序构成威胁和挑战，[④] 并寻求地区安全

---

① 东盟共同体建设路线图明确提出：将在《和平、自由和中立区宣言》、《东南亚国家友好合作条约》、《东南亚无核武器区条约》等现有东盟安全框架基础上，加深东盟军事互信，发展预防性外交与和平解决冲突机制，提高应对非传统安全威胁的能力。参见 ASEAN Secretariat, *Roadmap for an ASEAN Community, 2009-2015*, 2009, pp.5-6。中国始终支持东盟主导东盟地区论坛，倡导以信任为核心的新安全观，并推动其向维护综合安全的方向发展，尤其是加强其在非传统安全领域的作用。中国外交部长杨洁篪在2009年第十六届东盟地区论坛外长会议上指出，面对日益复杂的传统和非传统安全威胁，ARF 应重点就防范和应对跨国性问题和非传统安全挑战开展预防性外交，特别是在救灾、打击跨国犯罪、反恐、海上安全等领域加强对话合作。参见外交部网站：http://www.fmprc.gov.cn/chn/pds/gjhdq/gjhdqzz/lhg_2。

② 《关于加强非传统安全领域合作的中方立场文件》，外交部网站，http://www.fmprc.gov.cn/chn/gxh/zlb/zcwj/t4547.htm。

③ Tommy Koh, Walter Woon, Andrew Tan and Chan Sze-Wei, "Charter makes ASEAN Stronger, more United and Effective", *The Straits Times*, August 8, 2007.

④ Yong Deng, "The Asianization of East Asian Security and The United States' Role", *East Asian Studies*, Autumn/Winter, 1998, pp.103-104.

的替代模式，[①] 因此，对于亚太地区的多边机制，美国的基本行为取向是尽量弱化它们的影响。[②] 但是，新的多中心治理模式不但不会挑战美国的现有秩序，而且能够厘清相关各方在地区安全治理中的不同角色与作用，有效化解地区安全合作中主导权的竞争所带来的信任缺失，增加地区安全公共物品供给，减少负外部性，实现地区安全的“善治”。

① Jonathan D. Pollack, “The Transformation of the Asian Security Order: Assessing China’s Impact”, in David Shambaugh(ed.), *Power Shift: China and Asia’s New Dynamics*, California: University of California Press, 2005, p.339.

② 王义桅:《美国亚太秩序观的新变化及其面临的挑战》，载《国际观察》，2009年第3期，第1—7页。

奥巴马的国际战略变革
——美国智库国际战略报告文本解读

韩志立[*]

冷战结束后，美国的国际战略总体上具有一致性。老布什的“世界新秩序”战略要求美国把握冷战胜利的时机，充分利用自身权力优势，全力推进世界民主与自由化进程。克林顿的“民主扩张”战略主张美国从冷战时期的遏制战略全面转向自由市场与民主区域扩张战略。小布什的“新保守主义”战略要求美国以单边主义和军事实力作为战略手段来维护美国霸权，推行美国的价值观、民主政治和市场经济。显然，三位总统都试图依靠美国实力，在世界范围推行民主和自由，建立一个由民主国家、自由市场构成的国际秩序。

奥巴马打着“重塑美国形象”的旗帜走进白宫，希望开启美国的“变革时代”。那么，他会怎样变革美国的国际战略呢？一向为政府出谋划策的智库根据美国国际安全环境新特征和美国传统国际秩序理想，为奥巴马政府提出了各种战略政策建议。普林斯顿计划、管理全球不安全因素项目、凤凰动议就是奥巴马上台前美国智库所做的三项重要国际战略研究。本文选取这三项研究进行分析，以此探究奥巴马政府的国际战略走向。

一、从老布什到小布什的国际战略：实力推动自由民主

冷战结束后，美国作为国际体系中唯一超级大国，成为建立国际秩序的主导国家。老布什、克林顿和小布什政府坚信在世界范围推行民主和自由是实现美国安全与繁荣的根本途径，因此，他们都试图利用美国的权力优势，建立一个由民主国家和自由市场构成的国际新秩序。

老布什的“世界新秩序”战略旨在打造一个由民主国家和自由市场构成的世界。伊拉克入侵科威特后，老布什发表了题为《走向世界新秩序》

---

* 韩志立，外交学院亚洲研究所副研究员。本文发表在2010年第2期《美国研究》。

的演讲，提出冷战结束后，各国“因为追求正义而更加强大、因为追求和平而更加安全，彼此能够繁荣、和谐相处，每个国家都为了自由和正义而履行着自己的义务”。[①] 老布什所要推崇的正义就是民主和自由；实现和平的手段就是要扩大民主国家的范围，推动自由市场的繁荣和发展。老布什还强调要充分利用美国的权力优势，他指出美国此时的权力比第二次世界大战后任何时期都要强大，这意味着美国利用权力推进民主进程的能力更加强大。因此，他要求美国把握时机，充分利用自身的实力优势，全力推进世界民主化和自由化进程，促进各国政治民主化改造，将世界自由市场向正在进行市场体制改革的国家推进。[②]

克林顿政府的“民主扩张”战略具体化了老布什的“世界新秩序”理想。为了使美国金融、外交和军事等国家安全资源更加有效地加以利用，克林顿政府将美国传统地缘战略利益地区设定为“民主扩张”优先区域，具体提出四项工作重点：加强世界主要民主国家的力量；培育新的民主国家和新的市场经济体；对于敌视民主和市场经济的国家，支持其内部自由化运动势力；人道主义援助要与受援国民主化进程与市场经济发展结合起来。[③] 此外，“民主扩张”战略提出，如果国家利益需要，美国可以考虑单边使用武力。克林顿政府认为美国的外交政策应既坚持原则性，也不失灵活性，在民主和自由市场扩张问题上不容动摇，但在实现手段上要灵活；美国的外交政策是为了实现美国国家安全，国家利益最终决定美国政策；如果单边行动更能有效服务于美国国家利益，美国则应该采取单边行动。

小布什政府的新保守主义国际战略进一步强调单边主义和军事手段是推动民主的主要途径。九一一事件暴露了美国权力的脆弱性，促使小布什政府更加不遗余力地推动民主扩张。小布什在第二任期就职演讲中提出，美国的国家安全具有脆弱性，实现国家安全、世界和平关键在于推动民主自由的扩张。[④] 九一一恐怖袭击改变了小布什政府对美国安全威胁的看法，小布什政府认为流氓国家是恐怖主义的根源，强行实施政权更迭是对付流

---

① George H. W. Bush, “Toward a New World Order”, September 11th, 1990, http://www.sweetliberty.org/issues/war/bushsr.htm.

② George H. W. Bush, Remarks at the United States Coast Guard Academy Commencement Ceremony in New London, Connecticut, May 24, 1989, http://www.presidency.ucsb.edu/ws/index.php?pid=17057.

③ Anthony Lake, “From Containment to Enlargement”, September 27, 1993, http://www.disam.dsca.mil/pubs/Vol%2016_2/Lake.pdf.

④ George W Bush, the Second-term Inaugural Speech, January 20, 2005, http://www.npr.org/templates/story/story.php?storyId=4460172.

氓国家的首选方案，由此提出了以预防性战争为内涵的美国新安全观，这大大加强了美国政府的单边主义倾向。他的安全信条是以单边主义和军事实力作为战略手段积极推进美国的价值观、民主和自由市场经济，以此维护美国的制度霸权地位和国家安全。[①]

总之，冷战结束后的三位美国总统相信权力和自由民主是改造世界的主要工具。他们认为美国是世界上最强大国家，与其他大国相比，具有巨大实力优势；民主与自由是实现世界和平的途径；美国可以凭借权力和主观意愿，推动世界民主化和自由化进程。

二、美国智库的国际战略建议：战略领导、多边合作、霸权宪政秩序

美国智库一向是美国政府制定战略政策的重要思想来源之一。普林斯顿计划、管理全球不安全因素项目、凤凰动议是近年来美国智库所做的三项重要国际战略研究，它们批评了小布什政府的全球战略，根据时代新特征和美国传统国际秩序理想，为奥巴马政府提出了战略政策建议。这三项研究均由美国重要智库承担，广泛咨询美国政界意见，并在世界主要国家进行咨询和召开学术研讨会，在美国政学两界具有广泛代表性，对美国国际战略的调整必将产生重要影响，在一定程度上反映了奥巴马政府国际战略的走向。

普林斯顿计划（Princeton Project）[②] 是2002年美国民主党和共和党联合发起的一项为期三年的国际战略研究项目。该项目由美国前国务卿舒尔茨和前国家安全顾问莱克主持，由普林斯顿大学伍德罗·威尔逊公共和国际事务学院承担，并汇集美国政界、学界、商界及非政府组织人士。计划在两党战略共识基础上，为美国未来十年国际战略提出建议。约翰·伊肯伯里 (John Ikenberry) 和安妮—玛丽·斯劳特（Anne-Marie Slaughter）执笔完成最终报告——《建立一个法治的自由世界——美国21世纪国家安全》，提出美国应主导建立一种以国际机制为基础，以大国自律为条件，以

① 韩志立、秦亚青:《新自由国际主义的战略理论》，载于秦亚青主编:《理性与国际合作：自由主义国际关系理论研究》，北京：世界知识出版社2008年版，第209—212页。

② 该项目的网址为 http://www.princeton.edu/~ppns/。

开放经济、集体安全为核心的国际宪政秩序。[①]

管理全球不安全因素项目（Managing Global Insecurity）[②] 于2006年11月启动，由美国布鲁金斯学会、纽约大学国际合作中心和斯坦福大学国际安全与合作中心联合承担。其咨询委员会成员包括马德琳·奥尔布赖特（Madeleine Albright）、理查德·阿米蒂奇（Richard Armitage）、劳伦斯·伊格尔伯格（Lawrence Eagleburger）、布伦特·斯考克罗夫特（Brent Scowcroft）等数位美国前国务卿、副国务卿和国家安全顾问。此外，项目还广泛征求了美国学者、国会议员和行政部门重要官员和总统竞选班子对外政策顾问的意见，收到来自美国国会、国家安全委员会、国务院、国防部以及安全部门的反馈建议。项目最终出版了由布鲁斯·琼斯（Bruce Jones）、卡洛斯·帕斯夸尔（Carlos Pascual）和斯蒂芬·斯特德曼（Stephen J. Stedman）合著的《权力与责任：构建跨国威胁时代的国际秩序》一书，全面阐述了以负责任主权为基础、以国际规则为依据的多边主义国际秩序战略建议。[③]

凤凰动议（Phoenix Initiatives）是2005年由新美国安全中心启动的一项美国国际战略研究项目。新美国安全中心的宗旨是为美国制定有效、务实的国家安全与国防战略，促进并维护美国国家利益和价值观。该项目成员包括美国国会、行政部门官员、美国重要智库知名学者等，如美国参议院外事委员会办公室主任安东尼·布林肯（Antony J. Blinken）、布鲁金斯学会全球经济与发展部主任雷尔·布雷纳德（Lael Brainard）、新美国安全中心首席执行官库尔特·坎贝尔（Kurt M. Campbell）、胡佛研究所高级研究员迈克尔·麦克福尔（Michael a. Mcfaul）、美国国务院政策规划司前副司长詹姆斯·奥布莱恩（James C. O'brien）、普林斯顿大学威尔逊公共与国际事务学院院长安妮—玛丽·斯劳特等。他们广泛征求了美国公众意见，经过三年的讨论与研究，提交了《战略领导——21世纪国家安全战略框架》

① John Ikenberry and Anne-Marie Slaughter, *Forging a World of Liberty under Law, US Strategic Security in the 21st Century, Final Report of the Princeton Project on National Strategy*, September 27, 2006, http://www.princeton.edu/~ppns/report.html.

② 该项目的网址为 http://www.brookings.edu/projects/mgi/about.aspx。

③ 布鲁斯·琼斯、卡洛斯·帕斯夸尔、斯蒂芬·约翰·斯特德曼著，秦亚青、朱立群、王燕、魏玲译:《权力与责任：构建跨国威胁时代的国际秩序》，北京：世界知识出版社2009年版，第10—19页。

研究报告，提出以战略性领导为特征的21世纪美国国家安全战略框架。[①]

这三项研究虽然由不同智库承担，但他们对当前时代特征作出大致相似的判断，并建议随着时代特征的变化美国应调整其实现国家安全与繁荣的战略手段，从依靠实力推动民主自由，转向实施战略性领导，依靠多边合作，构建美国霸权宪政秩序。

（一）新的时代特征：权力分散性和安全威胁跨国性

管理全球不安全因素项目与凤凰动议在其战略报告中着重论述了国际权力结构和国际安全威胁的新变化，他们提出权力分散性和安全威胁跨国性是当前时代的最主要特征。

对于当前国际权力结构，参与此两个项目的美国学者认为，当代世界正在经历一次历史性的权力转变——这主要体现为美国影响力相对减弱、新兴大国崛起。他们认为，世界的权力已不再集中于美国一国手中，而是逐渐分散到多个国家及超国家行为体中。虽然美国的军事力量仍然处于统治地位，但其军事力量已无法解决当前美国所面临的主要安全挑战。就经济力量而言，美国的统治地位已经消失；欧洲、日本的经济总量及影响力与美国相当；中国、印度等国快速崛起，成为世界重要经济力量。[②]

报告认为，新兴大国的权力与影响力是一种国际秩序的变革力量。崛起的中国对资源和市场的需求不断增加，使其正试图在非洲、亚洲和美洲重新划分经济版图，建立新联盟与合作关系；俄罗斯在军售、中东核不扩散等国际问题上挑战着美国的国家利益；更为强大、联合的欧洲正试图通过法治与经济手段，启动新的国际秩序建设进程；巴西、俄罗斯、中国、印度和南非越来越不满意被排挤在全球治理八国集团机制之外。[③]

对于当前世界面临的主要安全威胁，有美国学者提出，在当前国际形式下，爆发世界大战的可能性很小。冷战结束后，国际秩序的主要威胁来自非传统安全威胁，比如气候变化、恐怖主义、经济危机等。[④] 这些非传统安全具有显著的跨国特征。恐怖主义活动范围具有世界性，遭受恐怖袭击

---

① Anne-Marie Slaughter, et., *Strategic Leadership: Framework for a 21st Century National Security Strategy*, July 2008, pp. 3~7, http://www.cnas.org/files/documents/publications/SlaughterDaalderJentleson_StrategicLeadership_July08.pdf.

② 布鲁斯·琼斯等著:《权力与责任：构建跨国威胁时代的国际秩序》，第20~23页。

③ Anne-Marie Slaughter, et., *Strategic Leadership: Framework for a 21st Century National Security Strategy*, pp. 10~11.

④ Ibid.

的国家既包括美、英、法、西班牙等发达国家，也包括肯尼亚、坦桑尼亚、印度、印度尼西亚等发展中国家。恐怖组织具有国际性，基地组织成员、资金网络遍布世界各地。① 气候变化带来的威胁具有全球性，人类生活在同一个地球上，温室气体无论从何处排放，其不良后果将影响地球任何一个角落。气候变化对每个国家的破坏程度可能不同，但没有一个国家可以逃脱其威胁。金融危机表现出惊人的外溢速度和破坏力。当前世界面临的金融危机，虽然源自美国的次贷危机，但其危害波及世界各国。②

（二）实现战略目标的手段：美国领导地位与多边机制下的国际合作

在新的权力结构和安全形势下，如何维护美国国家安全和经济繁荣是奥巴马政府所面临的首要战略问题。普林斯顿计划、管理全球不安全因素项目、凤凰动议提出了不同于以往的战略建议，它们提议：美国的国际战略应从依靠权力推行民主自由，转向实施战略性领导；通过大国沟通与合作，在负责任主权基础上，应对共同威胁。

1. 普林斯顿计划：在多边机制基础上构建国际宪政秩序

普林斯顿计划提出，作为构建国际秩序的主导国家，美国应让渡部分权力，建立以国际机制为基础、以权力为支撑、以大国自律为条件，以开放经济、集体安全为核心内容的国际宪政秩序。③ 具体来看，普林斯顿计划至少在三方面不同于布什以单边、黩武和民主扩张为主要特征的国际战略：

首先，普林斯顿计划提出，在处理大国关系、应对跨国威胁方面，美国应该克制自我权力，依赖多边机制，谋求与其他国家的合作。比如，普林斯顿计划建议美国应努力推动中国融入西方经济政治秩序，并允许中国追求其合理的发展目标。虽然报告建议美国采取措施提防中国挑战美国领导地位，但报告同时强调这些提防措施不应该加重中美间的安全紧张关系，不应该破坏将中国纳入西方秩序的目标。④

其次，普林斯顿计划反对美国单边使用武力，提出多边机制下使用武力可以给美国带来三个好处：可通过集体行动和国际合作，将其他国家的

① 参见美国科学家协会网站关于基地组织的介绍，www.fas.org/irp/world/para/ladin.htm。

② Randall Dodd and Paul Mills, "Outbreak: US Subprime Contagion", *Finance & Development,* June 2008, p. 14.

③ Francis Fukuyama and John Ikenberry, *Grand Strategy Choices for the Princeton Project on National Strategy,* p. 10.

④ John Ikenberry, *After Victory: Institutions, Strategic Restraint, and the Rebuilding of Order after Major Wars,* pp. 48-51.

力量为美所用；可通过提升世界整体安全水平来维护美国的国家安全；可通过多边机制的授权，使美国武力使用合法化。

普林斯顿计划意识到军事手段的有限性，认为美国虽然是世界上最强大国家，与其他大国存在巨大的力量优势，但是这并不意味着美国的力量所向披靡，无所不胜。美国的军事力量对恐怖主义的震慑作用就有很大的局限性。因此，他们反对美国肆意使用武力，并提出美国不应为了追求单纯的国家利益，而无视其他国家的存在，否则会引起其他国家的怨恨、恐慌和反对，从而削弱美国在世界政治领域的合法性基础。①

最后，普林斯顿计划调整了民主概念和实现世界民主化的路径。普林斯顿计划并没有试图改变美国所坚持的民主和平理念，但是它对民主的概念和实现世界民主化的手段作出新的诠释。美国以往对国家民主的理解强调普选政府，而普林斯顿计划提出民主政府须符合三个标准：即受人民爱戴（popular）、负责任（accountable）和尊重人权（rignts-regarding），亦即所谓的PAR型政府。在实现民主的路径上，报告提出，武力并非改变非民主国家和失败国家的唯一手段，民主只有在一定条件下才能被建立并持久生存下去。因此，在推动世界民主化进程中，美国应更加注重培育实现民主的条件，而不是简单依靠武力强行推行普选制度；应与达到上述标准的政府建立多渠道联系，支持并鼓励这些国家的民主化进程。② 这些关于民主的提法将会改变美国与那些传统上被认为是“非民主”国家的交往方式。

2. 管理全球不安全因素项目：大国沟通合作，应对跨国威胁

管理全球不安全因素项目提出，美国须加强负责任主权间的沟通与合作，共同应对气候变化、核扩散、恐怖主义、冲突、贫穷、疾病、经济动荡等跨国安全威胁。

首先，管理全球不安全因素项目本身是一个全球对话平台。它一改以往美国作为国际体系霸权国我行我素的傲慢态度，为制定美国国际大战略，在全球范围内广泛征求意见，并为此搭建了一个多层次沟通平台。通过建立国际咨询委员会、同其他国家和地区的研究机构合作、拜访主要国家的政要和学者、在亚洲欧洲举行研讨会等方式，与主要国家和地区沟通。③

其次，管理全球不安全因素项目所提出了以负责任主权为基础的国际新秩序，其核心内容是创建16国集团（在八国集团基础上，增加巴西、中

① John Ikenberry, *After Victory: Institutions, Strategic Restraint, and the Rebuilding of Order after Major Wars*, p. 5.

② Ibid, pp. 6~7.

③ 布鲁斯·琼斯等著：《权力与责任：构建跨国威胁时代的国际秩序》，第15、17和18页。

国、印度、南非、墨西哥、印尼、土耳其和非洲某个具有重要影响力的国家），使该集团成为主要大国和新兴国家之间构建共同利益、携手解决跨国威胁的机制。具体而言，在环境问题上，依靠16国集团内部协商，促成主要国家与新兴国家在环境政策上的彼此妥协，在实施碳定价政策之前，给新兴经济体一段产业调整和适应的时间；在防止核扩散问题上，本着负责任主权的原则，通过重振核不扩散共识，建立更强有力核的规范；在生物安全方面，对生物技术的危险性达成全球共识和科学共识，建立全球卫生体系，更有效地监督和应对生物恐怖主义的威胁；在冲突管理方面，主要大国和新兴大国加强对有效冲突管理共同利益的认识，并加大对国际冲突管理工作的投入；在反恐领域，以16国集团为主要国际架构，提高反恐责任标准、建设国家反恐能力，并支持地方反恐战略；①

16国集团实质上是一个沟通机制，是世界上最强大国家之间，就如何应对全球主要挑战、制定怎样的基本规则、实施怎样的战略等问题，建立共识和互信的沟通机制。管理全球不安全因素项目认为联合国大会不是制定新制度的有效场所，在拥有192个国家的机构里进行谈判，其进程的复杂程度可想而知，而且一致表决制度的使谈判最终结果难以让人满意。与联合国192个成员国对话相比，在16国集团中进行政策讨论和制度设计，取得一致的可能性要大得多。并且，该集团包括世界上最强大的国家，鉴于其经济、外交和军事能力的总量，该集团对于世界重大问题所达成的共识和所提出的解决方案具有重大影响力，在成员国范围更广的多边机制中被采纳的可能性将会非常的高。②

最后，管理全球不安全因素项目将国际新秩序的基础从民主转向了负责任主权。管理全球不安全因素项目检讨了美国民主战略的失败，反省了民主国家联盟在决策的执行方面效率低下的问题，并提出民主不能成为分裂国家间团结的因素。负责任主权实质上是要在“民主”与“非民主”国家之间达成一种妥协。一方面，该战略并没有放弃民主的原则，对本国国民而言，负责任主权意味着“保护责任”，即“合法控制使用暴力、为发展而动用和使用资源的能力、保护国民安全、促进国民作为人的尊严”，这就意味着要尊重并保护公民权利。另一方面，将国际秩序的基础从民主转向负责任主权，可以消除“民主”国家与“非民主”国家的对立，在应对全

① 布鲁斯·琼斯等著:《权力与责任：构建跨国威胁时代的国际秩序》，第43、98、126、153—154、182、208页。

② 布鲁斯·琼斯等著:《权力与责任：构建跨国威胁时代的国际秩序》，第47—51、55—57页。

球变暖、防止致命性传染病爆发、预防灾难性恐怖主义等跨国威胁过程中，得到“非民主”国家更多支持和参与。①

3. 凤凰动议报告：以战略性领导为特征的美国国家安全战略框架

凤凰动议报告主张，在国际权力日趋分散的情况下，美国应实施战略性领导，即在应对跨国安全威胁时，美国要发挥召集者，而非统治者作用；要更多地倾听他国意见，促成国家间共识，并发挥主导作用。

首先，有效的战略性领导要求美国放弃其全面统治地位。美国应根据本国利益需要，允许其他国家或行为体在某些国际事务中分享其主导地位。比如，在气候变化问题上，多国联合领导会更为有效；在西部非洲的维和行动问题上，让非盟或西部非洲共同体主导会取得更好的效果。美国战略性领导所追求的目标不是绝对的领导权，而是有效地应对安全威胁。美国所发挥的作用是裁决，而非解决具体问题。②

其次，有效的战略性领导要求美国对外战略必须更加务实。美国传统战略盟友及全球性、地区性国际机构依然是美国最重要合作伙伴。但在具体事务上，美国选择战略伙伴应更加灵活；在不同事务上寻求不同合作伙伴。对于非传统战略盟友，美国应努力化解彼此间的观念差异，在对方某些观念演化成双方无法跨越的阻碍之前将其化解掉；为形成共识、实现战略合作，美国可在不放弃根本原则基础上，对某些问题作出让步。③

最后，有效的战略性领导要求美国在追求本国利益的同时兼顾其他国家的利益。一方面，美国作为世界的领导，它需要向世界说明自己所追求的利益具有正当性与合理性；另一方面，美国需要向其他国家说明，与美国合作具有互利性，美国权力的目的是为了实现共同战略利益，互利是实现合作的最有效手段。④

（三）新的国际秩序理念：宪政秩序

普林斯顿计划提出在多边机制基础上构建国际宪政秩序；管理全球不安全因素项目提出大国沟通与合作，应对跨国威胁；凤凰动议提出美国实施战略性领导，发挥召集者而非统治者作用。三项战略具体战略建议虽然不同，但其本质都是要美国发挥主导作用，通过让渡部分权力，建立以国

① 布鲁斯·琼斯等著：《权力与责任：构建跨国威胁时代的国际秩序》，第8—14页。

② Anne-Marie Slaughter, et., *Strategic Leadership: Framework for a 21st Century National Security Strategy*, p.14.

③ Ibid.

④ Ibid.

际机制为基础、以权力为支撑、以大国自律为条件的国际宪政秩序。

国际宪政秩序的实质内涵是以制度霸权秩序代替权力霸权秩序。制度秩序与权力秩序很难截然分开，制度的建立往往需要凭借权力的介入，权力的加强也需要凭借制度的辅助。然而，两种霸权秩序的维持机制有所不同，权力霸权秩序的维持主要依靠主导国的实力，尤其是军事实力；而制度霸权秩序的维持主要依靠霸权国主导建立起的制度。冷战结束时，美国主要以实力和单边主义为手段，不惜撇开国际机制而不顾，在全球范围推行美国自由民主的价值观念和政治主张。而上述三份战略报告建议美国主导建立国际宪政秩序，通过国际制度整合大国关系，将大国纳入以美国为核心的国际制度体系，共同应对安全挑战。这样，国际体系的制度成分加大了。三份战略报告所倡导的国际宪政秩序，其实质内涵是一种制度霸权秩序。①

美国制度的国际宪政秩序战略建议综合考虑了美国国家利益、权力与价值三个层次的因素。首先，美国之所以愿意让渡部分权力，建立起约束自身的国际机制，其根本动机是为了更长久维持美国霸权体系。国际宪政秩序可以给美国带来更长久的收益。美国在冷战结束之后的权力优势具有暂时性，新兴国家通过发展与建设，其实力不断提升，当前强大的美国必然有相对衰落的时候。如果美国主导建立一种权力秩序，那么随着美国权力优势的消失，这个权力秩序也必将随之破灭。而以制度为基础国际宪政秩序可以给美国带来更长久收益。国际机制的瓦解和重建具有延时性，即使美国权力优势消失，它所主导建立的国际机制不会立即崩溃，美国依然可以从中获益。此外，宪政秩序的维持成本要小于权力秩序的维持成本。依靠实力维持权力秩序，常会激起其他国家的反抗，霸权国为平息这些反抗往往要付出高昂代价。而在宪政秩序下，主导国让渡出部分权力，赋予其他国家在国际机制中一定发言权，让其他国家分享部分利益，这样更容易赢得其他国家支持，节省了维持成本。②

其次，这些报告并没有忽视权力的作用。美国与其他国家的权力差距依然被认为是建立宪政秩序的重要保障。根据其逻辑，在构建国际宪政秩序过程中，美国的领导必不可少；而美国与其他国家权力差距越大，其让利空间则越大，越有可能获得其他国家对国际机制的支持，这样建立宪政秩序的可能性越大；如果国际体系的权力分散在几个实力相当的国家手中，

① 韩志立、秦亚青：《新自由国际主义的战略理论》，第209—212页。

② 同上，第207—209页。

彼此的让利空间则相对较小，收益分配会难以协调，对国际机制安排难以形成共识。①

最后，美国智库并未因宪政秩序而放弃对自由民主的偏执追求。普林斯顿计划的本质是要复兴威尔逊世界秩序信念，希望建立一个由自由民主国家组成的世界，一个以健全的、有效的国际机制为保障的秩序世界。它甚至建议美国及其盟友建立民主国家联盟，以此加强民主国家间在安全领域的合作。如果联合国改革不成功，该联盟可以通过投票表决的方式，授权集体安全行动和使用武力。② 管理不安全因素项目肯定了国际组织在推动世界民主化发展的所取得的成果，认为20世纪70年代以来世界新增90多个国家民主国家，这体现了民主的胜利。它建议帮助失败国家建立法律和民主治理制度及市场经济体系，来消除冲突隐患。③ 凤凰动议认为，安全与民主自由是并驾齐驱的两因素，美国对民主自由的支持应具有持久性，相信民主制度是最有效的国家运作机制，美国的安全与繁荣将随着世界民主化进程而得到提升，美国须帮助准民主国家内部民主政治机制的发展。④

三、智库国际战略报告对奥巴马政府的影响

上述三项智库战略报告对奥巴马政府产生了多大影响？这些报告与奥巴马政府国际战略有怎样的关联？奥巴马执政后，普林斯顿计划、管理不安全因素项目和凤凰动议三个项目的负责人有不少进入政府任职，直接参与美国对外政策决策。比如，安妮·斯劳特被任命为美国国务院政策规划司司长⑤，卡洛斯·帕斯夸尔任美驻墨西哥大使⑥，安东尼·布林肯任副总统国家安全事务顾问，莱尔·布瑞拉德任财政部负责国际事务的助理部长，科特·坎贝尔任负责东亚事务的助理国务卿，迈克尔·麦康福尔任国安会负责欧亚事务的资深主任。⑦ 这从一个侧面反映出这些战略报告对奥巴马政府将会产生一定影响。

---

① 韩志立、秦亚青：《新自由国际主义的战略理论》，第207—209页。

② Francis Fukuyama and John Ikenberry, *Grand Strategy Choices for the Princeton Project on National Strategy,* p. 23-28.

③ 布鲁斯·琼斯等著：《权力与责任：构建跨国威胁时代的国际秩序》，第162、180—182页。

④ Anne-Marie Slaughter, et., *Strategic Leadership: Framework for a 21st Century National Security Strategy*, pp. 18-19.

⑤ 参见个人网页，http://www.princeton.edu/~slaughtr/。

⑥ 参见个人网页，http://www.brookings.edu/experts/pascualc.aspx。

⑦ 牛新春：《奥巴马外交：一个新自由主义的时代？》，载《现代国际关系》，2009年第5期。

另外，从奥巴马的战略理念以及上任初期的外交举措来看，我们发现上述三份战略报告所提出的主要原则，如美国的战略领导、多边合作、应对共同威胁，构成了奥巴马国际战略的重要内容。但我们同时还注意到，奥巴马政府的国际战略并非三项战略报告的翻版，其中还包含了现实主义因素和美国传统价值观因素。

（一）奥巴马国际战略理念

2007年11月，奥巴马在《外交季刊》(Foreign Affairs）发表文章，2009年9月，奥巴马在联合国大会发表演讲，从不同角度阐述了他的国际战略理念。我们发现上述三份战略报告所提出的主要原则，如美国的战略领导、多边合作、应对共同威胁，同奥巴马国际战略理念有一定相似性。

奥巴马认为当前的国际安全威胁具有跨国性，任何国家都无法独自应对。他在联合国大会发言中提出，当前世界所面临的重大安全挑战，如恐怖主义、大规模杀伤性武器的扩散、气候变化、贫困、流行疾病等，都具有跨国性；要应对这些跨国威胁、实现世界安全需要各国共同承担责任，建立广泛合作。①

奥巴马提出实现广泛合作须消除国家隔阂。他认为当前国际秩序是建立在主权国家之上，强调国家间差异，这是实现国家广泛合作的最主要障碍。奥巴马呼吁各国应努力消除美国与传统盟友间的隔阂、富国家与穷国家间的隔阂、种族、部落、宗教间的隔阂；建立不同信仰之间的联盟、南北国家之间的联盟、东西方之间的联盟。② 而消除隔阂、建立联盟需要美国加强与其他国家的沟通，认真倾听其他国家的想法，在平等基础上建立国际新秩序。他认为美国领导的世界民主化进程遭受挫折，其根本原因在于美国的傲慢，这主要表现在美国不愿意同自己不喜欢的国家进行对话。因此，他提出美国应改变这种傲慢的态度，加强同各国的沟通，不管这个国家是对手，还是朋友。③

奥巴马政府初期外交举措体现了对沟通与多边合作的重视。奥巴马政

① Barack Obama, Remarks to the United Nations General Assembly, September 23, 2009, http://www.whitehouse.gov/the_press_office/remarks-by-the-president-to-the-united-nations-general-assembly/.

② Barack Obama, Remarks to the United Nations General Assembly, September 23, 2009.

③ Barack Obama, *Strengthen Our Common Security by Investing in Our Common Humanity*, http://www.barackobama.com/pdf/issues/Fact_Sheet_Foreign_Policy_Democratization_and_Development_FINAL.pdf.

府上任不久便向亚洲、欧洲、拉丁美洲及中东国家发出加强沟通、寻求合作的信号。美国国务卿希拉里·克林顿在上任后首访亚洲时强调，加强美国与亚洲关系合作具有重要意义，要解决21世纪国际社会所面临的重大问题，关键需要亚洲的合作。希拉里访问中国时表示，中国人权状况不应该成为中美在气候变化和经济领域合作的障碍。奥巴马在出席20国集团峰会、北约60周年峰会、欧美峰会等重要活动时多次强调跨大西洋伙伴关系的重要性。他指出，保持跨大西洋对话是恢复国际机制活力、应对21世界挑战的关键。美国副总统拜登访问德国时谈及美俄关系，表示美国将在一个全新的起点上发展美俄关系。希拉里在会见俄罗斯外长时表示，美俄将开启两国关系的新篇章，在军控、中东和平、伊朗核问题等问题上启动两国合作性对话。在美洲国家峰会上，奥巴马表示在拉美问题上美国将同拉美分担责任，共同应对地区挑战；美国是美洲地区的领导者，而不再是民主的说教者；美国将推动与委内瑞拉和古巴的和解。奥巴马上任首访阿拉伯世界时表示，建立美国同穆斯林世界沟通的桥梁具有重要意义；美国与伊斯兰世界不是敌对状态。此外，希拉里公开向伊朗、叙利亚示好，并主动邀请伊朗代表参加关于阿富汗问题的地区会议。[①]

此外，奥巴马政府承诺将提高新兴大国在主要国际机制中的作用。首先，奥巴马政府推动8国集团的扩大与改革，并促成20国集团峰会的召开。在20国集团伦敦峰会上，美国同其他国家领导人提出了应对全球金融危机全面协调的行动计划。峰会结束时，奥巴马表示美国将主办20国集团峰会的相关后续会议，并将进一步理清20国集团与8国集团关系以及两集团与其他重要国际组织的关系，使其成为应对全球金融危机的重要平台。其次，奥巴马政府推动国际货币基金组织和世界银行的改革，结束美国与欧洲对国际货币基金组织和世界银行的长期垄断，扩大新兴大国在两机构中的作用，并调整两机构的工作重心，更多考虑发展中国家所关注议题，共同应对21世纪新挑战。最后，奥巴马政府承诺将推动联合国安理会改革。美国常驻联合国代表苏珊·赖斯称，美国支持在不降低效率情况下扩大联合国安理会；美国已经为此启动了一项政策进程，正积极研究具体改革措施。[②]

---

① *President Obama's First 100 Days, Managing Global Insecurity Project Recommendations and an Evaluation of U.S. Global Engagement*, http://www.brookings.edu/reports/2009/0501_obama_mgi.aspx.

② *President Obama's First 100 Days, Managing Global Insecurity Project Recommendations and an Evaluation of U.S. Global Engagement.*

（二）奥巴马国际战略中的现实主义因素

奥巴马政府的国际战略并非三项战略报告的翻版，其中还包含了现实主义因素，这体现在美国对新兴大国，特别是俄罗斯、中国等国缺乏信任上。虽然美国为应对全球挑战，不得不加强同这些国家的合作，但是新兴国家巨大的经济规模及不断提升的影响力，使美国不得不对这些国家有所顾忌，担心他们成为美国的竞争对手，挑战美国的霸权地位。

美国国际政治学界一直存在一些现实主义论调，认为崛起的大国将挑战现有国际秩序和权力结构，因此，对中国等新兴国家的和平崛起持怀疑态度。学界的这种论调在奥巴马政府的政策层面有所体现。奥巴马政府对中国心存疑虑，缺乏信任就是一个好的例证。中美之间的不信任在军力发展、资源竞争领域尤为突出。美国对中国合理的军事发展妄加指责，一再强调中方应增强军力发展透明度，保持中美之间的军事对话。同时，中国合理的资源政策被美国指为资源重商主义，扰乱了世界资源市场；中国与伊朗、苏丹、缅甸、津巴布韦等国的正常交往也被指为具有资源企图并破坏地区稳定及国际人道主义援助的行为。①

如何应对新兴国家，特别是中俄等传统战略对手的崛起，是奥巴马政府当前主要战略挑战之一。对此问题，奥巴马政府提出“战略互信的重建”（strategic reassurance），即中俄等国若想得到美国接纳，须让美国感到其发展和全球地位的提升不会威胁到美国的安全与繁荣。为此，它要求中俄等国同自己保持并不断扩大战略对话范围，以此更好把握其发展意图，从而得到所谓安全感。而在具体政策上，美国则抓住与中俄等国之间的差异，在对台军售、格鲁吉亚领土与主权、北约东扩等问题上坚持其所谓原则，不时拿出来干扰双边关系。②

（三）奥巴马国际战略中的美国传统价值观因素

奥巴马仍然将维护人权、推进世界民主设定为美国国际战略的重要内容。他相信美国是世界民主化进程的最大受益国，民主国家被认为是美国最值得信赖的贸易伙伴和盟友。因此，奥巴马强调要采取具体行动，而不

① James B. Steinberg, *Administration's Vision of the U.S.-China Relationship*, Keynote Address at the Center for a New American Security, Washington, DC, September 24, 2009.

② Ibid.

是停留在空谈上，积极推进世界民主化进程。[①]

所谓具体行动，奥巴马指的是要加大对转型国家民主运动的资金支持力度，提高对民运分子支持的有效性，帮助其建立“强大的立法机构、负责任政党、自由媒体和活跃的市民社会”。[②] 奥巴马认为，美国以往对转型国家的资金支持在运作上存在效率问题，各国民运分子很难从美国政府的资金援助中受益。因此，他提出美国应通过独立机构或非政府组织为这些民运分子间接提供援助，从而提高其支持的有效性。此外，奥巴马提议为转型国家建立快速反应基金，用于对转型国家的援助、债务减免、技术支持和直接投资，让这些国家的人民看到“民主”的希望，[③] 加大对这些国家的民主进程的支持。奥巴马认为，民主不会在一夜之间建立，但当一些地区发生民主革命时，美国不应袖手旁观。

四、结语

冷战结束后，美国的国际战略总体上具有一致性。老布什的“世界新秩序”战略、克林顿的“民主扩张”战略、小布什的“新保守主义”战略都试图依靠美国权力，在世界范围推行民主和自由，建立一个由民主国家、自由市场构成的国际秩序。伊拉克战争之后的国际权力结构发生变化，美国仍然是世界权力结构中的唯一超级大国，但新兴国家不断崛起，美国权力影响力的相对下降，一超多强的趋势日趋明显。恐怖主义、气候问题、金融危机等主要安全威胁具有越来越明显的跨国性，这使得美国为应对共同威胁与其他大国沟通与合作的必要性不断加强。

普林斯顿计划、管理全球不安全因素项目、凤凰动议是近年来美国智库所做的三项重要国际战略研究，它们根据美国国际安全环境新特征和美国传统国际秩序理想，提出了不同于以往的国际战略建议。简要分析奥巴马国际战略理念以及上任初期的外交举措，我们发现上述三份战略报告所提出的主要原则，如实施战略性领导、多边合作、应对共同威胁，构成了奥巴马国际战略的重要内容。虽然如此，在奥巴马政府的对外政策中依然可以看到美国传统现实主义战略和自由主义战略的影子。

---

① Barack Obama and Joe Biden's Strategy to Promote Global Development and Democracy, barackobama.com.

② Ibid.

③ Ibid.

三、地区焦点

DIQU JIAODIAN

内容提要

研究地区问题需要找准地区焦点，进行深入的理论探讨和政策分析，并提出具有前瞻性且切实可行的对策建议。亚洲合作中政治与经济的二元悖论、东亚共同体建设以及地区合作架构都是地区研究焦点问题。

江瑞平教授是亚洲研究领域政治经济学方向的学术带头人，尤其擅长日本经济、中日关系与中日韩三边合作研究。文集中收录了他的两篇论文，均发表在国内具有重要学术和政策影响力的核心期刊，已受到广泛关注。《东亚合作与中日关系的互动：困局与对策》指出，当前东亚合作与中日关系的互动显现出恶性循环之势，表现为区域合作与双边关系的乖离，经济互利与政治对立的悖论。这一态势的原因和背景颇为复杂，一是中美日实力对比关系的急剧变化，二是中国崛起带来的利益分享与权力转移，三是日本衰落显现的长期萧条与政治右倾，四是美国重返亚太导致的经济分化与安全控制。为扭转东亚合作与中日关系互动的困局，中国应努力实现经济互利与政治互信的良性互动、是国家权益与地区责任、周边外交与对日关系的良性互动，以及地区架构与对美战略的良性互动。《中日韩合作中的经济互利与政治互信问题》提出，中日韩三国互为重要邻国，互为最重要的经贸伙伴，经济互利构成三国合作的坚实基础；但是三国历史、领土问题错综复杂，中日、日韩“岛争”更使安全冲突凸显、政治关系恶化；政治互信阻碍了三方合作，冲击和损害了三方经贸关系，形成政治对立与经济互利的恶性循环。作为负责任大国，中国应该而且能够做出独特贡献，努力使三国走出这种恶性循环，实现经济互利与政治互信的良性互动。

苏浩教授是研究亚太和东亚问题的资深专家，曾任东亚研究中心秘书长（2004–2005）。《东亚区域合作的双层构架分析》一文客观而理性地分析了东亚区域国际关系的现实，把理论和实践进行有机的结合，从新的视角对东亚区域合作双重机制并存的特殊性进行分析，基于东亚开放区域主义的理念，提出了一个“胡桃”结构的分析模型，建构了一个东亚区域合作机制建设的独特的认知框架，从学术的角度为东亚区域合作的机制化建设提供了政策思路。

“东亚共同体”与东亚集体身份是地区合作进程中普遍关注的问题。本篇收录的《“东亚共同体”与东亚集体身份兴起的情感动力》一文提出了集体身份建构的情感动力机制，并尝试对“东亚共同体”和在区域合作进程中兴起的东亚认同现象提供初步解释。21世纪初东亚地区主义进程中兴起了关于建设“东亚共同体”的讨论热潮，这在很大程度上标志着东亚地区集体身份的萌芽，文章从理论和实践的角度解释了东亚地区集体身份的兴起以及其后的弱化现象，具有重要理论和政策意义。

东亚合作与中日关系的互动：困局与对策

江瑞平*

当代国际格局已经形成了多层面的互动关系，既包括在区域合作与双边关系层面，也体现在经济互利与政治互信层面。这种互动关系呈现出良性抑或恶性两种主要态势。其良性互动主要表现在区域合作与双边关系相互支撑，尤其是当双边关系出现裂痕甚至中断时，区域框架可为双边沟通和交流提供机会和渠道；经济互利与政治互信相互促进，尤其是当政治互信出现问题甚至恶化时，双方出于共同经济利益的考量，会积极修补裂痕，走出困境，工商界为避免自身利益受损，往往会要求甚至敦促政府采取措施予以补救和改善。恶性互动则主要表现为双边关系恶化阻碍区域合作，其中既有双方区域战略本身存在对立和冲突，因而难以形成推进区域合作的合力，也可能双边关系的恶化严重破坏区域合作的政治氛围，甚至双方首脑根本无法坐在一起，共谋区域合作大局。

这种当代国际格局中客观存在并不断强化的互动关系，为我们构建了一种重要的分析框架和思维范式。当前，无论是东亚合作，还是中日关系，都存在诸多严峻的问题和挑战。而且，这些看似在两个不同领域之中的问题彼此联系、互相影响，剪不断理还乱。因此，探讨东亚合作与中日关系，可以而且必须置于上述互动框架之下。惟有如此，才能找到两者之间的本质联系及其对于东亚安全与合作的深刻意涵，把握个中问题的关键并寻求解决之道。

一、东亚合作与中日关系互动的恶性循环

将当前东亚合作与中日关系置于上述分析框架与思维范式之下，可以发现，双方面的互动总体显现恶性循环之势。其主要表现在两大层面：一是区域合作与双边关系的乖离，一是经济互利与政治对立的悖论。有关各

---

* 江瑞平，外交学院副院长、教授。本文发表在2014年第5期《外交评论》。

方必须正视这两大层面的恶性循环。

（一）区域合作与双边关系的乖离

区域合作与双边关系，尤其是与大国双边关系，存在多层面、高强度的互动关系。这一判断可从欧洲合作与法德联盟互动的历史经验得到充分证明。

1. 欧洲的经验：法德联盟的意义

自近代以来很长的历史时期内，英国称雄世界，英国霸权的牢固促成了欧洲的相对稳定。而到19世纪末20世纪初，英国霸权开始衰落，欧洲稳定的基础随之动摇，法德等国竞相争霸欧陆，直至引发两次世界大战。其结果不仅法德两败俱伤，英国霸权被美国取代，而且还给整个欧洲和全人类的生命财产造成巨大损害。二战以后，法德汲取世仇交恶惨痛的历史教训，开始了从对立、争斗到和解、联合的历史性转变。在法德两国的主导下，西欧六国率先从作为军工和战备基础的煤炭和钢铁两大产业开始合作，1951年成立欧洲煤钢共同体，揭开了法德联合推进欧洲合作的序幕；之后欧洲合作从煤钢两大产业扩大到整个经济领域，1958年成立了欧洲经济共同体；1991年，欧共体通过了建立“欧洲经济货币联盟”和“欧洲政治联盟”的《欧洲联盟条约》，亦即《马斯特里赫特条约》（简称“马约”），1993年正式成立欧盟。其间在1973、1981、1986、1995和2004年先后经过五次扩员，到2013年欧盟已发展成为拥有27个成员国、5亿多人口、17.4万亿美元GDP、11.6万亿美元贸易额的全球第一大经济体。①

从区域合作与双边关系互动的角度看，欧洲联合的成功经验至少包括：第一，战后欧洲区域合作的持续发展，层次不断提升、领域不断扩大、成员不断增多，与所含双边关系的稳定和发展高度相关；第二，作为区域合作的基础，主要大国的双边关系发挥了决定性作用，尤其是法德两大国关系的稳定和发展，对欧洲区域合作的扩展和提升举足轻重，法德合作实乃欧洲一体化的核心和灵魂；第三，法德合作对欧洲联合的决定性影响，主要建立在两国的经济政治实力基础之上。2012年，法德两国占欧盟27国经济总量（GDP）的36.2%；② 第四，法德作为地区大国，通过和解和合作不仅实现了对地区事务和区域合作的主导，还在一定程度上摆脱了域外超级

---

① 日本外务省官方网站：《日本欧盟经济情势》，第2页，2014年6月，http://www.mofa.go.jp/mofaj/area/eu/j_eu_keizai.html。

② 日本外务省经济局：《主要经济指标》，第2页，2014年7月，http://www.mofa.go.jp/mofaj/area/ecodata/index.html。

大国对地区事务和区域合作的控制，避免和弱化了域外超级大国对区域合作的干扰，确保了区域合作的顺利推进。战后迄今，美国从未停止过对欧洲事务的干预，而欧洲任何国家，包括实力最强的德国和法国，均难以一己之力单独与美国抗衡，排除来自美国的干扰和控制；第五，协调合作推进欧洲一体化的现实需要和共同意愿，也成为法德两国稳定和发展双边关系的重要基础，因为两国均有推进欧洲区域合作、提升自身地区和全球地位的战略诉求。战后70年来，法德两国始终将通过欧洲联合、依托欧洲来维持和提升其全球地位，作为重要的战略选择，为此不能不坚持和发展稳定的双边关系。法德和则欧洲合，法德对立则欧洲分裂，早已成为两国重要的战略共识和共同的政治理念。

2. 东亚的现实：中日对抗的后果

从法德合作与欧洲联合的历史，看东亚合作与中日关系的现实，不能不给人以强烈反差：前者显示的是良性互动，后者暴露的是恶性循环。

比较法德之于欧洲，中日两国在东亚的地位更加重要，尤其在经济层面。如上所述，法德两国仅占欧盟27国GDP总量的36.2%（2012年），而中日两国却要占到东亚“10+3”（东盟＋中日韩）GDP总量的80.1%和“10+6”（东盟＋中日韩＋澳新印）的66.6%（2011年）。[①] 更重要的是，在东亚经济发展的不同历史时期，中日两国均发挥着举足轻重的作用。众所周知，战后的东亚经济奇迹是在日本主导的“雁型经济模式”的带动下实现的，在很大程度上，正是依靠日本的资金、技术和中间产品，东亚经济才得以起飞并实现持续高速增长。上世纪90年代后，日本经济因泡沫破灭陷入长期萧条，其对东亚经济增长发挥的“头雁”作用也逐步丧失。此时中国又逐步取代日本，成为东亚地区经济持续快速增长的支撑和引擎。与日本不同，中国在支撑和引领东亚经济增长方面主要依靠快速增大的市场，而坚持出口主导型发展模式的东亚经济体，恰好依靠对中国出口增长的强力支撑保持了快速增长的势头。如表1所示，2012年，在东盟出口总额中，中国占到11.4%，为其第一大出口市场，日本占10.3%，中日两国共占21.7%，比美国和欧盟加总之和的18.9%还要高出2.8个百分点。

① 日本贸易振兴机构官方网站：《东亚各国和地区经济力比较（2011年）》，http://www.jetro.go.jp/world/asia/asean/data/asean_stat06_1205.pdf。

表1　2012年东盟出口市场分布

	全部	区内	中国	美国	欧盟	日本
出口（亿美元）	12513.9	3243.3	1421.6	1097.6	1260.6	1286.4
占比（%）	100.0	25.9	11.4	8.8	10.1	10.3

资料来源：日本贸易振兴机构官方网站:《东盟10国贸易统计》，http://www.jetro.go.jp/world/asia/asean/data/asean_stat07_1404.xls。

中日在东亚经济中的比重如此之高，地位如此重要，两国若能协调推进，形成中日关系与东亚合作的良性互动，东亚地区合作势必形成全面展开、快速推进之势。在东亚金融危机之后的最初几年也的确如此。中日两国共同支持东亚合作“以东盟为主导、以10+3为主渠道”，东亚合作以“东盟10+1”和“东盟10+3”为主要框架，获得了快速发展。在经济领域，三个“10+1”自贸区建设相继启动，金融货币合作也以“清迈倡议”为中心持续推进。

但到2005年前后，中日关系开始出现问题。先是小泉在执政期间（2001—2006年）多次参拜靖国神社，导致中日关系出现第一个低谷，后是日本政府“购岛”和安倍“拜鬼”（2012之后）导致中日关系出现第二个低谷，迄今仍未能从低谷中走出来。同时，中日两国的区域合作战略也出现明显分歧。日本为抗衡中国，越来越背离“10+3”的主渠道地位，力推“10+6”以取代“10+3”，并迎合美国的“跨太平洋伙伴关系”（TPP）战略，以亚太框架来分裂和肢解东亚框架。中日对抗导致的直接后果，是逐步形成东亚合作与中日关系的恶性循环。一方面，中日关系恶化直接损害了东亚合作的进展，尤其是中日韩合作，在2012年5月中日韩领导人会议达到高潮后，很快即因日本政府“购岛”、中日关系恶化而陷于停顿。本应一年一度的领导人会议迄今再未举行，中日韩自贸区谈判因缺乏政治主导而举步维艰，其他层面的合作也陷入停滞。另一方面，区域合作也未能像在上一次低谷中那样，为中日双边首脑会晤提供渠道和机会。在2012年和2013年的两次东亚系列峰会期间，中日领导人的双边会晤都未能借机实现。

（二）经济互利与政治对立的悖论

当代国际关系发展的重要趋向，是经济与政治两大层面交叉、融合和互动的日趋强化。在区域和双边关系中，经济互利成为政治互信的坚实基础，政治互动又成为经济合作的强力支撑。然而，目前的东亚格局和中日关系却在很大程度上出现了经济互利与政治对立的悖论。

1. 东亚格局中的二元悖论

在战后的很长历史时期内，东亚地区不仅在政治安全层面，而且在经济贸易层面，均全面依赖美国，形成典型的以美国为中心的一元结构，这是传统东亚地区格局的显著特点。但到上世纪90年代，尤其是“9·11事件”后，一方面，美国将其全球战略的重心转向中东西亚北非地区，对东亚的军事安全控制略显松动；另一方面，崛起的中国对东亚经济的影响力快速提升，导致美国对东亚经济的影响力相对下降。东亚地区格局显现出“脱美国化”趋势。奥巴马政府上台后，迅速调整了全球战略，美国重返亚太和东亚的步伐随之加快。美国在政治安全层面重新加强了对东亚地区的控制。然而，在经贸层面，其影响力逐步被中国取代的趋势并未能根本改变。由此，东亚地区遂形成目前的二元结构或二元悖论，主要表现在以下两大层面。

一是对地区整体而言，形成了“经济依赖中国，安全依赖美国”的二元悖论。传统的东亚安全格局本来就是以美国为中心、高度依赖美国的。“9·11事件”后这一态势虽有所弱化，但并未被根本改变。之后美国战略重心东移，重新强化对东亚的政治安全控制，东亚目前遂再度凸现在安全上越来越依赖美国的显著特点。但在经济贸易层面，东亚经济体对中国的依赖度不仅未见降低，反而逐步加强，2008年爆发的国际金融危机更使其空前提升。中国取代美国成为越来越多东亚经济体的第一大出口市场，就是其主要表现之一（表2）。到2012年，美国占东盟、日本和韩国出口的比重分别降至8.8%、17.8%和10.7%，而中国占比却分别提升至11.4%、18.1%和24.5%，分别高出美国2.6、0.3和13.8个百分点。

表2　东亚主要经济体出口市场变化

	出口中国（%）					出口美国（%）				
	2000	2005	2010	2011	2012	2000	2005	2010	2011	2012
东盟	3.8	8.1	10.7	11.4	11.4	19.0	14.4	9.5	8.6	8.8
日本	6.3	13.4	19.4	19.7	18.1	30.1	22.9	15.7	15.5	17.8
韩国	10.7	21.7	25.1	24.2	24.5	21.9	14.5	10.7	10.2	10.7

资料来源：日本贸易振兴机构官方网站：《东盟10国贸易统计》，http://www.jetro.go.jp/world/asia/asean/。

二是对中国形成“经济贸易依赖，政治安全防范”的二元悖论。从表2还可看出，进入21世纪以后，东亚主要经济体对中国市场的依赖度均呈快速上升之势。从2000年到2012年，东盟对华出口占比由3.8%增至11.4%，上升了7.6个百分点；日本对华出口占比由6.3%增至18.1%，上升了11.8个百分点；韩国对华出口占比由10.7%增至24.5%，上升了13.8个百分点。然而与此同时，由于种种原因，许多国家对中国经济贸易依赖的加深，不仅未能促成它们对华政治互信和安全合作的深化，反而增强了它们对中国的政治安全防范。近期直接针对中国的东海问题和南海问题，就是周边国家对中国安全防范加重的直接结果和重要表现。而在其中扮演主要角色的日本、菲律宾和越南，对中国的经济贸易依赖同样在快速提升。日本这方面的情况已如上述，再如菲律宾，从2000年到2012年，其对华出口占比也由1.7%升至11.8%，提高了10个百分点。[①] 对中国而言，东亚周边国家对华经济贸易依赖提升而政治安全防范增强，这一二元悖论显然值得高度关注和深入探讨，而探明其背景和原因则是化解矛盾、寻求对策的关键所在。

2. *中日关系的政经互动*

自恢复邦交正常化以来，中日关系中的政经互动经历了如下几大阶段：（1）20世纪80年代前的“政热经冷”阶段。其间中日政治关系正处于恢复邦交后的“蜜月”期，然此时中国尚未改革开放，受整体对外经贸关系停滞的影响，中日经济关系也只能处于“冷淡”状态。（2）20世纪80—90年代的“政经双热”阶段。其间中日政治关系总体上仍维持很高热度，而中国改革开放后对外经贸关系快速发展，对日经贸关系更占重要地位，形成政经关系的相互促进和良性互动。（3）21世纪头几年的“政冷经热”阶段。尤其是在2001—2006年小泉执政时期，由于小泉参拜靖国神社及其他问题，中日政治关系陷于“冷淡”甚至恶化，中日经济关系虽也受到一定影响，但总体上仍维持着较高热度。小泉下台后，通过双方共同努力，成功实现“破冰”、“融冰”、“迎春”和“暖春”之旅，中日建立战略互惠关系，启动高层经济对话，逐步走出了“政冷”困境。（4）目前的“政经双冷”阶段。新一轮中日政治和安全冲突，实际上从2010年的“撞船”事件即已开始，到2012年9月日本政府恶意“购岛”，冲突更趋恶化，目前已跌入邦交正常化以来的“谷底”或“冰点”。受政治关系恶化的影响，中日经贸关系也受到严重冲击，陷入停滞甚至萎缩状态。按日方统计，2013年上半年，中日贸易额骤降10.8%，其中日本对华出口更降低16.7%。[②] 按中方统计，

① 参见日本贸易振兴机构官方网站：《东盟10国贸易统计》，http://www.jetro.go.jp/world/asia/asean/。

② 日本贸易振兴机构官网：《2013年上半期的日中贸易》，2013年8月14日，http://www.jetro.go.jp/news/releases/20130814611-news/appendix.pdf。

2013年全年中日贸易减少5.13%，其中从日本进口减少8.73%。[①]2013年上半年日本对华直接投资实际使用金额为46.87亿美元，下半年骤减至23.77亿美元，几乎萎缩了一半！2014年上半年仍处于极度低迷状态，同比减少48.8%。[②]

纵观中日政经互动关系的演进，有两点颇值关注：第一，在前三阶段，政治关系与经济关系基本处于良性互动状况。当政治关系良好时，经济关系也受到积极推动；而当政治关系恶化时，经济关系则发挥“压舱石”作用，为避免损害经济利益，双方会采取措施积极修复政治关系，经济界也会对政府施加压力，促其改善政治关系。但目前即第四阶段，中日之间的政治关系与经济关系却开始陷入恶性循环之中。政治对立和安全冲突严重冲击和损害经贸关系，更严峻的是，经济关系已难以发挥稳定器或“压舱石”作用，经济界也难以对政府施加积极影响，日本一些企业甚至支持政府的右倾化政策，为中日政治对立与安全冲突推波助澜。从良性互动到恶性循环，是当前中日关系中政经互动的最大问题所在。

第二，更值得关注的是，中日关系走到政治对立与安全冲突这一步，还是与经济相互依存不断加深、共同利益不断增大的趋势同步展开的。为何中日经济互利未能促成政治互信，反而导致尖锐的政治对立和安全冲突？实际上，目前中国在周边遭遇的“经济贸易依赖而政治安全防范”困境，在日本表现得最为严重。一方面，日本通过扩大对华贸易投资，从中国经济的快速增长中获得了巨大利益，如日本对华出口占比一再攀升，2000年仅为5.6%，2005年升至13.4%，2009年达到18.9%，中国取代美国成为日本第一大出口对象国，2011年最高至19.7%。此后因政治冲突影响双边贸易，日本对华出口占比下降，美国才重新回到日本第一大出口对象国的地位；[③]而另一方面，日本又在不停地“找茬”、“挑事”，视中国为主要安全威胁，恶意渲染“中国威胁论”，直至将中日政治关系推入谷底。

二、中美日三国的实力对比与战略态势

目前，东亚合作与中日关系之所以形成上述两大层面的恶性循环，其

① 中国商务部官网：《2013年1—12月我对亚洲国家（地区）贸易统计》，http://yzs.mofcom.gov.cn/article/g/date/thirteen/201402/20140200490994.shtml。

② 中国商务部官网，“利用外资快讯”，http://www.fdi.gov.cn/sinfo/s_33_0.html?q=field7^。

③ 日本贸易振兴机构官网：《2009年的日中贸易》《2013年的日中贸易》，http://www.jetro.go.jp/news/releases/20140219093-news。

背景和原因极为复杂。而其中最应关注的是，中国、美国和日本的实力对比关系发生急剧变化，并且在此大背景之下各自形成了完全不同的战略态势。

（一）中美日实力对比的急剧变化

进入21世纪，中美日三国的经济发展态势形成强烈反差：美国结束了上世纪90年代“新经济”带来的经济稳定增长，先是股市泡沫破灭引发经济衰退，后是房市泡沫破灭引发金融危机，目前又遭遇难以根本跨越的“财政悬崖”，经济处于波动和不稳定状态。按简单平均计算，2006—2013年美国的实际GDP增长率只有1.3%。上世纪90年代初，日本即因股市房市泡沫双双破灭陷入长期萧条之中。进入21世纪后，历届日本政府虽都力图摆脱萧条、走出通缩，但迄今仍未明显奏效，目前的“安倍经济学”也未实现预期目标。结果是日本经济从“失去的10年”、“失去的20年”到“失去的1/4世纪”。仍按简单平均计算，2006—2013年日本的实际GDP增长率仅为0.6%。而中国经济21世纪更显现出令全球惊羡的增长优势，在国际金融危机和全球经济萧条的冲击下仍保持稳定增长的势头。也按简单平均计算，2006—2013年，中国的实际GDP增长率高达10.1%，分别高出美国和日本8.8个和9.5个百分点！① 经济增长态势的反差如此巨大且长期持续，其结果必然是经济实力对比关系的急剧变化。由表3可知，2000—2013年，中国在中美日三国经济总量中占比由7.39%升至29.73%，提高22.34个百分点；美国占比则由63.45%降至54.38%，下降9.07个百分点；日本占比更由29.17%降至15.9%，下降13.27个百分点。与此同时，与美日尤其是日本相比，中国经济实力的其他指标也呈快速跃升之势。中国早已超越日本成为全球第一大外汇储备国，截至2014年6月，中国外汇储备达39932.1亿美元，相当于居第二位的日本三倍多。2013年，中国成为全球第一大货物贸易国。

中美日三国经济实力对比关系如此急剧的变化，必然导致各自全球和地区战略及其相互关系的相应调整，对东亚合作与中日关系的互动态势造成强烈影响。

① 国际货币基金组织：《世界经济展望》，2014年4月，第180、184页。

表3　中美日三国经济总量（GDP）及各自占比变化（亿美元，%）

年份	中国	美国	日本	三国总量	中国占比	美国占比	日本占比
2000	11982	102897	47301	162180	7.39	63.45	29.17
2005	22581	130954	45781	199316	11.33	65.70	22.97
2010	59308	149583	55107	263998	22.46	56.66	20.87
2011	73235	155338	59133	287706	25.45	53.99	20.55
2012	82241	162446	59359	304046	27.05	53.43	19.52
2013	91814	167997	49105	308916	29.72	54.38	15.90

资料来源：国际货币基金组织：世界经济展望数据库，2014年4月，http://www.imf.org/external/pubs/ft/weo/2014/01/weodata/weoselgr.aspx。

（二）中国崛起：利益分享与权力转移

进入21世纪后，中国经济的高速增长给中国对外战略带来的最大问题是：如何平衡利益分享与权力转移之间的关系。中国崛起必须与相关方尤其是周边国家的利益分享同步进行。如前所述，通过扩大对华出口等途径，日本等周边国家已充分分享中国崛起的利益。而进一步的问题是：第一，周边国家在分享中国崛起利益的同时，是否也感受到中国崛起造成的威胁，如有的国家在扩大对华出口的同时，对华贸易逆差也在增大，这被认为是中国产品依靠强大的竞争力侵蚀了周边国家的市场和就业；中国企业对外投资在发展当地经济、增加本地就业的同时，也破坏了当地的环境等。第二，周边国家尤其是域内外大国，在分享中国崛起利益的同时，是否也心甘情愿地接受国际权势向中国的转移。迄今答案显然是否定的，如在新兴市场大国经济金融实力快速增强的背景下，国际货币基金组织增加其份额本应是大势所趋，其实各方已于2010年达成改革方案，但却在守成大国的阻挠下迟迟得不到落实。① 这实际上是一个全球性问题。第三，与之相关，伴随经济实力的快速增强，尤其是对地区贡献的不断增大，中国理应在地区事务和区域合作中拥有更大的发言权，但美日显然并不愿意将自己长期掌控的发言权让渡给中国。如中国为推进亚洲基础设施建设积极筹建亚洲基础设施投资银行的努力，即被认定会削弱亚洲开发银行的地位，从而遭到控制亚行的日本的强烈反对。总之一句话，对美日和周边一些国家而言，分享中国红利来者不拒，转给中国权力坚决不许。这一显而易见的结构性

① 参见外交部官方网站：《金砖国家领导人第六次会晤福塔莱萨宣言》第18条，http://www.fmprc.gov.cn/mfa_chn/zyxw_602251/t1175283.shtml。

矛盾，成为中国目前在东亚遭遇二元悖论的主要原因，也是东亚合作与中日关系难以形成良性互动的症结所在。

（三）日本衰落：长期萧条与政治右倾

长达四分之一世纪的经济萧条，已严重弱化日本的经济实力，降低了日本的国际地位。从2000年到2013年，日本占全球GDP总量的比重由14.4%降至8.1%，下降了6.3个百分点。其从1968年开始确立的全球第二大经济体的地位，也于2010年被中国所取代，且与中国经济实力的差距还在继续拉大。据国际货币基金组织预测，到2019年，日本GDP总量仅相当于中国的38.8%。[①] 外汇储备被认为是显示一国金融实力的主要指标，日本也长期保持全球第一大外汇储备国的地位，但目前也被中国远远甩在后边，其外汇储备量仅及中国的1/3。日本的财政状况也十分糟糕，已是全球财政危机最严重的国家，这意味着国家动员财源的能力严重弱化。到2014年，日本公共债务余额相当于其GDP的231.9%，不仅远远高于60%的国际警戒线，而且也远远高于其他主要发达国家的水平——债务危机最严重的意大利，这一比例也只有146.7%。[②]

成为所谓正常国家，争当世界性大国，是日本国家战略的长期目标。在20世纪90年代前，实现这一目标的主要路径是依靠其快速增长的经济实力及其国际贡献。上世纪80年代，日元大幅升值使其经济实力及国际地位显著增强，但经济泡沫也急剧膨胀。90年代初泡沫破灭，日本陷入长期萧条之中，经济实力及国际地位迅速下降，其正常国家梦或大国梦不得不开始转向政治安全路径来实现。更重要的是，经济长期萧条使社会主流笼罩在严重的挫败感之中，整个国家失去了以往经济“奇迹”支撑的生机与活力，普遍需要新的提振，这也成为日本社会主流右倾化的主要背景。到后来，日本作为美国在东亚的军事盟友，越来越成为奥巴马政府重返亚太战略的桥头堡和马前卒，更为日本主流社会的右倾化、军事化提供了强有力的国际支撑，起到了推波助澜的作用。日本主流社会的强烈右倾化，显然也是当前东亚合作与中日关系恶性循环的主要背景和原因。

---

① 国际货币基金组织：世界经济展望数据库，2014年4月，http://www.imf.org/external/pubs/ft/weo/2014/01/weodata/weoselgr.aspx。

② 日本财务省：《日本财政相关资料》，2014年2月，第18页。

（四）美国重返：经济分化与安全控制

就在美国关注全球反恐、深陷阿富汗和伊拉克两场战争之际，东亚地区自身的经济合作却在全面展开、快速推进，直接冲击和弱化了美国对东亚地区的经济影响，东亚经济格局显现“脱美国化”趋向。这是美国不愿看到、不能容忍的。因而，其重返亚太战略在经济层面的第一步棋就是分化、干扰脱离美国的东亚经济合作，主要路径就是捡起由新西兰、新加坡、智利和文莱等四个小国2002年发起的TPP，经过精心包装后投入巨大资源全力推进。迄今也的确对东亚地区的经济合作产生了强烈的分化和干扰作用。第一，作为美国推行“两洋战略”、力图引导新一轮国际贸易投资规则创新的主要支柱，TPP其目标和谈判规则的高标准已使东亚地区既有的经济合作框架陷入进退两难：如继续考虑东亚现实，走低水平的特色发展，势必失去吸引力和影响力；而如勉强达到或接近TPP的水平，又会使“区域全面经济伙伴关系”（RCEP）等东亚经济合作框架谈判举步维艰，久拖不决。[①] 第二，美国促使日本、韩国等东亚经济体加入TPP谈判，直接结果是这些东亚经济体不仅因“两线作战”分散了外交资源投入，更重要的是它们还会更倾向于水平更高的TPP。第三，传统的东亚经济合作是以东盟为主导的，TPP接受部分东盟成员加入，使东盟不仅会丧失作为整体在东亚经济合作中的主导地位，而且其本身也会被肢解为两大阵营：TPP成员与非TPP成员。这也是东盟推出RCEP与TPP抗衡的主要背景。最后，也是最重要的，日本政府顶着一些国内团体尤其是农业团体的压力加入TPP谈判，本身即有“选边站”的强烈政治意味：放弃在现有东亚框架中与中国合作，选择在TPP框架中与美国联手。这显然也是导致目前东亚合作与中日关系恶性循环的重要背景。

构筑雁型安全模式，强化对东亚安全体系的控制，是美国重返东亚战略的更加重要的组成部分，对东亚合作、中日关系及其互动的冲击和影响也更加强烈。这一雁型安全模式，显然借用了以往由日本主导的东亚雁型经济模式的概念。在这一雁型经济模式中，日本是处于领先和中心地位的头雁，雁阵的第二梯队是“亚洲四小龙”（韩新港台），第三梯队是“亚洲四小虎”（印马泰菲），第四梯队是中国大陆，第五梯队是越老柬缅。而在雁型安全模式中，美国是处于领先和中心地位的头雁，第二梯队是与其缔

① 参见王金波：《国际贸易投资规则发展趋势与中国的应对》，载《国际问题研究》，2014年第2期；盛斌：《迎接国际贸易与投资新规则的机遇与挑战》，载《国际贸易》，2014年第2期。

结军事同盟关系的日韩，第三梯队是澳大利亚、菲律宾、泰国等盟国，第四梯队有越南、印度尼西亚等。这一雁型安全模式对东亚地区国际关系的影响至少包括：第一，东亚各国在普遍增强对中国经济依赖的同时，在政治安全层面又增强了对美国的依赖，造成东亚“经济依赖中国，安全依赖美国”的二元结构；第二，因钓鱼岛冲突导致的中日关系恶化，背后有着美国主导的雁型安全模式浓重的影子。美国通过强化美日军事同盟，将日本作为军事前沿防范中国，是美国重返东亚战略的重要组成部分；第三，美国构筑雁型安全模式“插足”东亚和中日关系，直接助长了东亚合作与中日关系的恶性循环。

三、寻求东亚合作与中日关系的良性互动

面对东亚合作与中日关系的恶性循环，中国的应对之策应该是，主动调整外交战略，尤其是周边外交和大国外交政策，努力实现经济互利与政治互信、国家权益与地区责任、周边外交与对日关系、地区架构与对美战略等四大层面的良性互动，尽快促成东亚合作与中日关系由恶性循环向良性互动的转变。

（一）经济互利与政治互信的良性互动

经济互利可以是政治互信的重要基础，但并不必然导致政治互信。要推进东亚合作，改善中日关系，实现东亚合作与中日关系的良性互动，必须尽快扭转周边国家对华经济依赖而安全防范的局面，将“以经济互利促政治互信，以共同发展促共同安全”作为周边战略的重要目标。为此，需进行如下战略调整和策略优化。

1. 平衡两大逻辑

在经济与外交的关系上，存有两种决策逻辑：一种是通过政治外交营造有利的国际环境，为发展国内经济服务；一种是利用经济资源推进有效的经济外交，为改善国际环境服务。在以往很长一个时期，我们更加重视前一逻辑，这是由当时国内经济发展水平极其低下决定的，既需通过外交努力为国内经济发展争取更多的外部资源，亦因国内可资利用的资源有限，难以推进有效的经济外交。而目前伴随经济实力的快速增强，国内可资利用的经济资源日趋丰富，完全可被用来推进有效的经济外交，为营造有利的国际环境服务。因而，应该更加重视后一决策逻辑，至少要平衡好两种决策逻辑。

2. 算清两本大账

中国对周边国家的经济关系正在全面展开、快速推进，周边国家在我国总体对外经济关系中的比重和地位也在快速提升。2004—2013年，中国对亚洲贸易由3961.44美元猛增至22248.76亿美元，10年间增长了4.6倍，2013年对亚洲贸易占中国贸易总额的53.5%。[①]2014年上半年，中国引进外商直接投资的前五大来源地全是周边国家 / 地区，合计占到中国实际使用外资总额的87.3%。[②] 发展对外经济关系，不等于推进有效的经济外交。前者更体现经济色彩，后者必须有外交内涵。前者主要算经济账，后者还要算政治账。仅算经济账，在发展对外贸易投资关系时，就难免出现损害当地就业、破坏当地环境之类的问题，从而损害当地民众感情，破坏政治互信。兼算政治账，甚至先算政治账，才能推进有效的经济外交，避免上述负面行为和后果，从而有利于政治互信。

3. 巧用两种手段

任何国家的经济外交都可动用两种手段：经济援助与经济制裁。尤其是美国，为实现经济外交目的和全球战略目标，到处都在挥舞其经济制裁大棒。实际上，援助与制裁，本身即不可完全分离：停止援助本身即是一种制裁，不对该援助的国家和地区进行援助也是对其进行制裁。经济援助要以经济实力为基础，但如我们在上世纪50—60年代的对非援助，还可以勒紧腰带倾囊相助。经济制裁更要以经济实力为基础，必须具有足够的经济影响力，必须直击制裁对象的"要害"。随着经济实力的增强，我们已经具备这方面的能力，已经到了"两手都要抓，两手都要硬"的时候了。对恶意挑衅者实施经济制裁予以惩戒，应该成为中国重要的外交手段之一。

（二）国家权益与地区责任的良性互动

维护国家权益，是国家对外政策的原则和根本。但国家权益是一个复杂系统，既有近前权益，也有长远权益；既有局部权益，也有总体权益。国家对外政策的原则和根本，应该是追求长远和总体权益。当近前权益和局部权益与之冲突或矛盾时，还应善于取舍，勇于放弃。更加重要的是，要维护长远和总体国家权益，还必须承担足够的国际责任，尤其是在东亚和周边的地区责任。承担地区责任，必要时也应舍弃一些近前或局部利益，

---

① 商务部网站：综合数据，2004年1—12月，2013年1—12月，http://yzs.mofcom.gov.cn/article/g/。

② 商务部网站：《2014年1—6月全国吸收外商直接投资快讯》，http://www.fdi.gov.cn/1800000121_33_4159_0_7.html。

不能唯利是图，更不能为一己之利损害地区利益，以邻为壑。目前中国的长远和总体权益，就是实现“两个一百年”的战略目标，为此必须营造有利的地区环境，努力实现国家权益与地区责任的良性互动。客观地看，我国在经济层面应该承担的地区责任主要包括以下几个方面。

1. 市场责任

如上所述，我国与周边贸易发展很快。但其中也存在一些问题，尤其是一些国家对华贸易失衡，逆差过大。这显然会影响我国与周边经济关系的稳定发展，甚至引发政治问题，损害政治互信。如按东盟统计，2012年其对华出口1421.61亿美元，自华进口1884.95亿美元，出现463.34亿美元的逆差。[①] 中方统计也证明了这一点，2013年中国对东盟出口2440.7亿美元，进口1995.41亿美元，我方顺差即东盟方逆差455.3亿美元。[②] 为确保我国对东盟经济关系的稳定发展，增强与东盟国家之间的政治互信，我国应主动承担向东盟国家进一步开放市场的责任，在打造中国—东盟自贸区升级版的过程中让东盟国家得到更多市场实惠。

2. 资金责任

我国与周边国家尤其是东南亚、南亚和中亚国家的合作，其面临的主要问题之一，是对方基础设施过于落后，严重制约相互之间的贸易投资活动。而其基础设施过于落后的主要原因，是建设资金严重匮乏。为此，我国应主动承担为周边国家提供基础设施建设资金的责任，而建立亚洲基础设施投资银行即是一条有效途径。我国应克服阻力加速推进。除政府资金的投入外，还应采取措施动员社会资金投向周边基础设施建设。

3. 环保责任

我国与周边国家比邻而居，共享一片蓝天，但又处在工业化进程的不同阶段。日韩已进入发达国家行列，在处理经济发展与环境保护的关系方面拥有丰富的经验和技术；中国处在高速工业化进程中，面临如何兼顾经济发展与环境保护的严峻课题；东盟多数国家处在工业化进程的起步阶段，如何实现经济发展与环境保护的均衡，是其未来难以规避的问题。由此可见，中国与日韩、东盟之间的环保合作前景广阔。我国应积极承担环保责任，主动治理国内环境，还要为东盟落后国家的环境治理提供必要的资金和技术，为本地区共享清新空气和优美环境贡献力量。

---

① 日本贸易振兴机构官方网站：《东盟10国贸易统计》，2014年4月，http://www.jetro.go.jp/world/asia/asean/data/asean_stat07_1404.xls。

② 商务部网站：《2013年1—12月我对亚洲国家（地区）贸易统计》，http://yzs.mofcom.gov.cn/article/g/date/thirteen/201402/20140200490994.shtml。

（三）周边外交与对日关系的良性互动

在东亚合作与中日关系的互动中，我们看到两方面的重要事实：一方面，日本通过ODA、产业转移等途径，长期在我国周边经营并取得明显效果，目前与我国争夺周边的力度进一步加大。2011—2012年度，东亚和西亚分别占到日本全部ODA的69.5%和75.9%，在2013—2014年度计划中均占63.0%，实际执行会超过这一比重。[①]2013年日本对亚洲的直接投资增长了20.1%，其中对东盟的直接投资更增长了121.3%[②]；另一方面，近年东海、南海和朝鲜半岛问题恶化，对我国周边安全环境造成巨大压力，而北部（中亚）和西部（南亚）局势相对稳定，在很大程度上缓解了我国的安全压力，赢得了外交主动。这两方面的事实告诉我们，实现周边外交与对日关系的良性互动有着特别重要的意义。全面推进周边外交，积极优化周边外交布局，可以改善对日关系的环境，增大对日关系的砝码。为此，我国应在全面推进周边外交的基础上，重点做好如下几个方面的工作。

1. 以“两廊”拓展南亚外交

2013年李克强总理履新后首次出访选择南亚，足以说明新一届中国政府对南亚外交的重视。出访期间，李总理代表中国政府提出了共同推进“中印孟缅经济走廊”和“中巴经济走廊”即“两廊”构想，将其视为发展南亚外交的重中之重。南亚尤其是印巴两国，在中国周边外交中占据重要地位。如前所述，正是中印、中巴关系的相对稳定保证了中国西部边陲的相对安定，大大缓解了因东海和南海问题恶化给中国周边安全造成的压力。但中国与南亚的经济关系却相对滞后，弱化了政治安全关系稳定的基础。到2013年，虽然中国与南亚贸易额达到963.24亿美元，但仅占中国外贸总额的2.3%，且存在严重的贸易不平衡，中方顺差高达541.92亿美元，占到双方贸易总额的56.2%。中印贸易也仅有654.71亿美元，且印方逆差高达314.15亿美元，与印度作为金砖成员、G20成员的大国地位严重不符。[③] 积极推进“两廊”建设，有利于弥补中国与南亚关系的“短板”，夯实中国对南亚外交的基础，有利于中国周边外交的均衡和优化。

2. 以“一带”推进中亚外交

与北部邻国关系的相对稳定，在目前中国周边安全格局中占据突出地

① 日本外务省国际协力局：《2014年国际协力重点方针》，第5页，2014年5月。

② 日本贸易振兴机构：《日本对各国和地区的直接投资》，2014年7月。

③ 商务部网站：《2013年1—12月我对亚洲国家（地区）贸易统计》，http://yzs.mofcom.gov.cn/article/g/date/thirteen/201402/20140200490994.shtml。

位。这些邻国资源丰富，然经济发展相对滞后，与中国经济具有显著互补性。在上合组织框架下，中国与中亚各国和俄罗斯的政治安全关系稳定发展，但经济关系却相对滞后。为弥补中国对中亚外交中的经济“短板”，中国新一届政府提出了建设“丝绸之路经济带”（简称“一带”）的设想，并将其视为发展对中亚外交的重中之重。中国北部邻国地处“丝绸之路经济带”起点，也将是“一带”建设直接和最大的受益方，具有与中国共同建设“一带”的强烈愿望。可以预见，伴随“一带”建设的逐步推进，中国对中亚外交将提升到全新阶段和更高水平。

3. 以发展中俄、中韩关系平衡对日外交

俄罗斯和韩国是中国周边重要国家，在对日关系上与我国具有多层面的共同利益和立场，且均与日本存在领土主权争端。近年来日本对外政策的极端右倾化和显著军事化，遭到中俄韩三国的共同反对。我国应进一步强化对俄、对韩外交，加强在对日外交上的协调配合。这对实现我国周边外交与对日关系的良性互动，具有重要战略意义。为此，中俄韩三方已达成广泛共识，并采取了多层面务实举措。目前中俄战略关系进入了新阶段，双方在能源合作等多个领域全面加强合作。而中韩关系也处于历史最好时期。2014年习近平主席访韩，明确表示要“坚持和平稳定，守护共同家园。中韩两国毗邻而居，决定了中韩既共享周边和平稳定带来的发展机遇，又共同面对安全环境复杂的挑战。一旦发生动荡，域内国家没有谁能独善其身，因此，任何有损地区稳定大局的行为都应该受到反对。……中韩两国应该担当责任，共同为实现本地区长治久安发挥建设性作用。”①

（四）地区架构与对美战略的良性互动

美国并非地理意义上的东亚国家或中国周边国家，但却对东亚合作与中日关系影响巨大。如前所述，当前东亚合作与中日关系的恶性循环局面，与美国实施重返亚太战略尤其是对东亚地区的经济分化与安全控制，有着直接关系。因此，要实现东亚合作与中日关系的良性互动，必须在东亚合作和地区架构层面处理好中美关系。

1. 扎实推进新型大国关系建设

必须承认，美国重返亚太，包括对东亚的经济分化与安全控制，针对中国的战略意图十分明显。中国要实现东亚合作与中日关系的良性互动，

---

① 外交部网站:《习近平在韩国媒体发表署名文章》，2014年7月3日，http://www.fmprc.gov.cn/mfa_chn/zyxw_602251/t1171068.shtml。

没有美国的理解和支持、没有良好的中美关系很难奏效。美国对中国崛起持防范和遏制态度，主要基于对崛起大国的传统思维定式，认定崛起大国必然要与守成大国形成权力冲突和战略对抗，甚至这种冲突和对抗只能以战争方式解决，结果只能是你死我活的“零和博弈”。因此，如何让美国正确理解和接受中国崛起的事实，是问题的关键所在。为此，习近平主席履新后首访美国，即与奥巴马总统就中美构建新型大国关系达成共识，并为中美新型大国关系建设明确了“不冲突不对抗、相互尊重和合作共赢”的战略目标，揭开了中美关系以构建新型大国关系为中心和主线的历史新篇章。2014年7月9日，在第六轮中美战略与经济对话开幕式上，习主席即以《努力构建中美新型大国关系》为题致辞，明确指出“构建新型大国关系是双方在总结历史经验基础上，从两国国情和世界形势出发，共同作出的重大战略抉择，符合两国人民和各国人民根本利益，也体现了双方决心打破大国冲突对抗的传统规律、开创大国关系发展新模式的政治担当。”在充分肯定中美新型大国关系新进展的基础上，习主席就如何继续扎实推进新型大国关系构建提出了四点主张：第一，增进互信，把握方向；第二，相互尊重，聚同化异；第三，平等互利，深化合作；第四，着眼民众，加深友谊。[①]

2. *有效加强中美东亚事务协调*

中国地处东亚，并依托东亚快速崛起，东亚对其战略意义和重大利益显而易见。美国长期作为世界第一大国，在东亚同样有着重要的战略利益。双方必须相互承认对方在东亚的利益和关切，就东亚事务进行切实有效的沟通和协调，否则必将导致误判、冲突和对抗。为此，双方进行了不懈努力，取得了显著成果：第一，启动中美亚太事务磋商机制，从2011年6月启动以来，每一次中美亚太事务磋商，双方均对亚太、东亚或亚洲事务达成多项共识。在2014年年初的第五次磋商上，中美即就减灾、缅甸、阿富汗发展、粮食安全、卫生、预防性外交、海洋保护和海关合作等事务达成了广泛共识。[②] 第二，共同参与东亚地区合作。美国是亚太经合组织（APEC）发起国之一，中国于1991年正式加入，自此APEC成为中美共同参与的地区合作组织。2014年中国将主办APEC领导人非正式会议，

---

① 习近平：《努力构建中美新型大国关系——在第六轮中美战略与经济对话和第五轮中美人文交流高层磋商联合开幕式上的致辞》，http://news.xinhuanet.com/world/2014-07/09/c_1111530987.htm。

② 参见外交部网站：《中美在亚洲相关领域合作项目清单》（2014年1月22日），http://www.fmprc.gov.cn/mfa_chn/wjb_602314/zzjg_602420/bmdyzs_602866/xwlb_602868/t1121948.shtml。

中美已就加强在APEC框架下的合作、共同推动会议取得重大成果达成共识。东亚峰会（EAS）是中美共同参加的第二个地区合作框架，该机制于2005年正式启动，中国是发起国之一，美国于2011年与俄罗斯同时加入，从而使东亚峰会成为中美就东亚事务协调沟通的另一重要平台。妥善利用APEC和EAS两个平台，是中美加强东亚事务协调的重要途径。

3. *妥善处理中美日三边关系*

中日关系发展中的每一重大事件，其中必有美国浓重的身影。中美日作为全球前三大经济体，其相互关系必然对全球和地区格局构成重大影响。当前中日关系与东亚合作的互动态势，也深受中美日三边关系变化的影响。如前文所述，中美日三国经济实力对比的急剧变化，导致中美日三边经济关系快速调整，中美之边日趋重要，中日之边相对次之，美日之边地位下降。由表4可知，2003—2013年，中美贸易增长312.5%，中日贸易增长134.0%，而美日贸易仅增长16.9%。2003年，中美贸易仅相当于中日贸易和美日贸易的0.95倍和0.73倍，2013年已分别增至1.67倍和2.56倍。上述变化在一定程度上表明，在美国的对外经济关系中，对华关系应该远比对日关系重要。

表4　中美日三边贸易关系的变化

年份	中美	中日	美日	中美 / 中日（倍）	中美 / 美日（倍）
2003	1263.0	1335.6	1740.7	0.95	0.73
2013	5210.0	3125.5	2035.2	1.67	2.56
增长率（%）	312.5	134.0	16.9	2.33	18.49

资料来源：商务部网站:《2013年1-12月我对亚洲国家（地区）贸易统计》，http://yzs.mofcom.gov.cn/article/g/date/thirteen/201402/20140200490994.shtml;《2014年1-12月对亚洲国家地区贸易统计》，http://yzs.mofcom.gov.cn/article/g/date/a/200501/20050100340507.shtml；日本贸易振兴机构官方网站:《2013年的日中贸易》，http://www.jetro.go.jp/news/releases/20140219093-news。

我们还应注意到，在美国对外战略架构中，中国还有许多远比日本重要的地方。中国是安理会常任理事国而日本不是，在许多重大全球和地区问题上美国更需要中国的支持和配合。再如，目前日本政治的右倾化甚至极右化无限发展，必将否定美国主导的战后国际秩序，美国不会听任其随意破坏。即便是TPP谈判，日本虽为配合美国最终加入，但美国很快就发现，在一些重要领域，恰恰日本构成其谈判的最大障碍，如农产品和汽车问题。总之，为实现东亚合作与中日关系的良性互动，在中美日三边关系中，我们不应有意无意地将美国推向日本一边。

结 论

区域合作是世界大势，东亚地区应顺势而为。中日是东亚大国，彼此战略选择及其相互关系，事关东亚合作大势。中日关系发展平稳，则东亚合作进展顺利，两者形成良性互动；中日关系出现波折，则东亚合作受到阻碍，两者形成恶性循环。目前的东亚合作与中日关系，总体上处在后一种互动态势之中。中日作为地区大国，负有推进东亚合作的共同责任，应从地区整体利益的战略高度，尽快改善目前两国关系的困顿局面，共同推动中日关系与东亚合作由恶性循环向良性互动转变。作为中日关系与东亚合作之间的重要平衡因素，美国的战略选择发挥着重要作用，美国应在其中更多地发挥正能量而非负效应。为实现东亚合作与中日关系的良性互动，中国应积极推进经济外交，强化与周边的经济互利；积极承担地区责任，尤其是经济层面的市场、资金和环保责任；积极扩展周边外交，改善对日关系环境，增大对日关系砝码；积极发展对美关系，避免将美国推向日本一边，阻碍东亚合作进程。

中日韩合作中的经济互利与政治互信问题

江瑞平 *

中国和日本分别是全球第二和第三大经济体，中日韩同为20国集团（G20）成员，三国经济总量（GDP）占世界经济总量的1/5，在东亚格局中更占有举足轻重地位。中日韩加强合作，不仅有利于三国自身发展，还会对世界和地区格局产生重大影响。中日韩互为最重要的经贸伙伴，经济互利构成三国合作的坚实基础。中日韩三国互为重要邻国，历史、领土问题错综复杂，当前中日、日韩“岛争”更使安全冲突凸显、政治关系恶化，政治互信成为三方合作的主要障碍。更为严重的是，政治互信不足、政治关系恶化，已经冲击和损害了三方经贸关系，形成政治对立与经济互利的恶性循环。努力走出这种恶性循环，实现经济互利与政治互信的良性互动，成为摆在三国面前重大且紧迫的问题。

一、经济互利：中日韩合作的坚实基础

若以领导人会议举办为标志，中日韩合作已走过15个年头，2014年迎来中日韩合作15周年。1999年11月，中日韩三国领导人在出席东盟与中日韩（10+3）领导人会议期间，启动了“10+3”框架下的三方合作。2003年11月的第五次中日韩领导人会议，签署了《中日韩推进三国合作联合宣言》。2008年12月，三国领导人开始在“10+3”框架之外举行会议，签署了《三国伙伴关系联合声明》，中日韩合作发展到新的阶段。在领导人会议之下，三国还建立了18个部长级会议机制和50多个工作层交流合作平台。2011年9月1日，中日韩合作秘书处正式在韩国首尔挂牌启动，而比中日韩合作起步更早的东亚许多重要合作框架，如“10+3”、东亚峰会（EAS）等，迄今仍未能设立专门的秘书处之类的组织机构。

中日韩合作的全面展开和快速推进，说明其有着坚实的发展基础。这

---

* 江瑞平，外交学院副院长、教授。本文发表于2014年第6期《日本学刊》。

一坚实基础，首先是经济互利。互为最重要的经贸伙伴的中日韩三国，相互依存度高，互补性强，发展势头猛，合作领域宽，推进和拓展三方合作给三国带来了多层面的经济利益。[①] 具体表现主要有三：

（一）三方贸易快速增长，互为重要贸易伙伴

贸易往来是经济关系的主体和基础。1999年中日韩合作启动以来，三方贸易关系快速发展，贸易规模不断扩大。如表1所示，1999—2013年，中日韩三方贸易由1320.4亿美元猛增至6796.8亿美元，14年间增长了4.15倍。其中，增长最快的中韩贸易由250.3亿美元增至2742.5亿美元，增长了9.96倍；其次是中日贸易由661.7亿美元增至3124.2亿美元，增长了3.72倍；增长最慢的日韩贸易亦由390.4亿美元增至930.1亿美元，增长了1.38倍。

表1　中日韩贸易的发展（1999—2014）（单位：亿美元）

	1999	2000	2005	2010	2013	增长 %	2014
中日	661.7	831.6	1843.9	2977.8	3124.2	372.1	1571.3
中韩	250.3	345.0	1119.3	2071.2	2742.5	995.7	1380.5
日韩	390.4	513.2	714.2	906.0	930.1	138.2	430.8
合计	1320.4	1689.8	5367.2	5955.0	6796.8	414.8	3382.5

注：2014年为1—6月数据。

资料来源：中国国家统计局网站：中国同亚洲国家（地区）进出口总额，http://data.stats.gov.cn/workspace/index;jsessionid=D1C7484AA16EA8C3DD1CFE3D094CD8D5?m=hgnd；

日本貿易振興機構（ジェトロ），http://www.jetro.go.jp/world/japan/stats/trade/excel/rank_top50_99-13.xls，登录时间：2014年8月24日。

伴随三方贸易的快速增长，相互之间的贸易依存度也快速提升，彼此成为最重要的贸易伙伴。如表2所示，日韩加在一起，已占到中国外贸总额的14.4%，接近于中国第一大贸易伙伴欧盟所占比重；中韩加在一起，已占到日本外贸总额的25.7%，远远超过美国，成为日本第一大贸易伙伴；中日加在一起，占到韩国外贸总额的28.6%，更是韩国绝对第一大贸易伙伴。实际上，仅就中国而言，分别已于2002年、2007年和2009年超过美

① 本文使用“经济互利”，比使用人们常说的“经济相互依赖”更恰当。经济相互依赖只是经济互利的结果，但不等于经济互利自身。无论是相互贸易，还是相互投资，相互之间都是为了获取利益（即为了“经济互利”），因而相互贸易投资的发展，本身即意味着相互利益或“经济互利”的增大。

国，成为日本第一大进口来源国、贸易伙伴国和出口对象国。只是由于“岛争”导致中日关系恶化，中日贸易遭遇严重冲击后，中国作为日本第一大出口国的地位才被美国重新夺取，而作为其第一大进口来源国和贸易伙伴国的地位依旧不可撼动。2014年上半年，中国在日本贸易、进口和出口中的占比分别为20.1%、21.7%和18.1%，美国的相应数字分别为13.1%、8.6%和18.4%。[①] 中国更是韩国绝对遥遥领先的第一大贸易伙伴，2014年上半年中国占韩国外贸总额的20.7%，出口总额的24.5%，进口总额16.7%，而曾经是韩国第一大贸易伙伴的美国，相应数字分别仅为10.4%、12.0%和8.7%。[②]

表2　中日韩三国贸易依存度（2014年1—6月）（%）

	贸易总额	进口额	出口额
日韩占中国	14.4	19.5	11.5
中韩占日本	25.7	25.8	25.7
中日占韩国	28.6	26.9	30.2

资料来源：中国商务部网站：国别贸易报告，2014年第3期：
日本，http://countryreport.mofcom.gov.cn/record/qikan.asp?id=6441；
韩国，http://countryreport.mofcom.gov.cn/record/qikan.asp?id=6425；
中国商务部网站：《2014年1—6月我对亚洲国家（地区）贸易统计》；
http://yzs.mofcom.gov.cn/article/g/date/fourteen/201408/20140800682600.shtml。

中日韩三国经济发展均具有明显的出口主导型特点，三方贸易快速增长，相互之间的贸易依存度快速提升，说明三方经济互利快速增强。

（二）相互投资不断扩大，产业布局高度关联

相互投资是经济关系的拓展和深化。1999年中日韩合作启动之后，三国之间的相互投资得到快速扩大，投资流向也发生了重要变化。在中日韩合作启动之前和启动初期，主要是日韩两国对中国的直接投资，而到后来，尤其是中国推出“走出去”战略之后，中国对日韩直接投资也在不断扩大，三方相互投资越来越朝着均衡方向发展。

为剔除年度波动影响，可以每三年平均数计。在1998—2000年，日本对华和对韩直接投资（净流出）分别仅为8.7亿美元和6.3亿美元，而至

① 日本貿易振興機構（ジェトロ）「2014年上半期の日中貿易」。

② 中国商务部网站：国别贸易报告，2014年第3期，韩国，http://countryreport.mofcom.gov.cn/record/qikan.asp?id=6425。

2011—2013年已分别猛增至117.4亿美元和32.4亿美元，分别增长了12.5倍和4.1倍。[①] 截至1999年底，日本对华和对韩直接投资余额分别仅为73.4亿美元和29.4亿美元，到2013年底已分别猛增至981.3亿美元和298.5亿美元，分别增长了12.4倍和9.2倍。[②] 韩国对华直接投资的增长也十分迅速，始终是中国最重要的引进外来直接投资来源国。截至2012年底，韩国对华直接投资（实际使用金额）累计已达528.92亿美元，除中国香港、台湾地区和维尔京群岛外，排在日本、美国和新加坡之后，成为中国第四大引进外来直接投资来源地，占中国引进外来直接投资总额的3.91%。[③] 2013年韩国对华直接投资（实际使用金额）达30.59亿美元，仍是中国第四大引进外来直接投资来源地。2014年1-6月，韩国更超过日美，成为中国第二大引进外来直接投资来源地，实际使用金额达28亿美元。[④]

相互投资快速扩大的直接结果，是三国的产业布局高度关联，产业链条日趋融合，产业分工逐渐深化。实际上，目前一些地区和全球知名产品，如丰田、本田、三星等，其研发、生产和营销等链条已在中日韩三国之间得到无缝对接，与其说是日本和韩国的品牌产品，还不如说是三国产业合作的共同成果。目前的基本产业分工格局是，研发和重要零部件主要在日韩生产，而加工组装则主要在中国大陆，然后销往三国和世界各地。未来的主要趋向是，研发和重要零部件生产也开始向中国大陆转移。

投资流向始终是由获利来主导的。中日韩三方相互投资的不断扩大，源于投资企业的获利在不断增大。这本身即是中日韩经济互利的重要层面。而另一层面也同样不容忽视：作为投资接受方，在税收、就业、技术外溢等诸多方面获得了巨大收益，否则也不会采取一系列优惠政策去吸引外资。

（三）合作领域逐步拓宽，合作机制日臻完善

在三方贸易和相互投资快速发展的同时，三国之间在其他领域的合作也全面展开、快速推进。其中，最重要的领域之一是财政金融合作。包括

---

① 日本貿易振興機構（ジェトロ）「日本の国・地域別対外直接投資（国際収支ベース、ネット、フロー」。

② 日本貿易振興機構（ジェトロ）「日本の直接投資（残高）」、対外、1996—2013年末。

③ 中国商务部:《中国外资统计2013》，2013年10月，第15页。

④ 中国商务部网站:《2013年1—12月全国吸收外商直接投资快讯》，http://www.fdi.gov.cn/1800000121_33_3917_0_7.html;《2014年1—6月全国吸收外商直接投资快讯》，http://www.fdi.gov.cn/1800000121_33_4159_0_7.html，登录时间：2014年8月25日。

通过签署双边互换协议，以防止和抵御国际游资对三国货币的恶意冲击，稳定三国外汇市场；签署货币直接交易协议，减少贸易投资交易成本和汇率波动风险；相互购买对方国债，加强三国国债市场融合和财政合作。此外，在国际金融体系和地区金融合作领域，三国也进行了密切的协调和合作。同时，三国在节能环保、粮食农业等领域的合作也在快速推进。如在粮食农业合作领域，2012年4月14—15日，首届中日韩农业部长会议在韩国济州岛举行，会议发表的《关于农业合作的共同声明》明确指出，三国加强农业合作，有利于提升农业技术、强化粮食生产能力、促进农产品贸易，从而有利于维持三国更加良好的粮食安全保障、促进社会发展和经济增长、维护土地保全和保护生物多样性。① 为此，三国将首先启动在粮食安全保障和农业政策信息方面的合作，将重点加强在东盟粮食安全信息系统、东盟与中日韩大米紧急储备以及亚太粮食安全信息平台等区域和国际层面的粮食安全合作，通过合办研讨会等方式交流与粮食安全相关的农业政策信息、促进研究人员交流、寻求联合研究契机。此外，在动植物防疫、防灾减灾、农产品贸易便利化等方面，也将进一步加强三方合作。

机制建设是确保中日韩合作稳定发展的基础。除上述领导人会议、部长会议机制化、正式设立中日韩合作秘书处之外，中日韩合作在经济领域的机制建设更取得显著进展。其中，最重要的是《中日韩投资协定》正式签署和中日韩自贸区谈判的正式启动。在三国学界和官产学三界共同研究的基础上，三国于2007年3月正式启动了关于中日韩投资协定的官方谈判，后经13轮正式谈判和数次非正式磋商，于五年之后的2012年3月完成谈判，随后在2012年5月13日举行的中日韩领导人会议上，正式签署了《中华人民共和国政府、日本国政府及大韩民国政府关于促进、便利和保护投资的协定》（简称《中日韩投资协定》）。该协定共包括27条和一个附加议定书，囊括了国际投资协定通常涵盖的所有重要内容，包括投资定义、适用范围、最惠国待遇、国民待遇、征收、转移、代位、税收、一般例外、争议解决等条款。

2002年提出中日韩自贸区设想后，翌年启动民间研究，2010年启动官产学联合研究，2012年初完成官产学联合研究并通过审议。以此为基础，在2012年5月13日举行的中日韩领导人会议上，宣布年内正式启动自贸区谈判。2013年3月，中日韩自贸区第一轮谈判正式启动，并于2013年7月、

① 外務省「日中韓三国間協力」，2014年6月23日，http://www.mofa.go.jp/mofaj/area/jck/index.html。

2013年11月和2014年3月分别进行了第二、第三和第四轮谈判。

结束不久的第五轮谈判（2014年9月5日闭幕），又就货物贸易降税模式、服务贸易和投资开放方式及协定范围与领域等议题展开了富有成效的磋商，在各个领域特别是协定的范围和领域、谈判未来安排等方面取得积极进展。在货物贸易、服务贸易和投资方面，三方深入交换了意见，进一步缩小了分歧；在范围和领域方面，除已成立的11个工作组外，三方同意将电子商务、环境、合作纳入协定并相应成立工作组；三方还通过了未来谈判新安排。三方还商定，11月底将在日本东京举行第六轮谈判。[①]

二、政治互信：中日韩合作的薄弱环节

经济互利与政治互信，是任何区域合作框架顺利推进不可或缺的两大条件。遗憾的是，经济互利虽为中日韩合作奠定了坚实基础，而政治互信却成为中日韩合作的薄弱环节。经济互利基础坚实和政治互信日趋薄弱，构成当前中日韩合作面临的“二元悖论”，也是中日韩合作遭遇阻碍、难以推进的根源所在。

（一）“岛争”恶化中日、日韩政治互信

由于历史问题未能彻底清算、冷战影响未能根本铲除、岛屿争议被搁置、政治制度差异大等原因，中日韩合作本来就存在着政治互信不足的薄弱环节。由于这一薄弱环节的存在，中日韩合作时刻面临着因某些特殊政治事件冲击而陷于停滞甚至倒退的风险。如在本世纪头几年小泉执政时期，即由于小泉作为首相多次参拜靖国神社，而导致中日、日韩政治关系恶化，严重阻碍了中日、日韩双边和中日韩三方合作的进展。小泉下台后，经过三方各界的不懈努力才得以恢复，从而才有了中日韩在“10+3”之外独立举办领导人会议（2008年12月）、中日韩合作秘书处正式启动（2011年9月）、签署《中日韩投资协定》并宣布启动中日韩自贸区谈判（2012年5月）等一系列重大合作成果。这应该是中日韩合作进展最快的“蜜月期”。

可惜好景不长，2012年9月日本政府恶意“购岛”，引发中日政治安全冲突，日韩围绕岛屿冲突也随之恶化，政治互信不足问题再度凸显，中日韩合作遭遇严重阻碍。尤其是安倍二度上台执政后，不仅未能缓和中日、

---

① 参见中国商务部新闻办：《中日韩自贸区第五轮谈判在北京闭幕》，2014年9月5日，http://www.mofcom.gov.cn/article/ae/ai/201409/20140900722881.shtml。

日韩之间的岛屿争端，反而通过所谓“安保三箭”等行动，显示其在对华、对韩外交上的立场更加强硬，在政治右倾化的道路上越走越远，从而将中日韩政治互信推向了1999年中日韩合作启动以来的最坏时期。其主要表现是：（1）第六次中日韩领导人会议本应于2013年在韩国举行，迄今仍未有恢复迹象；（2）各种部长级会晤机制被迫停止，其他级别的三方合作机制也或被取消，或收效甚微；（3）中日韩自贸区谈判虽在进行，但实践证明，没有领导人等政治高层决断，很难取得理想效果；（4）中日韩其他层面和领域的合作也严重受阻。

（二）中日韩合作面临“二元悖论”

当前中日韩合作深陷困境的直接原因已如前述，是“岛争”导致中日和日韩政治关系空前恶化。但更深层次的原因，应该是中日韩合作目前面临的“二元悖论”。

众所周知，传统的日韩对外关系格局，是无论在经济贸易层面，还是在政治安全层面，均一元化地高度依赖美国。在经济贸易层面的突出表现，是美国长期保持着日韩第一大贸易对象国，尤其是出口对象国的地位。而在政治安全层面的突出表现，则是美国通过美日、美韩军事同盟关系，对日韩政治安全保持着高度控制，从而形成日韩在政治安全层面对美高度依赖。如表3所示，直到2000年，美国仍是日本和韩国绝对第一大出口市场，对美出口占比分别高达30.1%和21.9%。

表3　日韩对华和对美出口占比变化（2000—2014）（%）

		2000	2005	2010	2011	2012	2013	2014
日本	对华占比	6.3	13.4	19.4	19.7	18.1	18.1	18.1
	对美占比	30.1	22.9	15.4	15.3	17.5	18.5	18.4
韩国	对华占比	10.7	21.7	25.1	24.1	24.5	26.1	24.5
	对美占比	21.9	14.5	10.7	10.1	10.7	11.1	12.0

注：2014年为1—6月数据。

资料来源：日本貿易振興機構（ジェトロ）：东盟十国贸易统计（2000—2009，比率），http://www.jetro.go.jp/world/asia/asean/data/asean_stat09_1008.xls；

中国商务部：国别数据网，贸易报告，http://countryreport.mofcom.gov.cn/record/index.asp。

然而，伴随中国经济快速增长和国际经贸地位迅速提升，美国在日韩对外经贸关系中的重要地位逐渐被中国所取代，尤其是2008年爆发的国际金融危机和全球经济衰退，更加速强化了这一过程。

先看日本。对华出口占比在2000年仅为6.3%，到2005年猛升至13.4%，2009年取代深陷金融危机的美国，成为日本第一大出口对象国，2010年占比升至19.4%，2011年最高达19.7%，比2000年上升了13.4个百分点。而美国占比同期则由30.1%下降至15.3%，下降达14.8个百分点。

再看韩国。对华出口占比在2000年仅为10.7%，2003年即取代美国成为其第一大出口对象国，到2013年更上升至26.1%，比2000年上升了15.4个百分点。而美国占比同期则由21.9%下降至11.1%，下降达10.8个百分点。

但在另一方面，美国在政治安全层面对日韩的控制不仅未根本改变，反而在2011年美国加速推进重返亚太战略后得到进一步强化。美国越来越将日韩作为其在东亚构筑"雁型安全模式"的桥头堡，不断强化与日韩的军事同盟关系和政治安全关系，从而导致日韩在政治安全层面对美依赖进一步加深，以致形成目前日韩对外关系中"经济贸易依赖中国，政治安全依赖美国"的"二元结构"，也由此形成目前中日韩合作所面临的"二元悖论"。中日韩合作中的经济互利与政治互信问题，必须放在这一"二元结构"或"二元悖论"的大框架下，才能准确把握。

（三）经济实力对比变化的政治影响

中日韩合作所面临的"经济贸易依赖中国，政治安全依赖美国"的"二元悖论"，是中国经济快速崛起导致中美日等大国经济实力对比关系深刻变化的直接结果。如表4所示，中美日三国的经济总量在2000年为16.2万亿美元，到2013年增至30.9万亿美元，增长了90.7%。其中，中国由1.2万亿美元猛增至9.2万亿美元，增长了666.7%；美国由10.3亿美元增至16.8万亿美元，仅增长了63.1%，增长速度不及中国的十分之一；日本则在此期间几乎只有波动，没有增长。三国经济增长速度差距如此之大，必然导致经济实力对比关系的深刻变化。从2000年到2013年，中国在三国经济总量中的占比由7.39%升至29.72%，上升了22.33个百分点，而美国占比则由63.45%降至54.38%，下降了9.07个百分点；日本占比更由29.17%降至15.9%，下降了13.27个百分点。尤其是中国于2010年取代日本成为全球第二大经济体之后，超越日本的步伐急剧提速，2013年经济总量已相当于日本的1.87倍。

表4　中美日三国经济总量（GDP）及各自占比变化（单位：亿美元，%）

年份	中国	美国	日本	三国总量	中国占比	美国占比	日本占比
2000	11982	102897	47301	162180	7.39	63.45	29.17
2005	22581	130954	45781	199316	11.33	65.70	22.97
2010	59308	149583	55107	263998	22.46	56.66	20.87
2011	73235	155338	59133	287706	25.45	53.99	20.55
2012	82241	162446	59359	304046	27.05	53.43	19.52
2013	91814	167997	49105	308916	29.72	54.38	15.90

资料来源：国际货币基金组织（IMF）：世界经济展望数据库，2014年4月。

上述中美日经济实力的如此急剧变化，不仅是形成中日韩合作面临的"二元悖论"中"经济贸易依赖中国"直接原因，仅此已足以说明中美日经济实力对比关系变化产生的政治影响。更加重要的是，这一变化还对日本的政治走向产生了直接影响，无论是日本国内政治的全面右倾化，还是在对外政策上更加强硬、军事化色彩更加浓重、更加亲近美国，都可以从中找到其深刻的经济根源。日本政客欲通过渲染"中国威胁论"来达到其政治野心，也经常从中美日经济实力对比的深刻变化中，寻找似乎最能让世人相信的"论据"。而目前中日和日韩之间的政治对立和安全冲突之所以如此严重，以致成为中日韩三方合作的主要障碍，正是日本国内政治与对外关系上述变化的直接后果。

三、正视经济互利与政治对立的恶性循环

当代国际关系，无论是双边关系、多边框架还是区域合作，均呈政治关系与经济关系之间的交叉、融合日趋强化之势，由此形成经济互利与政治互信的高度关联与互动。[①] 这种互动可以有两种态势：一种是良性的，主要表现是经济互利促成政治互信，经济互利成为政治互信的基础，政治互信为经济合作创造有利条件，从而反过来强化经济互利；一种是恶性的，主要表现是经济互利未能促成政治互信，而政治互信不足甚至形成政治对立，又反过来形成经济合作的障碍，对经济互利形成恶劣影响。

① 关于经济互利与政治互信之间的关系，马克思主义经典作家强调经济基础决定政治上层建筑；追求经济利益是各国外交政策的主要目标之一，经济互利是各国加强合作、建立政治互信的基础；查尔斯·金德尔伯格、罗伯特·吉尔平、保罗·克鲁格曼等当代国际政治经济学大家，也强调国际政治与国际经济的交叉、融合与互动，等等。基于本文主要讨论最新现实问题，在此不拟展开。

非常遗憾的是，目前的中日韩合作就处在经济互利与政治对立的恶性互动之中。前文的数据和分析应该能够证明，中日韩三国之间的经济互利并未促成和强化三国之间的政治互信，以至成为导致这一局面的深层原因。接下来在第三部分，我们将进一步讨论这一恶性互动的另一重要方向，政治互信不足甚至政治对立恶化，如何反过来对经济互利形成严重损害。

（一）政治对立严重冲击经济关系

政治对立导致中日、日韩关系恶化对经济关系的冲击，首先表现在中日和日韩双边贸易投资关系的萎缩上。2012年9月日本政府恶意“购岛”，是当前中日和日韩之间政治对立与安全冲突恶化的开端和主要标志。分析此后的中日韩经贸关系，尤其是中日、日韩经贸关系走势，应能说明中日韩合作中政治对立对经济关系的冲击态势和损害程度。

先看中日经贸关系。2013年中国在对外贸易总额增长7.59%的背景下，对日贸易却减少了5.13%，其中对日出口减少了0.9%，自日进口减少了8.73%。①2013年日本对华直接投资（实际使用金额）为70.64亿美元，比2012年减少了4.3%；2013年下半年为23.77亿美元，更比上半年减少了49.3%！②

再看日韩经贸关系。2013年韩国对日出口减少了10.7%，自日进口减少了6.7%；2014年1-6月又分别减少了5.4%和12.2%。③2013年日本对韩直接投资减少了17.5%。④

（二）政治对立直接阻碍经济合作

政治对立导致中日、日韩关系恶化对经济关系的冲击，也表现在中日、日韩及三国官方经济合作的倒退或停滞上，甚至更加直接和严重。任何区域合作，包括区域经济合作，在很大程度上就是妥协和让步，甚至是主权让渡，没有高层政治决断很难推进。目前中日韩政治对立导致的直接后果之一，就是领导人会议被搁置，高层互访被中断，经济合作尤其是高层经

---

① 参见中国商务部:《2013年1—12月我对亚洲国家（地区）贸易统计》；http://yzs.mofcom.gov.cn/article/g/date/thirteen/201402/20140200490994.shtml。

② 参见中国商务部:《中国投资指南》，外商投资统计；http://www.fdi.gov.cn/1800000121_10000079_8.html。

③ 参见中国商务部：国别数据网，韩国，http://countryreport.mofcom.gov.cn/record/index.asp?p_coun。

④ 日本貿易振興機構（ジェトロ）「日本の国・地域別対外直接投資（国際収支ベース、ネット・フロー」。

济合作，很难得到有力的高层政治推动。由于政治氛围欠佳，高层促动缺位，中日韩自贸区谈判虽在进展当中，但能否取得重大突破，仍存很大疑问。《中日韩投资协定》虽已正式签署，但其实际执行效果，也取决于是否具备良好的政治氛围和社会基础，至少对中方而言，在前段时间一片“抗日”呼声中，对投资协定的有效落实，一定会产生严重冲击和影响。目前的政治对立，还导致中日韩政府各经济部门的高层首长几乎中断了交往，这不仅已严重影响到官方主导的经济合作项目，也已对产业和企业层面的各类合作造成严重冲击。我们已经看到，不仅那些更加依靠官方促动和支持的经济合作陷入停滞，即便是那些主要依靠产业和企业界自身推进的经济合作项目，也因受到政治氛围的干扰、官方支持的缺位而进展迟缓，甚至陷入停顿。如中日韩节能环保合作，始终被认为是互利性最大、意愿最为一致的领域，但近期相关论坛也同样空前冷落，效果大不如前，相关项目也是重重受阻。

（三）日本对外经贸关系重现“亲美远华”倾向的政治含义

从“岛争”导致中日安全冲突和政治对立恶化后，日本对外贸易结构尤其是出口结构变化的新动向可以看到，对华与对美占比长期保持的“美消华长”或“亲华远美”的态势出现了逆转：对华占比重又转升为降，而对美占比却开始转降为升。如表5所示，对华占比在2011年以前始终是攀升的，2011年达到高点19.7%后，从2012年开始回降到18.1%，目前仍停留在这一水平未见回升。而对美占比在2011年前一直是下降的，2011年降至低点15.3%后开始回升，2012年升至17.6%，2013年升至18.5%，超过了对华占比18.1%。这意味着中国于2009年从美国手里夺走的日本第一大出口对象国的地位，2013年后又被美国重新夺了回来。

表5　日本出口结构的新动向（%）

	2005	2006	2007	2008	2009	2010	2011	2012	2013	2014
对华占比	13.4	14.3	15.3	16.0	18.9	19.4	19.7	18.1	18.1	18.1
对美占比	22.6	22.5	20.1	17.6	16.1	15.4	15.3	17.6	18.5	18.5

注：2014年为1—6月数据。

资料来源：日本貿易振興機構（ジェトロ）、「2014年上半期の日中貿易」、参考資料3（1）。

同时，我们也看到，在是否加入美国主导的跨太平洋伙伴关系协定（TPP）上，日本政府一直犹豫不决，一些利益集团更是强烈反对，尤其是作为执政的自民党主要“票田”的农业团体，反对呼声更加激烈，而后来日本政府为了亲近和讨好美国，也在一定程度上为了牵制和抗衡中国，还是顶着国内强大压力强行加入了。

总之，我们看到，无论是经贸现实，还是政府导向，中日政治对立恶化后，日本重现“亲美远华”倾向，已是不争的事实。其中隐含或明示的政治含义是，日本之所以在历史和领土主权等问题上不断“挑事”，在右倾化、军事化的道路上走得如此之远、如此之快，是在美国加速重返亚太的大背景下，拉美国“大旗”做自己“虎皮”，试图背靠美国达到险恶目的。由此势必固化或强化中日政治关系与经济关系的恶性循环，也势必固化或强化中日韩合作中经济互利与政治对立的“二元悖论”。

四、实现经济互利与政治互信的良性互动

当前中日韩合作面临的经济互利与政治对立的“二元悖论”，既不利于三方合作的进展，也不符合三国各自的利益和诉求，必须尽快采取有效措施予以扭转，尽快实现经济互利与政治互信的良性互动。中国作为负责任的大国，负有推进中日韩合作的不可推卸的责任。目前中日韩合作所面临的经济互利与政治对立的“二元悖论”，更不符合中国的利益和意愿。实现中日韩合作中经济互利与政治互信的良性互动，中国应该而且能够做出独特贡献。为此，首先必须采取有效措施，尽快实现如下几大层面的良性互动。

（一）国家权益与地区责任的良性互动

维护国家权益，是国家对外政策的原则和根本。但国家权益是一复杂系统，既有近前权益，也有长远权益；既有局部权益，也有总体权益。国家对外政策的原则和根本，应该是追求长远和总体权益。当近前权益和局部权益与之发生冲突或矛盾时，必须善于取舍，勇于放弃。更加重要的是，要维护长远和总体国家权益，还必须承担足够的国际责任，包括全球和地区责任。对全球和地区大国更是如此。

中日韩均是G20成员，都是全球或地区大国。作为分列全球第二和第三大经济体的中国和日本，更应承担起推进包括中日韩合作在内的区域合作的重任。而要承担地区责任，谋求地区和全球长远和总体权益，就要在必要时舍弃一些近前或局部利益，至少不能唯利是图，更不能为一己之利损害地区整体利益或以邻为壑。只有这样，才能实现国家权益与地区责任

的良性互动，在承担地区责任、推进区域合作的同时，争取自身最大的长远和总体权益。

对中国来讲，目前首要的长远和总体权益，就是实现“两个一百年”的战略目标，为此必须营造有利的地区环境，缓和政治对立，化解安全冲突，推进包括中日韩合作在内的周边区域合作全面发展。这意味着，承担地区责任与维护国家权益，在总体上的统一的。努力实现国家权益与地区责任的良性互动，符合中国实现“两个一百年”的战略目标。

为此，中国目前应积极承担推进中日韩合作的多层面责任：（1）切实落实《中日韩投资协议》、货币直接交易等已签署协定，确保双边和三方相互投资关系的稳定发展；（2）立足三方合作和各自利益的长远和大局，包括缓和政治对立及其对经济关系的冲击，积极推进自贸区谈判，尽快达成协议，确保双边和三方贸易的稳定发展；（3）尽快启动和推进与三国民生直接相关的合作项目，如食品卫生、节能环保、绿色发展等，扭转中日和韩日民众相互缺乏好感和信赖的状态，夯实中日韩合作的民意基础；（4）加强中日韩三国在“10+3”货币金融合作、“区域全面经济伙伴关系”框架协定（RCEP）等区域框架和世界贸易组织、国际货币基金组织等多边框架下的协调配合，维护本地区整体和长远利益。

（二）区域架构与对美关系的良性互动

美国虽非地理意义上的东亚国家或周边国家，但却对东亚整体格局影响巨大，包括中日韩合作和中日关系。如前所述，当前中日韩合作面临的经济互利与政治对立的“二元悖论”，与美国重返亚太战略的实施，尤其是对东亚地区的经济分化与安全控制，有着直接关系。因此，要扭转中日韩合作面临的经济互利与政治对立的“二元悖论”，实现经济互利与政治互信的良性互动，必须努力实现包括中日韩合作在内的地区架构与对美关系之间的良性互动。为此，中国必须从如下几大层面采取切实有效措施。

1. 扎实推进新型大国关系构建

必须承认，美国重返亚太，包括对东亚的经济分化与安全控制，针对中国的战略指向十分明显。要实现中日韩合作中经济互利与政治互信的良性互动，没有美国的理解和支持、没有良好的中美关系很难奏效。美国之所以对中国崛起持防范和遏制态度，主要基于对崛起大国的传统思维定式，认定崛起大国必然要与守成大国形成权利冲突和战略对抗。

如何让美国正确理解和接受中国崛起的事实，尤其是如何崛起，与守成大国关系如何，是问题的关键所在。为此，习近平主席履新后首访美国，即与奥巴马总统就构建中美新型大国关系达成共识，并明确将中美新型大国关系界定为“不冲突不对抗、相互尊重和合作共赢”。由此，揭开了中美关系以构建新型大国关系为中心和主线的历史新篇章。而每逢中美关系的重大进展，必有构建新型大国关系的加深认识和新的举措。最新动向是在2014年7月9日第六轮中美战略与经济对话开幕式上，习主席再次明确指出：“构建新型大国关系是双方在总结历史经验基础上，从两国国情和世界形势出发，共同作出的重大战略抉择，符合两国人民和各国人民根本利益，也体现了双方决心打破大国冲突对抗的传统规律、开创大国关系发展新模式的政治担当。”他还就如何继续扎实推进新型大国关系构建，提出“增进互信，把握方向”、“相互尊重，聚同化异”、“平等互利，深化合作”和“着眼民众，加深友谊”等四点重要主张。[①] 可以想见，伴随中美构建新型大国关系的推进，美方对中国的战略遏制和防范态势将会有所缓和，从而将对实现中日韩合作中经济互利和政治互信的良性互动创造有利的外部条件。

2. 有效加强中美东亚事务协调

中国地处东亚，并在依托东亚快速崛起，东亚对其战略意义和重大利益显而易见。美国虽非地理意义上的东亚国家，但长期作为世界第一大国，在东亚同样有着重要的战略利益。对此，双方必须相互理解和承认，否则必将导致战略误判、冲突和对抗。因此，双方必须就东亚事务进行切实有效的沟通和协调。具体举措之一是有效利用中美亚太事务磋商机制。该机制自2011年6月启动以来，已对亚太、东亚或亚洲事务形成多项共识，2014年年初举行的第五次磋商收效更大[②]，以后应更加积极、有效利用。另一是共同参与东亚和亚太地区合作。美国是亚太经济合作组织（APEC）发起国之一，中国于1991年正式加入，从而使APEC成为中美共同参与的地区合作组织。2014年中国是APEC领导人非正式会议的主办国，中美已就加强在APEC框架下的合作，共同推动会议取得重大成果达成共识。中美共同参与的第二个地区合作框架是东亚峰会（EAS），中国是该机制发起国之一，美国于2011年与俄罗斯同时加入，从而为中美就东亚事务协调沟通搭建了另一重要平台。有效利用好APEC和EAS两个平台，应是中美加强东亚事务协调的重要途径。

---

① 参见习近平：《努力构建中美新型大国关系——在第六轮中美战略与经济对话和第五轮中美人文交流高层磋商联合开幕式上的致辞》，载《人民日报》，2014年7月10日。

② 参见：《中美在亚洲相关领域合作项目清单》，http://www.fmprc.gov.cn/mfa_chn/wjb_602314/zzjg_602420/bmdyzs_602866/xwlb_602868/t1121948.shtml，登录时间：2014年1月22日。

3. 妥善处理中美日三边关系

中日关系发展史上的每一重大事件，背后都有浓重的美国身影。中美日作为全球前三大经济体，三者之间的关系构成对全球和地区影响最大的三边关系。当前中日韩合作和中日关系的发展态势，也深受中美日三边关系变化的影响。表4已经描述了中美日三国经济实力对比关系的急剧变化。由此必然导致中美日三边经济关系快速调整。调整的主要方向如表6所示，是中美之边日趋重要，中日之边相对次之，美日之边地位下降。2003—2013年，中美贸易增长312.5%，中日贸易增长134.0%，而美日贸易仅增长了16.9%，中美贸易增幅相当于中日贸易的2.33倍和美日贸易的18.49倍。结果是在2003年，中美贸易仅相当于中日和美日贸易的0.95倍和0.73倍，2013年已分别扩大至1.67倍和2.56倍。

表6　中美日三边贸易关系的变化（单位：亿美元）

年份	中美	中日	美日	中美 / 中日（倍）	中美 / 美日（倍）
2003	1263.0	1335.6	1740.7	0.95	0.73
2013	5210.0	3125.5	2035.2	1.67	2.56
增长 %	312.5	134.0	16.9	2.33	18.49

资料来源：中国商务部亚洲司:《2013年1—12月我对亚洲国家（地区）贸易统计》；
http://yzs.mofcom.gov.cn/article/g/date/thirteen/201402/20140200490994.shtml。
《2014年1—12月对亚洲国家地区贸易统计》；
http://yzs.mofcom.gov.cn/article/g/date/a/200501/20050100340507.shtml。
日本貿易振興機構（ジェトロ),「2013年の日中貿易」, 2014年2月18日，http://www.jetro.go.jp/news/releases/20140219093-news。

上述变化在一定程度上表明，在美国的对外经济关系中，对华关系应该远比对日关系更加重要。这显然可成为我国定位中美日三边关系的重要依据之一。我们还应注意到，在美国对外战略架构中，中国还有许多远比日本重要的地方。如中国是安理会常任理事国而日本不是，在许多重大全球和地区问题上美国更需要中国的支持和配合。再如，若目前日本政治的右倾化无限发展，必将否定战后美国主导的国际秩序的根本，美国不会听之任之。还有，即便是美国主导推进的TPP谈判，日本虽为配合美国最终加入，但美国很快就发现，在一些重要领域，恰好日本是其推进谈判的最大障碍，如农产品和汽车问题。总之，我们不应在中美日三边关系中，自觉不自觉地将美国推向日本一边。

（三）三方合作与双边关系的良性互动

中日韩三方关系，是由中日、中韩和日韩三对双边关系构成的。中日韩三方合作进展如何，也在很大程度上取决于这三对双边关系的发展态势。目前中日韩合作中出现的经济互利与政治对立的“二元悖论”，也首先是因为日韩尤其是中日双边关系出了问题，日本政府非法“购岛”引发的中日双边安全冲突和政治对立，是中日韩合作所面临的最严重问题。岛争、参拜等引发的日韩政治对立次之。而无论在经济层面还是在政治层面，中韩双边关系都保持着良好发展态势。要实现中日韩合作中经济互利与政治互信的良性互动，也应在实现三方合作与双边关系的良性互动中寻找突破。为此，中国似应采取如下举措：

1. 以三方合作缓和双边对立

东亚地区和中日韩合作的历史表明，每当中日双边关系出现重大波折，导致双方首脑难以单独安排会晤时，东亚系列峰会往往可为实现会晤提供更加自然的机会或平台。如在小泉参拜导致中日政治关系恶化，领导人无法单独会晤时，就在东亚系列峰会等地区或多边场合实现了会晤。目前日本在领土和历史问题上走得更远，事态更加严重，因而即便是在东亚系列峰会期间，也未能实现领导人会晤，而中日韩领导人会议本身也因此被暂时取消。但是，没有中日两大国的协调，东亚系列峰会的成果必然大打折扣；因中日、日韩政治对立取消领导人会议，更严重损害中日韩合作大局。问题的焦点和当前冲突的始作俑者在日方，日方必须首先调整、修正其对华和对韩政策，在此基础上应尽快恢复中日韩领导人会晤，并借此来缓和空前恶化的双边关系。

2. 以中韩协调加强三方合作

如前所述，目前中日韩合作遭遇困境的主要问题出在日方，中韩关系仍保持着良好发展态势，甚至处在历史最好时期。加强中韩在包括中日韩合作在内的地区事务中的协调，无论产生积极示范效果，还是导致消极竞争后果，都会在一定程度上促使日方调整对华和对韩政策，回到正确道路上来，为中日韩合作创造有利条件，为恢复领导人会议提供良好契机。在目前正在推进的中日韩自贸区谈判中，加强中韩协调也有利于谈判的推进。表1数据还能从另一角度为此提供如下参考：2000—2013年，中韩贸易占三方贸易的比重由20.4%提升至40.3%，这说明中韩关系在三方合作中地位快速提升；中韩贸易相对中日贸易的比重由41.5%提升至87.8%，这说明相对于中日关系，中韩关系越来越重要；中韩贸易相对日韩贸易的比重由67.2%上升至294.9%，仅就目前中韩贸易相当于韩日贸易的2.9倍这一事实，即可说明韩中关系不仅越来越比韩日关系重要，而且要重要得多！

3. 以对韩合作促动对日关系

韩国是新一届中国领导人开创的“点穴”式外交的首选国家，其战略意义和政经意图不言自明。此访取得一系列重大成果，媒体报道颇多，这里不拟赘述。需要指出的是，在中日、日韩关系恶化，中日韩合作（领导人会议）陷入困境的背景下，中韩加强合作，无论从积极示范效应看，还是从消极竞争效果看，都势必会对双方对日关系造成明显促动。如此次访问达成的重要成果之一，就是决定要在2014年年底前完成中韩自由贸易协定谈判，这无论是对中日和日韩贸易，还是对中日韩自贸区谈判，均会产生直接而巨大的促动效应。

（四）周边布局与对日外交的良性互动

在近年中国周边关系中，我们看到两方面重要事实：（1）日本通过政府开发援助（ODA）、产业转移等途径，长期在我周边经营并取得明显效果，目前与我争夺周边的力度进一步加大。2011和2012年度，东亚和西亚要分别占到日本全部ODA的69.5%和75.9%，在2013和2014年度计划中均占63.0%，实际执行会超过这一比重。①2013年日本对亚洲的直接投资增长了20.1%，其中对东盟的直接投资更增长了121.3%。②（2）近年当东海、南海和朝鲜半岛问题恶化，对我周边安全环境造成巨大压力时，北部（中亚）和西部（南亚）周边局势的相对稳定，在很大程度上为我缓解了压力，赢得了主动。这两方面事实告诉我们，实现周边外交与对日关系的良性互动，有着特殊重要的意义。全面推进周边外交，尤其是积极优化周边外交布局，可以改善我对日关系的环境，增大我对日关系的砝码。为此，我国应在全面推进周边外交的基础上，重点做好如下几方面工作。

1. 以“两廊”拓展南亚外交

所谓“两廊”，即“中印孟缅经济走廊”和“中巴经济走廊”。“两廊”建设是新一届中国政府发展南亚外交的重中之重。而通过“两廊”建设稳固对南亚关系的基础，确保西部边陲持续安定，显然有助于缓解东海问题恶化给我周边安全造成的压力，为我对日外交赢得主动。

---

① 日本外务省国际协力局《2014年国际协力重点方针》，第5页，2014年5月。

② 日本贸易振兴机构：《日本对各国和地区的直接投资》，2014年7月。

2. 以“一带”推进中亚外交

北部周边的相对稳定，在目前中国周边安全格局中占据突出重要地位。且中国的北部邻国资源丰富，经济发展相对滞后，与中国经济具有显著互补性。在上海合作组织框架下，中国与中亚（含俄罗斯）的政治安全关系稳定发展，但经济关系却相对滞后。为弥补中国对中亚外交中的经济“短板”，中国新一届政府提出了建设“丝绸之路经济带”（简称“一带”）的设想，并将其视之为发展对中亚外交的重中之重。中国北部邻国地处“丝绸之路经济带”起点，也将是“一带”建设的最直接和最大受益方，从而具有与中国共同建设“一带”的强烈愿望。可以预见，伴随“一带”建设的逐步推进，中国对中亚外交将发展到全新阶段和更高水平。作为“点穴”式外交的第二站，习近平主席选择了蒙古国进行访问，也充分体现了这一战略意图。

3. 以“对俄”平衡对日外交

俄罗斯是中国周边最重要的国家，也是我国数对战略伙伴关系中最扎实的一对。加强对俄外交，也会从多层面平衡对日关系：（1）加强对俄关系，可在一定程度上平衡美国加速重返亚太对周边造成的压力，从而有利于改善我对日关系的大环境；（2）“岛争”是中俄在对日关系面临的共同问题，对俄协调得当，有助于加大我在钓鱼岛问题上的运作空间；（3）中俄在维护二战成果层面，有着坚实的共同立场，加强对俄协调，有助于阻止日方在历史问题上的倒行逆施；（4）加强对俄经济合作，尤其是能源合作，可使我在中日对俄能源竞争中赢得主动。

东亚区域合作的双层构架分析

苏　浩*

东亚区域合作一体化进程已经启动十多年了。东亚国家已把区域合作的长远目标确定为建立东亚共同体。目前，“10+3”（或称“东盟+3”）和“东亚峰会”已成为两个东亚区域合作的宏观框架。“10+3”合作机制的地位通过东亚国家的共同努力得到了巩固，机制内的合作领域进一步扩大，合作内容在逐步深化。“东亚峰会”则使东亚区域外的国家也能够参与到东亚合作的进程中来，甚至吸引了美国的兴趣，使得东亚合作的影响大大扩展了。可是，“东亚峰会”的召开也冲击了由东北亚和东南亚两个次区域合成整体构架——“10+3”东亚合作框架的稳定，而峰会自身又缺乏强大的凝聚力，似乎难以形成一个整体的构架。因此，两个机制的并存，让东亚国家在推动建立东亚共同体的过程中，感到有些迷失，对东亚区域合作的可持续性产生怀疑，甚至对东亚区域的认同都产生了不确定性。这样，东亚区域合作是否还能发展下去？东亚峰会的作用是什么？未来还有没有必要建立东亚共同体？这一切似乎成了一个不定之数。

上述问题的存在，明显体现了东亚区域合作进程的复杂性和艰难性。要认识和解决这些问题，需要对区域主义的理论做出进一步的探讨，客观而理性地认清东亚区域国际关系的现实，把理论和实践进行有机的结合，从新的视角对东亚区域合作双重机制并存的特殊性进行分析。在本文中，笔者将对东亚区域合作进程中的特殊状态进行分析，基于东亚开放区域主义的理念，提出一个“胡桃”结构的分析模型，建构一个东亚区域合作机制建设的独特的认知框架，以便从学术的角度为东亚区域合作的机制化建设提供一种政策思路。

---

* 苏浩，外交学院外交学系教授。本文载于张蕴岭、沈明辉主编：《东亚、亚太区域合作模式和利益博弈》，北京：经济管理出版社2010年版。

一、引导东亚合作的“开放区域主义”

当前国际关系发展的一个重要趋势，是世界各主要区域在不同程度上已经开始了一体化的进程，其重要的标志是这些地区都纷纷建立起了由国家主导的地区性国际合作组织。区域主义的发展已成为当今国际关系舞台上的一个突出的特点。东亚区域也在这一大背景之下，开始了区域一体化的进程，这一进程是在一种“开放区域主义”的理念支持下开展的。应该说，这一理念虽具有强烈的东亚特色，但它绝不是东亚所特有，而是具有某种程度的普遍意义。

事实上，自二战结束以来，区域主义的发展经历了三个阶段。第一个阶段是20世纪50—80年代的“传统区域主义”（traditional regionalism），它以欧洲区域合作和欧共体的建设为代表；第二个阶段则是20世纪80年代后期以来的“新区域主义”（new regionalism），它以亚太地区的跨区域合作和欧洲与东欧及非洲的跨区域合作为代表；第三个阶段可以称为“开放区域主义”（open regionalism），它是在20世纪90年代末和本世纪初出现的区域一体化进程的理论升华。“开放区域主义”强调以世界各个区域性一体化框架为基础，通过建立相互间开放式的多层次合作构架，建构一种全球性区域间合作（Inter-regional cooperation）网络。东亚区域合作的进程应该是“开放区域主义”的突出代表。

就亚太地区来说，20世纪80年代以来，新区域主义的现象有着突出的表现。其明显的表象就是一系列跨区域性的多边合作机制的建立，如1980年建立的“太平洋经济合作理事会”（the Pacific Economic Cooperation Council—PECC），1989年建立的“亚太经济合作组织”（Asia-Pacific Economic Cooperation—APEC），1994年分别建立的半官方的“亚太安全合作理事会”（Council for Security Cooperation in the Asia Pacific—CSCAP）和第一个官方安全对话机制的东盟地区论坛（ASEAN Regional Forum—ARF），等等。上述亚太地区经济合作组织和安全对话机制有一个突出的特点，即其成员国包括了东亚、北美、南太平洋、甚至南美洲国家，从而形成了几乎覆盖整个太平洋地区（the Pacific rim）。鉴于此，美国学者诺曼·帕尔莫（Norman D. Palmer）在分析这种过去还没有出现过的合作机制时，于1991年便首次提出了一个新的概念——“新区域主义”（new regionalism），以区别此前传统的旧区域主义（old regionalism）。“新区域主义”的突出特点是跨区域性，即地区合作应超越单一地区，实现跨区域国家间的合作与融合。[①]

总体来说，亚太地区的新区域主义具有以下特点：第一，普遍性。与传统区域主义基本上在欧洲推行不同，新区域主义是在经济全球化和地区化背景下形成的，世界各个地区都奉行区域主义的理念，推动地区合作的广泛展开，从而使得多个地区同时开始了区域一体化的进程，亚太地区是其中一个重要的表现；第二，包容性（或多样性）。地区内的一体化过程是在不同经济发展水平、政治体制和文化宗教国家间进行的。第三，多元性。亚太地区合作机制建设的突出特点是“两个轨道”并行，即政府间组织、半官方机制和非政府共同参与。第四，跨区域性。与旧区域主义的内向性（inward-turning）相比，它更具外向性（outward），对外联系加强了地区的地位而不是削弱它。这样的世界是一个跨地区性的（transregional dimensions），而不是地区系统 (regional system) 所构成的。[②] 因此，这被称为“开放区域主义”。[③] 第五，多层次性。地区化的过程体现出一种从小区域逐渐扩大的散射式的层次，使得地区内呈现多种层次的合作机制的并存。“新区域主义”为人们认识冷战后相互依存的国家间关系提供了宽阔的视野，同时也为不同地区的国家间的协调与合作提供了政策选择。特别值得指出的是，新区域主义为发展中国家与发达国家建立直接的经济关系提供了契机，它促进双方通过贸易投资合作，进行技术交流，从而使发展中国家的经济得到提升。所以，有的中国学者认为新区域主义对旧的国际政治经济格局产生强大的冲击，孕育着建立更加公正合理的世界政治经济新秩序的趋向与契机。[④]

上述“新区域主义”具有两个重大效用。第一，通过所谓“深度一体化”，促使发展中国家改变自身，通过政治经济体制的调整改革，接受优势国家（西方发达国家）的标准，而被纳入到区域一体化体制中。因此在包容的多样性中却表现出同质性倾向。第二，发达国家通过跨区域的所谓“开放式区域主义”方式，利用贸易与投资自由化（便利化）措施，扩大自身经济利益，主导整个地区经济，甚至地区的政治和安全事务。鉴于这种巨大的效用，西方学者往往对“新区域主义”给予十分肯定的评价。他们还将这种“开放式区域主义”作为新区域主义的积极因素加以强调，认

---

① Norman D. Palmer, *The New Regionalism in Asia and the Pacific,* Lexington: Lexington Books, 1991, pp. 1-5, 12.

② Ibid, p. 2.

③ 西方学者强调“亚太经合组织”中所提倡的“开放区域主义”是新区域主义的主要内容之一。

④ 王庭东:《论东亚新区域主义》，载《当代亚太》，2003年第1期，第53页。

为这一概念有利于促进贸易集团的对外自由化，即在成员国之间实行贸易自由化的同时，应减少对非成员国的进口壁垒，从非成员国进口的自由化程度不应高于成员国间的进口。此外还可以有三个标准：1. 成员开放（*Open membership*）：任何机制外的经济体只要满足标准便可加入贸易集团；2. 非禁止性条款（*Nonprohibition clause*）：一项贸易协定可以允许任何成员单方面地将其互惠自动延及非成员方；3. 选择性自由化和开放的互惠（*Selective liberalization and open benefits*）：成员方可以基于最惠国待遇的原则，将自由化集中于它们在世界贸易中占主导地位的领域，从而不必再给非成员方以特惠待遇。[①] 因此，总体来说，"新区域主义"的核心应该是由发达国家倡议和主导，建构一种以发达国家利益为导向的跨区域性的合作构架。这种政策理念可以称为"跨区域主义"（Trans-regionalism）。

西方国家正是在这种以"跨区域主义"为核心的"新区域主义"的作用下，深度卷入了一些发展中国家所在的地区。这种跨区域性合作框架虽有利于将这些发展中国家引入全球市场从而促进它们的经济发展，但同时居于弱势地位的发展中国家的生产和金融等领域的活动被发达国家所主导，加重了它们经济的脆弱性。这正是20世纪90年代后期东南亚金融危机和后来的拉丁美洲国家金融及社会危机的重要根源。因此，对于亚太地区的发展中国家（特别是东亚国家）来说，这种"新区域主义"具有受发达国家主导和控制的消极含义，并不完全符合它们的利益。[②] 而其中的所谓"开放式区域主义"其实是"新区域主义"的基本内核，与后来在以发展中国家为主要构成的区域中所实行的"开放区域主义"有着明显不同的内涵。

"新区域主义"的弊端在某种程度上损害了发展中国家的利益，但也催生了"开放区域主义"。为了摆脱西方发达国家的控制，保障并扩大自身利益，东亚国家开始探寻地区合作的新路子，形成了具有东亚特色的"开放

① "开放区域主义"上个世纪90年代中期的APEC会议和拉美国家讨论区域合作时曾被正式引进。Shang-jin Wei and Jeffrey A. Frankel, "Open Regionalism in a World of Continental Trade Blocs", IMF Staff Papers, Vol. 45, No. 3 (September 1998); Seok Young Choi, *Revisiting the Open Regionalism of APEC: Assessment and New Challenges*, Seoul: Korea Institute for International Economic Policy, 2004, p. 41; Eduardo Gudynas, " 'Open Regionalism' or Alternative Regional Integration?", Hemispheric Watch, October 26, 2005, pp,1-3; 王萍：《走向开放的区域主义——拉丁美洲一体化研究》，北京：人民出版社2005年版。

② 我们知道，在亚太经合组织中长期存在着发达国家与发展中国家在贸易投资自由化与技术转让合作"两个轮子"间的矛盾。Nicola Phillips, "The Rise and Fall of Open Regionalism? Comparative Reflections on Regional Governance in the South Cone of Latin America", in Kanishka Jayasuriya, ed., *Governing the Asia Pacific: Beyond the "New Regionalism"*, New York: Palgrave Macmillan, 2004, pp. 19-36.

区域主义”，从而实现了对“新区域主义”的超越。

对于东亚国家普遍接受的“开放区域主义”，可以给它做出如下的定义：开放区域主义是指以特定区域为基础并借助区域外影响力和作用力来推动一体化进程的一种区域合作理念和政策主张。具体来说，开放区域主义要求一定的区域内国家间在相对较为明确的地理范围内开展合作与整合。同时在全球化背景下一个区域不应也无法与区域外国家和其他区域分离开而单独实现区域整合，这就需要建构一种多层次和多维度的跨区域（Trans-regional）和区域间（Inter-regional）合作以实现区域一体化。开放区域主义的特点首先是传统区域主义的某种程度的回归，因为它注重地域性，主张区域合作需要特定的地理范围，而非区域的泛化。但这种以特定地域为基础的合作机制建设并不是封闭的，而是对区域外国家和组织开放的。①

我们可以将东亚区域主义定义为“开放区域主义”，它具有三个基本要素。其一，相对明确的地域性。东亚国家基于内部自然融合的作用和面对世界其他区域的一体化压力，逐渐形成了较为明确的东亚地区意识（regional awareness），并形成了地区认同感（common awareness/consciousness），从而决定共同推进东亚一体化，建立东亚共同体。因此，“开放区域主义”首先要求有相对明确的地域范围作为一体化的平台。这是某种程度的传统区域主义回归。当然，东亚地区一体化进程是在政治多元化和经济多层性的基础上推进的，突出地体现出一种包容性（inclusiveness）。也就是说，东亚地区化是在承认多样性的基础上，逐步实现地区整合体，将形成一个多样性中的统一体（Unity with Diversity）。②

其二，内部的开放。东亚国家在推动东亚地区合作中十分强调“一致性”“舒适度”以及“协商”与“合作”，这决定了东亚合作机制的观念开放、进程开放和体制开放。所谓观念开放，指的是，东亚各国处于一个平等互敬的大家庭中，无论是大国还是小国，只要能够提出符合本地区整体利益的建议，便可以得到鼓励和支持。这就是一种开放式的观念主导模式。所谓进程开放，指的是东亚一体化进程中并不要求成员方的政治变革和经济发展处于同一水平。所谓体制开放，是指东亚国家反对大国以自身利益主导地区合作而危及小国利益，反对一些国家将自身需要强加于别国而损害

① 苏浩：《胡桃模型：“10+3”与东亚峰会双层区域合作结构分析》，载《世界经济与政治》，2008年第10期，第32页。

② Su Hao, “Nature of East Asian Regionalism: A Chinese Perspective”, in Zhang Yun-ling, ed., *East Asian Regionalism: Trend and Response,* Beijing: World Affairs Press, 2005, pp. 43-48.

整体的协调，反对国家间相互激烈竞争与对抗而破坏地区的稳定与和谐。在东亚合作进程中，中日韩三国都愿意支持东盟的主导作用，实力相对较弱的东盟所保持的这种特殊地位，保障了东亚合作机制的有效和稳定。

其三，外向的开放。东亚国家在推动区域一体化进程中，并不排斥地区外组织和国家，相反对它们以某种形式的参与持欢迎的态度。迄今为止，东亚国家以东亚地区为基础已经与地区外国家和组织建立了一系列的多边合作机制。以东亚区域合作为导向的“东亚峰会”（东亚国家与印度、澳大利亚和新西兰的合作论坛，可能今后还会有其他与东亚关系密切的国家参加）、“亚太经济合作组织”（东亚国家与其他环太平洋国家的合作机制）、“亚洲外长对话会议”（东亚与其他亚洲国家的对话机制）、“亚欧会议”（东亚与欧盟的合作机制）、“东亚—拉美合作论坛”、“亚非次区域组织会议”（东亚与其他亚非国家的协调机制）。还有国家之间的跨区域性的安排，如2005年形成并为美国所接受的“跨太平洋伙伴关系”构架(Trans-Pacific Partnership)。① 可见东亚国家几乎与整个世界其他地区都建立了对话与合作的平台。

东亚“开放区域主义”所决定的东亚区域合作模式，既吸纳了传统区域主义的合理因素，注重地区性，强调一体化应在特定地区内进行；同时又将新区域主义的意义加以深化，强调内部的包容性，并容纳地区外国家以某种形式参与，从而实现了对“新区域主义”的一种超越，将区域主义的发展推向了第三个阶段。

由于东亚区域在地缘上有其明显的特性：南北布局的分散性，海陆相兼的二元性，地域广阔的跨区域性，大洋两岸的联系性，政治经济文化的多样性。东亚国家在推动东亚区域一体化进程中，必须秉持符合上述特性的“开放区域主义”，即在相对明确而稳定的地域基础上，通过区域内国家间机制化的合作，并与区域外大国间的协调，实现区域内的整合。简单地说，即建构一种内在的包容和外向的开放的多层次区域整合构架。应该说，东亚国家在区域合作进程中所秉持的“开放区域主义”，是立足于区域来处理与区域外国家和其他区域的关系。这种特点可以称为“区域间主义”

① “Trans-Pacific Partnership”, http://web.me.com/jane_kelsey/Trans-Pacific_Partnership_FTA/TPP_%28US-P4%29_Negtns.html.

（Inter-regionalism）。[①]

在引导东亚区域合作的制度化建设过程中，应该以“开放区域主义”为理论核心，“区域间主义”和“新区域主义”（其核心是“跨区域主义”）为辅助。但是，在现实东亚区域和亚太跨区域合作中，在上述理论指导下所开展的合作机制建构，还需要一个磨合的过程。

二、东亚区域合作构架的建设及其困境

正是在开放区域主义的作用下，东亚国家自20世纪90年代中后期开始，积极推动东亚区域合作。以1997年“东盟+3”非正式领导人会议的召开为标志，东亚区域整合的进程开始启动。

目前，在由东南亚和东北亚两个次区域构成的东亚区域，已经建构了一个多层次多领域的区域合作框架。具体来说，东亚区域合作的框架可以从层次性的角度来看，它包括区域内最高层次的国家领导人会议机制，如“10+3”领导人会议，三个“10+1”领导人会议，区域内国家间的特定领

① 关于“区域间主义”的研究在西方学术界已经开始，如：Heiner Hänggi, “Interregionalism: Empirical and Theoretical Perspectives”, Paper prepared for the workshop “Dollars, Democracy and Trade: External Influence on Economic Integration in the Americas”, Los Angeles, CA, May 18, 2000; Jürgen Rüland, “Inter- and Transregionalism: Remarks on the State of the Art of a New Research Agenda”, National Europe Centre Paper No. 34, (Paper prepared for the Workshop on Asia-Pacific Studies in Australia and Europe: A Research Agenda for the Future, Australian National University, 5-6 July 2002); Sotires Petropoulos and Charalanbos Tsardanidis, “ASEAN and Internationalism: ASEAN – EU Relationship, A Model of Successful Cooperation”, Institute of International Economic Relations, Athens; Vinod K. Aggarwal and Edward A. Fogarty, “Explaining Trends in EU Interregionalism”, in Vinod Aggarwal and Edward Fogarty, eds., *European Union Trade Strategies: Between Globalism and Regionalism,* London: Palgrave, 2004; Julie Gilson, “New Interregionalism? The EU and East Asia,” *European Integration,* Vol. 27, No. 3, September 2005, pp. 307–326; Michael Reiterer, “Interregionalism as a New Diplomatic Tool: The EU and East Asia”, *European Foreign Affairs Review*, 11: 223-243, 2006; Outi MERISALO (Jyväskylä), “Regionalism and Interregionalism in the Production of Mss.: the case of BAV”, Pal. lat. 1298; Fredrik Sederbaum and Luk Van Langenhove, eds., “Special Issues: The EU as a Global Actor and the Role of Interregionalism”, *Journal of European Integration*, Vol.127, No.13, 2005, pp 1249-1520; Heiner Hänggi, Ralf Roloff and Jürgen Rüland, eds., *Interregionalism and International Relations*, London: Routledge, 2006; Heiner Hanggi, Ralf Roloff and Jurgen Ruland eds., *Interregionalism and International Relations*, New York: Routledge, 2006, see the Book Review in *Pacific Affairs:* Vol. 79, No. 2 – Summer 2006; Mathew Doidge, “Joined at the Hip: Regionalism and Interregionalism”, *Journal of European Integration*, Vol. 29, No.2, 2007, pp.229-248. 中国学术界也开始注意到“区域间主义”的研究，如刘宗义：《地区间主义的发展及对我国的意义》，载《世界经济与政治论坛》，2008年第4期，第43—50页；郑先武：《国际关系研究新层次：区域间主义理论与实证》，载《世界经济与政治》，2008年第8期，第61—68页。

域的部长级会议，高级官员（副部长级）会议，工作层面的司局长级会议，一系列第二轨道外交的政策研究与交流网络。[①]

从1997年至2009年止的13年里，“东盟+3”的东亚领导人会议已经召开了12次。[②] 总体来说，东亚领导人会议的进程经历了四个阶段。1997—1998年的两次非正式领导人会议属于东亚区域合作的摸索阶段，1999年进入确定阶段，当年的第三次领导人会议通过了《东亚合作联合声明》，东亚各国明确接受“10+3”作为东亚合作的框架，并决心将这一进程推进下去。2004年东亚合作进入目标明确阶段。这年的第八届会议上，各国领导人一致同意东亚合作的长期目标确定为建立“东亚共同体”，从而使东亚合作有了明确的方向。2006年则是东亚合作进入巩固阶段。这年的领导人会议通过了第二次《东亚合作联合声明》，再次强调要坚持东盟在东亚合作中的主导作用和“10+3”在东亚共同体建设中的主渠道地位，从而使“东盟+3”的东亚合作框架得到了巩固。

在“10+3”东亚区域合作框架内，还有三个重要的次区域区域性的合作机制。首先，在1967年成立的东南亚国家联盟在东亚区域一体化进程中发挥主导作用。东亚区域合作的开展给东盟的发展增添了新的动力，1999年东盟实现了整个东南亚十国的整合，并确立了建成自由贸易区的目标，并于2003年发表《第二次巴厘宣言》，宣布东盟将建成经济、政治、安全和社会文化共同体，2008年东盟还正式发表了《东盟宪章》。东盟在实现自身整合的同时，也在为凝聚整个东亚的机制化建设中发挥着积极主导的作用。其次，在“10+3”东亚合作框架中还有东盟分别与中日韩合作的三个“10+1”框架。这三个框架是东南亚与东北亚聚合的核心支柱，它们在东亚区域合作中发挥着实际而具体的功能性作用。其中，中国与东盟的“10+1”框架中通过签署货物贸易、服务贸易和投资便利化的协议，最终于2010年1月1日正式启动“中国—东盟自由贸易区”，从而为东亚区域一体化进程注入新的动力。第三则是中国、日本与韩国的合作框架。1999年在“10+3”框架内建立了三国间的对话机制，并于2008年12月单独召开了中日韩三国首脑会议，签署《三国伙伴关系联合声明》，使三国间走向了制度化的合作轨道。[③]

在东亚合作框架中，已经建立了外交、财政、经济、农林、旅游和劳

① 苏浩：《东亚一体化进程中区域合作机制的初步建构》，载朱立群、王帆主编：《东亚地区合作与中美关系》，北京：世界知识出版社2006年版。

② 2008年因泰国国内政治动乱，第十二次会议被迫延期至2009年10月召开。

③ 《亚洲年鉴2008》，北京：世界知识出版社2009年版，第304—325页。

动等15个部长级会议机制，之下则有19个高官会议（SOM）和两个司局长会议（DG），还有18个技术层面的官员级合作会议。这些机制由部长级会议引领，形成了涵盖东亚多领域多议题的实实在在的区域性合作框架。因此，部长级会议起着落实首脑会议原则的作用，有力地推动了相关领域的合作，特别是金融合作取得了实质性进展。[①] “10+3”框架内的各种部长级会议所讨论的东亚合作，以经济合作为重点、金融合作为先导，并开启了东亚国家间的政治安全领域的合作，特别是地区内非传统安全问题的讨论，从而把东亚合作倡议落实到具体领域，使区域合作机制做实，产生实在效果。

对于区域合作的发展前景和机制建设的未来，东亚领导人也达成了明确的共识。2004年11月底在老挝召开的“10+3”领导人会议，在东亚合作史上具有重要意义。东亚国家领导人会议接受了东亚合作第二轨道“东亚展望小组”最后报告的建议，[②] 正式把建立“东亚共同体”作为东亚合作的长远目标确定了下来，从而标志着东亚区域合作进入了新的阶段。同时，东亚国家领导人感到“10+3”合作框架似乎显得松散，有必要给予提升，从而形成紧密的区域性合作组织，决定来年召开更加紧密的机制性首脑会议，并将它命名为“东亚峰会”（East Asia Summit）。

东亚区域合作机制化建设中一个非常重要的特点是，跨区域性框架的形成。2005年以来召开的“东亚峰会”，与东亚区域密切相关的澳大利亚、新西兰和印度作为正式成员国参加了会议，使得参与东亚区域合作进程的成员不仅限于东亚区域内。[③] 东亚峰会以东亚国家为主体，将南太平洋和南亚的主要国家延揽进来，从而使之成为一个具有“新区域主义”内涵的跨区域性合作构架。东亚峰会框架的形成，对于东亚区域一体化进程应该说具有积极的作用。因为在原有的“10+3”框架内，东盟内部的中小国家对于东北亚的中国的迅速崛起感到压力，而中日之间存在着某种程度的竞争关系，它们都希望一些区域外的力量能够参与到东亚区域合作的框架中来，以平衡中国的巨大影响力，否则它们就难以轻松地与中国一起开展区域性合作。所以，从这个角度讲，东亚峰会成为东亚国家和与东亚密切相关的

---

① 《东盟与中日韩外长会议举行，唐家璇出席并发表讲话》，载《人民日报》，2002年07月31日。

② “Eeast Asia Vision Group Reports”, http://www.eastasiaforum.org/library/library_view.asp?seq=2&gubun=1&pageNo=5&search=&searchstr=.

③ 秦治来：《解析首届东亚峰会的开放性“地区主义”》，载《学习月刊》，2006年第2期，第36—37页。

大国间相互协调的一个平台，其功能是保障东亚的中小国家能够有信心地在多边合作框架内推动区域一体化进程。因此，东亚峰会不仅是东亚区域合作机制建设的一个重要补充，而且是东亚国家与区域外国家进行相互沟通、协调与合作的重要平台。[①]

但是，东亚峰会毕竟将区域外的国家纳入到东亚合作的构架中来，使得东亚区域一体化进程变得复杂化了，因为它使得东亚的地理界定显得不够确定，东亚共同体的载体也变得模糊起来。东亚国家推动区域一体化的努力似乎遇到了障碍。值得注意的是，2005年在世界范围内区域一体化进程都出现了某种程度的挫折。决定欧盟机制化建设的《欧盟宪法条约》由于这年5月和6月在法国和荷兰的全民公决中被否决，酿成了所谓的“制宪危机”；[②] 美国在南北美洲竭力推动的美洲自由贸易区建设的倡议因南美国家反应冷淡而搁浅；[③] 东亚区域合作则因“东亚峰会”成员国包括了区域外的印度、澳大利亚和新西兰而陷于困惑。这些挫折的一个共同原因，就是区域合作的扩大而超出了原来明确的地理范围。

就东亚来说，随着“东亚峰会”的召开，似乎使东亚国家对推动东亚区域合作一体化进程的方向陷入迷失的状态。东亚国家对未来东亚区域合作的方向和东亚共同体建设框架的认识出现了分歧。中国继续主张应坚持“10+3”作为东亚共同体建设的主渠道。日本则强调应在“10+6”的基础上加强发展东亚经济合作伙伴关系（EPA）。[④] 日本鸠山首相2009年上任以来，在积极倡导“东亚共同体”时对此概念的内涵也闪烁其词，甚至表示不会把美国排除在“东亚共同体”之外。东盟国家则逐步专注于加强东盟共同体（经济、安全和社会文化三个共同体）的建立，再以此建构东盟与其他大国间的平衡构架。[⑤] 参与“东亚峰会”的区域外国家都强调自身在东亚区域合作进程中的重要性。印度通过推行它的“东向政策”，明确了对东亚区

---

① 苏浩:《稳步发展的东亚合作》，载《人民日报》，2007年1月13日，第3版。

② 2008年6月12日爱尔兰再次举行对称为“欧盟条约”的《里斯本条约》进行全民公决。《里斯本条约》于2007年12月由欧盟27国领导人共同签署，用以取代遭到否决的《欧盟宪法条约》。按程序，该条约经各成员国批准后将于2009年生效。

③ 2005年11月5日，第四届美洲国家首脑会议在阿根廷旅游胜地马德普拉塔闭幕，布什重开美洲自由贸易区（FTAA）谈判的计划遭挫，会议最终未能就该问题达成协议。谌园庭，《美洲自由贸易区计划缘何搁浅》，载《半月谈》，2005年第22期，第87页。

④ 伊藤元重:《日本的EPA战略（中期目标）》，March 20, 2006, http://www.fpcj.jp/ch/mres/briefingreport/bfr_216.html; Takashi Terada, “Japan and the Origins of ASEAN+6: An Agent-Structure Analysis”, (Institute of Asian Studies, Waseda University, Tokyo, Japan) A paper presented at 48 ISA Convention (2007) in San Fransisco.

⑤ 日本有力无心，东盟有心无力，韩国无心无力，中国心有余而力不足。

域合作进程积极参与的态度。[①] 澳大利亚近十几年来一直强调“融入亚洲”的政策，它在2008年4月颁布的“2020国家战略设想”中，强调澳大利亚应在10+6框架下寻求能源合作，与亚太地区的美日中印等四大国协调。而在6月4日陆克文总理提出的“亚太共同体”倡议则更加明确了澳大利亚的跨区域性合作的构想。[②]

美国对东亚区域构架的影响力仍值得注意。在现存的东亚区域性合作构架中，美国并没有参与。然而，作为亚太地区唯一的超级大国，美国一直关注东亚区域合作进程，并对自身没有参与的东亚区域性构架心存疑虑。美国对于亚太区域的战略考虑是，通过一系列双边军事同盟体系，在安全上掌控亚太局势，经济上则通过按“新区域主义”理念建立起来的亚太经合组织，主导跨区域性经济合作网络的建构。近年来，美国试图重塑因全球反恐战争而削弱的在亚太区域的影响力，以自身利益为导向，重新建构一个美国主导下的亚太跨区域性国际关系秩序。2004年以来，美国曾在多种场合表示对“亚太自由贸易区”的倡议持有浓厚的兴趣。[③] 默默无闻的所谓“跨太平洋伙伴关系”（简称TPP）的安排，[④] 由于美国突然表现出愿意加入的兴趣而为世人所关注。2009年11月美国总统奥巴马在访问日本期间发表讲话，指出：“美国将在适应21世纪贸易需要的广泛成员和较高标准基础上，以建构地区协议为目标，加入跨太平洋伙伴关系国家的行列。”[⑤] 显然，美国已经将“跨太平洋伙伴关系”作为建构一种美国主导

① 2005年12月5日，印度的英文大报《印度斯坦时报》在头版刊登了一篇署名文章：《中印在东亚的战争》，称中国阻挠印度参加于本月14日在吉隆坡举行的首届东亚峰会。

② Kevin Rudd, “It’s Time to Build an Asia Pacific Community,” http://www.asiasociety.org.au/speeches/speeches_current/s55_PM_Rudd_AD2008.html.

③ 2004年11月APEC峰会上，工商咨询理事会（ABAC）向领导人提交成立“亚太自由贸易区”（FTAAP）的倡议。2006年11月的APEC会议上加拿大和美国都表示希望成员国考虑成立“亚太自由贸易区”。

④ 2006年新加坡、新西兰、文莱和智利四国提出了一项四小国建立以自由贸易为核心的跨太平洋经济合作安排。“Trans-Pacific Partnership”, http://web.me.com/jane_kelsey/Trans-Pacific_Partnership_FTA/TPP_%28US-P4%29_Negtns.html.

⑤ Remarks by President Barack Obama at Suntory Hall, November 14, 2009, Suntory Hall, Tokyo, Japan, http://www.whitehouse.gov/the-press-office/remarks-president-barack-obama-suntory-hall.

的亚太区域经济构架的抓手，积极推动这一新型框架的建立。[①] 而且不仅于此，2010年1月美国国务卿希拉里在夏威夷的亚洲政策演讲中，进一步要求亚洲国家“就美国如何在东亚峰会上发挥作用、东亚峰会将在更广的机构格局中处于何种位置、以及如何安排主要地区性会议从而能使各方最有效地利用时间等问题开始磋商”。也考虑积极参与“东盟+3”等区域新型机制。[②] 美国的这一态度转变，使得东亚区域合作机制的建构更显得扑朔迷离。

显然，对东亚共同体建设，东亚13国间似乎并没有达成一致，区域外关系密切而有影响力的大国则愿意加入进来。这样，东亚区域整合的进程便出现了不确定性：（1）是否需要强调东北亚和东南亚结合的东亚区域，还是应该加上南亚和南太平洋，从而形成一个“泛东亚”或西太平洋；（2）东亚共同体建构的平台是“10+3”，还是泛东亚的“10+6”；（3）东亚区域合作的进程应是建立东亚自由贸易区，还是推动泛东亚的紧密经济伙伴安排；（4）世界唯一超级大国美国是否可以被接纳进东亚区域合作构架中，如果可以，应以什么样的角色并发挥什么样的作用。这四个实质性问题将决定东亚区域整合是否能够成功，及其未来的发展方向。

三、东亚区域合作构架的独特模式

尽管在理念上存在着东亚区域整合的方向的迷失，但现实中东亚区域合作的进程仍在继续向前发展，区域合作机制仍在运行，东亚区域正在以符合自身特性的方式，探索建构区域秩序。这一过程将逐步验证东亚“开放区域主义”的有效性。

东亚区域与世界其他大洲相比，有其明显的特点。第一，地理的分割性。东亚区域由东北亚和东南亚两个相对独立的次区域合成，而中国由于其广袤的国土分别伸入东北亚和东南亚而将两个次区域组合成一个东亚。第二，地缘的开放性。从地理特性角度看，东亚在亚洲的东部，东南亚一

---

① Deborah Elms, “U.S. Trade Policy in Asia: Going for the Trans-Pacific Partnership?”, November 26, 2009, http://www.eastasiaforum.org/2009/11/26/u-s-trade-policy-in-asia-going-for-the-trans-pacific-partnership/; Claude Barfield and Philip I. Levy, “President Obama, the TPP and U.S. Leadership in Asia”, January 26, 2010, http://www.eastasiaforum.org/2010/01/26/president-obama-the-tpp-and-u-s-leadership-in-asia/#more-9550.

② Secretary of State Hillary Rodham Clinton, “Regional Architecture in Asia: Principles and Priorities”, January 12, 2010, Imin Center-Jefferson Hall, Honolulu, Hawaii, http://www.state.gov/secretary/rm/2010/01/135090.htm.

些国家和中国与南亚和中亚山水相连，东南亚与南太平洋密切相接，而美国则在西太平洋拥有海外领土，所以，东亚在地缘关系上是开放式的，这些区域保持着政治、经济和安全上的联系性。第三，历史的联系性。东亚区域自近代以来一直与欧洲和美洲有着密切的联系，东亚很多国家曾经是欧洲和美国的殖民地，至今仍与欧美保持着文化上和经济上的紧密联系。而冷战期间美国通过建立双边军事同盟体系，与一些重要的东亚国家维持着稳固的安全关系。第四，亚太区域中的东亚。当今世界是由不同的区域构成的，它们都是相对明确的地理范围和界限大洲，但唯一一个政治经济相结合的跨区域地缘范围，就是“亚太地区”。这是一个从上世纪60年代开始出现，冷战结束后广为世界政治与经济界所认知的区域。其范围大致是环太平洋区域，它包括由东北亚和东南亚所构成的东亚区域，南美洲的太平洋部分和南太平洋区域，成为世界上最大的一个地缘政治与经济的单元。

上述的东亚特点，导致东亚国家在推动区域合作时，既需要内在的相互整合，也要求域外势力的卷入。事实上，东亚区域外国家对东亚国际关系往往具有特殊的影响力。在东亚国家广泛开展合作的同时，一个重要的事实是，它们与区域外国家继续保持着自近代以来就形成的密切联系。这种联系体现在两个方面，一是双边政治、安全与经济的制度化协调。这以美国在亚太地区建立的一系列双边军事同盟关系和其他安全伙伴关系为代表。二是在“新区域主义”指导下建立的跨区域性的亚太地区多边经济合作和安全对话等机制作用突出。如在经济领域的主导跨太平洋合作的官方性亚太经济与合作组织，和非官方性的太平洋经济理事会，在安全领域则有官方性安全对话的平台，即东盟地区论坛，和第二轨道的亚太安全合作理事会。

东亚地区内的国家并不愿意以削弱与地区外国家的传统关系为代价，而仅专注于区域内的合作。相反，它们大都希望通过推动东亚区域内的整合和加强区域外的联系，获取双重的利益。事实上，东亚区域整合过程中一个重要的问题是，区域内一些国家间因实力差距过大而担心被对方控制，因而存在着明显的相互不信任。日本自己觉得在总体实力上难以与中国抗衡，一方面维持与美国的传统联盟关系，一方面试图将印度和澳大利亚拉入东亚合作体制中来制衡中国，同时试图推动参与东亚峰会的16个国家之间签署“经济伙伴关系”（EPA）协议。[①] 东南亚国家则担心中国或是日本的主导，而使自己边缘化，需要引入区域外大国对中日两国进行某种程度的牵制，故而强调所谓的“大国平衡”的战略选择。[②]

我们还应该认识到，由于东亚区域在地理上与其他区域联系密切，故难以绝对形成天然独立的地理区域。东亚区域内国家与区域外保持着传统的密切联系，而区域内国家间的整合也必然与区域外国家的利益紧密相关。而与东亚有密切联系的区域外国家，也愿意搭乘东亚经济快速发展的列车。与东南亚次区域天然连接的印度和澳大利亚自冷战结束后，一直强调与东亚国家间的密切联系，力图在东亚共同体建设的过程中发挥作用。澳大利亚长期以来就推行所谓的“融入亚洲”的政策，[③] 而印度则在本世纪初推出了“东向政策”。[④] 它们都已经成为“东亚峰会”的正式成员国，将在东亚区域合作进程中发挥重要作用。甚至过去对东亚区域合作持消极态度的美国，也明确表示了参与的态度。美国不仅坚持涵盖整个跨太平洋区域的“亚太经合组织”，试图建构“跨太平洋伙伴关系”，而且也在考虑参与东亚峰会等机制。可以说，与东亚国家具有实质性关系的这些国家，愿意以某种形式在东亚区域合作的进程中发挥作用和影响力，并从中获益。这就形成了一种特殊的东亚国家的外在指向的特性，以及域外国家对东亚区域的内在指向的选择，这两种双向的互动关系。因此，就东亚区域合作进程来说，需要一种适合并容纳这两种指向的构架。正如有的学者指出的，“东亚秩序建构的进程取决于地区内外因素的互动与整合，确立和逐步丰富东亚基于共同利益的战略框架”。[⑤] 笔者认为，就东亚区域合作而言，应该以东亚为地缘基础，建构一种区域内合作机制与地区外协调体制两结合的双层构架。

区域外国家参与东亚合作进程，将会带来消极作用。笔者认为至少存

---

① Gerry Albert Corpuz, “Japan’s EPA Strategy Targets East Asia,” January 24, 2008, http://www.upiasia.com/Economics/2008/01/24/japans_epa_strategy_targets_east_asia/7306/.

② 张锡镇：《东盟实施大国平衡战略的新进展》，载《东南亚研究》，2008年第3期，第20—25页；肖欢容、刘欣宜：《冷战后东盟的大国平衡战略》，载《东南亚纵横》，2009年第8期，第3—7页。

③ Sharif Shuja, “Australia’s Asia Policy”, *Contemporary Review*, Jul 2000, Vol. 277 Issue 1614, p.3, p.8; Paul Kelly, “Howards Decade: An Australian Foreign Policy Reappraisal”, December 2006, Lowy Institute, Paper 15.

④ C.S Kuppuswamy, “India’s Look East Policy: Gaining Momentum with the Prime Minister’s Visit”, South Asia Analysis Group, Paper no. 819, 20. 10. 2003; Fu Xiaoqiang, “India's ‘Look East’ Policy: Geopolitical, Historical and Perceptional Changes”, *Contemporary International Relations,* 2004, 14(9).

⑤ 门洪华：《东亚秩序建构：一项研究议程》，载《当代亚太》，2008年第5期，第70—86页。

在以下几点消极作用。第一，弱化东亚国家内部凝聚力。本来东亚国家之间在全球区域一体化的外在压力下凝聚在了一起，但由于历史和现实的问题所导致的区域认同不够，相互间互信不足，追求共同利益的程度不够高，域外国家则可能在参与东亚合作框架中根据自身利益，挑动东亚国家间的矛盾，甚至发生冲突，从而进一步弱化东亚国家间的凝聚力。第二，建设东亚共同体的目标可能会虚化。虽然“东盟 +3”领导人会议已经确定将建设东亚共同体作为长期目标，但对共同体的认识还没有完全达成共识，区域外国家的参与已经造成了东亚地理区域的泛化，如果没有制度性的规范，则可能会使东亚共同体失去地缘依托，最终成为一个虚无的想象。第三，东亚面临再次被撕裂的危险。自近代以来，东亚区域曾被西方殖民主义列强分别占领，二战后又被相互对立的东西方集团拉下的“竹幕”而分裂开来。冷战结束后东亚国家逐步走到一起共同推动区域一体化进程，意图实现东亚区域的整合。区域外国家通过与某些东亚国家保持和发展特殊关系，造成东亚国家相互间的疏离，严重的话可能会使刚刚开始整合的东亚再次被撕裂。第四，重回美国主导的泛亚太框架。东亚区域合作的开展是对“新区域主义”的超越，但如果按照近来美国倡导的“跨太平洋伙伴关系”计划，有选择地与一些东亚国家发展经贸关系，将把部分东亚国家纳入以美国为主导的经济体系中，形成一种与其亚太军事同盟体系相类似的经济“辐轴体系”，东亚国家十几年来努力建构的东亚区域性合作框架将失效，东亚共同体的构想将化解，东亚将再次重回美国霸权主导下的亚太体制。所以，如果东亚国家不能理性而合理地处理好东亚与区域外国家间的关系，大家苦心建构的东亚区域合作构架将会解体，在全球经济体系中极具活力的东亚经济圈将会被来自区域外的钢钎扎破。

不过，对于上述消极影响只是从最坏处评估。如果我们换一个角度来看，正是因为东亚国家经济的迅速发展以及在应对地区性和全球性金融危机中所体现出的活力，特别是东亚区域合作的一体化进程增强了东亚国家间的综合实力，使得澳大利亚和印度等域外国家需要搭上东亚区域合作的列车，而长期不愿意东亚区域凝聚成一个整体的美国，也改变了态度，接受了现实，并愿意以某种形式参与进来。事实证明，东亚区域合作一体化进程方向是对的，效果是好的，影响是大的，已经对亚太地区产生了巨大的吸引力。这更应该坚定我们东亚国家建构东亚共同体的信心和决心。

综合以上不同维度的分析，我们应该认识到，尽管东亚国家中有的学者和政治家认为，最佳的东亚区域合作模式应该是排除区域外国家的直接参与，真正实现东亚国家间的整合，从而建构一个完全由东亚国家组成的

“东亚共同体”。但是基于上述原因，这种一厢情愿的设想是难以实现的。东亚共同体的范围并不简单地限定在东北亚和东南亚所结合起来的东亚区域。在推动东亚区域合作一体化进程中，东亚国家应秉持“开放区域主义”理念，化消极因素为积极因素，变阻力为动力，趋利而避害，设计一种地域上的确定和制度上的开放的构架，努力建设符合东亚国家和亚太地区其他国家的共同利益的区域性秩序。因此，我们应设法跳出东亚区域整合中意图与结果的“悖论”，需要换一种思路来推动东亚区域的整合。

为此，笔者试图提出一个体现东亚区域合作现实框架的认知模式：“胡桃模式”（Walnut Model）。胡桃的特点是有一个连体内核的胡桃仁，再由一个外壳将其仅仅包裹住。有意思的是，胡桃的内核是由相互连体的四瓣构成的，内核是具有实质性的内容的果仁，是胡桃的精华，但果仁需要外壳的保护，否则自身难以存活与生长。外壳失去内核则没有任何实质意义。因此，果仁与外壳是相互依存与共生的辨证关系。

这里，笔者试图将这种独特的胡桃结构用来描述东亚区域合作的框架建构。胡桃的内核是由四瓣相互连体的胡桃仁构成的，这就像东亚区域合作的复合型框架一样。张蕴岭先生早在2003年便将东亚区域合作机制描述为“四个轮子”启动的构架。[①] 我们可以进一步将“10+3”形容为一部向着东亚区域合作一体化方向行驶的四轮驱动的汽车。这四个轮子分别是：“10+3”东亚领导人会议及其合作机制、“10+1”东盟分别与中日韩三国的领导人会议及相应的合作安排、东盟共同体建设和中日韩三国的东北亚次区域合作平台。此外，东盟国家犹如坐在驾驶座位上的司机，而中国和日本则是两部发动机引擎。这四个轮子的驱动车是相互联系相互作用的一个分部式区域聚合体，共同组成了东亚区域合作的基础性构架。[②] 从“开放区域主义”的原理来看，这是区域载体，应该是东亚共同体建设的实质性主体。事实上，2009年召开的第十二届“东盟+3”领导人会议的联合声明也明确表示，将以“10+3”机制作为实现东亚共同体长期目标的主要载体，由东盟在其中发挥主导作用。[③]

这样，自2005年以来所同时存在的“10+3”东亚领导人会议和“东亚

① 张蕴岭：《中国—东盟自由贸易区的机遇和挑战》，载《亚太经济》，2003年第3期，第2—4页。

② 苏浩：《构建一个‘胡桃模型’的东亚共同体》，载《环球时报》，2009年11月20日，第2053期。

③ 《东盟与中日韩领导人会议发表主席声明》，2009/10/25，http://www.fmprc.gov.cn/chn/gxh/tyb/zyxw/t622426.htm。

峰会”两个框架，就形成了一个“胡桃模式”的区域合作构架。这是一种双层结构的区域合作模式。[①] 如下图所示：

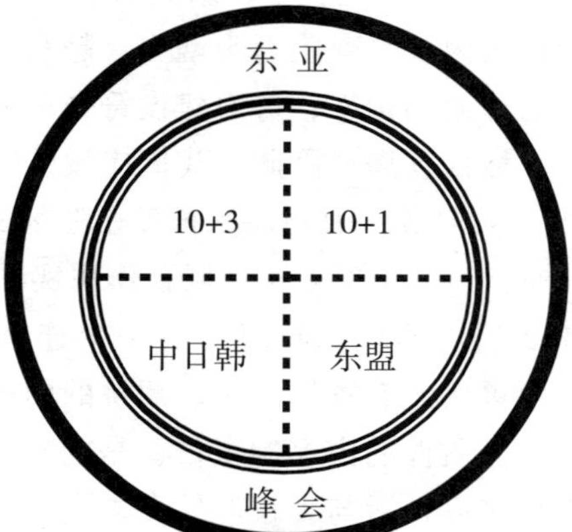

东亚区域合作的这种双层结构的“胡桃模式”，对于东亚区域，乃至整个亚太跨区域的区域性国际秩序的建构，有着重要的效应与意义。应该说，“胡桃模式”对于东亚区域合作和区域整合来说，具有良好的效应。第一，有助于加强东亚国家参与区域合作的信心。由于实力对比悬殊，东南亚国家对中日两国抱有巨大疑虑，而区域外国家的参与，使它们获得在某种程度上制约中日的杠杆，从而加强它们与中日协调与合作的信心。第二，“胡桃模式”中的四瓣连体内核各自发挥作用，可以缓解东亚区域中东盟、中国和日本相互间主导权竞争的状态，在既独立发展又相互连接的过程中形成整体区域合作效应。第三，区域外国家的参与，增强了日本与中国进行合作的底气，有利于中日关系的协调。第四，澳大利亚与印度由于地缘相近，与东亚国家都保持着实质性关系，也与中国维持着友好合作的关系，如果排斥它们参与东亚合作进程，将招致它们的不满与疑虑，而将它们引入东亚合作的“胡桃模式”中，则有利于变阻力为动力，充分发挥它们的积极作用。第五，近年来，美国一直对东亚区域合作进程保持着警惕，既怕被东亚国家排斥，更怕形成一种以中国为主导的东亚秩序，区域外国家的参与则可以在很大程度上减少美国对东亚整合的疑虑，从而减少来自美国的巨大阻力。甚至在条件成熟时，可以邀请美国、俄罗斯等与东亚有紧密联系的国家参会。

---

① 苏浩：《胡桃模型：“10 + 3”与东亚峰会——双层区域合作结构分析》，载《世界经济与政治》，2008年第10期，第33页。

“胡桃模型”是符合东亚区域合作现实的一种合理构架，也是“开放区域主义”在东亚的一种理想实践。东亚国家应鼓励和支持东盟共同体的建设和它在区域内的主导地位，在金融领域深化合作，巩固和加强区域性外汇储备库的建设，扎实推进“10+1”自由贸易区建设，通过从双边到三边渐进过程建成中日韩自由贸易区，在保障东亚区域内的粮食安全和能源安全的基础上，积极开展非传统安全领域的合作，使之成为专注于促进东亚共同体建设的大国协调框架。通过不断输入养分，注入新的活力，使胡桃的内核生长得丰满而结实。东亚国家也应该和区域外国家在东亚峰会框架内积极协作，把东亚和平、发展与繁荣的红利与它们分享。东亚峰会应该成为专注于东亚区域合作的一个大国协调的平台，发挥好保障东亚和平、发展与繁荣的外壳的作用。

四、结论

从理论上看，国际关系的学术研究对区域主义发展的三个阶段的认识没有形成一种共识，更没有系统而完整的理论支点来区分“新区域主义”和“开放区域主义”。相当一部分的学者对区域主义的研究仍停留在第二发展阶段上，对“跨区域主义”津津乐道。无论在学术界还是政策研究界，有的人是故意把“开放区域主义”放在区域主义的第二发展阶段理论框架中解读。其用意显然是要巩固西方主导的“跨区域主义”的制度性安排。我提出区域主义发展的第三个阶段——“开放区域主义”，并把它与第二阶段的“新区域主义”相区别，既强调它的传统区域主义的地域性的回归，又主张与区域外国家和其他区域的结合。从而为化解全球化和区域化两大国际关系发展趋势的矛盾，并为东亚特色的区域合作框架的建构提供一种理论分析视角。但是，亚太和东亚两个小圈对大圈的重叠和大圈对小圈的涵盖地域，是否需要区分，无论在理论上，还是在实践中，都存在着争论，并成为一种所谓“东亚主义”和“亚太主义”之间的竞争。① 这种理论上的争论和现实中的竞争，随着美国最近的亚洲政策调整，将会进一步加剧。

这种竞争在东亚区域合作的一体化进程中，时隐时现，一直存在。东亚峰会的召开使之成为区域合作过程中的一种显性矛盾，使得东亚共同体建设陷入某种程度的困境中。显然，简单套用欧盟模式，甚至世界其他区

① Ji Young Choi, “East-Asianism vs. Asian-Pacificism: the Contested Process of Formation of a Regional Identity in Asia”, paper for the ISA Annual Convention, May 1-5, 2005, Honolulu, Hawaii.

域的一体化建构的样本，都不能完全适用于东亚区域合作的现实。东亚需要突破传统的模式，必须进行制度的创新，才能保持区域的活力，促进区域的发展与繁荣。值得欣慰的是，东亚国家已经结合区域内复杂的国际关系的现实，探索出一个“胡桃模式”的区域合作构架。从总体来看，“胡桃模式”的双层结构的东亚区域合作机制的建构，是一种东亚“开放区域主义”的实践，它通过鼓励区域内国家间各自发挥区域整合的作用，兼容区域外国家的影响与利益，从而最终有利于建构一种长期稳定的东亚合作和区域整合的构架。这是一个“又好吃，又好看”的构架。笔者把东亚区域合作的双层构架的现实以“胡桃模式”的概念加以提炼，以便提供一个形象而简易的认知视角，供学术界和政策研究界来理性地看待东亚区域合作进程，并有明确的政策思路和蓝图来建构东亚区域，乃至亚太地区的国际关系秩序。

"东亚共同体"与东亚集体身份兴起的情感动力

季　玲*

纵观21世纪初期的第一个十年，东亚地区主义的发展历程可谓跌宕起伏。前半期，东亚地区主义蓬勃发展并在2005年召开东亚峰会前后达到高潮，随后，地区内外各种矛盾开始显现并激化，东亚一体化进程由此步入迷茫的十字路口。在第一个十年的后半期，东亚地区主义出现了动力不足、前景不明、凝聚力不够等困难，在第二个十年开局之际，地区内领土和海洋权益矛盾又趋于激化。东亚地区主义的起伏激发了研究地区主义、共同体和集体身份等问题的学者更加深入地思考这个独有的东亚现象。在21世纪初，东亚各国为何如此积极地支持并迅速接受东亚共同体的概念？作为主导东亚地区主义进程的关键行为体，东盟推动东亚共同体建设、认可东亚地区集体身份的动力在哪里？在东亚合作进程出现起伏、面临困难的时刻，重新思考21世纪初东亚共同体概念的提出、地区集体身份萌芽，探索其背后的驱动要素显然具有重要的意义。

随着21世纪初东亚地区主义的显著进展，学界对东亚地区合作的关注日益增多。时至今日，国内外从各个视角解释和预测东亚地区合作进程的文献可谓汗牛充栋。但是，真正关注东亚集体身份萌芽的文献并不多，大多数研究都是从理性主义视角来看待东亚合作进程的发展，并没有考虑东亚集体身份在这一进程中的变化。地区集体身份是在互动实践中被不断建构起来的，也会在互动实践中被消解。探求集体身份建构的驱动力量，对于地区一体化实践具有重要的意义，而这正是目前建构主义理论中缺失的环节，东亚地区主义实践正好为这种探索提供了一个窗口。

---

* 季玲，外交学院亚洲研究所副所长。本文发表在2011年第4期《外交评论》。

一、“东亚共同体”概念的兴起与东盟的作用

21世纪初，东亚地区主义的快速发展吸引了全世界的目光。[①] 之所以引人瞩目，最主要的原因是东亚地区合作发展快速，各国推进合作热情高涨，“东亚共同体”概念的快速兴起就表现了这两大特征。2001年在官方文件中正式出现了“东亚共同体”概念，到2005年东亚峰会召开前后，虽然东亚各国并未就东亚共同体建设达成实质性共识，但都普遍热情拥抱“东亚共同体”这一概念，地区集体认同也不断发酵。在这个过程中，东盟的倡导与推动发挥了至关重要的作用。

一般认为，包含东南亚和东北亚的“东亚”概念始自1990年马来西亚总理马哈蒂尔提出的“东亚经济集团”倡议。虽然该倡议因为美国的反对和各国利益分歧而未能付诸实施，但是东盟部长级会议在1994年、1995年以及1996年都邀请中、日、韩外长出席非正式午餐会，事实上为连接东南亚和东北亚三国做了心理准备。进而，在东盟的倡议和推动下，1996年启动了以东亚13国为一方、欧盟为一方的亚欧会议，由13国组成的“东亚”地区作为一个整体正式登上了国际关系舞台。可以说，在东盟的一手推动下，形成了涵盖东盟10国与东北亚3国的“东亚”概念，这为构建东亚地区认同、推动“东亚共同体”概念的兴起奠定了基础。[②]

1997年爆发的亚洲金融危机是东亚地区主义进程启动的直接原因。但是东亚地区主义并不局限于金融合作以防范金融危机再次爆发，而是在贸易、政治与安全各个领域蓬勃发展起来，“东亚共同体”概念也应运而生并得到热情支持。2001年东亚展望小组（East Asia Vision Group，简称EAVG）在其研究报告中首次提出以建立“东亚共同体”为目标的地区一体化设想。[③] 该报告为“东亚共同体”建设描绘了一幅相对清晰的图景，即从10+3对话机制开始，逐步沿着建设东亚自贸区，构建地区金融合作机制，发展社会、政治的合作框架，到最后建立东亚共同体这几个路径发展。[④] 建

---

① Hitoshi Tanaka with Adam P. Life, “The Strategic Rationale for East Asia Community Building”, in Jusuf Wanadi and Tadashi Ymamoto, eds., *East Asia at a Crossroad*, Tokyo: Japan Center for International Exchange, 2008, p.90.

② Takashi Terada, “Constructing an ‘East Asian’ concept and growing regional identity: from EAEC to ASAEN+3”, *The Pacific Review*, Vol.16, No.2, 2003, pp.251-277.

③ “Towards an East Asian Community: Region of Peace, Prosperity and Progress”, East Asia Vision Group Report, 2001, http://www.mofa.go.jp/region/asia-paci/report2001.pdf.

④ 张蕴岭：《东亚区域合作的新趋势》，载《当代亚太》，2009年第4期，第4—16页。

设东亚共同体的重要制度保障是东亚峰会（East Asia Summit，简称EAS），即东亚13国领导人平等参与的会议。报告认为，为建设与实现东亚共同体，东盟+3会议机制要逐步向东亚峰会转变。在评估该报告的基础上，由各国高级官员组成的东亚研究小组（East Asian Study Group，简称EASG）于2002年向13国领导人会议提交了报告，肯定了EAVG的意见，并提出了推进东亚共同体建设的26项具体措施。①

从2001年东亚共同体符号正式进入东亚区域合作官方文件开始，东亚地区关于"东亚共同体"前景的讨论快速升温。东盟国家的大力推动对此发挥了至关重要的作用。尽管东盟内部有些国家对EAVG和EASG报告中提出的相关措施，特别是对召开东亚峰会存有较大疑虑，但是东盟领导人会议还是多次肯定了EAVG和EASG的报告。随后，在2004年于万象召开的东盟+3会议上，东盟提出将"东亚共同体"确定为东亚合作的远景目标，并提议于2005年召开东亚峰会。② 有些东盟国家特别是马来西亚，更是倡导和推动"东亚共同体"设想的急先锋。2003年8月，马来西亚总理马哈蒂尔在第一届"东亚大会"开幕式上发表了题为《建设东亚共同体：前方的路》的长篇主题演讲，提出了"东亚共同体"建设的五项原则：互利、互敬、平等、一致和民主，他指出东亚共同体的目标是缔造"东亚共有、共治、共享的治理"；③ 2004年12月5—6日，马哈蒂尔的继任者巴达维总理进一步提出了建设东亚共同体的七点路线图，内容包括东亚峰会、东亚一体化宪章、东亚自由贸易区、东亚货币和金融合作条约、东亚友好合作区、东亚交通和通讯网络，以及有关人权与责任的东亚宣言。④ 在这些讨论中，"东亚共同体"作为地区合作的远景目标似乎已经扎下跟来。⑤

二、东亚共同体与集体身份形成的理论解释

在一体化或地区主义进程中，"共同体"概念与地区集体身份具有密切

---

① "Final Report of East Asia Study Group", 4 November 2002, Phnom Penh, Cambodia, http://www.mofa.go.jp/region/asia-paci/asean/pmv0211/report.pdf.

② "Chairman's Statement of the 8th ASEAN+3 Summit", Vientiane, November 29 2004, ASEAN Secretariat, http://www.aseansec.org/16847.htm.

③ Datuk Seri Dr Mahathir Mohamad, "Building the East Asian Community: the way forward", *New Straits Times* (Malaysia), Aug.5, 2003.

④ 季玲：《东亚合作新局面——第八次10+3领导人会议后东亚合作形势评析》，载《外交学院学报》，2005年第2期，第51页。

⑤ "East Asian Community Taking Root", *The Nikkei Weekly* (Japan), July 18, 2006.

的关联。在早期社会学文献中，共同体就被界定为拥有共同事物的特质、相同身份与特点的感觉的群体关系。[①] 集体身份是界定共同体的特征之一。在国际关系研究中，关于安全共同体、地区一体化的研究也都指出了集体身份或认同对于共同体形成的重要意义。多伊奇把安全共同体的创建看作是一种认同建构的实践，将其界定为“某种程度上普遍化的共同认同或忠诚”。[②] 同样，以共同体形成为主题的地区一体化理论虽然属于新自由主义理论范畴，但是正如温特所指出的：“集体认同是一体化理论的核心变量，因为没有集体身份，一体化充其量也只能说是形成了暂时的合作行为，而不能说是形成了共同体。”[③] 可见，共同体概念本身包含有某种集体身份的含义。东亚地区主义经验也充分体现出共同体概念与集体身份之间的这种关联。

随着区域内国家对“东亚共同体”热情的提升，“东亚共同体”不仅作为地区主义进程的远景目标被确立起来，还日益成为构建东亚集体身份的渠道，催生了“东亚人”、“我们感”等诸多标识集体身份的概念。东盟国家的这种集体身份感表现得尤其明显。比如，东盟秘书长特别助理在其题为《走向东亚共同体：旅程已经开始》的文章中，就骄傲地宣称：“我们东亚人民正在经历着这个广大区域中具有历史意义的发展……最重要的是，我们东亚人民有能力一起努力，为我们所有人创造一个更好的未来，也为我们的子孙创造一个更好的世界。”[④] 马来西亚巴达维总理甚至呼吁：“东亚共同体必须由东亚人组成、必须由东亚人来建设。”[⑤] 根据日本媒体的报道，对于巴达维总理的这种呼吁，听众没有表示任何的不妥。[⑥] 可以说，伴随着“东亚共同体”概念的提出与讨论，东亚地区集体身份在一定程度上开始萌芽。也有学者认为，建立东亚共同体的决定本身就标志着东亚认同的产生与发展。[⑦]

---

① 菲迪南·腾尼斯著，林容远译：《共同体与社会：纯粹社会学的基本概念》，北京：商务印书馆1999年版，译者前言。

② Karl Deutsch, *The Analysis of International Relations, 3rd edition,* Englewood Cliffs, NJ: Prentice Hall, 1988, p.271. 转引自阿米塔·阿查亚著，王正毅、冯怀信译：《建构安全共同体：东盟与地区秩序》，上海：上海人民出版社2004年版，第37页。

③ Alexander Wendt, “Collective Identity Formation and the International State”, *American Political Science Review*, Vol.88, No.2, June 1994, p.384.

④ Termsak Chalermpalanupap, “Towards an East Asia Community: The Journey Has Begun”, ASEAN Secretariat, http://www.aseansec.org/13202.htm.

⑤ “East Asian Community Taking Root”, *The Nikkei Weekly* (Japan), July 18, 2006.

⑥ Ibid.

⑦ 俞新天：《东亚认同的发展与培育》，载《当代亚太》，2007年第4期，第10页。

但是，如前所述，从集体身份视角来看待“东亚共同体”兴起的研究并不是很多。部分致力于探讨这种集体身份兴起的解释，也都是依据温特所提出的集体身份建构理论。温特集体身份理论存在着缺乏动力机制的先天缺陷，对于东亚共同体与地区集体身份兴起的经验研究，以及对2005年后东亚共同体与地区认同弱化趋势的思考充分暴露了这种缺陷。

温特将集体身份即认同形成概括为“自我与他者的界限变得模糊”、“认同总是涉及扩展自我的边界，使其包含他者”。[①] 对于集体身份如何得以产生，温特提出了如下假设：如果行为体在互动中施行“亲社会”的政策，互动中的行为体通过“反射评价”作用就会将彼此的角色身份确定为朋友，而一旦确定为朋友，集体身份就形成了。[②] 简单地说，“反射评价”就是采取他者的视角来看待自我。这是一种没有方向性的机制，采取敌人的视角和采取朋友的视角都是采取他人的视角，不能解释身份关系是进化为“朋友”还是退化为“敌人”。因此，“亲社会行为”就成为集体身份得以形成的关键。亲社会行为指的是造就朋友的再现活动，包括在对待他者时不仅仅要考虑到他们的个人安全，而且还关心他们，即便在没有狭隘私利的情况下也愿意帮助他们。[③] 根据这种逻辑，引起行为体采取“亲社会行为”的变量就是集体身份得以形成的变量。在温特的理论中，这样的变量主要有四个，即相互依存、共同命运、同质性以及自我约束。

研究东亚合作的现有文献也多以“相互依存”和“共同命运”的加深作为变量，来解释东亚共同体及东亚认同的兴起。比如中国学者俞新天认为，导致21世纪初东亚认同兴起的原因是“全球化条件下更高的相互依存水平”。[④] 亚洲金融危机让东亚各国深刻地感受到这种相互依存，“1997年亚洲金融危机促进了东亚各国联合抗御经济全球化负面作用的意向，使东亚认同进入了一个新的阶段”。[⑤] 在解释东亚概念的形成与地区身份的兴起时，日本学者也探讨了亚洲金融危机和全球区域主义在地区认同形成过程中的重要作用。他们认为，亚洲金融危机增强了东南亚与东北亚国家的共同命运感，意识到东亚地区相互依存正在加深。而与此同时，欧洲与北美快速

---

① 亚历山大·温特著，秦亚青译：《国际政治的社会理论》，上海：上海人民出版社2000年版，第287页。

② 同上，第428页。

③ 同上，第428页。

④ 俞新天：《东亚认同的发展与培育》，第4页。

⑤ 俞新天：《东亚认同感的胎动》，载《世界经济与政治》，2004年第6期，第20—21页。

发展的地区主义则为东亚国家划分自我与他者的边界提供了借鉴。① 这些从建构主义视角解读亚洲金融危机与全球化区域化推动地区认同形成的论著，并没有脱离温特的集体身份形成理论框架，当然也没能克服温特集体身份形成理论的逻辑缺陷。

从逻辑上来说，温特提出的四个主变量并不能真正导致亲社会行为的产生，因而也不能充分解释集体身份的形成。现实主义学者就曾论证，随着相互依存程度的加强，行为体的脆弱性提高，国家的不安全感反而更有可能加剧，从而决心采取措施减少对他国的依赖。② 与相互依存一样，具有共同命运和同质性的行为体也不一定能实现合作。中外历史上，行为体即使面对共同敌人，由于相互之间充满敌意和不信任而无法合作，以致最终被消灭或侵略，这样的例子不胜枚举。同质性的国家比如民主国家之间也会成为竞争对手，难以开展合作。所以，这三个变量本身并不足以解释集体身份的产生，原因在于行为体之间的疑虑、恐惧心理阻碍了这些变量发挥作用。温特本人也承认，仅仅依靠这三个变量并不能充分解释集体身份的形成，因此他转而借助"自我约束"这个变量来解决建立信任问题。

在温特看来，通过自我约束可以"克服被他者所吞没的恐惧"③，建立信任。根据温特的理解，自我约束是一种信念，即相信他者会在自我要求方面施行自制。温特诉诸习惯性逻辑来论证自我约束产生信任的过程：A 国不断地服从规范，使得服从成为一种习惯，而 B 国通过观察 A 国的习惯性服从行为，发现 A 国的外交政策中并没有抱怨，这样就可以相信 A 国会自我约束，尊重 B 国的需求。④ 但是，习惯性逻辑更像是描述存在信任这一现象，并没有对其产生提供一种有效解释。问题在于，B 国是在一定的心理条件下（如疑虑、恐惧、信任等）观察 A 国行为的。如现实主义所论证的，在恐惧的心理状态下，防御性的行动也会被解读为进攻性行为。⑤ 要消除恐惧、建立信任，必须要找出行为体能够相信他者、愿意从积极方面去理解与解释他者行为的驱动力量，也就是行为体愿意采取亲社会行为的最终动力所在。

---

① Takashi Terada, "Constructing an 'East Asian' Concept and Growing Regional Identity: From EAEC to ASEAN + 3", pp. 251-277.

② Joseph Grieco, "Anarchy and the Limits of Cooperation: A Realist Critique of the Newest Liberal Institutionalism", *International Organization,* Vol. 42, No.3, 1988, pp. 485-508.

③ 温特：《国际政治的社会理论》，第431。

④ 同上。

⑤ Neta C. Crawford, "The Passion of World Politics: Propositions on Emotions and Emotional Relationships", *International Security*, Vol. 24, No. 4, Spring 2000, p. 116.

与温特的理论一样，对东亚共同体与东亚认同兴起的经验解释也不充分。在东亚地区主义进程中，东盟对东亚认同感的兴起发挥了关键性的作用。在金融危机的冲击下，在全球化与区域化浪潮的压力下，东亚各国意识到共同命运与相互依存，这一点并不能充分解释东盟推动东亚共同体建设、认同东亚地区集体身份的现象。正如2005年之后东亚合作历程所昭示的，共同命运与相互依存的加强有可能加深东盟国家对自身主导能力和未来发展的疑虑，从而使东盟对东亚合作丧失信心与兴趣，转而致力于内部一体化建设。而没有东盟这个黏合剂，东亚地区认同感的弱化也就不可避免了。因此，我们仍然不知道在21世纪初，东盟为何能消除疑虑，愿意采取亲社会行为——主动倡议并支持东亚共同体建设、提倡东亚认同，其背后的驱动力量究竟是什么。这里所追问的其实就是集体身份建构的动力机制问题。

三、情感施动性与集体身份建构的动力机制

温特建构主义身份理论不能揭示集体身份建构的动力所在，其原因在于回避了社会身份概念中的情感因素，忽视了行为体的情感施动性。身份是一个情感充予（emotion-laden）的现象，既包含行为体对社会环境的认知，也包含行为体对该身份符号的情感含义，社会学和社会心理学的相关身份理论已经充分论证了这一点。比如社会心理学领域的社会身份理论给社会身份下的定义就是，个体自我概念中来源于“个体对所属团体成员资格的认知和成员资格所包含的价值和情感意义”的那一部分。[①] 情感意义与认知共同构成了社会身份的基本要素。在社会学领域，秉承认知主义符号互动论的角色身份理论也承认，行为体对角色身份的情感承诺（affective commitment）对于该身份的突显等级的重要意义。[②] 对于温特建构主义身份理论而言是，虽然其基本概念角色身份和集体身份来源于社会学和社会心理学，但是其关于行为体的认知主义施动性的假定，掩盖了行为体身份政

① H. Tajfel, *Human Groups and Social Categories: Studies in Social Psychology*. Cambridge, UK: Cambridge University Press, 1981, p.255.

② Sheldon Stryker and Richard T. Serpe, “Commitment, Identity Salience, and Role Behavior”, in W. Ickes and E.S. Knowles, eds., *Personality, Roles, and Social Behavior*, New York: Springer-Verlag, 1982, pp.199-218.

治的“非理性”特征[①]及其情感意义。[②]实际上，情感施动性是行为体行为的根本驱动力量，影响着行为体认知的偏向，正是集体身份形成的关键动力因素。

（一）情感的概念

心理学界对情感（或情绪）的概念界定始终不能统一。进入21世纪后，在情绪心理建构主义学者的推动下，剥离情绪概念中认知要素的“核心情感”（core affect）概念受到越来越多的重视，情绪心理学界掀起了一场“核心情感”运动。[③]本文借鉴“核心情感”的概念，将情感界定为“一种被体验为好或不好、唤醒和沉睡的简单非反思性感觉状态”。[④]从神经生物学角度讲，情感是一种神经生理活动状态，是能够意识到的最基础的情感体验。情感具有两个分析维度，一是表现为愉悦与不愉悦的效价维度（valence dimension），它也可以用积极情感与消极情感来表述；二是表现为唤醒与沉睡的强度或能量维度（energy dimension）。情感不涉及任何高级认知（反思性认知）的内容，也不表现为某种具体的离散情绪（discrete emotion）。对人类行为和认知进程而言，剥离了认知内容的情感具有独立的功能，表现为情感的动机性以及对情感对认知活动的组织作用，这两大功能构成行为体情感施动性的重要方面。

（二）情感动机性与行为体趋避行为倾向

情感与认知对于人类行为具有不同的意义和功能。正如心理学家伊扎德所说：情感促动行为，而认知框定行为的方式。[⑤]感知、判断、推理等认知进程只是告诉人们如何去做，那人们为什么去做呢？这就是动机理论所要解决的问题。

很长时间以来，学者们并没有理解情感与动机之间的联系。实际上，

---

① Vincent Pouliot, “The Logic of Practicality: A Theory of Practice of Security Communities”, *International Organization*, 62, Spring 2008, pp.257-288.

② Andrew.A.G Ross, “Coming in from the Cold: Constructivism and Emotions”, *European Journal of International Relations*, Vol. 12, No.2, 2006, pp.197-222.

③ Andrea Scarantino, “Core Affect and Natural Affective Kinds”, *Philosophy of Science*, Vol. 76 (2009), p.940.

④ James A. Russell, “Core Affect and Psychological Construction of Emotion”, *Psychological Review*, Vol.110, No.1, 2003, pp.145-172.

⑤ Carroll E. Izard, “Emotion Theory and Research: Highlights, Unanswered Questions, and Emerging Issues”, *Annual Review of Psychology*, Vol.60 (2009), p.5.

“在许多情况下，情绪本身就是一种目标行为，即我们之所以从事某种活动，因为我们知道它将给我们带来愉快。”[①] 情感的这种动机性得到神经科学实验研究的支持，也得到情绪心理学家的理论认可。心理学家汤姆金斯（S. S. Tomkins）早在20世纪就认为，生理需要经过一种媒介的放大，才能驱策有机体去行动，这种起放大作用的媒介就是情绪。同满足生理需要与否相联系的情绪反应，在决定内驱力是否能成为现实的动机力量方面起着关键的作用。[②] 进而，情绪的动机作用不仅表现为放大生理需求，情绪本身就是一种基本的动机系统。[③] 人类行为总是为了追求积极、愉悦的情感体验，而避免和消除消极、不愉悦的情感体验。因此，积极的情感体验总是驱动着行为体趋近带来该种情感体验的目标，行为体也总是倾向于逃避甚至是消除带来消极情感体验的目标。情感所具有的这种动机性为人类行为提供着或趋或避的最终驱动性力量，它是情感与社会行为关联的重要基础，也是行为体身份界定与转化的最终动力。

社会学在身份研究中已经开始重视情感动机性及其对行为的影响。社会学家斯特莱克（Sheldon Stryker）指出，从总体上看，积极情感更有可能导致行为体在这些身份关系中追求更多的互动，而消极情感则会对身份关系产生相反的效果。强烈的积极情感会引起与情感相联系身份的确认行为，而强烈的消极情感会导致行为体否认与该情感联系的社会身份的行为。[④] 麦考尔（George McCall）和西蒙斯（J. L. Simmons）也认为，当身份行为得不到他者支持从而产生消极情感时，行为体会采取从选择性感知、选择性诠释到责怪、批评、制裁他者甚至是中断互动等行为。[⑤] 总之，行为体在互动中体验到愉悦的积极情感时，人们倾向于接近、维持并增加产生这种情感的社会互动；反之，人们则倾向于采用多种战略去减少、逃避甚至是中断该社会互动。这种趋避行为是社会身份形成与转化的根本动力，行为体在互动中的情感变化体验启动了重新界定行为体与他者关系的进程，因而，行为体社会身份变化也就获得了动力。

---

① Carroll E. Izard, “Emotion Theory and Research: Highlights, Unanswered Questions, and Emerging Issues”, p.5.

② 转引自乔建中：《情绪与动机：情绪心理学家的动机理论》，载《南京师大学报》（社会科学版），1993年第3期，第52页。

③ 孟昭兰：《情绪心理学》，上海：上海人民出版社1989年版，第35页。

④ Sheldon Stryker, “Integrating Emotion into Identity Theory”, in Jonanthan H. Turner, ed., *Thoery and Research on Human Emotions*, Oxford, UK: Elsvier Ltd, 2004, pp.11-12.

⑤ Jan E. Stets, “Identity Theory and Emotions”, in Jan E. Stets and Jonathan H. Turner, eds., *Hardbook of the Sociology of Emotions*, New York: Spriner, 2006, p.205.

（三）情感对认知活动的组织作用与行为体的认知偏向

情感不仅仅影响着互动中行为体的行为倾向，为身份转化提供行为动力，还组织着行为体的相关认知活动，影响行为体对互动进程的评估结果，从而影响行为体判断自身与互动他者的身份关系。

情绪心理学的实验研究证明，情感对注意、判断、记忆提取以及预测等认知活动具有“组织作用”[①]，这种组织作用的一个重要原则是情感/心境一致性原则（mood-congruency effect）。行为体的信息加工能力由于信息的广泛性而受到局限，因此选择性信息加工是人类大脑工作的一种特性，它是行为体适应无限繁多刺激物的一种方式。[②] 信息加工的选择性决定了注意具有一定的指向性与集中性，情感则使得注意所关注的信息面变得更加狭窄。根据心境一致性原则，愉悦的情感促使人们关注并接触到积极的素材，不愉悦的情感则使人们关注消极的素材。同样，行为体的判断、记忆提取、精神模拟等认知活动都大体上遵循着心境一致性原则：情感越愉悦，行为体对客体的评估判断就越积极，对未来的预期就越乐观；如果情感体现了当前环境的情感品质，那么行为体就更容易提取与当前环境具有相似情感品质的记忆。[③]

情感对行为体认知活动的组织作用为行为体与他者关系的界定提供了方向性，也就是说互动中的情感体验影响到行为体关于他者是敌是友的判断。行为体的互动中，互动的具体内容即物质交换是行为体认知活动所要处理的主要信息对象。根据温特对集体身份的界定，利益上的相互促进是很重要的一个衡量标准。[④] 在国际关系互动中，利益协调与利益冲突是难以避免的，行为体对互动中涉及相互利益的信息如何感知、归因、判断、类比和预期显得尤其重要。积极的情感感受使得行为体更加关注互动中的积极因素，也更容易从积极意义上去界定与他者的关系，反之，行为体则更容易将与他者的关系界定为消极的，甚至是敌对的。

国际关系学界情感研究的倡导者们也注意到情感对行为体认知进程的

---

① L. Sroufe, “Socioemotional Development”, in D. Osofsky, ed., *Handbook of Infant Development*, New York: Wiley, 1979.

② 孟昭兰：《情绪心理学》，第100页。

③ Russell, James A., “Core Affect and Psychological Construction of Emotion”, *Psychological Review*, p.156.

④ Alexander Wendt, “Collective Identity Formation and the International State”, pp.385-387; 温特：《国际政治的社会理论》，第287—288页。

重要作用。克劳福德认为，个人或团体将其与他者的关系分为不同的情感种类，这些不同种类的情感关系影响着他们对他者的知觉，尤其是影响他们对他者行为或所处的情境的解释。[①] 国际政治中的许多行为都是模棱两可的，外交政策制定者需要不断地归因他者行为的原因和动机。团体间之前存在的情感性关系会影响到对他者行为原因和意图的归因。比如，如果之前存在的情感关系是友善的，彼此之间存在着移情性相互理解，行为体就会将他者的模糊性行为解释为中性、积极的；而如果行为体之间处于恐惧、厌恶等消极的情感性关系，就会对他者行为做出消极的评估，行为体就不太可能将他者行为理解为中性或者是积极的。同样，默瑟也提出了"情感与认知在信念中相遇"[②] 的观点，认为诸如信任、民族主义、正义以及可信性等情感充予的概念实际上是情感建构的信念，即情绪信念（emotional belief）。在信念建构的过程中，情感是同化机制，影响到行为体证据（信息）的选择、解释和评估认知等进程。默瑟认为与行为体感觉（feeling）相符的信息（证据）不需要进一步研究就被接受，而信息与感觉不相符则促使行为体寻求更多的证据，或者直接导致行为体低估或忽略这种不相符信息。[③] 这些假设基本上都心境一致性原理相一致。

总之，行为体互动过程中所体验到的情感以及与该情感感受相联系的行为倾向与认知偏向，共同构成行为体界定与重新界定社会身份的基础。一旦加入了行为体的情感施动性，建构集体身份就获得了动力机制，即当相互依存、共同命运等理性思考增加合作性互动时，互动中的情感体验使得行为体获得了克服疑虑和恐惧的行为倾向与认知偏好，为界定和重新界定集体身份提供了驱动力量。在东盟推动东亚共同体兴起、东亚认同感增强的经验案例中，这个情感动力机制可以得到初步验证。

四、东盟推动"东亚共同体"兴起的情感动力

东亚共同体的兴起在很大程度上有赖于东盟的支持与推动，东盟首先采取"亲社会行为"是促使地区集体身份萌芽至关重要的因素。除了在地区经济一体化中日益增强的相互依存和在金融危机中切实感受到的共同命

① Neta C. Crawford, "The Passion of World Politics: Propositions on Emotions and Emotional Relationships", *International Security*, Vol. 24, No. 4, Spring 2000, pp. 134-135.

② Jonathan Mercer, "Emotional Beliefs", *International Organization*, Vol.64, No.1, January 2010, p.25.

③ Ibid., pp.8-9.

运之外，在互动过程中不断体验到的积极情感是东盟克服疑虑、增强自信并信任地区大国的驱动性因素。

（一）积极情感与东亚区域合作进程的启动

冷战结束后，东盟成为国际社会尤其是亚太事务中的一支重要政治力量，自信心大大提升。柬埔寨危机的政治解决，向国际社会显示了东盟作为一个地区组织解决地区问题的积极态度，展示了东盟利用独特方式解决危机的有效性，东盟的国际地位随之大大提升。时任新加坡外长贾古玛认为，冷战结束后，国际社会地位的提升使得东盟国家普遍沉浸在一种“自信情绪”之中。[①] 随着1994年东盟倡导的亚太地区唯一的多边政治与安全官方对话机制——东盟地区论坛的成立，“自信”更是成为东盟国家领导人讲话中的一个重要关键词。泰国外长素林在评论第一届 ARF 会议的成果时表示：“东盟延续了自信，这本身就是一个巨大的成就。东盟的自我身份每年都会增强一点，自信都会增加一点。”[②] 贾古玛在总结曼谷会议时说：“我们现在进入了一个重要的阶段，这个阶段展现了东盟国家在更大的亚太范围内发挥作用的自信。”[③]

1997年开始爆发的亚洲金融危机虽然严重损害了东盟的国际声望，但是却没有过于挫伤东盟的自信之情，反而激发东盟通过加强与地区大国合作、构建地区合作秩序来增强自信的愿望。1997年12月，东盟召集了第一次东盟 +3 领导人非正式会议，真正意义上的东亚区域合作拉开了序幕。泰国外长素林认为：“东盟虽有缺点，但是东盟所取得的成就证明了东盟地区秩序制造者的作用，而与中日韩扩大合作，建设东亚13国集团是东盟所取得的最为引人注目的成就。”[④] 也因为如此，当时的东盟秘书长塞维林若再三强调：“金融危机并没有让东盟变得无关紧要，而是证明了东盟更加必要。”[⑤]

---

① S Jayakumar, “Asean Comes of Age as New Challenges Loom”, *Business Times* (Singapore), June 1, 1994.

② Yang Razali Kassim, “When ASEAN Becomes a Player on the World Stage”, *Business Times* (Singapore), August 3,1994.

③ Lee Kim Chew in Bangkok, “ASEAN ‘Has Entered New Phase in Development’”, *The straits Times* (Singapore), July 28, 1994.

④ Deborah Loh, “ASEAN’s Family with Its Beauty Spots and Warts,” *New Straits Times* (Malaysia), June 14, 2003.

⑤ Yang Razali Kassim, “ASEAN Is More Relevant than Ever,” *Business Times* (Singapore), August 1, 1998, Weekend Edition.

总之，东亚区域合作（10+3）进程之所以能启动，不仅仅是金融危机的驱动，更与东盟在冷战结束后所经历的自信情感有很大的关系。如果没有充分的自信，东盟作为一个地区小国集团不会也无法启动并主导囊括地区大国的合作架构。

（二）追求积极情感与东盟推动“东亚共同体”的行为倾向

东盟在20世纪90年代完成扩大使命后，成员国之间因经济差距扩大导致协商一致的难度加大，自身一体化建设面临着重重阻力。东盟虽然宣布自贸区已经于2002—2003年基本建成，[①] 但是由于各种原因，不少成员国对于某些重要产品的减税期限提出保留或延期。[②] 2001年东盟内部出口只占东盟出口总额的20%，与1970年处于同一个水平。[③] 相比之下，东盟各国与中日韩的合作却成果不断。短短4年内，就实现从金融合作到自贸区谈判、再到提出东亚共同体长远目标以及建立新机制的发展历程。对于东盟的这种行为倾向，《日本时报》进行了这样的描述：“东盟对自身经济一体化的推进力度减弱，而对与中、日、韩建设自贸区建设更为积极。……充分实施东盟自贸区的长远目标似乎已从东盟各国领导人的视野中消失。与之形成对比的是，东盟国家……大肆讨论与中国、日本和印度建立自贸区，而这些自贸区建成的时间都要早于东盟设定的建成内部自贸区的时间。”[④] 同样，在设立东亚共同体的长远目标以及支持召开东亚峰会等问题上，东盟国家表现出了主动倡导、积极推动的行为取向。正如EASG报告中所揭示的，东盟国家其实对于东亚峰会的召开存有很多疑虑，但在2004年万象峰会召开之际，大多数东盟国家都同意于2005年提前召开东亚峰会，之前对于召开东亚峰会所存有的疑虑和分歧似乎暂时被掩盖起来了。

东盟对东亚合作充满热情很大程度上受到积极情感体验的驱动，这种积极情感体验与中日韩竞相追逐与东盟深化合作的政策行为相关。21世纪初，在中国积极外交政策的带动下，中日韩三大国竞相与东盟开展自贸区谈判、签署《东南亚友好与合作条约》，积极参与以东盟为规范和制度核心的各个“东盟+”模式的会议机制。东盟对地区一体化秩序的主导作用得到

---

① “ASEAN Annual Report 2002-2003”, ASEAN Secretariat, http://www.aseansec.org/ar03.htm.

② 韦红、邢来顺：《国内政治与东盟一体化进程》，载《当代亚太》，2010年第2期，第49—50页。

③ Walden Bello, “Is ASEAN Irrelevant?”, *Business World,* December 14, 2004.

④ Harvey Stockwin, “ASEAN Further Devalued Itself at Summit,” *The Japan Times*, October 20, 2003.

充分确认，东盟的自信在东亚一体化进程中不断提升。在2005年东亚峰会召开前夕，前东盟秘书长王景荣在谈到东盟的政治成就时指出："政治上，东盟在东亚合作中扮演着越来越重要的作用，东盟的信心不断增强。"① 也因为如此，对于东盟国家来说，东亚峰会召开的意义可能不在于其对地区一体化所具有的实际推动意义，更多的是彰显东盟主导地区一体化进程所具有的象征性意义。② 东亚峰会象征性意义的背后是东盟国家提升身份确认、追求积极情感的需求。东盟国家在10+3合作进程中所体验到的积极情感暂时掩盖了关于东亚峰会的分歧和疑虑。泰国《民族报》准确地指出，"十年来，东亚领导人为他们的全方位合作而欢呼，这种愉快的情感是如此之强，以至于没有一个国家想要探讨可能出现的问题，而成为打破好心情的第一人。"③ 马来西亚国家领导人坚持不懈地大力倡导和推动东亚共同体进程更是情感驱动的明显例证。马哈蒂尔之所以大力推动东亚共同体，很大一部分原因是他将东亚共同体看作是其1990年提出的东亚经济集团倡议的胜利，是对马哈蒂尔个人以及马来西亚作用和成就的认可。所以当东亚领导人通过东亚展望小组报告提出建立东亚共同体的倡议时，马哈蒂尔公开向媒体宣称自己"离开文莱时心满意足"。④

总之，对于东盟国家来说，推动东亚地区合作并在其中占据主导地位具有重要的经济考量，但是如果不是因为有足够的自信并且追求自信等积极情感体验，东盟也不会对"东亚共同体"抱有如此高的热情，不会如此迅速就克服了对东亚峰会后"东盟 +"模式的疑虑和恐惧。当然，东盟对东亚共同体的偏好与热情，还建立在东盟对自身在地区合作中的能力、地区大国的作用具有积极的认知评估基础之上，而这种关注积极面的认知进程也与自信等积极情感高度相关。

（三）积极情感与东盟对自身能力以及互动他者作用的积极评估

东盟国家虽然对东亚合作充满热情，表现出积极推动的行为倾向，但同时也充分而深刻地认识到自己作为小国集团的先天不足。对地区大国影

① Ong Keng Yong, "Asean Secretary-General's Message", *New Straits Times* (Malaysia), August 8, 2005.

② "Indonesia Questions Value of East Asian Summit Plan," *The Jakarta Post* web site, Jakarta, in English 29 June, 2004, *BBC Summary of World Broadcasts,* June 29, 2004.

③ "Regional Perspective: Mixed Views on East Asia's Future Path," *The Nation* (Thailand), May 10, 2004.

④ Ashraf Abdullah, "Leaders Concur Formation of East Asian Community Inevitable," *New Straits Times* (Malaysia), November 8, 2001.

响力增大的恐惧、对自身未来的担忧等等常常干扰着东盟投身于东亚一体化进程的努力。一些东盟国家尤其是印尼一直对东亚峰会的召开疑虑重重。东盟如何评估自身在东亚合作中的能力、如何看待地区大国的影响和作用，对于东盟是否会真心推动“东亚共同体”并以东亚地区集体身份来界定自我至关重要。

21世纪初，东盟在与东北亚三国互动中日益增强的自信，使得东盟对于自身能力具有平衡和积极的认知，普遍认为东盟有能力主导地区合作并平衡地区大国的力量。阿查亚教授指出，在与大国打交道的时候，“东盟的资产不仅仅是，甚至不主要是其物质资产，……东盟的团结与信誉是最关键的资本。”① 马来西亚主要媒体也认为在东亚合作机制中，“东盟具有团结优势，能够与东北亚三国建立制度联系。”② 东盟不仅认为凭借自身的团结有能力与东北亚三国开展合作，还对自身作为规范制定者和秩序提供者的主导地位比较自信。2000年，泰国副总理素帕猜·帕尼差帕在一个地区经济合作研讨会上指出：“东盟是推动亚洲形成像欧盟一样的统一贸易联盟的关键力量。”③ 马来西亚《新海峡时报》评论文章也认为，“东盟 +3”之所以可能实施，完全是因为有东盟的存在。④

与对自身能力积极评估相对应的是，东盟也更关注大国作用的积极方面，最明显的是开始重新评估中国的影响和作用。诚如政治家和学者所言，“现实政治决定着亚太地区的政治动态”。⑤ 在东南亚国家眼中，东亚地区最大的现实政治就是中国力量的崛起。在东亚合作过程中，东南亚国家对中国崛起的威胁感知一直被视为主要障碍之一。⑥ 虽然现实主义的战略考虑必定要在东亚共同体建设中发挥作用，但对中国的现实主义感知并不等于“中国威胁论”。现实政治的思考也会有消极的结论和相对积极的判断，问题的关键仍然在于互动。

20世纪90年代，随着中国经济力量的增强以及中国军费开支的增长，

---

① Amitav Acharya, “Strengthening ASEAN as a Security Community”, *Jakarta Post*, June 14, 2003.

② “Asean still Indispensable”, *New Straits Times*, January 7, 2001.

③ Naranart Phuanganok, “Asean to Push for Asian Group”, *The Nation* (Thailand), September 20, 2000.

④ Ali Alatas,“Asean Well and Alive”, *New Straits Times* (Malaysia), October 10, 2000.

⑤ Park Sang-seek, “Reshaping East Asia: East Asian Summits”, *The Korea Herald,* December 19, 2005.

⑥ “China’s More of Economic Threat than Security”, *Malaysia General News*, December 4, 2006.

在美日等国家的煽动下，“中国威胁论”甚嚣尘上。不过，在进入21世纪之后，这种将中国视为严重安全威胁的认知发生了重要变化。随着中国日渐深入参与东盟主导的地区政治经济秩序，加上中国认可与支持东盟的地区主导国地位，使得东盟国家对中国的好感大大增强。东南亚国家对于中国崛起所产生的政治和经济威胁感知都在不断下降，“中国威胁论”逐渐被“中国机会论”所取代。①2004年底BBC国际民调显示，中国在东亚6个邻国中的认可度多在从菲律宾的70%到韩国的49%之间，只有在日本的认可度为22%。② 这种转变是如何发生的呢？在2007年1月的达沃斯世界经济论坛的记者招待会上，马来西亚总理巴达维说：“中国是朋友，是东盟加3大家庭中的一员。我们应该抛弃中国威胁论的说法，根本就没有什么中国威胁之类的事情。是的，中国是对我们提出了挑战。不过我们已经证明了，今天的中国是朋友，是我们10+3进程的一部分。”③ 巴达维的观点说明，东盟对中国影响做出积极判断的依据主要是中国积极参与东盟主导的10+3进程，增强了东盟的自信以及对中国的好感。

东盟国家对于自身优势的自信和对地区大国作用的积极评估，都有助于东盟国家克服对东亚峰会威胁其主导地位的担心和疑虑，增强其对地区大国的信任感，从而愿意采取“亲社会行为”，并愿意承担由此而带来的潜在风险，成为推动“东亚共同体”兴起并建构地区集体身份的主导力量。

五、结论

身份是建构主义理论范式的核心概念，行为体身份的界定与转化是建构主义理论大厦的基石。但是，无论是在理论建构还是在经验研究中，身份建构的研究都远远滞后于对建构主义另一重要概念“规范”的研究。这一方面与“身份”概念本身的模糊性与争议性有关，不同学科理论文献中使用的身份概念甚至都较少存在交叉引用的现象。④ 另一方面也是因为主流建构主义的认知主义假定刻意回避了身份概念中的情感性因素，从而限制

---

① S. Pushipanathan, “Building an ASEAN-China Strategic Partnership”, *Jakarta Post*, July 1, 2004.

② Ibid.

③ “Malaysia PM Calls China ‘Friend’, Urges Ending Talk of ‘China Threat’”, *BBC Monitoring Asia Pacific-Political Supplied by BBC Worldwide Monitoring*, January 27, 2007.

④ Marilynn B. Brewer, “The Many Faces of Social Identity: Implications for Political Psychology”, *Political Psychology,* Vol,22, No.1, 2001, p.115.

了对身份现象进行深入挖掘的可能性。将情感因素带入国际关系研究，为突破主流建构主义身份研究的瓶颈提供了可能，西方学术界一批致力于探讨身份形成的理论研究也开始引入情感因素，[①] 不过这些理论探讨大多局限于国内层次，探讨的是国际关系中行为体国内进程所建构的个体身份，而不是在国际互动中形成的集体身份。东亚共同体的兴起及与之伴随的地区集体身份萌芽的现实经验，为研究国际互动层次上集体身份建构提供了一个生动的案例。

不过，虽然本文关注的重点是东亚共同体与地区集体身份的兴起，但是对于了解2005年之后东亚地区一体化所经历的起伏与波折，集体身份兴起的情感动力机制也具有重要意义。2005年之后，随着区内经济一体化的进一步加深、全球化与区域化势头的进一步发展、地区合作成果的日益显现，地区各国间的相互依存与共同命运也不断加深，但是东盟对于地区合作进程的疑虑不减反增，出现了东盟坚持坐在驾驶员的位子上却“不踩油门”的状况。[②] 东盟对东亚地区的认同感明显下降，甚至不惜以减慢区域合作步伐为代价引入区域外大国力量。在解释这个现象的时候，理性主义和主流建构主义理论都出现了困境，从而让现实主义理论和思维重新主导了东亚地区主义的学术研究和外交实践，而本文所提出的身份建构的情感动力视角则为逻辑上一以贯之地理解与解释东亚地区主义进程的起伏提供了一种可能。

---

① 参见 Emma Hutchison, “Trauma and the Politics of Emotions: Constituting Identity, Security and Community after the Bali Bombing”, *International Relations*, Vol.24, No.1, 2010, pp. 65-86; K. M. Fierke, “Where of We Can Speak, There of We Must Not Be Silent: Trauma, Political Solipsism and War”, *Review of International Studies*, Vol. 30, No. 4, 2004, pp. 471-491; Andrew A. G. Ross, *Affective States: Rethinking Passion in Global Politics,* Ph. D. Dissertation, Johns Hopkins University, 2005。

② 张蕴岭：《东亚区域合作的新趋势》，载《当代亚太》，2009年第4期，第8页。

四、安全合作

ANQUAN HEZUO

内容提要

安全合作是地区合作的重要议程。亚洲地区合作由经济驱动，安全合作相对滞后。近年来，各方日益认识到，要进一步深化地区合作，必须解决安全短板问题。本篇的三篇论文基于亚洲，尤其是东亚历史发展、政治现实和安全理念，探讨了地区安全合作机制、理念与进程，以及非传统安全合作的实践问题。

《小行为体与国际制度》试图从亚信会议和东盟地区论坛的经验出发，探讨在大国战略互信缺失、地区安全机制不足的情况下，小行为体发挥主导作用，建设地区安全机制的可能性与条件。作者提出，小行为体有效建立并主导国际制度依赖三条路径，即规范制度、网络权力与过程实践。首先，在规范上必须实现普适规范的本地化改造，在制度建设中须遵循协商一致、循序渐进与低制度化原则；其次，小行为体的主导权来源于网络，即小行为体应能以自己为中心将相关大行为体织入制度网络中，通过网络获得大国认同、进行大国平衡，从而获得制度网络权力；最后，制度动力来源于多重过程与规范实践，过程导向给予制度以发展动力，制度通过主导性实践被界定和强化。作者以亚信会议和东盟地区论坛为例对上述分析框架进行了阐释，并且简要探讨了小行为体主导国际制度的前提条件与局限性。

《历史、实践与东盟安全合作进程》一文将东盟安全合作进程视为一个不断发展变化的历史进程，是一群（或多个群体）实践者为实现某种共同目标而采取的共同实践集所建构起来的进程。通过历史诠释与历史比较，论文考察了东盟安全合作进程四个阶段中的历史条件、实践者、背景知识以及具体实践各要素的发展变化，为理解东盟安全合作进程的基本问题提供一个分析框架。

《东亚粮食安全合作困局与中国的角色》一文指出，东亚粮食安全合作机制化困局既与粮食安全问题自身特殊性有关，更是东亚地区力量博弈的缩影。作为一个崛起中的地区强国和农业大国，中国在东亚粮食安全合作中扮演什么角色、发挥什么作用是改善当前地区粮食安全合作困局的关键。作者提出，中国应在强化对粮食问题战略认知的基础上重点推进“10+1”和“10+3”粮食安全合作以及加强对美沟通与协调，在制度建设和公共物品提供方面做贡献。

小行为体与国际制度
——亚信会议、东盟地区论坛与亚洲安全

魏　玲*

一、引言

2014年，中国首次主办“亚洲相互协作与信任措施会议”（以下简称“亚信会议”）峰会。亚信会议是1992年哈萨克斯坦倡议成立的，并于1993年3月起开始活动，迄今已拥有24个成员国和13个观察员，成为各相关方就亚洲地区安全问题进行对话与磋商的论坛。[①] 亚信会议的基本情况不禁让人联想到另外一个亚洲安全对话机制——东盟地区论坛（ARF）。1992年东盟首脑会议就加强地区政治安全对话达成共识，1994年，首次东盟地区论坛会议在曼谷召开。迄今东盟地区论坛已有27个成员国，举行了20届外长会议，成为目前亚太地区最主要的官方多边安全对话与合作渠道。[②]

亚信会议与东盟地区论坛有诸多相似之处：首先，它们覆盖的区域大体相同，成员国有相当的重合度；其次，二者的组织性质基本相同，都是进行地区安全对话的论坛；再次，提出倡议和成立的时间、背景相同，都是20世纪90年代上半期，两极格局解体，亚洲安全局势复杂但又缺乏地区合作机制；最后，二者都是由国际体系中相对弱小的行为体（lesser agents）倡议成立的，在它们所主导的论坛中，哈萨克斯坦相对而言是个小国，东盟也是一个由中小国家构成的相对弱小的行为体。

迄今，亚信会议和东盟地区论坛已经成为亚洲一北一南两个主要的地区安全对话机制。二者的高度相似性是偶然还是必然？在安全因素复杂、

---

* 魏玲，外交学院亚洲研究所所长、教授。本文发表在2014年第5期《世界经济与政治》。

① 中国外交部:《亚洲相互协作与信任措施会议》，http://www.fmprc.gov.cn/mfa_chn/gjhdq_603914/gjhdqzz_609676/yzxhhy_610758/，登录时间：2014年2月10日。

② 中国外交部:《东盟地区论坛》，http://www.fmprc.gov.cn/mfa_chn/gjhdq_603914/gjhdqzz_609676/lhg_610254/，登录时间：2014年2月10日。

地区秩序变动、大国互信缺失的亚洲地区，亚信会议与东盟地区论坛的经验是否能够为未来亚洲多边安全合作的制度化或者亚洲地区安全架构建设提供一些启示？进而在理论层面上，亚信会议与东盟地区论坛的实践能否帮助我们建立一个小行为体建设国际制度的理论模型？笔者拟结合亚信会议与东盟地区论坛的经验，从规范制度、网络权力与过程实践三个方面分析小行为体建设国际制度的路径与要素，并在最后简要讨论其前提条件和局限性。

二、规范与制度

小行为体建设甚至主导国际制度的第一个重要因素就是规范与制度因素。就规范而言，任何国际制度都必须以特定普适规范为基础。但是，小行为体要主动创建国际制度就不能完全照搬现有国际普适规范，而是必须对之进行有针对性的改造，使之既保持普适性，又具有特定的针对性，即本土化（localization）[①] 或者情景化（contextualization）。只有经过本土化或者情境化后的普适规范，才能使小行为体成为有能力的规范倡导者，并为制度建设准备必要的条件。就制度而言，小行为体能否有效创建国际制度关键在于制度化程度。国际制度本身意味着必要的制度化，但是小行为体的实力和能力局限性又决定了具有强约束力的制度化是不现实的，因此协商一致的决策原则、容留灵活度和舒适度的弱制度化以及制度建设的循序渐进方式应是小行为体主导下实现制度合作的重要因素。

特定制度的建设必须基于特定规范，因此规范倡导是制度建设的第一步。制度建设也是治理需求和利益需求的反映。[②] 因此，小行为体建设国际制度首先要倡导适当的规范，该规范必须处于国际普适规范体系内，但又有本土化或者个体化的特征，这样才能同时被国际社会和目标群体所接受。本土化是指“本土行为体对外来观念的积极建构过程，这个过程中外来观念得以与本地信念与实践相一致”。[③] 根据阿查亚的研究，有两个因素

① Amitav Acharya, “How Ideas Spread: Whose Norms Matter? Norm Localization and Institutional Change in Asian Regionalism”, *International Organization*, Vol. 58, No. 2, 2004, pp.239-275.

② 罗伯特·基欧汉著，苏长和等译：《霸权之后：世界政治经济中的合作与纷争》，上海：上海人民出版社2001年版。

③ Amitav Acharya, “How Ideas Spread: Whose Norms Matter? Norm Localization and Institutional Change in Asian Regionalism”, p.245.

对于规范的本土化具有至关重要的作用，一是规范倡导者是否为信誉度高的本土行为体，二是外来观念是否能够巩固而不是颠覆本土的规范等级体系。[①] 情境化强调在对普适规范进行本土化或个性化改造的过程中背景性知识的重要作用。背景性知识是“无意识的、非表象的、无以言明的知识”，与放之四海而皆准的普适的表象性知识不同，它是地方的、具体的、自下而上的、自发的知识，并且随着实践的开展而不断发生演变，处于变化之中。[②]

在制度建设方面，小行为体主导国际制度要走弱制度化的方式，即协商合作，容留灵活度，保证舒适性。协商合作是协商承诺、建设共识的过程：首先，协商承诺没有强约束性，对于目标、手段和结果都没有强制性规定，都是开放的；其次，协商一致的关键在于协商过程，过程往往比达成特定具体的结果更为重要，过程可以独立于结果；最后，协商一致不是将主导者的意志强加于人，而是充分考虑全体成员的意见和感受，建设共识、培养合作的习惯。协商合作的以上特征有力的推动了合作的达成：协商合作的非强制性，比如在决策和落实模式及规则上的灵活性，为成员国的国内政治谈判预留了空间，从而为最大程度的多边合作创造了更大的可能性；协商合作的非敌视性环境对于达成初步合作至关重要，而舒适度实际上也是协商的前提；协商承诺是在获得广泛支持的情况下推进合作，保证成员国的基本利益都得到关注，保证成员国都不失面子、不被孤立。[③] 在互信不足、成员身份异质性大的情况下，以协商合作为基本特征的弱制度更加有利于合作的推进和制度的维护。协商过程是构建共识、塑造身份的过程，协商合作是基于规则的制度治理的重要补充，也是小行为体在国际治理中获得比起自身物质实力更大的权力的重要原因。[④]

亚信会议和东盟地区论坛作为小行为体推动的地区安全对话机制，之所以能够成功建立并有效运行，一个重要原因就是它们都对国际安全规范进行了本土化和情境化改造，并遵循了协商合作的弱制度化原则。

亚信会议和东盟地区论坛都选择了“普适性”安全机制和规范作为规

① Amitav Acharya, “How Ideas Spread: Whose Norms Matter? Norm Localization and Institutional Change in Asian Regionalism”, pp.247-250.

② 秦亚青：《行动的逻辑：西方国际关系理论“知识转向”的意义》，载《中国社会科学》，2013年第12期，第189页。

③ 参见 Amitav Acharya, “Ideas, Identity, and Institution-building: From the ‘ASEAN Way’ to the ‘Asia-Pacific’ Way?”, *The Pacific Review*, Vol.10, No.3, 1997, pp.319-346.

④ 秦亚青：《全球治理失灵与秩序理念的重建》，载《世界经济与政治》，2013年第4期，第4—18页。

范倡议和制度建设的借鉴和基础，即欧洲安全与合作会议（欧安组织）及其“共同安全”规范。召开亚信会议的倡议是哈萨克斯坦总统努尔苏丹·阿比舍维奇·纳扎尔巴耶夫（Nursultan Abishevich Nazarbayev）在1992年10月举行的第47届联合国大会上正式提出的，其核心是在亚洲建立一个有效和普遍的安全与信任机制。随着导致地区紧张和对抗的两极格局的解体，地区合作成为国际合作的主要趋势之一，维护和平、安全与稳定，共同应对非传统安全挑战和经济社会问题成为亚洲各国的共识。因此纳扎尔巴耶夫提议在亚洲建成一个类似欧安会的安全合作体系，为解决亚洲的各种复杂问题提供现实的可能性。① 东盟地区论坛是亚太地区第一个致力于应对安全问题的地区机制。冷战的最后几年里（1986—1990年），亚太多个国家提出了建设地区多边安全合作机制的倡议。这些倡议都受到欧洲“共同安全”观念的影响，并且都以欧安会为制度模型。1991年，东盟战略与国际问题研究所（ASEAN-ISIS）正式提出，应推进合作安全，建设多边安全制度。②

但是，亚信会议和东盟地区论坛并没有盲目照搬欧洲经验，而是对欧安会的“共同安全”规范进行了本土化或情境化改造。欧安会的“共同安全”理念包含四个核心要素：第一，拒绝以敌对或制衡的方式谋求安全；第二，拒绝单边主义，推崇以包容的方式，采取多边安全措施管理安全困境；第三，强调通过信心建设、军控、多边合作以及联合国的集体安全功能的强化提供安全保证；第四，在国内、地区和国际安全之间建立联系。③

1993—1997年，相关亚洲国家就亚信会议进行了数年的筹备工作，就重大问题达成了一致，其中包括“不反对适当借鉴其他地区同类组织筹建和工作的经验”，但是“建立新的安全与合作机构必须重视亚洲地区国家关系的特点”。④ 此后，亚信会议陆续通过了一系列基础文件和纲领性文件，

---

① 参见《关于召开“亚洲相互促进与信任措施会议”倡议的回顾与前瞻》，载《国际信息资料》，1998年第4期，第16页；努尔朗·耶尔梅克巴耶夫：《亚洲安全问题》，载《俄罗斯中亚东欧研究》，2007年第5期，第92页。

② Amitav Acharya, “How Ideas Spread: Whose Norms Matter? Norm Localization and Institutional Change in Asian Regionalism”, pp.254-257.

③ 参见 Amitav Acharya, “How Ideas Spread: Whose Norms Matter? Norm Localization and Institutional Change in Asian Regionalism”, p.255；朱立群、林明旺：《赫尔辛基进程30年：塑造共同安全》，载《世界经济与政治》，2005年第12期，第18—20页。

④《关于召开“亚洲相互促进与信任措施会议”倡议的回顾与前瞻》，载《国际信息资料》，1998年第4期，第17页。

形成了自己的国家间关系原则和地区安全规范。[1]《亚信成员国相互关系指导原则宣言》(1999)将8条原则列为成员国间相互关系的根本性指导原则，即主权平等、不使用或威胁使用武力、领土完整、和平解决争端、不干涉他国内部事务、裁军和军控、开展互利的经济社会和文化合作、尊重人权和基本自由。[2]《阿拉木图文件》(2002)强调通过多边合作增进亚洲和平、安全与稳定，指出应增进文明间的相互尊重、理解与宽容，强调侵犯国家主权、领土完整和政治独立，干涉别国内政以及进攻性战略是对地区和国际安全的威胁。[3]《亚信会议对外关系基本原则》(2002)指出亚信会议对外关系应遵循《亚信成员国相互关系指导原则宣言》和《阿拉木图文件》规定的原则，所有相关决策都应通过磋商，经协商一致决定。[4] 从亚信会议的基础文件和纲领性文件来看，亚信会议在吸收欧安会多边安全、包容性安全规范的同时，仍然保留了强主权、不干涉内政规范，不考虑国内安全、地区安全和国际安全之间的联系，也没有接受具有法律约束力的集体安全规范。

东盟地区论坛则是在对欧安会的共同安全规范改造成功后才得以建立的。东盟战略与国际问题研究所承担了规范倡导者的角色。该组织认为：一方面，就规范的社会情境而言，亚太地区不同于欧洲，一是亚太安全威胁多元化，没有共同、单一的安全威胁；二是各国政治体制、经济发展水平和社会文化差异性大，缺乏共同体意识。另一方面，就规范的适应性而言，欧安会及其共同安全规范对东盟当时遵循的避免军事安全合作、避免大国干预地区安全事务以及坚持最小程度制度化的东盟方式构成了挑战。于是，欧安会的“共同安全”规范被改造成了“合作安全”规范，保留了共同安全中的两个基本要素，即包容的多边方式和反对敌对性的基于威慑的安全体系，但是去掉了具有法律约束力的安全合作和国内政治与地区安全的关联性这两个要素。[5] 正是因为这样的本土化和情境化改造，使得该安

[1] 参见亚信会议官方网站：http://www.s-cica.org/page.php?page_id=12&lang=1, 登录时间：2014年1月30日。

[2] CICA Secretariat, “Declaration on the Principles Guiding Relations between the CICA Member-States”, http://www.s-cica.org/page.php?page_id=439&lang=1&parent_id=12, 2014-1-30.

[3] CICA Secretariat, “Almaty Act”, http://www.s-cica.org/page.php?page_id=439&lang=1&parent_id=12, 2014-1-30.

[4] CICA Secretariat, “Guidelines for CICA’s External Relations”, http://www.s-cica.org/page.php?page_id=439&lang=1&parent_id=12, 2014-1-30.

[5] Amitav Acharya, “How Ideas Spread: Whose Norms Matter? Norm Localization and Institutional Change in Asian Regionalism”, pp.256-257.

全规范得以融入以强主权规范为主导的地区规范体系之中，从而使得东盟地区论坛的建立成为可能。

在制度建设方面，亚信会议和东盟地区论坛都坚持论坛性质，不急于推进制度化，而是遵循协商一致、低制度化与循序渐进原则。这种制度模式是强主权规范占据主导和地区相关行为体相互认同不足的必然结果，也是在这种规范情境和社会情境下推进合作的现实选择。《阿拉木图文件》规定，亚信会议是对话和协商的论坛，它基于协商一致原则就亚洲安全事务进行决策、采取措施。《亚信信任措施目录》（2004）规定，亚信会议信任措施的实施基于渐进和自愿原则，目录及措施都属推荐性质。[①] 亚信会议实行最小制度化原则，建立了国家元首和（或）政府首脑会议（峰会）、外长会议、高官委员会会议、特别工作组会议等机制。峰会和外长会议均为每四年举行一次，举办峰会和外长会议的国家任主席国。[②] 亚信会议"不是组织，而是论坛，它将'非官僚主义化'方式与针对具体问题的实用性解决方式和措施有机地结合在一起"。从成立之初，亚信会议就确立了一个原则，即"首先关注所有成员国都感兴趣的问题，然后再研究矛盾和有争议的问题"，正因为这样它才能够"由简入繁、由浅入深"，不断取得进步和成绩。[③]

1994年，首次东盟地区论坛外长会议在曼谷召开，它被定义为论坛性质，是各方就地区政治安全问题举行的非正式磋商。东盟地区论坛的制度建设依照东盟方式，实行最小制度化原则。东盟地区论坛会议机制包括外长会议、高官会议、安全政策会议、建立信任措施与预防性外交会间辅助会议、会间会和国防官员对话会等。东盟地区论坛不设秘书处，外长会议每年轮流在东盟主席国举行。[④] 东盟地区论坛的政策工具也不是直接照搬西方模式，而是与现有地区结构的演进发展相适应。与欧安会不同，东盟地区论坛的信任措施没有监督机制的介入和约束，而是坚持了"东盟方式"的不干涉原则，各方自愿遵守，措施没有法律约束力。《东盟地区论坛概念文件》（1995）规定，东盟地区论坛进程分为建立信任措施、开展预防性外

① CICA Secretariat, "CICA Catalogue of Confidence Building Measures (CBMs)", http://www.s-cica.org/page.php?page_id=439&lang=1&parent_id=12, 2014-1-30.

② 中国外交部：《亚洲相互协作与信任措施会议》，http://www.mfa.gov.cn/chn//pds/gjhdq/gjhdqzz/yzxhhy/t536468.htm，登录时间：2014年1月30日。

③ 努尔朗·耶尔梅克巴耶夫：《亚洲安全问题》，载《俄罗斯中亚东欧研究》，2007年第5期，第93页。

④ 中国外交部：《东盟地区论坛》，http://www.mfa.gov.cn/chn//pds/gjhdq/gjhdqzz/lhg_2/，登录时间：2014年1月30日。

交和探讨解决冲突的方式三个阶段，但是，建设冲突解决机制应是东盟地区论坛的最终目标，而不是近期目标。做出这个说明是因为冲突解决机制的介入性和干预性太强、太西方化。《东盟地区论坛预防性外交的概念与原则》(2001)规定东盟地区论坛进程应遵循逐步进化方式、协商一致决策，并以全体成员国感到舒适的节奏推进。①

三、权力与网络

经典国际制度理论认为，制度供应实际上是以权力为支撑的。一方面，霸权国需要通过国际制度建设维护自身霸权主导的国际秩序和国际体系，另一方面制度建立也需要以霸权国的物质实力为重要依托。② 那么，为什么东盟和哈萨克斯坦等国际体系中相对弱小的行为体能够“以我为主”建设国际安全机制，其动力与实力何在？显然，其动力来源于需求，即大国互信不足情境下的地区安全需求。但小行为体建设和主导国际制度的权力来源呢？笔者认为小行为体的国际制度权力不是物质力，而是平衡力(balancing)和杠杆力(leverage)，来源于制度建设的网络化(networking)过程。

网络产生社会资本。在社会学研究中，网络成员通过社会关系占有和分配资源，即社会资本。社会资本通过网络嵌入(embeddedness)产生，嵌入包括关系性的(relational)和结构性的(structural)。关系性嵌入是指行为体的行动嵌于互动关系网络中，处于持续建构中的网络的期望、规范和原则会对其偏好、认知和行动产生重要的塑造作用；结构性嵌入是指该网络与其他社会网络的联系性，即该网络嵌于更宏大的社会网络结构之中，并受到这个结构的文化和价值因素影响。③

网络化是指行为体以自己为中心建设网络体系的过程。体系中的行为

① ASEAN Secretariat, “The ASEAN Regional Forum: A Concept Paper”, 载中国外交部：《东盟地区论坛成立20周年纪念册》，北京：世界知识出版社2014年版，第56页；ASEAN Secretariat, “ASEAN Regional Forum (ARF) Concepts and Principles of Preventive Diplomacy”, 载中国外交部：《东盟地区论坛成立20周年纪念册》，第63页。

② 罗伯特·基欧汉著，苏长和等译：《霸权之后：世界政治经济中的合作与纷争》，2001年版；John Ikenberry, “The Rise of China and the Future of the West”, *Foreign Affairs*, Vol.87, No.1, pp.23-37.

③ 参见魏玲：《第二轨道进程：清谈、非正式网络与社会化——以东亚思想库网络为例》，载《世界经济与政治》，2010年第2期，第29页；Mark Granovetter and Richard Swedburg, *The Sociology of Economic Life*, Boulder: Westview, 1992。

体以某些议程为基础和推动，与相关行为体建立某种联系、安排和制度；与此同时为保持关系的开放性，通过相关议程、行为体和制度安排推动关系的流动、延展和扩张，将新的行为体纳入进来，形成与所有相关行为体的网络化关系。网络化过程最初是理性推动的，建立和加入网络是利益驱动的，网络化过程也是以务实合作为主要内容的实践过程，并不以制度建设为标尺和终极目标。但是，随着合作的发展和网络的流动，互动关系网络系统逐步形成，网络嵌入效应也就日益显现。关系性嵌入塑造行为体与网络的认同，使之成为网络节点和新的生长点。网络身份成为行为体的当然身份，脱离网络不仅不符合行为体的具体利益，而且在已经内化网络体系身份的行为体看来已经根本不是一个可选项。结构性嵌入使单个网络的活动受到网络体系的制约，随着网络体系密度和强度的增大，其紧耦合性使得网络体系的社会规范和文化价值因素对单个网络的活动能够发挥重要的制约或塑造作用。

网络体系中的“平衡力”或“杠杆力”不是来源于单个节点的物质实力，而是主要通过节点主导推进的网络化过程来实现的。网络节点发挥主体能动性，以自己为中心，通过规范倡导和议题设计建设网络，并使之不断扩张和生长。“平衡”具有东亚文化特性，主要不是物质力量的平衡，而是影响力和关系平衡。平衡不是静态的，而是动态的，动态平衡才能给予网络化进程活力和动力。动态平衡意味着处于网络中心的行为体要不断调整与其他网络节点的关系亲疏，一方面维护和巩固节点的网络认同感，另一方面，又通过负面刺激迫使节点不断加强与网络的关系与认同；与此同时，网络中心行为体要对各组关系进行相对平衡，既要让各节点有一定的空间和舒适度，保持网络扩展性和动力，同时又制造一定紧张，在维系关系和保持紧张之间实现微妙的动态平衡。

东盟正是通过地区合作制度的网络化过程以及在网络进程中的大国平衡，来实现“东盟主导”的。东盟地区论坛是东盟主导的地区制度网络体系的重要构成部分，其本身经过20年的制度、规范和议程建设，成为了一个相对独立的网络体系。东南亚国家联盟成立于1967年，随后以“东盟+1”的方式与地区相关大国建立伙伴关系，比如东盟—日本（1973）、东盟—美国（1977）、东盟—澳大利亚（1974）等。当时，东盟成为这些对话伙伴关系的中心，但是各对关系均独立发展，并没有成为网络。直到冷战结束后随着中国与东盟对话伙伴关系的建立，以东盟为制度中心的地区合作才发展起来。1991年东盟与中国建立对话伙伴关系，不仅为其“东盟+1”的伙伴关系模式注入了新动力，而且还为开启东亚和平合作进程创造了重要条件。1994年东盟地区论坛成立，《东盟地区论坛概念文件》规定东盟发挥“核心”作用，是“最主要的推动力量”。[①] 1997年亚洲金融危机推动东盟与中日韩（东盟+3）机制建立。2005年首届东亚峰会（东盟+6）召开，2011年东亚峰会扩员成为“东盟+8”机制。2010年旨在推动地区安全和防务对话的东盟防长扩大会议机制（ADMM+）建立。2012年，以东盟与其对话伙伴的双边自贸协定，即6个“东盟+1”自由贸易区为基础的《区域全面经济伙伴关系协定》（RECP）建设进程启动。以“东盟+”为模式的地区进程不断生长，不仅纳入多个行为体、建设了多个架构，而且多重机制平行发展，并在每个制度进程中又发展出丰富的层次，形成了以东盟为中心节点的地区合作网络体系。

各大国进入网络之中，首先是出于理性和利益考虑，比如中日韩三国为了共同应对亚洲金融危机，美国和俄罗斯担心被排除在东亚经济一体化进程之外。但是进入网络体系之后，随着网络的广度、强度和密度不断增加，不仅各大国内嵌于网络的利益变得越来越重要，而且不得不接受东盟规范，被东盟规范社会化。“东盟+”是一种制度模式，也是地区合作“规范中的规范”，它规定东盟是地区合作的制度中心，是合作规范的倡导者和议程设定者；在程序上，东盟首先在内部协商一致，然后再与其他各方协商。历年历次的各种领导人会议和峰会文件都强调东盟在地区进程中的“驾驶席位”，地区相关大国一再表示坚定支持东盟发挥主导作用。[②] 关于“东盟主导”的宣示和表态已经成为了“理所当然之事”，这就是规范社会化的体现。此外，这些大国还成为网络体系中新的节点和生长点。比如，中日韩三国合作机制起源于“东盟+3”领导人会议时的三国领导人会晤。在各个机制之间，甚至在同一机制之内，各大国为了竞争影响力而竞相投入资源、抛出倡议，从而为机制提供了新的生长点和动力，中国与日本在“东盟+3”框架下的良性竞争曾经是该机制迅速发展的重要推动力。

东盟启动地区网络化进程是“大国平衡”思想和战略推动的。处于大国博弈关系中的东盟，最初建立对话伙伴关系也是为了保证自身安全。后来东盟发现引入大国后，能从大国的良性竞争中受益，于是开始主动建设以自己为中心的地区网络。一方面，不断将各大国引入网络中，通过网络

① ASEAN Secretariat, “The ASEAN Regional Forum: A Concept Paper”，载中国外交部：《东盟地区论坛成立20周年纪念册》，第53页。

② 可参见东盟秘书处网站发布的历次东盟与中日韩领导人会议与东亚峰会的《主席声明》，http://www.asean.org，以及各国官方网站发布的相关领导人和官员讲话，http://www.fmprc.gov.cn，http://www.mofa.go.jp, http://www.whitehouse.gov，http://www.state.gov 等。

借力打力，使大国相互制衡；另一方面，也通过网络建设保证自己的地区制度中心地位，保证自己的议程和规范设定权以及在大国竞争中利益的最大化。东盟的平衡力和杠杆力包含了中道、协调的意味，既借力打力，又维持基本面的合作与和谐，并从中受益，具有东亚文化特性。1997—2008年，东盟的大国平衡战略主要是平衡中国与日本；2009年以来，主要是平衡中国与美国。东亚峰会本身就是东盟在网络化进程中平衡各大国关系的产物。2001年东亚展望小组提出以13个国家平等参与的东亚峰会取代“东盟+3”，作为建设东亚共同体的主渠道，而到2005年首届东亚峰会召开时，却变成了“东盟+6”的模式，且与“东盟+3”并行发展。东盟不仅保证了自己的整体身份，而且还引入更多大国使之相互制衡，从而进一步加强了自己的网络平衡和杠杆力量。

东盟地区论坛既是东盟地区合作制度网络体系的重要组成部分，也是该网络体系的缩影。东盟通过网络化过程，借助大国平衡，获得制度权力。东盟地区论坛的最高机制是外长会议，只在东盟国家召开，由当年的东盟主席国主办。东盟地区论坛框架下的各种会议和活动均实行共同主席制（co-chair），东盟主席为共同主席之一，确保东盟主导权。会议成果往往以《主席声明》的形式发表。《主席声明》是东盟地区论坛的一个创举，此后以东盟为中心的制度合作往往都以该形式来发布结果。《主席声明》不同于一般的《联合宣言》，具有更大的灵活性，使得会议主席成为声明的主要责任人，是主席对会议的一般性总结。[①] 因此，东盟坚持在东盟地区论坛的主席权力，坚持制度中心，坚持东盟首先协商一致，并不仅仅只是名义上和形式上的主导，也不仅仅只是“搭台”，而是真正在“唱戏”，具有实实在在的制度权力内涵。而东盟地区论坛的共同主席制实际上就是“东盟+”模式。外长会议只能由东盟主席国主办，保证了东盟在东盟地区论坛体系网络的中心地位，其他会议和活动都采取“东盟+”的共同主席模式，实际上把其他参与方，包括各大国在内，都发展成为东盟地区论坛网络体系的节点，既保证了东盟网络中心的主导，又容留了相当的空间，通过网络亲疏关系的刺激，使各方自觉成为网络的维护者和发展者。2013年，东盟地区论坛迈向预防性外交阶段。中方提出主办“预防性外交培训”项目，新西兰和美国要求共同主办并愿意提供物力和智力上的支持。无论各大国怎样在东盟地区论坛网络体系中竞争与投入，东盟的中心权力已经获得了

① Suriya Chindawongse, “Present at the Creation: Looking Back at the First ASEAN Regional Forum in 1994”, 载中国外交部:《东盟地区论坛成立20周年纪念册》, 第24—25页。

制度和规范保障。2013年东盟主席国文莱成为该培训项目的当然共同主席，项目虽然可以在东盟成员国以外的国家举行，但是未来预防性外交培训很可能要由东盟和平与和解研究所（AIPR）来主导和协调。[①]

与东盟地区论坛相比，亚信会议的发展相对滞后，这在很大程度上是因为其发起者尚未建立起动态的网络化进程和体系。没有中心节点，就难以推动网络进程，发展新的生长点；没有囊括政治安全、经济和社会文化的综合网络体系为依托，小行为体主导的制度实力就会受到很大局限，难以发挥平衡力和杠杆力。冷战结束后，中亚五国[②]积极探索建立新的地区安全机制，但是主导权之争相当激烈。中亚国家先后加入独联体集体安全条约、通过"和平伙伴计划"与北约建立长期军事互助关系、建立中亚无核区，并倡议召开了亚信会议、中亚安全与合作论坛、伊塞克论坛等。然而这些机制分别由不同的行为体发起或主导，各自为政，甚至相互掣肘。不仅中亚周边大国对地区安全事务的主导权争夺激烈，甚至中亚五国内部也各有主张，哈萨克斯坦、乌兹别克斯坦和吉尔吉斯斯坦分别发起了亚信会议等三个不同的安全会议与论坛，而且由于哈、乌实力相当，两国也在争夺中亚安全事务的主导权。[③]因此，尽管中亚安全对话与合作日趋活跃，地区信任机制建设也受到高度重视，但是没有中心节点，难以形成网络体系。另一方面，由于经济一体化进展缓慢，导致中亚地区整体的一体化进程发展非常困难，[④]因而亚信会议缺乏大的地区合作网络体系依托，哈萨克斯坦或者中亚五国等相对弱小的行为体的制度权力受到较大局限，难以通过大国平衡来推进地区进程。

四、过程与实践

小行为体进行国际制度建设要实行过程导向。与过程相对的是结构，过程是不确定的、开放的、流动的；结构是由特定属性界定的，静态的。过程导致结构变化。在国际体系中，结构是由实力在主要行为体之间的分配定义的，物质实力、制度实力和规范实力在主要行为体之间的分配决定

---

① 相关信息是笔者在参与东盟地区论坛预防性外交培训研讨会期间了解到的，"ARF Roundtable on Training Resources for Preventive Diplomacy," Wellington, 20-21 March, 2014。

② 中亚五国指哈萨克斯坦、吉尔吉斯斯坦、塔吉克斯坦、乌兹别克斯坦和土库曼斯坦。

③ 朱新光：《中亚安全合作机制评析》，载《俄罗斯中亚东欧研究》，2004年第2期，第61—62页。

④ 朱新光：《中亚安全合作机制评析》，载《俄罗斯中亚东欧研究》，2004年第2期，第64页。

了国际体系的物质实力结构、制度结构和规范结构。因此，小行为体在国际体系结构中难以成为界定性的要素。然而，如果将国际体系本身视为不断演进的过程，参与实践作为过程实践，不追求界定性结构和特定结果，那么小行为体就有了比较广阔的作为空间，甚至具备了大行为体所不具备的优势。过程导向包括过程本体和过程方式。过程本体就是将制度视为制度化的过程，将制度放在不断展开的交往互动之中进行塑造，保持制度的开放性、流动性以及在制度网络中的互嵌性与复杂联系。① 过程方式就是通过合作过程吸引大国参与并实现渐进式的社会化，过程推动权力的社会化、孕育合作的规则和规范并催生集体认同。过程本身是手段，也是目的，过程导向给予制度以发展动力。②

亚信会议与东盟地区论坛的制度建设都是过程主导的。③ 它们建立的时期大致相同，都是在冷战结束，两极格局瓦解，地区实力、制度和规范结构进入调整和演进的时期。它们的建立不是应对性的，不针对特定的既有威胁，而是前瞻性的，旨在推动地区战略文化朝着对话与合作的方向发展。它们在建立之时并没有预设具体目标，也没有设立具有法律约束力的条约或规章，而是采取了最小制度化的模式，坚持制度建设的渐进方式。它们将欧洲共同安全规范本土化，坚持以对话合作促进安全，坚持不干涉、协商一致，维护成员舒适度，以保证最大程度的合作。甚至宁愿牺牲合作效率，也不愿意让合作面临破裂的风险。上述观念和规范引导的制度化过程提供了一个主体间互动与成员社会化的框架与场所，不仅使制度的不断发展进化成为可能，而且能够产生“交感而化”，推动成员的社会化。④ 进而，它们保持开放性和流动性，一方面，与地区其他相关制度进行“复杂互嵌”，另一方面，不断丰富自己的体系层次，使行为体进一步嵌入多重多元制度网络化进程中，加深与制度的认同。起初，人们普遍认为美国和

① 参见魏玲：《后本质主义文明与国际政治》，载《世界经济与政治》，2010年第11期，第40页；亦参见杰克逊对文明过程和罗家德对社会网络过程的研究，帕特里克·杰克逊：《如何进行文明研究》，载彼得·卡赞斯坦主编、秦亚青等译：《世界政治中的文明：多元多维的视角》，上海：上海人民出版社2012年版，第200—224页；罗家德：《社会网分析讲义》，北京：社会科学文献出版社2010年版。

② 秦亚青、魏玲：《结构、进程与权力的社会化——中国与东亚地区合作》，载《世界经济与政治》，2007年第3期，第7页。

③ 阿米塔·阿查亚（Amitav Acharya）最早提出了东盟地区论坛制度建设的过程主导，参见 Amitav Acharya, “Ideas, Identity, and Institution-building: From the ‘ASEAN Way’ to the ‘Asia-Pacific’ Way?” p.319.

④ 秦亚青、魏玲：《结构、进程与权力的社会化——中国与东亚地区合作》，载《世界经济与政治》，2007年第3期，第7页。

中国不会参与或支持东盟地区论坛。因为多边制度在一定程度上是对大国权力的制约，双边博弈更符合大国的利益。但是中国与美国不仅一开始就加入了东盟地区论坛进程，而且后来都成为积极参与者。[①] 中国的"新安全观"就是在1996年的东盟地区论坛会议上首次提出的，美国也将东盟地区论坛作为推动其地区安全议程的重要平台。2014年中国主办亚信会议，成为2014—2016年主席国，这体现了对亚信会议及其安全合作规范的认同。作为小行为体倡导和主导的亚洲多边安全机制，亚信会议和东盟地区论坛实行过程主导，不仅在大国权力博弈的场域之中成功建立起来，而且还吸收了大国参与，并在一定程度上成功推动了大国的社会化。

制度化过程的重要内容是实践，特别是规范实践和话语实践。实践就是实施适当的绩效行动（competent performances）。具体而言，实践是有社会意义的有规律活动，具有不同程度的适当性，它蕴含并展现背景性知识和话语，并能物化这样的知识和话语。实践将话语世界和物质世界编织起来，它产生于物质世界并对物质世界产生影响。它将行为者与结构联系起来，是一个充满活力的物质和理念过程，这个过程使得结构趋于稳定或者发生重构。因而可以说，实践引导行动，是体系和结构变化的动力。实践是行动的文化、行动的话语。实践理性产生于背景性知识又体现背景性知识。背景性知识不同于表象性知识，它往往是"无意识的、非表象的、无以言明的知识"，主要来源于行动者的经验知识，是经验的自然积累与表象性知识的抽象与普适不同，背景性知识是"地方的、具体的、自下而上的"。因而实践理性是背景性知识塑造的经验理性，是一种弱意识和内在习性。[②]

实践创造了制度的内在逻辑，也不断塑造和再造制度的相对边界。其中，主导性实践发挥着最根本和最重要的界定作用。[③] 作为过程的国际制度是动态、松散、多元的"实践共同体"，其边界随着实践延展。实践共同体既是共享的知识领域，是参与社会学习的人的共同体，也是蕴涵着共有知

---

① Amitav Acharya, "Ideas, Identity, and Institution-building: From the 'ASEAN Way' to the 'Asia-Pacific' Way?", pp.339-340.

② Emanuel Adler and Vincent Pouliot, "International Practices: Introduction and Framework", in Emanuel Adler and Vincent Pouliot, eds., *International Practices*, Cambridge, New York: Cambridge University Press, 2011, pp.6-14; 秦亚青：《行动的逻辑：西方国际关系理论"知识转向"的意义》，载《中国社会科学》，2013年第12期，第186—189页。

③ Ole Jacob Sending and Iver B. Neumann, "Banking on Power: How Some Practices in an International Organization Anchor Others", in Emanuel Adler and Vincent Pouliot, eds., *International Practices*, pp.236-240.

识的共同实践。它超越了互主意义和我们感觉（we-feeling），是由“我们行动”（we-doing）塑造和界定的。“我们行动”是具有社会意义的适当绩效行动，是以成员共有知识和相互默契为基础的自然而然的思维和行动。[①]主导性实践实施和体现决定性规则和原则，为“不断重复的有规律的国际活动”提供“基础架构”，界定行为体之间以及行为体与国际制度的互动模式。这个基础架构使得某些战略是可行的，而另外一些则根本不被考虑。主导性实践为行为体“继续”当前实践和参与其他实践活动提供实用的工具和资源。主导性实践包含各种相互交织的更具体的实践，并对后者产生决定性作用，使之得以实施。因此可以说，作为背景性知识和地方文化要素的载体，实践通过塑造行为体的战略选择，而不是行为体所追求的目标来塑造行为体结构。主导性实践相对稳定，不仅因为习惯使得行为方式和标准根深蒂固，而且还因为要合作就必须回到共同的结构上来。[②]

亚信会议与东盟地区论坛是合作安全主导的实践，通过合作安全的实践来推动地区以合作行动促共同安全、建构地区安全合作规范、培育合作习惯，通过塑造成员的战略选择来塑造安全合作架构和地区结构。合作安全规范依赖于协商一致和不干涉的背景性知识和地方经验，同时又以行动呈现着背景性知识，即通过协商合作培育互信、共同应对潜在挑战、增进安全，这是相对于以表象性知识为基础的普适性规范的创新。正如亚信会议和东盟地区论坛的一些亲历者所指出的那样，二者最大的成就不在于找到某个具体的解决方案，或者解决了某个具体问题；而在于能够将政治文化和发展水平迥异的各方聚集在一起，使他们能够相互熟悉和了解，建立一定程度的信任，形成以对话、协商与合作的方式应对地区安全挑战的基本共识，并为之共同努力；正因为如此，合作安全实践主导下的这两个地区安全机制成为地区安全架构塑造进程中的关键因素。[③]在合作安全的主导下，亚信会议和东盟地区论坛都产生了应对地区非传统安全合作的实践，其中有些已经成为地区相关行为体安全互动的重要架构和载体。2007年亚信会议高官会通过了《以合作方式落实亚信会议信心建设措施》的文件，

① 关于实践共同体可参见伊曼纽尔·阿德勒：《欧洲文明：实践共同体视角》，载彼得·卡赞斯坦主编，秦亚青等译：《世界政治中的文明：多元多维的视角》，第75—76页。

② Ole Jacob Sending and Iver B. Neumann, “Banking on Power: How Some Practices in an International Organization Anchor Others”, pp.231-251.

③ 参见 Lim Jock Seng, “The ASEAN Regional Forum”, 载中国外交部：《东盟地区论坛成立20周年纪念册》，第6页；Chris Elder, “The ASEAN Regional Forum after 20 Years”, 载中国外交部《东盟地区论坛成立20周年纪念册》，第20页。

该文件不仅规定落实信心建设措施要以协商一致为原则，以自愿参与和循序渐进的方式进行，而且规定了信心建设措施的四个优先落实领域，包括经济、环境、人文及其他新型威胁和挑战。[①] 东盟地区论坛正在从信心建设措施向预防性外交迈进，优先合作领域包括灾害管理和人道主义援助、打击恐怖主义和跨国犯罪、海上安全、不扩散与裁军以及维和行动。[②] 可以看到，两个机制都以非传统安全合作作为信心建设的优先领域，因为非传统安全威胁敏感度较低，而合作需求高。这种制度化架构和成员间互动是由合作安全的主导性实践决定的。主导性实践不仅决定了其他具体实践，而且还有塑造地区安全架构的作用。比如，近年来，中美在东盟地区论坛框架下大力加强了面向地区的灾害管理合作，涉及规范、技术、实战演练和桌面推演等方方面面。[③] 亚信会议和东盟地区论坛推动的非传统安全领域的大国安全合作对于地区未来安全架构具有重要的塑造意义。

五、小行为体主导的前提条件、局限性与挑战

笔者研究的小行为体为国际体系中物质实力相对弱小的行为体，可以是民族国家，也可以是组织或集团。小行为体对国际制度的主导有几个标志性特征：一是该制度由小行为体倡议发起；二是该制度的主导规范或实践由小行为体确定；三是该制度相应的组织秘书处由小行为体设置并掌控，小行为体拥有议程和程序设置权。亚信会议中的哈萨克斯坦，东盟地区论坛中的东盟都是体系中相对弱小的行为体，但它们又都在各自倡导建设的制度中发挥着主导作用。

从亚信会议和东盟地区论坛的经验中，我们可以看出小行为体主导国际制度是在相应的体系前提条件下发生的，即体系处于转型期，大国缺乏战略互信但存在足够的战略共识。也就是说，体系实力和制度结构处于转型进程中，而相关大国战略互信严重不足，任何一个大国都难以主导体系中的多边合作；与此同时，大国面临的跨国和共同威胁上升，任何一国都难以独自应对，相互合作需求增大、导致大国之间能够形成一种基本默契

① CICA Secretariat, “Cooperative Approach for the Implementation of the CICA CBMs”, http://www.s-cica.org/page.php?page_id=439&lang=1&parent_id=12, 2014-1-30.

② 参见中国外交部：《东盟地区论坛成立二十周年纪念册》，第178—234页。

③ Wei Ling, “Disaster Management and Regional Cooperation in East Asia”, Paper presented at “The 3rd United States, ASEAN and East Asia Summit Strategic Dialogue Symposium”, Washington D.C., September 16, 2013.

和战略共识，即避免冲突、维护稳定，在能合作的领域争取合作。这时小行为体为在大国政治和体系转型中维护自身身份和利益，有可能发挥能动作用，促成各方的制度合作，同时大国也乐见其成。

但是小行为体主导国际制度是有局限性的。这个局限性就是“度”的把握。所谓小行为体主导也是在大国需要、大国允容和大国自我约束下的主导，如何一方面有效调动大国参与、塑造大国对制度过程的认同，而另一方面又有效约束大国行为，需要把握好各种关系、各个过程之间的微妙平衡。在网络化的制度过程中，既要保持网络的适度紧张以增强网络强度与活力，但又不能紧张过度，导致网络彻底破裂，其底线应该是不能挑战大国的重要和核心利益。在2012年东盟外长会上，由于个别东盟国家要求将南海争议写入主席声明，导致东盟内部产生分歧，最终无法协商一致形成《主席声明》，会议无果而终。这个结果被普遍看作是东盟自身的危机。因为这是东盟自1967年成立以来首次无法达成会议主席声明，意味着东盟团结和东盟身份受到重大冲击而面临破灭的风险。这次争议与分歧的背后实际上是涉及到中国领土主权利益的大国博弈。这个例子说明，一旦触碰大国核心与重要利益或卷入相关争端，并试图为己所用或在其中选边站队，那么小行为体不仅难以主导多边制度合作，而且自身的核心利益都将面临重大风险。①

小行为体主导国际制度要不断面临的重大挑战就是大国投入、制度成长与小行为体自身能力不足的悖论。小行为体主导的国际制度能够吸引大国参与和投入固然是有助于制度与合作的发展，但是从另一方面也对小行为体的主导能力构成挑战。制度是一个实践过程，在这个过程中，能否在观念、规范上继续发挥引领作用，能否加强自身能力建设去适应和驾驭体量日益增长的制度体系，这对小行为体是一个重大和关键的挑战。比如，随着各大国竞相对东盟主导的地区合作进行参与和投入、提出各种倡议，东盟就面临着制度能力建设的重大挑战而不得不采取应对之策，被迫加强以东盟为中心的制度网络。在安全合作方面，东盟没有按照美国的意愿，在东亚峰会框架下建设实质性的安全机制。相反，它将“东盟+”制度模式扩展到防务领域，于2010年建立了东盟防长扩大会议机制（ADMM+），并宣布将之作为地区安全磋商的主要机制，从而保证了自己在地区安全事务磋商与合作中的中心地位。在经济一体化领域，2012年，由6个“东盟

① Wei Ling, “Rebalancing or De-Balancing: U.S. Pivot and East Asian Order”, *American Foreign Policy Interests*, Vol.35, Issue.3, 2013, p.152.

+1’自贸协定构成的“区域全面经济伙伴关系协定”(RECP)进入谈判进程，这也是东盟面对各大国经济一体化倡议和行动，为维护东盟主导地位而进行的制度能力升级。

六、结论

笔者结合亚信会议与东盟地区论坛的经验与案例，试图提出以小行为体为主导建设国际制度的模式。小行为体有效建立并主导国际制度依赖于三条路径，即规范制度、网络权力与过程实践。首先，在规范上必须实现普适规范的本土化改造，在制度建设中须遵循协商一致、循序渐进与低制度化原则；其次，小行为体的主导权来源于网络，即小行为体应能以自己为中心将相关大行为体织入制度网络中，通过网络获得大国认同、进行大国平衡，从而获得制度网络权力；再次，制度动力来源于多重过程与规范实践，过程导向给予制度以发展动力，制度通过主导性实践被界定和强化。最后，小行为体主导安全制度合作的条件是大国战略互信严重缺乏，但具备基本合作共识，局限性在于小行为体对“度”的把握，挑战在于大国投入、制度成长与小行为体制度能力之间的悖论。

在相当长的一段时间内，东盟引领东亚地区合作的模式被称为“小马拉大车”。至今，学界和政策界仍然有很多人坚持认为，亚信会议和东盟地区论坛等由小行为体倡导或主导的地区安全合作制度化程度低、产生的实际效用有限。但不可否认的是，亚信会议和东盟地区论坛的确为地区相关各方提供了就安全事务进行对话和磋商的平台，推动了非传统安全领域的地区安全合作，而且还在培育合作习惯、积累合作经验和背景性知识方面发挥了重要作用，对于未来地区安全架构的塑造也具有探索性的积极意义。更为重要的是，这两个安全机制都是在地区大国战略互信严重缺乏、难以主导地区多边安全安排的困局下，由地区体系中相对弱小的行为体倡议成立并主导运行的。因此，亚信会议与东盟地区论坛的实践不仅对于亚洲安全建设具有重要现实意义，而且对于国际制度建设和国际体系转型研究也具有重要学术价值和启示意义。

历史、实践与东盟安全合作进程

季　玲*

2015年对于东盟来说具有重大的历史意义，国际关系有史以来第一个由中小国家组成的地区组织将验收其共同体建设的成效。其中，东盟共同体建设的三大支柱之一——安全共同体建设的进程更是学术界长期关注和争论的焦点。离2015年安全共同体建成之期只有一年时间，学术界对于东盟安全合作进程的性质、内容及其重要性仍然理解不一，各执一词。这一方面与东盟安全合作历史进程的特殊性与复杂性有关，也是学术研究所秉持的各个理论流派视角的局限性所致。本文拟在考察有关东盟安全合作进程研究中的争论及其局限性的基础上，以历史主义的分析方法，从实践的视角出发，来重新理解东盟安全合作进程，并指出以历史和实践为出发点的研究对国际关系理论研究发展的重要意义。

一、导论：东盟安全合作进程的基本问题及其争议

1967年8月，由5个东南亚国家（印尼、马来西亚、菲律宾、新加坡、泰国）组成的国家间组织东盟（Association of Southeast Asian Nations）在泰国曼谷宣布成立。成立宣言中，外长们确认五国将在经济、社会、文化、技术、科学以及管理领域加强合作。尽管出于历史及现实原因，宣言中并未提及安全合作的字样，但是无论是实践者还是研究人员，都不可否认“安全曾经是并且目前在很大程度上仍是东盟存在的核心”。[①] 为实现国家和

* 季玲，外交学院亚洲研究所副所长。本文发表在2014年第5期《外交评论》。

① 鲁道夫·塞维里诺著，王玉主等译：《东南亚共同体建设探源：来自东盟前任秘书长的洞见》，北京：社会科学文献出版社2012年版，第141页。

地区安全而开展合作是贯穿东盟历史进程的重要使命。[①] 这一点已经得到东盟国际关系实践者与研究者较为普遍的认可。尽管如此，学术界对于东盟安全合作进程中的一些基本问题仍然没有统一的认识，学者们在东盟安全合作进程的性质、内容和重要性等基本问题上仍然各执一词。鉴于现实主义与建构主义理论范式在东盟安全合作研究中占有突出地位，本文拟以这两派重要代表人物的主要观点为切入点，来管窥关于东盟安全合作基本问题的理论分歧。

冷战期间，现实主义倾向的认识主导着东盟的安全合作研究，时至今日，现实主义仍然是东南亚安全研究中最为重要的理论基础之一。东南亚安全问题研究最著名的现实主义学者代表当属雷佛（Michael Leifer）。[②] 雷佛认为在国际社会无政府状态中，军事竞争与冲突不可避免，均势是国家追求安全的唯一有效的方式。[③] 关于冷战时期东盟的政治安全合作，Leifer 认为其之所以可能完全是因为东盟国家面临着共同的敌人或威胁。合作虽然能短暂实现，但是并不稳定且成果非常有限。[④] 东盟安全合作在本质上是东盟国家为了维持地区均势而采取的政治外交合作。均势（balance of power）在雷佛这里被理解为一种权力的分配，同时也被界定为国家实际所采取的外交政策，其目标是阻止在本地区出现任何过度的（或威胁性的）主导国家或霸权。[⑤] 冷战后出现的东盟地区论坛（ARF）作为一种制度，也只是现有“均势”的一种很有限的补充，并且只有在实现了稳定均势的前提下才可能发挥作用。[⑥] 从东盟安全合作进程来看，雷佛认为东盟从未建立起基于共同价值和利益的涵盖整个地区的关系结构。因此，在雷佛

① 本文所说的东盟安全合作进程，指的是东盟成员国在东盟框架下开展的各种形式的多边安全协作。这一概念需要与两个相关概念做出区分。第一个相关概念是东盟内部以及东盟成员国与外部大国之间开展的双边安全合作。双边安全合作在东盟安全合作架构中占有重要的地位，毋庸置疑。不过本文的视角是地区组织安全合作进程的发展，而不是国家间的安全合作。第二个相关概念是传统的军事与国防安全合作。本文所讨论的东盟安全合作进程，不局限于传统的军事与国防安全合作，因而其形式不限于军事联盟、集体安全制度安排等机制，凡是为促进和实现国家与地区安全而开展的各种形式的协作或合作均在本文的关注范围之内。

② Sorpong Peou, “Realism and constructivism in Southeast Asian Security Studies Today: a Review Essay”, *The Pacific Review*, Vol.15, No.1, 2002, p.121.

③ Michael Leifer, *The ASEAN Regional Forum*, Adelphia Paper 302, Oxford: Oxford University Press, 1996, p.52.

④ Michael Leifer, *ASEAN and the Security of Southeast Asia*, London: Routledge, 1989, p.189.

⑤ Michael Leifer, “Indochina and ASEAN: Seeking a New Balance”, *Contemporary Southeast Asian*, Vol. 15, No.3, 1993, pp. 274-275.

⑥ Michael Leifer, *The ASEAN Regional Forum*, p. 57.

看来，东盟只是一个“内向的集体安全安排”（internal collective security arrangement），是一个“外交共同体”。① 国内类似的研究也将东盟的安全实践定义为“国家间协调”。② 无论是定义为“外交共同体”、“集体安全安排”还是“国家间协调”，现实主义研究一个共同点就是对东盟多边安全合作的进展和成效持悲观或否认的态度。不过，随着东盟安全进程的发展和影响力的上升，越来越多的学者开始批评现实主义研究的局限性。认为现实主义无法解释东盟在长达40多年的时间内所形成的安全文化与合作模式。与此同时，东盟所采取的实际政策也常常背离现实主义理论的预期。比如，东盟并没有制衡区域内真正的主导性国家——美国，其成员国反而与美国保持着军事同盟关系；在越南侵犯柬埔寨事件中，东盟也是选择与更为强大的中国合作来寻求保护。③

关于东盟安全实践的建构主义研究在20世纪90年代后开始兴起，至90年代末21世纪初成为东南亚安全研究领域唯一能与现实主义抗衡的理论流派，其最著名的代表人物是阿米塔·阿查亚。阿查亚承认东盟确实实践着均势政治，不过在阿查亚看来，均势政治不是无政府状态下的必然产物和唯一选择，包括均势政治在内的政治安全战略都是社会建构起来的。东盟寻求通过多边主义来调节和维持稳定的均势，多边主义制度并不是无足轻重的补充，而是均势、双边同盟的必要补充。④ 从短期来看，多边主义可以通过提供规范限制和信心建立渠道帮助形成均势，从长期来看，多边主义可以使国家超越均势逻辑。⑤ 关于东盟安全合作进程的性质，阿查亚认为到了20世纪90年代初，东盟已经超越了权力政治，在长达几十年的时间内，东盟成员国没有陷入安全困境和军备竞赛中，已经成为一个“初级的安全共同体”，即成员国不用武力反对彼此，寻求通过和平方式解决争议与冲突。⑥ 作为一个初级的安全共同体，东盟有两个关键性的支柱，一是集体行动的规范，一是身份建设的倡议。这些具有变革性力量的规范包括不干涉内政、不使用武力、地区自治、避免集体防务以及实践“东盟方式”；关于

① Michael Leifer, *ASEAN and the Security of Southeast Asia*, p.157.

② 王磊、郑先武:《国家间协调与区域安全治理：理解东盟安全机制》，载《南洋问题研究》，2012年第4期，第28—37页。

③ Sorpong Peou, “Realism and constructivism in Southeast Asian security studies today: a review essay”, p.128.

④ Amitav Acharya, *The Quest for Identity: International Relations of Southeast Asia*, Singapore: Oxford University Press, 2000, p.181.

⑤ Ibid., p.184.

⑥ Ibid., p.5.

集体身份，阿查亚认为东盟类似于安德森所提出的“想象的共同体”，东盟成员国间的“我们感”（we-feeling）不是来自于经济相互依赖或者是共同的民主价值观，而是来源于文化和社会互动进程。总之，建构主义研究承认东盟以规范塑造和身份建构为主要内容的安全合作进程的重要意义，关注其对地区安全结构的变革性作用。阿查亚的研究将东盟安全实践的建构主义研究推向了高潮，“安全共同体”成为影响东盟安全合作政策决策和学术研究的重要概念框架。尽管如此，学术界对东盟是“初级安全共同体”的判断的质疑也从未间断。主要的质疑点有两个方面：一是东盟遵守规范到底是出于国家利益的理性权衡还是身份内化的适当性考虑；[①] 二是东盟成员国是否放弃了针对其他成员国的战争准备，以及成员国之间所爆发的局部战争[②] 是否可以看作是东盟不存在“非战安全共同体”的例证。[③] 从这些质疑声中可以看出，虽然建构主义抓住了东盟安全合作实践中被长期忽略的一面，但是相对于东盟安全实践的复杂性而言，安全共同体、规范、身份等概念在运用中出现了一定的适用性问题。[④]

为了弥补上述两大理论流派解释力的局限与不足，一些学者试图结合各派理论各自的所长，提出较为综合性的概念。比如结合现实主义与建构主义理论内核的“威胁均衡”（balance of threat）概念，结合现实主义与自由主义 / 制度主义的“安全机制”或“制度平衡”概念等。[⑤] 尽管这些努力

---

① Tobias Nischalke, “Does ASEAN Measure up? Post-Cold War Diplomacy and the Idea of Regional Community”, *The Pacific Review*, Vol.15, No.1, 2002, pp.89-117. 在文章中，作者选取了从1988年到1997年间的14个事件来对东盟国家对规范的遵守及其原因进行了检测和分析。作者发现，虽然各成员国对其安全问题有着共同的理解和应对，但是这些共同应对并不是来源于“我们感”和相互认同。

② 2001年泰国与缅甸为争夺边防站而爆发的大规模军事冲突，2011年泰国与柬埔寨在两国交界处柏威夏寺附近爆发的武装冲突，都是学者们最常用以反驳东盟已成为初级安全共同体观点的实例。

③ Sorpong Peou, “Realism and constructivism in Southeast Asian security studies today: a review essay”; Ralf Emmers, *Cooperative Security and the Balance of Power in ASEAN and the ARF*, London: Routledge Curzon, 2003; Alan Collins, “Forming a security community: lessons from ASEAN”, *International Relations of the Asia-Pacific*, Vol.7, No.2, 2007, pp.203-225; Kai He, “Institutional Balancing and International relations theory: economic interdependence and balance of power strategies in Southeast Asia”, *European Journal of International Relations*, Vol.14, No.3, pp.489-512.

④ 国内也有学者分析了“安全共同体”概念与东盟安全合作实践的匹配问题。参见：郑先武：《“安全共同体”理论和东盟的实践》，载《世界经济与政治》，2004年第5期，第20—25页。

⑤ Alan Collins, “Forming a security community: lessons from ASEAN”, *International Relations of the Asia-Pacific*, Vol.7, No.2, 2007, pp.203-225.

非常重要，为理解东盟安全合作实践提供了更加丰富的视角，显然具有重要的启发意义。但是这些尝试虽然致力于突破单个范式的局限性，但是其思考问题的方式仍然是从理论范式的基本假定出发，研究对象和研究议程仍然带有理论偏向性，所以仍然不能为理解东盟安全合作进程提供一个全景视角。

这种范式导向的研究，尽管提升了知识的系统性与理论化程度，但同时也催生了两个重大的缺陷：一是理论与历史的脱节，即理论不能解释和反映国际关系中发展和变化着的现象；二是理论与实践的脱节，即理论不能解释和指导复杂多样的具体实践。这两大脱节现象在东盟安全合作进程的研究中表现得尤其明显。东盟成员的非同质性、东盟安全实践的复杂多样性以及东盟所处国际与地区环境的多变等等因素，决定了从任何一个预先设定的理论假定出发的研究思路均会存在明显的不足。这也是40多年来，关于东盟安全合作进程的性质、内容以及重要性等基本问题上难以有相对统一认识的原因。近些年，随着人们越来越认识到范式导向研究的不足，倡导用历史发展的眼光、从具体实践出发，开展跨越范式的对话的呼声日高。①

二、历史与实践：认识东盟安全合作进程的方法与框架

历史分析对于国际关系学科并不陌生。在国际关系学科诞生初期，历史分析为学科的兴起和成熟提供了重要的方法论基础。古典的现实主义者如巴特菲尔德、怀特、卡尔等大都受过历史训练，摩根索的国际关系研究更是深深植根于历史研究之中。只是从20世纪50年代开始在科学行为主义运动的冲击下，北美国际关系研究中才开始出现理论与历史分离的局面。从总体上来看，理论研究更关注探寻国际事件中的共性，而历史研究更加关注历史事件的特殊性。一些国际关系理论家认为，历史学家是缺少精确方法论的文物工作者，他们的工作只是对相关事实的一种排列、组合。而某些历史学家则对国际理论“缺乏基础”的构想表示蔑视。② 实际上，理论

① 秦治来：《国际关系研究中的历史分析》，载《世界经济与政治》，2006年第3期；秦治来：《国际关系研究的历史学转向》，载《世界经济与政治》，2011年第8期，第84—96页；鲁德拉·希尔、彼得·卡赞斯坦著，秦亚青、季玲译：《超越范式：国际政治中的分析折中主义》，上海：上海人民出版社2013年版；Emanuel Adler, Vincent Pouliot, eds., *International Practices,* Cambridge: Cambridge University Press, 2011。

② 秦治来：《国际关系研究中的历史分析》，第7—8页。

研究与历史研究虽然目的、功能及方法工具均不相同，但两者不仅不必然相互排斥，两者还应更好地相互结合。任何事件都是相似性与特殊性、必然性与偶然性的结合，理论研究与历史研究相互结合、相辅相成，才能真正促进国际关系研究的健康发展。

历史研究的一个重要前提假定是，无论是历史人物还是历史现象，都是存在于特定而具体的历史环境中，研究和解决任何问题都离不开特定的历史条件，分析和研究这些历史条件是认识事物的重要方法之一。① 为了揭示特定的历史条件对事件的参与者、事件的发生与发展过程的影响，历史研究者一般采用历史诠释的方法来给特定的历史条件赋予意义，以便探索事件与行为背后的动机与信仰；同时，为了表明不同的历史条件下，历史事件发生与发展的相同与不同之处，历史比较的分析方法又是必不可少的。国际关系理论家一方面倾向于寻找作用于国际关系事件的普遍性原因（或国际关系的本质特征），一方面缺乏历史性比较的意识，所以极易犯下“将国际体系某一时期的特征默认为永久性特征”的错误。② 为了在关于东盟安全合作进程的研究中凸显历史研究的重要性及其对范式理论研究的补充与纠偏作用，作者借用历史分析的认识论与方法，首先将东盟安全合作进程按照三个关键的时间节点划分为四个阶段；其次，将比较分析四个历史阶段东盟成员国所面临的不同历史条件，并用历史诠释的方法，来分析这些历史条件对东盟安全合作实践分析框架中各个因素的影响。

历史实践的影响因素总是多方面、多层次的，以实践为基础和导向的分析框架是历史分析不成为“支离破碎的知识”的保证。为了更接近国际安全的实践，一批学者开始转向“实践”概念，伊曼纽尔·阿德勒就是其中的突出代表。借助于实践的概念，阿德勒首先是重构了“安全共同体”的概念，将安全共同体界定为“特定的一系列实践、特定的理解安全的方式以及这些实践所发生的环境”。③ 进而，为了理解现实国际安全秩序中的多样性与复杂性，阿德勒又用实践的概念工具对国际安全治理机制（security governance mechanisms）的重叠现象进行了理论化。④ 阿德勒指

---

① 刘邦凡：《论历史分析、文化诠释与比较哲学》，载《世界哲学》，2008年第3期，第92页。

② 秦治来：《国际关系研究的历史学转向》，第87页。

③ Emauel Adler, “The Spread of Security Communities: Communities of Practice, Self-Restraint, and NATO’s Post-Cold War Transformation”, *European Journal of International Relations*, Vo.14, No.2, 2008, pp.195-

④ Emanuel Adler and Patricia Greve, “When security community meets balance of power: overlapping regional mechanisms of security governance”, *Review of International Studies*, Vol.35, 2009, pp.59-84.

出，虽然各种安全治理机制在分析意义和规范意义上是迥然不同的，但是在国际话语和实践中，他们却经常共存。由于这些不同的安全治理机制都是基于一系列迥然不同的实践集，所以如果我们从一个地区内的国家所采取的实践来界定地区，必然会有助于我们更好地理解这个地区的性质。[①] 那实践是什么？实践视角能为我们理解和界定东盟安全合作的性质、内容乃至其重要性提供什么样的认识框架？[②]

实践是具有社会意义的有规律行动，这类行动程度不同地表现出行动者的适当绩效，同时包含并展现背景知识与话语，并可能物化这样的知识和话语。团体实践是由实践共同体发动并实施的行动。背景知识在这些共同体成员中的扩散，会促使他们采取相似的行动。[③] 一个实践共同体“由一群非正式地、在特定情境中聚合在一起的人们组成，这些人由于具有学习与实施某一实践的共同兴趣而聚集在一起”。在实践视角下，世界不再必然是由国家组成的，也不是由边界和民族认同界限分割的，而是由跨国的实践共同体构成的。[④] 这一假定在地区一体化情境下，更容易理解与接受。上述概念为从实践视角看待东盟安全合作进程提供了几个关键性的要素。首先，也是最重要的要素是行动者。“实践者是实践互动中的主要因素，处于核心位置，因为只有实践者才是最终的实践实施者”。[⑤] 行动者的意图、信念以及资源等特性均会对实践的发生与发展产生重要的作用；其次，背景知识。实践依赖于背景知识。知识像意图、信念等一样，是先于实践的。背景知识导向行动，是构成实践以及实践边界的基础。背景知识既包含含蓄的知识，也包含反思的知识，这两种知识共同导致了国际实践的创新、进化和实施。同样重要的是研究知识对实践的建构作用和因果作用。最后，也是最重要的是实践本身。实践共同体的成员聚集在一起是出于学习与实施某一实践的共同兴趣。实践，既是一定的环境（历史条件下）实践者与

---

① Emanuel Adler and Patricia Greve, “When security community meets balance of power: overlapping regional mechanisms of security governance,” *Review of International Studies*, Vol.35, 2009, p.62.

② 国际关系研究的“实践转向”已经得到较为精深的理论探讨和经验检验。对于实践理论的深度考察不是本文力所能及之事。所以，本文仅从实践概念的基本构成要素出发，试图为理解东盟安全合作实践的性质、内容及其重要意义提供一个系统的分析框架。

③ Emanuel Adler, Vincent Pouliot, eds., *International Practices*. 参见该书中文译稿，秦亚青、孙吉胜等译。

④ Emanuel Adler, “The Spread of Security Communities,” p.199.

⑤ Emanuel Adler, Vincent Pouliot, eds., *International Practices*. 参见该书中文译稿，秦亚青、孙吉胜等译。

背景知识互动的结果，也是实践者身份与背景知识再生产的动力所在。实践者、背景知识和具体的实践三大要素，以及其三者之间的共生与互动关系，构成了一个分析地区安全合作实践的全新框架。

历史研究为本文提供了分析方法，而实践视角则为本文提供了分析框架。实际上，实践理论也提倡要从历史视角去研究国际实践。“国际实践不是非历史的行为方式，而是一系列不断发展的活动。”“从历史视角研究国际实践，需要审视过去那些使实践成为可能的生成性关系，也要审视那些使实践得以扩散的社会政治过程。”① 因此，实践视角与历史研究是天然结合在一起的。据此，本文将东盟安全合作进程视为一个不断发展变化的历史进程，是一群（或多个群体）实践者为实现某种共同目标而采取的共同实践集所建构起来的进程。在这个历史进程中，历史条件、实践者、背景知识以及实践集均体现了连续性（相似性）与变革性（特殊性）的统一。

三、东盟安全合作进程的历史与实践

东盟安全合作进程是一个不断发展变化的历史进程。在这样的历史进程中，确立关键性的时间节点是理解和解释这个进程的第一步。本文依据东盟成员国所处历史条件的重大变化，选取了三个时间节点，将东盟自1967年建立之后的安全合作进程划分为四个阶段。下文将详细考察每个历史阶段中，历史条件、实践者、背景知识以及具体实践四个要素的变与不变，以及要素之间的互动关系。

（一）初生期：1967年到1974年

1967年8月初，东南亚五国的政府部长在距离曼谷不到100公里的旅游胜地邦盛签署了具有历史性意义的《曼谷宣言》，宣布了东盟的成立。宣言规定东盟将在经济、社会、文化、技术、科学以及管理领域加强合作，以实现加速经济增长、社会进步和文化发展的目标。宣言只是表达了东南亚国家经济与文化合作的意愿，这也是诸多研究者将冷战期间的东盟仅仅看做是个不成功的经济文化合作机构的原因。但是，这些政治精英们的真实意图却远不是这么简单，东盟成立时所处的历史背景以及东盟创始者的动机与目标为认识东盟初建时的真实面目提供了线索。

---

① Emanuel Adler, Vincent Pouliot, eds., *International Practices*. 参见该书中文译稿，秦亚青、孙吉胜等译。

东南亚国家扼守两大洲、两大洋交通要道的战略位置以及丰富的战略资源使得东南亚地区历来是世界列强的必争之地。继沦落为英、法、荷、美殖民地之后，到20世纪中叶，东南亚各国又遭到日本军国主义的占领与奴役。在殖民统治期间，“许多东南亚人不仅仅遭受着肉体摧残还经历着情感折磨。”[①] 二战结束，东南亚国家相继获得独立，但是历史上惨痛的殖民历史使得东南亚国家的政治精英深刻认识到促进地区团结、避免大国对本地区命运的支配是何等的重要。二战后，东南亚各国先后独立，但是国内政治仍很不稳定，同时又面临着艰难的国际生存环境。一方面，东南亚国家之间冲突和争端频发，建立区域组织的尝试屡屡受挫。直到20世纪60年代中期，随着菲律宾总统马科斯、印尼总统苏哈托上台并采取新政策，菲律宾、印尼与马来西亚之间的和解才开始出现转机；另一方面，东南亚地区的外部势力也在经历着急剧变化。美国在越南战场屡遭挫折，面临着巨大的国际国内社会的压力，倾向于逐渐退出本区事务；1967年英国也宣布要从苏伊士运河以东撤军，在本地区的力量进一步收缩。随着西方力量的逐渐撤退，苏联势力开始渗入，东南亚面临着新一轮的大国争夺。东南亚政治精英意识到不能指望西方大国的保护来维护本地区的安全，只能靠加强内部的团结来防范威胁。

在这样的背景下，对于签署《曼谷宣言》的五国部长来说，强调经济合作只是由于“与政治和安全问题相比，经济合作的争议相对较小”。[②] 而促进东南亚国家的和解、联合应对外部势力的威胁等安全目标才是真正的动机所在。《曼谷宣言》的签署者之一泰国外交部长他纳（Thanat）在1968年承认，建立东盟的动机“不仅仅是经济的、社会的，毋庸讳言，动机肯定还是政治的”。[③] 马来西亚国防部长兼国家发展部长拉扎克（Tun Abdul Razak）在签署《曼谷宣言》后的讲话清楚地揭示了东盟的安全动机和责任：“这个地区的国家应该认识到，除非它们自己承担起决定自己的命运、防止外来干涉和干扰的共同责任，东南亚就会一直充满危险和紧张；除非它们采取决定性的共同行动，预防地区内部冲突的爆发，东南亚国家就会一直

① Robert O.Tilman, *Southeast Asia and the Enemy Beyond*, Boulder and London: Westview Press, 1987, p.17.

② Roger Irvine, “The Formative Years of ASEAN:1967-1975”, in A. Boinowski ed., *ASEAN into the 1990s,* Basingstoke: Macmillan, 1990, p.14. 转引自 Tarling, Nicholas, *Regionalism in Southeast Asia: to Foster the Political Will,* Abingdon, Oxon: Routledge, 2006, p.134.

③ Nicholas Tarling, *Regionalism in Southeast Asia: to Foster the Political Will,* p.134.

容易受人操纵，相互对抗。”[①] 虽然对于如何实现自立与团结，创始的政治精英们并没有一个十分清楚的认识和设计，但是“安全”这一核心目标一直主导着东盟成立初期的集体实践。

东盟成立初期，尽管《曼谷宣言》明示的经济与社会文化合作几无建树，但是却成功化解了马来西亚与菲律宾间的领土争端危机。沙巴主权归属一直是马来西亚与菲律宾之间的悬案。1968年3月，马尼拉报纸中关于菲律宾向沙巴渗透突击队的报道引发了两国紧张关系的升级。起初，东盟成员国都不愿意直接调停争端，也避免对争端发表公开的观点。然而随着事态的发展，尤其是该年9月菲律宾国会宣布沙巴为菲国土后，菲马两国彻底断绝了外交关系，并且马来西亚还拒绝参加有菲律宾出席的任何东盟会议。两国的争端严重威胁着东盟的存续，也为东盟提供了一个尝试发挥作用的契机。在1968年8月到1969年12月的一年半的时间内，东盟通过召开外长会、设立各种专门委员会与常设委员会，为两国提供了沟通的关键渠道，敦促双方把争端降到最低程度，并接受一个“逐渐冷却的时期”。最终，在1969年12月的一次东盟外长会议上，马来西亚与菲律宾同意恢复外交关系，从而有效地把这个问题临时搁置起来。沙巴争端因此成为东盟处理冲突问题的一个里程碑。[②]

东盟成立初期另一个重要安全合作实践是发表《和平、自由和中立区宣言》。20世纪60年代末70年代初东南亚地区所发生的新形势加剧了东盟对大国势力在东南亚开展新的角逐的担心。[③] 东盟内部出现了“中立化”的声音。1971年11月27日，东盟外长在吉隆坡举行会议，会议发表了《和平、自由和中立区宣言》，“表达了采取必要努力保证承认、尊敬东南亚成为和平、自由和中立区，免于任何形式的外部强权干涉的努力”的决心。[④] 中立化主张最先是由马来西亚提出的。在马来西亚最初的提议中，东盟中立化需要两个重要的条件，一是美苏等大国要为东盟中立化提供保证；二是东盟内部成员互不干涉，互不侵犯，不卷入大国之间的竞争。[⑤] 不过，东盟成员国内部情况复杂，有美国的盟国泰国与菲律宾，有排斥大国保证的印尼，

---

① 王泽编译:《东盟》，北京：中国法制出版社2006年版，第8页。

② 阿米塔·阿查亚著，王正毅、冯怀信译:《建构安全共同体：东盟与地区秩序》，上海：上海人民出版社2004年版，第71页。

③ 曹云华主编:《东南亚国家联盟：结构、运作与对外关系》，北京：中国经济出版社2010年版，第41页。

④ “ZOPFAN Declaration”, ASEAN Secretariat, http://www.aseansec.org/1215.htm.

⑤ 曹云华主编:《东南亚国家联盟》，第40页。

还有对马来西亚不信任的菲律宾与新加坡，所以，中立化宣言最终并没有就具体路径和措施达成一致。不管怎么样，《和平、自由和中立区宣言》的发表为东盟及其成员国在地区和国际事务中提供了基本立场，是东盟初期安全合作领域最重要的实践之一。[①]

东盟成立初期的安全合作实践不难看出，安全是东盟的核心关注，而其安全合作的主要目标是促进成员国间的和解，同时排除大国势力对东南亚地区的主导和竞争。另外一点最值得关注，从一开始，东盟安全合作的实践者一直是外交系统或政府的政治精英。这些政治精英对大国竞争和内部斗争的破坏性有着深切的感知，也能娴熟地驾驭各种外交协调技巧。实践者的认知、威望、技巧与资源为东盟成立初期安全合作实践的成功提供了重要的保证。东盟政治精英所开展的这些早期安全合作实践也为东盟日后整个组织机构的存在、发展与扩大奠定了重要的基础。

（二）成长期：1975年至1990年

1975年成为东盟安全合作进程第一个分界点的历史背景，是印度支那战争的全面结束。自1969年提出以战略收缩为主旨的“关岛主义”以来，美国逐步推进越南战争的“越南化”，并陆续从泰国、菲律宾等地撤出部分军队，到1973年年中，亚太地区美军地面部队已由1968年时的11个师减少到2个师。[②]1975年，越南实现了统一，印支三国抗美战争取得全面胜利，美军全部撤出。与此同时，苏联却加强了对东南亚地区的扩张，以期填补美国收缩力量后在这一地区出现的权力真空。为将越南纳入其势力范围，苏联利用越南当局的扩张欲望，开始支持越南推行地区霸权主义。苏联和越南在东南亚地区的一系列举措恶化了东南亚地区的安全形势，激化了东南亚各国对共产主义势力扩张的恐惧，反对越南推行地区霸权成为这一时期东盟成员国深化政治与安全合作、加快成长的催化剂。

这一时期，对东盟政治精英影响深刻的认识有两个：一是对共产主义的扩张威胁，一是通过提升国家抗御力（national resilience）来保障地区和平的信念。冷战期间，东盟成员国与西方阵营保持着密切的关系，其政治精英受到冷战意识形态的影响，对共产主义持恐惧与反对的立场。尤其是泰国、马来西亚对国际共产主义与国内反对势力的联系非常敏感与警

① 鲁道夫·塞维里诺著，王玉主等译：《东南亚共同体建设探源：来自东盟前任秘书长的洞见》，第147页。

② 吴国仪、曹中屏等主编：《战后东南亚国际关系（1945—1991）》，天津：天津人民出版社1993年版，第168页。

惕。某种程度上，东盟初期乃至整个冷战时期，对共产主义的担心是将东盟政治精英联系在一起的重要原因。新加坡外长拉惹勒南曾经很明确地指出“当时的东盟唯一的共同点，或者说是共同的兴趣，那就是对共产主义的担心”。[①] 关于如何抵御来自区域内外的安全风险，东南亚国家形成独特的安全观，提出了国家抗御力的概念。国家抗御力（national resilience）一词是由印尼语“Ketahanan Nasional”翻译而来的。受到内部独立运动和社会经济脆弱性的影响，苏哈托上台之后就提出了提高国家抗御力的概念。[②] 苏哈托指出，国家抗御力“涵盖强化国家发展的所有组成要素，因此包括意识形态、政治、经济、社会、文化和军事各个领域内的抗御力”。[③] 在地区安全层面，国家抗御力的提高最终也能增进地区抗御力，“每个成员国发展自身的‘国家抗御力’，一种‘地区抗御力’就会逐渐形成：成员国将有能力解决共同问题，一起为地区的未来和福利承担责任。”[④] 国家抗御力和地区抗御力的概念具有两个特征，一是内向性，即通过消除内部的安全隐患，来杜绝来自外部的安全干涉；二是综合性，即强调国家安全稳定与经济和社会发展的相关性。提高抗御力就是通过国家和地区整体的经济和社会发展来消除国家和地区内部的不安全隐患，也从而杜绝来自地区外部的干预。在印尼的推动下，国家和地区抗御力的概念被所有的东盟成员国政治精英所接受，并被写入1976年发表的《东盟协调一致宣言》中。

东盟的成长始于对安全合作原则与规范的塑造实践。1976年2月，东盟成员国在印尼巴厘岛举行了成立以来的首次首脑会议，签署了《东南亚友好与合作条约》（以下简称《条约》）和《东盟协调一致宣言》。《条约》将东盟开展安全合作的基本原则与规范以条约的形式确定下来，该条约成为东盟发展史上最为重要的条约之一。《条约》第二条规定成员国处理相互关系应遵循六项原则，即独立自主[⑤]、互不干涉内政、和平解决分歧或争

① Chan Heng Chee, Obaid ul Haq, eds., *The Prophetic & The Political: Selected Speeches & Writings of S. Rajaratnam,* Singapore: Graham Brash (Pte) Ltd., 1987, pp.299-300.

② Ralf Emmers, *Cooperative Security and the Balance of Power in ASEAN and the ARF,* London and New York: RoutledgeCurzon, 2003, p.18.

③ Suhartuo, “Address by the President of the Republic of Indonesia”, *Regionalism in Southeast Asia,* Jakarta: Center for Strategic and International Studies, 1975, p.8.

④ Ibid.

⑤ 第一条原则与第二条原则分别为“相互尊重独立、主权、平等、领土完整和各国的民族特性”和“任何国家都有免受外来干涉，颠覆和制裁，保持其民族生存的权利”。实际上，这两条规定的是东盟成员国相对于彼此以及区域外大国均享有独立自主的权力，因此，笔者将其统称为独立自主的规范。

端、反对诉诸武力或以武力相威胁以及合作。[①] 这些原则是对东盟建立初期安全合作实践成功经验的总结，将其以条约的形式固定下来，显示了东盟在既有合作规范的基础上推进安全合作进程的决心。《条约》的签署为东盟通过政治对话与协作应对地区安全问题奠定了政治基础和基本规范与原则，因而也成为东盟迈入成长期的重要标志之一。

促成柬埔寨问题的政治解决是东盟冷战时期最为引人瞩目的安全合作实践。1978年12月，在苏联的支持下，越南开始了对柬埔寨长达10年的入侵与占领。越南入侵和占领柬埔寨，不仅将东盟成员国泰国推至战争的前线地带，直接威胁东盟的安全与稳定；越南的侵略行为还将东南亚各国卷入到更广泛的中越、中苏和美苏竞争之中，使得东盟政治精英所追求的减少大国在东南亚作用的希望濒于破灭，而东盟刚刚通过条约树立起来的各项规范均面临颠覆的危险。可以说，越南侵占柬埔寨是“自东盟创立以来对东盟所构成的最严重的安全挑战”。[②] 东盟对此做出了快速的反应，1979年1月，东盟外长在曼谷发表了一份联合声明，谴责“外国侵略”柬埔寨。但是一开始，东盟各国对于危机的理解以及应对方法却存有较大分歧。马来西亚和印度尼西亚担心柬埔寨冲突如果不能在区内解决，会导致中国势力的介入，因此主张说服越南从柬埔寨撤军，以换取东盟对越南在印度支那安全利益的认可。但是新加坡与泰国却把由苏联支持的越南视为地区和平与安全的主要威胁，因而拒绝对越南采取任何让步行为。经过协调，东盟成员国最终团结到一个立场上，放弃了对越南妥协的方案。在长达十年的时间内，东盟国家积极利用国际社会的力量，在地区内部协调冲突相关方的利益和立场，主持召开了两次雅加达非正式会议；在联合国框架下积极敦促、支持、配合联合国有序地政治解决危机，促成了两次柬埔寨问题巴黎会议的召开。最终在冷战结束利好形势的助推下，有关各方在第二次巴黎会议上签署了和平协议，柬埔寨问题终于得到解决。

柬埔寨问题充分地体现了东盟安全合作实践的复杂性与综合性。东盟政治精英们有多种考虑，反对越南形成地区霸权、减少大国对地区事务的干涉以及维护东盟的团结，在这些考虑之间做出权衡与妥协最终促成了东盟在柬埔寨问题上的安全合作实践。正如雷佛所言：“东盟国家对于越南入

① “Treaty of Amity and Cooperation in Southeast Asia”, Bali, Indonesia, 24 February 1976, http://www.asean.org/news/item/treaty-of-amity-and-cooperation-in-southeast-asia-indonesia-24-february-1976-3, 2014-7-10.

② 阿米塔·阿查亚著，王正毅、冯怀信译：《建构安全共同体》，第112页。

侵柬埔寨的反应是出于对东盟的规范、军事以及内部团结的综合考虑。”[1]

（三）扩展期：1991年至2002年

冷战的结束使得东南亚地区面临着全新的国际与地区安全形势。苏联解体，美苏在东南亚地区的竞争结束。随着美苏势力的退出，东南亚地区出现了暂时的权力真空。一方面，这对于一直致力于排除大国干涉、实现区域自主的东盟国家来说，是一个绝佳的契机。另一方面，东盟国家开始担心中、日、印等崛起中的地区大国会乘机填补美苏留下的“权力真空”。为了抓住实现区域自治的历史性机遇，防止东南亚再度陷入地区大国争夺中，东盟国家的政治精英筹划建立管理地区安全事务的机制。东盟应对柬埔寨问题的安全合作实践为政治精英们如何管理地区安全事务提供了新的认识。在柬埔寨危机中，东盟的规范与安全合作模式为东盟赢得了较高的国际声誉，使得东盟的政治精英对安全合作的“东盟方式”具有较高的认可度。但同样也是柬埔寨危机，使得东盟政治精英意识到，要真正管理地区安全事务、解决安全危机，没有大国的参与和支持，仅仅依靠东盟的外交协调与规范传播是无法实现的。[2] 如何将内向性的东盟安全合作理念与规范转换、扩展到区域外，建立以东盟为主导的、又能容纳并发挥大国作用的地区安全合作机制，东盟政治精英需要借用新的知识与理念，“合作安全”理念的提出与传入恰好满足了这样的需要。

“合作安全”是在欧洲的“共同安全”概念的基础上发展而来的。1982年瑞典帕尔梅委员会发表了题为《共同安全：一种生存蓝图》的报告，指出共同安全的核心要素包括：偏好多边主义安全措施；强调通过信任建设措施、武器控制、多边合作来保证安全、建立国内区域和国际安全之间的联系等。[3] 欧洲安全与合作会议（简称欧安会）被看做是“共同安全”观念在欧洲的实践。随着欧安会在冷战后的快速发展，共同安全的概念被广泛接受。1990年，加拿大对外事务部长克拉克和澳大利亚外长加雷斯·埃文斯分别在不同的场合提出启动亚洲版的“安全合作与会议”进程的倡议。但是“共同安全”在亚洲地区的适应性一度遭到质疑，其对正式条约义务的强调更是遭到亚洲各国的抵触。在这样的背景下，“共同安全”的概念被

---

① Michael Leifer, *ASEAN and the Security of South-East Asia*, London and New York: Routledge, 1989, p.98.

② 谢尔登·西蒙著，高伟浓译：《九十年代东盟的安全》，载《东南亚研究》，1990年第2期，第106页。

③ *The OSCE and Cooperative Security in Europe: Lessons for Asia*, Singapore: IDSS, 2003.

重构为适合亚洲情况的“合作安全”。1993年9月，澳大利亚外长埃文斯在联合国发表重要演讲，全面阐述了“合作安全”的概念，指出合作安全是一种广泛的安全取向，是多向度的、渐进的；强调保证而非威慑；包容而非排斥；偏好多边主义与非军事解决方案；国家是安全体系中的主要行为者，但非国家行为者也可扮演重要角色；不要求创立正式的机制，但也不拒绝；强调在多边基础上形成“对话的习惯”。① 合作安全保留了共同安全的一些核心原则，但是摒弃了欧洲国家对正式条约和制度的偏好，强调建立安全合作制度的灵活性和渐近性。“合作安全”观念的传入契合了东盟寻求建立地区多边安全制度的努力。1991年6月，东盟最重要的智囊机构—东盟战略与国际研究所为东盟第四次首脑会议发布一份题为《行动时刻》的参考文件，声称鼓励对话和采取安全合作措施势必导致一种多边安全制度，明确提出利用一年一度的东盟与对话国会议的空隙，召开涉及整个亚太地区的安全对话会议的建议。②1992年召开的东盟第四届首脑会议接受了该提议，授权东盟在东南亚内部和亚太层面上处理安全问题，组织区域安全对话，即建立东盟地区论坛（ARF）。

冷战后最初的十年时间内，东盟在安全事务上最主要的实践是建立并主导东盟地区论坛。1992年1月在新加坡召开的第四次东盟峰会首次正式将开展东盟内外的安全合作列入了议事日程，明确提出要以东盟部长扩大会议为平台，与外部大国开展政治与安全事务对话。③1994年7月，首届东盟地区论坛在曼谷召开。东盟地区论坛是东盟的一个“大胆的倡议”，④ 是东盟“矢量外溢”的正式开始，关于论坛的一系列制度安排和行为规范确立了东盟在论坛中的绝对主导地位。比如，论坛在组织机构上依附于东盟，论坛外长会议每年由东盟轮值主席国在东盟外长会议之后召集；论坛合作完全遵循协商一致、不干涉内政以及制度进程渐进性等被称为“东盟方式”的合作规范；东盟为论坛议程设立各个发展阶段的主要议程等。⑤ 在首届东盟地区论坛结束后，时任泰国副外长素林在接受采访被问到东盟地区论坛是否会被大国所主导时自信和坚定地表示：“东盟是驾驶员，东盟将一直是

① Gereth Evans, “Cooperative Security and Intrastate Conflict”, *Foreign Policy*, Fall 1994.

② 喻常森：《东盟在亚太多变安全合作进程中的角色分析》，载《外交评论》2007年第4期，第62页。

③ “Singapore Declaration of 1992”, Singapore, 28 January 1992.

④ S. Jayakumar, “ASEAN comes of age as new challenges loom”, *Business Times* (Singapore), June 1, 1994.

⑤ 秦亚青主编：《东亚合作：2009》，北京：经济科学出版社2010年版，第6章。

论坛的主席，其他国家只能作为感兴趣的参与者，他们不会坐上驾驶员的位置。”[①] 东盟为论坛设计了发展的三个阶段，即推动信心建设、建立预防外交机制以及建立冲突解决机制。在整个90年代，东盟地区论坛在信心建设框架下，在信息分享、推进信心建设措施的实施以及增强军事透明度方面取得了重要进展，对于地区安全关系环境的改善、冲淡地区危机引发的紧张局势以及增进各国合作的信心与互信发挥了重要的作用。[②]

东盟地区论坛是东盟自成立以来建立的首个有形的安全合作制度，也是亚太地区唯一的官方多边政治与安全对话机制。[③] 东盟地区论坛反映了东盟安全合作实践的一些重要特征，对东盟安全合作而言，具有一定的代表性意义。不过它在东盟安全合作进程中意义也不应被高估。东盟地区论坛虽然在东盟安全合作实践的基础上纳入了新的实践元素，比如有形的安全合作制度、明确的安全合作宗旨与目标、可操作性的安全合作措施等等，但是从根本上说，东盟地区论坛只是东盟冷战期间安全合作实践在新时期的延伸与扩张，是用冷战时期东盟安全合作实践的经验来接触大国、设置地区安全议程的一种探索。无论是从纵向的历史发展中来看，还是从横向的东盟安全合作实践集来看，东盟地区论坛只是东盟安全合作实践的重要内容之一，既非全部内容，亦非主要内容。这一点，在东盟安全合作实践进入综合发展的深化阶段，可以看得更加清楚。

（四）深化期：2003年至今

实际上，开启这一阶段的根源早在1997年亚洲金融危机爆发时就已经种下了。正当东盟庆祝建立30周年之际，一场严重的金融危机席卷了整个东南亚，东盟国家无一幸免。金融危机不仅使东盟各国的经济发展严重倒退、政局稳定遭到破坏，东盟在应对危机的过程中暴露出来的问题也大大影响了东盟的国际声誉。危机将东盟成员国之间的分歧暴露出来，马来西亚与新加坡的双边关系一度出现紧张局面，东盟的整体凝聚力遭到削弱；在应对金融危机的过程中，东盟各国未能采取统一行动或互助措施来共同对付危机，而是各扫门前雪、依赖国际援助；对印尼的社会动乱束手无策等等。[④] 这些问题使国际社会对东盟内部的团结协作和凝聚力产生怀疑，东

① Yang Razali Kassim, “When ASEAN becomes a player on the world stage”, *Business Times* (Singapore), August 3, 1994.

② Ralf Emmers, *Cooperative Security and the Balance of Power in ASEAN and the ARF*, p.35.

③ 秦亚青主编:《东亚合作：2009》，第6章。

④ 陆建人:《东盟的发展道路》，载《当代亚太》，1999年第8期，第27页。

盟内部的怀疑之声也不绝于耳。许多严肃媒体和学术出版物对东盟的评估都以诸如《东盟：力所不能及？》、《东盟的失败》和《东盟地区角色局限性的暴露》等为标题。① 新加坡外长贾古玛曾不无忧虑地指出，尽管东盟国家已经显示经济复苏的迹象，但是国际社会对于东盟的看法还是消极的，一些评论家和分析家仍然认为东盟“是一辆虚弱的马车”“正在被疏远”或者是“东盟正在走下坡路”。② 在东盟面临内外交困的关键时期，东盟的政治精英并没有放弃东盟，任其边缘化，而是选择了重振东盟，在更高的层次上推进东盟的一体化，包括建设综合性的地区安全共同体。

实际上，“安全共同体”的概念对于东盟国家的政界和学界的精英而言并不陌生，将东盟视为安全共同体的看法由来已久。东盟的独特性很早就得到学者的关注，一篇完成于1975年的博士论文就引起了学者们的关注，论文认为东盟表现出一种重要的动向，即走向多伊奇所谓的安全共同体。③ 1986年，马来西亚著名学者诺丁·索皮（Noordin Sopiee）就把东盟描述为“准安全共同体”。在80年代后期，其他西方著名学者也开始承认东盟是个“安全共同体”。④ 谢尔登·西蒙（Sheldon Simon）进一步指出：“就成员国拒绝使用武力解决彼此争端而言，东盟应该是一个安全共同体。”⑤ 就在亚洲金融危机肆掠东南亚之际，阿德勒和巴尼特（Emanuel Adler and Michael Barnett）的著作《安全共同体》又在学术界掀起了关于安全共同体研究的热潮。阿德勒和巴尼特的著作将卡尔·多伊奇基于欧洲经验提出的安全共同体置入建构主义视角下，提出了更可操作的安全共同体概念，指出在非自由主义的环境中安全共同体形成和发展的路径。⑥ 该著作的问世与亚洲金融危机共同推动了东南亚学术界对安全共同体的关注，到了阿米塔·阿查亚出版《建构安全共同体》一书之际，建构主义路径的

① Irene Ng, “Whither ASEAN?”, *The Straits Times* (Singapore), December 5, 1998.

② Harish Mehta, “ASEAN risks being sidelined in global economy”, *Business Times* (Singapore), July 25, 2000.

③ Tim Huxley, “International Relations”, in Mohammed Talib and Tim Huxly, eds., *Introduction to Southeast Asian Studies*, London, New York and Singapore: I.B. Tauris Publisher and Institute of Southeastern Asian Studies. p.235.

④ Tim Huxley, “International relations”, in Mohammed Talib and Tim Huxly, eds., *Introduction to Southeast Asian Studies,* London, New York and Singapore: I.B. Tauris Publisher and Institute of Southeastern Asian Studies, 1996.

⑤ Sheldon Simon, “The regionalization of Defence in Southeast Asia”, *Pacific Review*, Vol.5, No.2, 1992, p.12.

⑥ Emanuel Adler and Michael Barnett, *Security Communities*, Cambridge: Cambridge University Press, 1998.

安全共同体研究已经与现实主义的权力政治研究在东南亚安全研究中形成二足鼎立之势。[①] 学术界对安全共同体研究的热衷与政界精英复兴东盟、加快东盟一体化的追求共同为东盟安全共同体时代的到来拉开了序幕。

东盟官方文件中最早出现"共同体"话语的是1997年的《东盟2020年展望》。展望将东盟描述为"和平相处的共同体"，该共同体的目标是到2020年，将整个地区建成一个"具有共同历史纽带、共同文化遗产意识，并由一个共同的地区身份维系在一起的东盟共同体"。[②]2002年第八届东盟峰会上，新加坡总理吴作栋提出了建立东盟经济共同体的倡议，受到了东盟各国的欢迎。2003年10月，东盟第九届峰会在印尼巴厘岛召开，会议发表了《东盟第二协调一致宣言》，正式宣布将于2020年建成东盟共同体目标，东盟共同体将有三个支柱，即东盟经济共同体、东盟安全共同体以及东盟社会文化共同体。2004年11月召开的第十届峰会通过了实现该项目标的《万象行动计划》。《万象行动计划》提出了安全共同体建设的六个重点组成要素，即政治发展、塑造和共享规范、冲突预防、冲突解决、冲突后和平建设以及实施机制。2009年通过了《东盟政治安全共同体蓝图》，又进一步明确了政治安全共同体建设的路线图和时间表。东盟的安全合作实践进入了以安全共同体建设为核心的深化发展阶段。

深化发展主要表现为安全合作实践形式的综合化。对于东盟成员国来说，安全共同体与其说是一个全新的里程，不如说是对东盟安全合作实践的巩固与扩展。从实践来看，除了继续加强政治外交协调、规范塑造、对话与信心建设等传统实践形式，这一时期东盟的安全合作实践在三个领域有重大扩展与深化。一是在非传统安全领域，尤其是在反恐、打击毒品等跨国犯罪方面。2001年11月，第七届东盟首脑会议发表了《东盟联合反恐行动宣言》。东盟成员国建立了反恐机构、情报交流、引渡协议、联手调查恐怖袭击等合作机制，举行了一系列多边、双边的军事演习。2007年1月第12届东盟首脑会议签署了安全合作领域内的首份具有法律效力的文件，即《东盟反恐公约》。在打击毒品方面，1998年7月，东盟外长会议签署了《2020年建成东盟无毒品区的联合声明》。该声明强调了东盟国家致力于在2020年消除东盟境内的非法药物生产、加工、贩运以及使用。2012年4月通过了《2015年建立东盟无毒品区宣言》。为加大了反毒品合作的力度，

① Alan Collins, "Bring community back: Security communities and the Association of Southeast Asian Nations' plural turn", *Cooperation and Conflict*, Vol.49, No.2, 2014, p.277.

② ASEAN Vision 2020, 1997.

东盟又提出了建立部长级会议、机场和海上、陆地边界拦截毒品机制、建立东盟毒品事务协调机构(ASEAN-Narco)等新的实践形式。[①] 二是建立了国防部长会议机制。长期以来，东盟都避免在多边框架下进行防卫和军事机构之间的合作，直到安全共同体目标提出后，建立国防和军事对话机制才被提上日程。2006年5月9日，首届东盟国防部长会议在马来西亚召开。建立八年来，东盟国防部长会议机制下的合作实践不断扩展，包括使用东盟军用资产和军事力量开展人道主义援助和救灾、国防部门与市民社会组织共同开展非传统安全合作、国防工业合作、建立维和中心、防务互动以及建立后勤支持框架等等丰富的内容。在国防部长们眼里，东盟国防部长会议已经成为东盟安全共同体建设的主要推动力量。[②] 三是在构建综合性区域秩序方面，从以前的以东盟地区论坛为主要平台，发展为以东盟地区论坛和国防部长扩大会议两个机制互补的局面。2010年10月，首届东盟防长扩大会议在越南河内召开，除了东盟十国外，成员国还包括澳大利亚、中国、印度、日本、新西兰、韩国、俄罗斯以及美国等八个东盟的对话伙伴国。防长扩大会议确立了六个重点合作领域，分别为海上安全、反恐、灾害管理、维和行动以及军事医药。2013年开始，东盟防长扩大会议机制下的多边演习正式拉开了帷幕。从参与人员和功能上来看，东盟防长扩大会议与东盟地区论坛具有一定的互补性。东盟地区论坛是外交人员开展政治对话的论坛，着眼于战略层面的协调以及信息共享；[③] 而东盟防长扩大会议则着眼于军事与安全的务实合作，为军事部门在具体领域建立联系、分享信息、加强协作提供平台。防长扩大会议弥补了东盟地区论坛在构建地区安全秩序方面行动力不足的缺陷。

从具体实践来看，东盟的安全共同体建设实践与之前东盟的安全合作实践相比并未发生根本性的改变，[④] 更多地是显示出东盟自身安全合作进程的连续性特征及其发展。东盟安全共同体建设实践与理论中是安全共同体概念仍有较大差异，[⑤] 这也体现出理论概念在具体实践中存在一定的适用局

---

① “Chairman Statement of ASEAN Ministerial Meeting on Drug Matters”, September 1-4 2013, Bandar Seri Begawan, Brunei Darussalam. http://www.asean.org/images/Statement/chairmans%20statement%20final%20030913%20-adopted.pdf.

② “Brunei Darussalam Joint Declaration of the ASEAN Defence Ministers”.

③ “Co-Chairs’ Summary Report of ASEAN Regional Forum Defence Officials’ Dialogue”.

④ Alan Collins, “Bring community back: Security communities and the Association of Southeast Asian Nations’ plural turn”.

⑤ 郑先武:《“安全共同体”理论和东盟的实践》，载《世界经济与政治》，2004年第5期，第20—25页。

限性。不过，不论东盟的安全共同体建设呈现出什么样的性质与特征，东盟安全共同体仍然是东盟共同体建设三大支柱中最有成效、也是潜力最大的一个支柱。[①]

四、结语：东盟安全合作实践与国际关系理论的发展

通过上文对东盟安全合作实践进程进行的历史性阐释与比较分析，我们可以对东盟安全合作进程的性质、内容与重要性等基本问题做一个描述性的回答。在东盟的历史发展中，安全合作实践从来都是重要的，而且在很长时间内都是东盟唯一重要的集体实践。与此同时，相对于东盟精英所设定的目标而言，东盟的安全合作实践也是相当成功的。东盟从一个不受关注的小国间政府组织，成长为一个地区秩序的主导者、一个不可忽视且地区行为体争相笼络的合作伙伴，主要是得益于东盟实施了独特且有效的安全合作实践。

东盟的安全合作实践的形式是多样的，经历着阶段性的变化。从成立初期的政治性外交协调，到成长期的规范性塑造与共享、制度化对话与信心建构，到后来的安全共同体建设，东盟的安全合作实践集不断扩大。与此同时，东盟的安全合作各种形式的实践却又保持着高度的连续性，而实践背后多种考量的权衡与妥协更是其一以贯之的特性。反对地区霸权、排斥大国干涉，规范塑造、共享与遵守，条约制度的约束与沟通乃至维护东盟团结与身份，种种考量之间的权衡与妥协最终催生了东盟多种形式的实践。要想理解东盟安全合作的性质，这些不断扩大的实践集与始终不变的权衡与妥协是必须考虑的两大维度。但是，相对于复杂而灵活的实践而言，概念与理论总是显得过于单薄。

在东盟安全合作的实践中，政治外交精英自始至终是核心实践者。这些核心实践者所面临的历史条件不停变动、所接受的知识与信念也不断改变，但是政治精英们建立东盟时的初始目标从未更改过。促进区内和解与和平、减少或管控大国力量的作用，才能最终实践区域自主与和平繁荣，这是东盟政治精英们所坚持的信念。一个新的动向是，随着东盟安全合作实践的扩展与深化，东盟安全合作进程中的实践者群体也逐渐扩大，超越了传统的政治精英圈子，防务、军事以及国家安全部门的官员成为日益重要的实践者。非传统领域内的合作更是使得执法、情报、海关等相关领域

① Rodolfo C. Severino, “Look beyond 2015”, *The Straits Times* (Singapore), January 3, 2014.

的人们成为日常实践者，扩大了的实践者群体使得东盟安全共同体建设进程呈现更加复杂的局面，每个实践共同体均享有不同的背景知识、思考逻辑，有着不同的行为习惯，这对安全合作实践的研究者提出了更为尖锐的理论与实践相联系的任务。

国际关系理论经过几十年范式导向的研究发展，积累了丰富的概念与逻辑，然而也造成了理论思维禁锢的负面效应。自从20世纪末21世纪初形成三大理论流派三足鼎立的局面之后，国际关系理论的发展进入了瓶颈期。近期，“超越范式”、“搭建范式对话的桥梁”等呼吁和努力为国际关系理论的发展指出了一些明智的方向。其中，回归历史、回归实践是理论探索与创新的较为务实的第一步。本文虽未能直接呼应这些前瞻性的呼吁与努力，但也试图通过对东盟安全合作的复杂历史实践进程的再探讨，揭示回归历史、回归实践对于认识与理解国际关系中的复杂现象所具有的重要价值，因而也可推动国际关系理论家为呼应上述努力做进一步的思考。

东亚粮食安全合作困局与中国的角色

崔海宁 *

导　言

近几年来，在国际金融危机持续发酵的背景下，地区及局部粮食危机频现，国际粮价持续走高，粮食安全问题不断突出并日益成为制约世界经济复苏和全球安全稳定的重要因素。粮食安全已与能源安全、金融安全并称为当今世界三大经济安全。

东亚[①]是目前世界上经济发展最快、最具经济活力的地区，促进粮食安全越来越成为维系地区安全与发展进程中不可回避的重大问题。粮食是稳民心、保民生的重要战略资源，对于农业国家居多数且民族国家主权意识强烈的东亚地区来说，粮食安全密切关乎本地区国民基本生存权利、社会稳定以及国家独立，是维护地区安全与稳定的基础性要素。不仅如此，粮食安全问题还是影响本地区国家间关系及地区进程的重要因素。当前，围绕着粮食问题所引发的国家间力量互动与角逐表明：粮食安全问题已不再是局限于一国国内的经济与社会问题，而是日益成为国际政治博弈的重要内容。2007—2008年世界性粮食危机在东亚引发的粮食“民族主义”导致区内不少国家展开了对粮食资源的争夺，进一步加剧了本地区粮食进口国和出口国之间的矛盾，泰国等国倡议的大米“欧佩克”虽然无疾而终，但已经传递了一个危险的信号。同时，在谁该为这场危机负责的问题上，西方一些大国和区内部分国家把矛头对准了中国，“中国粮食威胁论”再度抬头，损害了中国国家形象也破坏了地区合作的互信基础和良好氛围。对于东亚而言，与其说是粮食危机不如说更是一种心理危机、信任危机和安全危机。粮食安全问题已经渗透到地区国际关系之中，成为营造与维护互信

---

* 崔海宁，外交学院亚洲研究所副研究员，本文发表于2014年第1期《外交评论》。

① 就地域而言，本文所指的东亚为“10+3”国家，即东盟10国和中日韩3国。

友好、互利共赢的东亚地区国际关系进程中一个非常重要的变量。

为了应对粮食危机、确保粮食安全，上个世纪70年代初东盟开始尝试开展内部的粮食安全合作，从而开启了东亚地区粮食安全合作进程。目前，东亚地区粮食安全及农业合作在双边、三边和多边三个层面、多个框架、多个主体倡导下全面推进并取得显著进展。特别是2007—2008年粮食危机爆发以来，以东盟为中心的地区粮食安全合作也步入了快车道：一方面东亚领导人会议出台了一系列针对粮食安全合作的文件及倡议，前不久结束的第八届东亚峰会还首次通过了《粮食安全宣言》；另一方面一些机制框架下的部分项目合作也出现了突破性进展。但同时另一个相伴而生的问题似乎也越来越明显：不仅侧重不同议题的机制及其合作倡议层出不穷，彼此之间存在重复与竞争，而且几乎每一个合作机制又都不同程度地存在推进迟缓、效率不足的弊端，要么是提出的倡议没有得到落实，要么是落实的远不到位。东亚地区粮食安全合作陷入一种制度过剩与成效不足并存的机制化困局。东亚多数国家属于发展中国家，发展是各国第一要务在当前粮食安全问题成为东亚各国高度关注的优先议题的情况下，为什么东亚粮农合作却还面临这样的困境？如何看待和解释这一困境的产生与存在？面对域内国家的力量博弈和域外势力发力地区粮食安全进程，作为地区大国和世界农业大国的中国要实现有效的地区粮食安全治理，又该如何作为？

本文认为，东亚粮食安全合作机制化困局既与粮食安全问题自身特殊性有关，更是东亚地区力量博弈的缩影。无论是过去、现在还是将来，作为一个实力不断崛起的地区大国和农业大国，中国在东亚粮食安全合作中扮演什么角色、发挥什么作用都是改善当前粮食安全合作困局的关键所在。展望未来，中国应在强化对粮食问题战略认知的基础上重点推进“10+1”和“10+3”粮食安全合作以及加强对美沟通与协调，在制度建设和公共物品提供方面做出一个地区大国应做出的贡献和努力。

一、东亚粮食安全合作机制化困局：制度过剩与成效不足

1997年的亚洲金融危机在催生东亚合作的同时，也正式启动了完整地缘意义上的东亚地区粮食安全合作进程。随后十几年里，东亚区域内的粮食安全合作倡议相继提出，合作共识逐步加强，合作机制不断健全，合作领域日益拓展。时至今日，东亚地区粮食安全及农业合作已建立起较完备的合作体系，形成了以领导人会议为核心，以部长级会议和高官会议及工作层机制为支撑，全方位、多层次、宽领域的合作格局和态势，在农产品

贸易、农业技术交流、农业人力资源开发、粮食安全信息系统建设等方面均取得了明显进展。尤其是近年来《10+3紧急大米储备库协议》的签署和生效更是标志着本地区粮食安全机制化务实合作实现新突破。

然而，十几年的大规模制度建设在总体上推动东亚粮食安全合作进程向前发展的同时，也在很大程度上导致整个地区陷入了一种制度过剩与成效不足并存的机制化困局。所谓制度过剩，是指各行为体出于各自不同的战略目的而竞相发展有利于自身利益的制度安排和合作架构，因此造成了地区合作中制度和机制的供给超过了推动地区合作的需要。① 当前，东亚地区粮食安全合作的机制架构数量繁多，多重多元，异常复杂，明显地表现出制度过剩的特点。东亚地区存在大量的双边和多边粮农合作机制。就双边机制而言，不仅东盟国家之间以及东盟国家与中、日、韩之间大多签署有双边农业合作协议②，而且不少东亚国家与域外大国美国也签署了农业合作协定。③ 就多边机制而言，东亚国家既建立了以东盟为中心的东盟内部3个“10+1”和“10+3”多边合作机制，又在不少次区域和跨区域层面开展多边粮食安全合作。前者如中日韩三边农业合作机制、大湄公河次区域农业合作机制，后者如亚太经合组织及跨太平洋战略伙伴关系框架下的粮食安全及农业合作。据不完全统计，涉及东亚国家有关粮食安全合作的双边合作机制有11个，多边合作机制9个。这些合作机制纵横交错，架床叠屋。从每个合作机制本身来看，其合作内容与形式也非常复杂。到目前为止，上面提及的多数合作机制都基本上建立了以领导人会议为最高决策机构、以农林部长会议和高官会议为主要监督执行机构、并辅之以相关工作组、联合委员会、专家小组作为智力支撑的多层级合作制度。同时，每种机制架构又结合各自合作需求或定期召开各种综合性或专门性的论坛、圆桌会议及研讨会探讨地区粮农合作问题，或依托经贸合作框架下已有的各类商务经贸论坛、农产品展示会等推动地区粮食等作物的农产品贸易。不同层次、不同内容和不同形式的合作机制在丰富地区合作内涵的同时也使得地区合作机制架构更加错综复杂。

---

① 本文对于制度过剩概念的理解和使用是受到了两项研究成果的启发：李巍：《东亚经济地区主义的终结？——制度过剩与经济整合的困境》，载《当代亚太》，2011年第4期，第13页；马铁轮：《制度主义视角下的东亚国际体系转型》，吉林大学博士学位论文，2013年6月，第84页。

② 截至目前，中国与柬埔寨、印尼、老挝、缅甸、菲律宾、泰国、越南和马来西亚8个东盟国家签订了双边农业合作协定或谅解备忘录；2009年韩国与菲律宾签署了双边农业合作协定；2013年日本相继与越南、缅甸签署了农业合作协议。

③ 2008年美国和菲律宾签署了《菲律宾与美国在农业和相关领域合作框架协议》，2012年中美两国正式签署了《中美农业战略合作计划》。

虽然在过去十几年里，有关东亚粮食安全和农业合作的制度倡议和机制安排不断涌现，但是，2007—2008年世界粮食危机对本地区所造成的巨大负面影响却在时刻提醒人们，基于当前多重多元地区治理制度网络之上的粮食安全合作还不足以抵御粮食危机所带来的冲击和危害，东亚地区粮食安全状况并没有因为几番大规模的制度创建而得以根本改观。东亚地区粮食安全合作的深入推进不仅要直面制度过剩的现实，另一方面还面临着因制度发展水平低下而导致的合作成效不足的难题。

成效不足的问题有两种不同程度的表现。首先是相当一部分合作机制是倡议多但具体措施少，“机制议程化”现象突出。东亚地区不少农业国际合作机制处于休眠或半休眠状态，合作机制框架下的有关活动论坛化现象明显，抽象而空泛的讨论比较多，具体行动建议少，落实的就更少。[①] 在这一方面，或许东盟与中日韩合作机制（“10+3”）表现得比较突出。尽管近几年来，《“10+3”粮食及农林合作战略》已确立，东亚领导人会议及农林部长级会议也多次倡导将从农业及农村可持续发展、生物质能源开发利用、应对气候变化和防灾减灾等多领域全面推进地区粮食安全合作，但从现实情况看，只有“10+3紧急大米储备库”机制建设出现了一定程度的突破，而其他各领域合作大多还只停留在“发表宣言多于制定计划，召开论坛多于实际行动”[②] 的低水平状态上。由于不少合作共识和意向缺乏具体的联合实施项目作为依托和支撑，“10+3”务虚色彩比较浓重，总体合作成效还远不能令人满意。其次是已开展和落实的具体合作也面临着效率瓶颈问题。以中国—东盟合作为例。虽然它是东亚诸多合作机制中发展最快、成果最多的合作机制之一，然而项目资金来源分散有限及合作模式过于偏重单一的问题却导致中国—东盟粮农合作缺乏涵盖多领域、多地区、带动作用强的大项目[③]，在很多时候不能充分满足东盟方面的实际需求，从而制约了双方合作经济与社会效应最大限度的实现与发挥。东盟内部的合作更不容乐观。虽然东盟成员国从上个世纪70年代末就开始了区内粮食安全合作并于2002年启动了东盟自贸区进程，但是随后东盟内部的农产品贸易自由化并没有发生很大起色。从区内农产品贸易量来看，1995—2005年间，东盟十

① 杨易：《中国农业国际合作机制的发展现状、问题及政策建议》，载《世界农业》，2012年第8期，第44页。

② 韦红：《东亚区域合作与中国农业农村可持续发展》，载《华中师范大学学报》（人文社会科学版），2010年第6期，第34页。

③ 《卢肖平副司长在亚洲区域农业合作十年总结会上的讲话》，2010年12月20日，四川攀枝花。

国区内贸易额与东盟整个对内外贸易额的比例由21.41%上升至31.74%，增长幅度达到10%，但同期东盟十国间农产品贸易额与东盟整个对内外贸易额的比例却仅从1.44%提升至1.9%，涨幅仅为0.5%。① 截至现在，不仅包括大米在内的很多农产品依然是游离于《东盟共同有效优惠关税协定》以外的高敏感度商品②，而且农产品贸易非关税壁垒的门槛依然很高，“战略性非关税壁垒消减措施（2009—2010）”中实际得以有效的落实和实施的还不到一半。③

应当看到，制度过剩和成效不足既是当前东亚粮食安全合作困境这个问题的两方面，是一枚硬币的两面，同时二者之间也存在一定的因果关系，即制度过剩必然带来成效不足。东亚粮食安全利益攸关方和各行为主体基于各自不同的战略诉求、利益偏好和关注重点，纷纷提出于己有利的粮食安全合作机制并极力推动，这客观上导致了东亚地区有关粮食安全和农业合作的制度倡议和机制安排层出不穷。由于东亚地区十分复杂的利益组合和权力分配，任何一种合作机制都难以占据压倒性的优势地位，他们共生共存，在不同的地域和议题领域同时发挥作用，构成了一个异常复杂的多元化地区治理制度网络。在这个多元化的制度网络中，各种机制基本上没有明确的等级和分工，往往是相对独立的并行发展④且彼此之间缺乏必要的沟通和协调。不同行为体主导下的各类机制有着不同的利益和关注点优先次序，这些利益有时彼此交叉重合、有时则会发生矛盾（见表1）。因此，在不同行为体主导下的各类合作机制间因缺乏协调而相互制约和竞争，客观上必然导致有限的资源难以得到最优化合理的配置和利用，地区粮农合作缺乏聚合效应的局面在所难免。

---

① Gloria O. Pasadilla, “Agricultural Liberalization in Preferential Trading Agreements: The Case of ASEAN Free Trade Area”, *Asia-Pacific Research and Training Network of Trade Brief No.8*, October 2006, p.3.

② ASEAN Secretariat, “ASEAN Free Trade Area (AFTA Council)”, http://www.asean.org/communities/asean-economic-community/category/asean-free-trade-area-afta-council, 2013-09-02.

③ Mely Caballero-Anthony, Paul Teng and Belinda Chng, “ASEAN Economic Community (AEC) 2015: Opportunities and Challenges for Food Security”, *NTS Working paper Series No.PO13-04*, July 2013, p.4.

④ 秦亚青主编：《东亚地区合作：2009》，北京：经济科学出版社2010年版，第12页。

表1 主要合作机制与机构对东亚粮食安全及其合作的关注点对比

主要机制及组织机构类型	关注点
东盟	东盟切身利益，如：粮农产品国际竞争力、通过促进农业合作社来增强东盟自主性和农业资源的优化配置来提高东盟农民生活水平
中国与东盟	人力资源培训、农业技术示范与推广、农村可持续发展
东盟与中日韩	“10+3紧急大米储备库”、通过基础设施建设及科技创新提升防灾减灾能力
中日韩	加强农业政策协调、动植物疫病及自然灾害方面的信息交流
大湄公河次区域	农产品跨境贸易、增强跨境动物疫病联防联控能力、提升本区域农业信息服务水平
亚太经合组织	食品安全体系建设，包括安全食品的供应和地区各经济体食品标准一致化和国际化、农业生物技术推介与认可、农产品贸易便利化和自由化
亚洲开发银行	有关农业的基础设施建设、环保、地区紧急粮食储备、农村金融服务、弱势群体营养状况
联合国粮食及农业组织	通过农业技术合作实现减贫和地区农业可持续发展、环保、应对粮食危机的能力建设、合作应对气候变化

二、东亚粮食安全合作机制化困局成因：信任缺失与域内外力量博弈

目前，东亚地区粮食安全合作的确陷入了一种合作机制“量”的过剩与“质”的不足同时存在的困难局面之中。粮食及农业合作是东亚地区一体化进程中一个重要的组成部分和合作领域，它既有自身的特性，更与整个地区合作进程息息相关。因此，从根本上讲，目前东亚粮食安全合作所面临的困局不过是整个东亚地区进程的一个缩影而已。大概有四方面原因导致了这一困局的产生与存在。

（一）地区信任的缺失。源于历史及认同等问题，东亚国家间政治及战略互信不足始终困扰着东亚地区一体化进程，由此成为地区粮农合作机制化困局的重要成因之一。由于政治互信缺失，地区安全冲突持续激化，严峻的地区政治安全环境导致东亚粮食安全合作不能快速有效推进。在东亚，领土主权争端和传统安全困境的问题依然存在，国家之间缺乏必要的政治信任，甚至不时出现关系紧张和恶化的情景。近几年来，中国快速崛起和美国重返亚洲等因素所引发的地区力量对比变化又在很大程度上加剧了地区安全局势的紧张程度。在东亚，政治互信不足导致的传统安全问题的激

化使得非传统安全合作无论被提高到何等重要程度，依然处于传统安全框架原则之下。[①] 粮食安全合作属于非传统安全合作领域，受制于日益严峻的地区政治安全环境，东亚粮食安全合作推进必然迟缓乏力。中日韩粮食安全合作表现得尤为突出。长期以来，因历史遗留问题及现实利益交错引发的政治战略互信不足是妨碍中日韩双边和三边关系的老问题和重大障碍，[②] 影响了三国合作进度。中日韩自贸区历经“十年磨一剑”的民间研究后才启动官方谈判进程充分印证了这一点。在粮食安全合作方面，与本地区其他合作机制如“中国—东盟”、“10+3”等相比，中日韩机制化合作明显滞后。直到2012年中日韩三国才正式建立了农业部长会议机制，是东亚地区起步最晚的粮食安全合作框架。虽然三国发布了联合公报，确认了重点合作领域，但是随着中日关系因钓鱼岛之争加剧而持续恶化以及日韩关系因独岛之争而尖锐紧张之势，2013年里三国间合作进展基本没有可圈可点之处，[③] 原定于2013年在日本召开的第二届中日韩农业部长会议至今也迟迟未能召开。

在粮食问题高度政治化的背景下，东亚各国在地区粮食安全合作具体实践之中也缺乏足够的信任与沟通，而后者与粮食政治化问题间的交互作用也在很大程度上制约了地区粮食安全合作取得实质进展。粮食是关系到国计民生的重要战略性物资，具有很强的政治敏感性，因而是东亚各国政府高度关注并重点干预的领域。[④] 在东亚，粮食问题的政治化趋势非常突出。以大米为例。作为东亚各国民众最重要的主食之一，同时也是他们文化及生活方式不可分割的一部分，大米在地区粮食安全中占据极重要的地位。在东亚尤其是在东南亚国家，保证本国大米的供应安全是各国政府的战略需要，政客们也把承诺持久的大米供应稳定作为拉取选票的政治资本。因此，很多国家对内更倾向于采取自给自足的粮食安全政策（虽然出于各种原因，并不是所有东亚国家都在采取该政策），对外则倾向于推行农产品贸易保护主义政策，通过关税、补贴等一系列政策和手段，干预大米

---

① 韦红：《东南亚地区非传统安全合作机制架构与中国的策略思考》，载《南洋问题研究》，2013年第2期，第2页。

② 魏玲主编：《东亚地区合作：2010》，北京：经济科学出版社2011年版，第108页。

③ 中日韩三国合作秘书处2013年8月公布的《2012—2013年三边合作进展报告》主要总结了2012年4月以来三边合作进展，其中农业及粮食安全合作进展主要集中于2012年间，对于2013年的进展只字未提。

④ Sally Trethewie and J. Lackson Ewing, “Build It and They Will Come: Commitment to the Association of Southeast Asian Nation’s Rice Policy Mechanisms”, *TKN Perspectives*, Issue 1, Volume 1, May 2012, p.1.

的生产和贸易，这样做的目的还有一个，即维护本国大米供应、价格以至国内政局的基本稳定。多数东亚国家这种粮食安全政策内向化导向致使区内市场不能发挥保障地区粮食安全的作用，在更多的时候则沦为相关国家抵消国内供需平衡从而实现本国粮价稳定的工具。[①] 粮食问题高度的政治性使得信赖和求助于他国或地区市场不可能成为一国确保自身粮食安全的首选策略，地区国家间在粮食安全问题上的不信任关系由此产生。显然，这种不信任关系反过来将进一步刺激各国采取孤立主义政策，加剧本地区粮食安全政治化倾向。这也就是为什么在集中了世界上最大的大米出口国和进口国的东亚地区，粮食贸易保护主义政策却依然盛行（尤其在日韩、大部分东盟国家）、区内大米贸易量仅占世界大米产量的5%—6% 的原因之一。[②] 与此同时，缺乏基本的信任导致各国因顾虑重重、政治意愿不足而不能就粮食生产、价格、储备等数据资料进行必要充足的交流与沟通。虽然截至2012年底东盟粮食安全信息系统项目已经连续实施两期，但在实际的贸易活动中粮食定价依然无可靠的信息做基础，粮食贸易运作的地区环境是模糊而不透明的。[③] 在2007—2008年粮食危机时期，地区脆弱的互信急剧下降，沟通与不足使各方对地区粮食供应产生了错误认知并触发了大范围的恐慌性购买，而各粮食生产国政府纷纷采取的临时出口限制措施进一步加剧了人们的恐慌性购买，最终使得东亚在无粮食供应短缺的情况下也爆发了区域性“粮食危机”。这充分说明，如果各方不能相互信任、相互协作和相互救济，本地区粮食安全合作就不可能实现根本性提升。

（二）东盟主导力的局限性。东盟坚持主导地位在很大程度上决定了地区粮食安全合作已经并将继续在低制度化水平上进行。我们可以从东盟方式和东盟对自身主导地位的护持两方面来理解这一问题。首先，东盟所倡导的“东盟方式”客观上造成了地区粮食安全合作制度化水平的落后。从一定意义上讲，东盟在东亚地区合作中的主导地位就是其在合作规范上的创设与主导地位，即“东盟方式”的主导。东亚地区机制化合作始于东盟内部，作为地区规范的塑造者和制定者，东盟在地区合作中发挥了领导作用，主要表现在东盟合作规范不断外溢到“10+1”、“10+3”、中日韩、东亚峰会等机制，从基本理念上为东亚地区合作提供了行动准则，使得东亚

① Sally Trethewie and J. Lackson Ewing, “Build It and They Will Come: Commitment to the Association of Southeast Asian Nation’s Rice Policy Mechanisms”, p.2.

② “11th AMAF Plus Three Countries Conclude Agreement on Rice”, Jakarta, October 7 2011, http://www.aseansec.org/26651.htm, 2013-09-03.

③ Sally Trethewie, “Building Trust in Rice Trade”, *Rice Today*, April-June 2012, p.46.

地区合作以东盟所倡导的“协商一致、软制度、非干预性”的方式在推进。上述“非正式性和最小限度的组织性”以及维持与维护各合作过程的理念导致东亚一体化进程表现出过程主导特点，东亚合作以一种最小限度制度化、渐进性的模式进行，由于制度建设滞后于合作过程，区域化进程中的制度化水平总是落后于实际的合作水平。[①] 粮食安全领域合作也不例外。正因为如此，作为本地区最重要的粮食安全合作机制，以东盟为中心的各合作机制至今依然普遍存在机制议程化和效率不足的问题。虽然东盟早在上世纪70年代就开启了地区粮食安全合作进程，但推进缓慢，长期处于合作机制的原始阶段——会议机制阶段。虽然进程中不乏好的合作倡议，但是具体的项目落实与推广却是从1997年亚洲金融危机之后才开始，在2007—2008年粮食危机的刺激下，功能性合作与机制化建设真正实现突破也仅仅是近两年的事而已。东盟方式是东亚地区粮食安全合作效率不足的制度根源，因此在可预见的未来东亚粮食安全合作将继续在机制化水平较低的情况运行。

其次，东盟坚持和维护自身主导地位的策略选择进一步加剧了地区粮食安全合作机制化困局。以上述东盟方式推动地区整合、维持各合作过程并在其中发挥主导作用是东盟区域战略的核心所在。考虑到自身实力有限，地区合作中东盟在始终掌握合作议程界定与主导权的同时，也极力采取和推行等待、搭便车的策略[②]以及在大国之间实施“平衡战略”。当前，东亚地区格局正在经历深刻变化，客观上给东盟发挥地区合作主导作用提出了更多挑战。在这种情形下，东盟无暇顾及也更不会对其他合作机制加大投入力度，反而是更加关注自身一体化进程并将东盟一体化优先议程置于东亚合作议程之首，同时也试图通过加强针对相关国家的制衡来维持各合作机制间微妙的平衡关系力保自身在东亚合作进程中“驾驶员”席位。在东亚地区粮食安全合作中，东盟这样做的结果就是：一方面，在以东盟为中心的各合作机制中都有东盟的身影和声音，但是在更多的时候东盟是围绕自身一体化建设的迫切需要，通过提出了一系列加强东盟粮食安全合作的纲领性、指导性文件和宣言来界定东亚合作议程、把握地区合作议程主导

① 秦亚青主编:《东亚地区合作：2009》，北京：经济科学出版社2010年版，第6—7页。

② 魏玲:《东亚进程与中国外交：新格局、新均衡、新作为》，载《外交评论》，2011年第6期，第58页。

权，它扮演的主要是地区合作倡导者和规划者的角色[①]而非合作落实者和实施者的角色。所以，东盟在“中国—东盟”农业合作中明显缺乏主观能动性，很少主动设计和落实具体的农业合作项目，更不用说东盟方面主动提供资金和配套设施支持了。[②]另一方面，在与域内国家比如与中国开展粮食安全合作中，东盟国家始终存有一定的戒备和猜忌，部分国家还有相当的合作顾虑，担心中国将当地搞成杂交水稻化，最后水稻品种受制于中国，故在合作过程中设置政策障碍。[③]与此同时，东盟也在不断引入外部势力平衡中国影响，不断加强与域外国家特别是美国的双多边农业合作，在从中获益的同时也一定程度上分散了东盟对“10+1”、“10+3”合作本来就有限的关注和投入，致使以东盟为中心的地区粮农机制化合作推进更加缓慢乏力。

（三）中国战略认知的不足。经过十多年努力，中国不仅与相关国家建立起以双边合作机制为主要抓手、以多边合作机制为主要平台、以“多层次、宽领域、全方位”为主要特点的立体式政府间农业合作机制，而且还结合自身优势开展了形式多样、内容丰富、独具特色的务实合作项目，为维护东亚地区粮食安全和促进农业可持续发展做出了重要贡献。然而，成绩不能掩盖问题。中国参与地区粮农合作的经验教训表明，由于没能从一开始就深刻认识到粮食安全合作对于东亚合作和中国周边外交的重要性，或者说对该问题的认识经历了一个由浅入深的渐进历程，过去较长一段时间内中国似乎没能针对多重多元的东亚粮食安全合作机制形成一个统筹全盘的战略规划与部署，过于偏重与东盟的双多边粮农合作，[④]而对于包括东亚合作主渠道“10+3”在内的其他合作机制则相对投入不足。即便是对于重点推进的中国—东盟粮食安全合作，在很多时候项目的实施也更多的是

---

① 东盟于2008年通过的《东盟一体化粮食安全框架》、《2009—2013年东盟地区粮食安全战略行动计划》以及2009年签署通过的《东盟气候变化与粮食安全多部门合作框架》目前成为东亚地区粮食安全合作的指导性文件，无论是以东盟为中心的合作机制还是域外国家与东盟的双多边合作机制均以上述文件规划的合作领域和重点项目为指南开展具体合作活动。

② 卢肖平：《同心协力化为危机共创未来——论中国—东盟农业合作》，载《世界农业》，2010年第1期，第5页。

③ 杨东群、唐盛尧、李先德：《中国和亚洲国家粮食安全合作研究》，载《世界农业》，2011年第8期，第4页。

④ 2002—2010年间，中国政府利用亚洲区域合作专项资金、援外资金、农业国际交流与合作专项资金与东盟国家开展了180多个农业合作项目。其中，亚洲区域合作专项资金累计投入4786.95万元，国际交流与合作专项资金投入为2959.1万元。在亚洲区域合作专项资金的支持下，中国为东盟各国举办了80个培训班，培训农业技术和管理人员1154人次；与东盟国家共开展了31个技术与信息交流项目；在东盟国家实施了51个小型农业技术试验示范项目。

出于政治外交需要或是落实领导人出访成果。[①] 因此，中国倡导的农业交流合作多属于高层及政府间对话，设计和实施项目前没有充分重视和考察调研双方农企的实际要求，缺乏企业等私营体的参与和互利共赢、可持续发展的合作项目作支撑，合作的经济与社会民生效益难以实现最大化。面对相关方的力量角逐与较量，中国往往只能是被动应对而非主动谋划，既限制了地区大国作用的充分发挥，更不利于东亚粮食安全进程的整体推进。

在地区粮食安全进程中，日本明确而又富有进攻性的战略实施凸显了中国战略谋划的缺失及其对地区合作的负面影响。在中国经济实力快速崛起和日渐积极姿态参与地区进程的背景下，粮食及农业合作成为日本表面上拉拢东盟实则与中国争夺主导权的重要战略抓手之一。[②] 充分利用其资金优势，借助持续、大规模的资金投入支持东盟优先关注、强化日本—东盟粮农合作就成为日本既定的地区粮农战略取向。2001—2013年间，紧紧围绕东盟一体化建设的迫切需求，日本先后向亚行共注资约18.83亿美元在东盟国家开展了105个农业合作项目，占亚行该时期所有农业合作项目的三分之一强[③]。同时，日本还通过与泰国共同担当国家协调员和提供总额为6.34百万美元的资金[④] 支持“10+3紧急大米储备库”项目永久机制化进程，在一定程度上主导了“10+3”粮食安全务实合作。2013年该协议生效第一年里，日本向菲律宾和老挝释放紧急大米储备，率先实施了该储备库第三层级计划。同时日本也明确表示将继续大力支持“东盟粮食安全信息系统”尽早结束试点转化为长期合作机制。[⑤]

与全面出击、咄咄逼人的日本地区粮食安全合作战略相比，中国在地区粮农合作中的姿态则相对低调谨慎以至是被动防御性质的。除了集中力

① 《卢肖平副司长在亚洲区域农业合作十年总结会上的讲话》，2010年12月20日，四川攀枝花。

② Elenita Dano and Elpidio Peria, “Emergency or Expediency? A Study of Emergency Rice Reserves Schemes in Asia”, Asian Farmers Association for Sustainable Rural Development (AFA) and Asian Partnership for the Development of Human Resources in Rural Asia (Asia DHRRA), 2008, http://asiadhrra.org/wordpress/wpcontent/uploads/2008/05/rice%20reserve%20scheme.pdf, pp.16-17.

③ 此处数据是笔者通过检索亚行官方网站农业合作项目数据后自行统计整理所得。

④ Embassy of Japan in the Philippines, “Japan’s Additional Emergency Assistance with USD 200,000 for the Victims of Typhoon Pablo through APTERR”, January 8 2013, 2013 Press Release, http://www.ph.emb—japan.go.jp/pressandspeech/press/pressreleases/2013/3.htm, 2013-09-20.

⑤ ASEAN Secretariat, “The 13th Meeting of the ASEAN Ministers on Agriculture and Forestry and the Ministers on Agriculture of the People’s Republic of China, Japan and the Republic of Korea”, September 27 2013, Kuala Lumpur Malaysia, Joint Press Statement, http://www.maff.go.jp/j/press/kokusai/renkei/pdf/130930-03.pdf, p.1.

量推动“中国—东盟”合作以外，中国对日本相对占优势的机制或合作项目表现出天然的消极抵制态度，采取了最低限度参与、观望甚至是回避的策略。这既是中国缺乏积极主动的地区粮食安全战略谋划和布局的直接结果，同时也与中国坚持的“韬光养晦”外交理念和“安抚”地区战略[①]很大关系。中国的消极被动不能说加剧但至少也是维持了双方的竞争态势，削弱了双方合力推进地区粮农务实合作的政治意愿和行动力。东盟与中日韩大米紧急储备（APTERR）库进程或许可以说明这一点。虽然它属于中国主推的“10+3”合作机制，但由于是日本率先倡导并出资推动，所以中方在该项目上反而一直是被动跟随为主。只是近几年来，随着形势的变化，中方态度才逐渐化被动为主动。[②]该项目从启动试点到最后协定签署生效历经9年有余，堪比中日韩自贸区谈判进程。过程之久既与东盟方面政治意愿和运作技术层面原因有关，更是中日两个大国不能合力推动使然。

战略认知不足不仅导致中国对外没有一个清晰的地区粮农合作战略框架，而且也造成对内缺乏相应的统筹协调。在中国，粮农国际合作涉及到农业、外交、商务、财政等多部委的涉外职能和专业知识，一项决策的形成是诸多部门政策博弈甚至是一定的权利让渡和妥协的结果。这种官僚决策体系的执行效力可能更需要高度统一的战略认知和充分高效的沟通协调做保障。然而，由于在地区粮农合作上缺少一个全局性的战略指导，加之各部门在决策时都会有各自的态度、立场和政策取向[③]，所以中国农业“走出去”始终存在着多头管理、沟通不力、审批程序繁多的问题，客观上给开展地区合作造成了很多不便。不仅如此，中国各地方、各部门、各单位和企业在开展与东亚国家粮食安全合作中，也缺少统一的规划和计划，这不可避免地带来两方面后果：一是很多合作项目和活动存在重复设置问题，容易造成自身的无序竞争；二是合作项目零散，资金有限，效率不高。

（四）美国的传统势力与深度介入。粮食和石油一样，是重要的战略资源，历来是美国全球霸权战略的重要组成部分。二战结束以来，美国对内借助立法和高额农业补贴政策大力发展粮食生产，对外利用主导WTO框架下的农产品贸易规则制定和转基因技术推广等手段控制国际粮食生产、销

---

① 孙学峰：《东亚准无政府体系与中国的东亚安全政策》，载《外交评论》，2011年第6期，第32—48页。

② 《卢肖平副司长在亚洲区域农业合作十年总结会上的讲话》，2010年12月20日，四川攀枝花。

③ 王存刚：《当今中国的外交政策：谁在制定？谁在影响？——基于国内行为体的视角》，载《外交评论》，2012年第2期，第7页。

售全过程，逐步推行了以建立粮食霸权为目标的全球粮食战略，对世界粮食安全格局产生了重大影响。

美国是影响东亚地区粮食安全及其合作形势最重大的域外因素。自上个世纪90年代以来，美国通在弥补地区粮食供给不足、维持东亚基本的粮食安全稳定方面发挥了一定积极作用，但也对东亚地区农业生产格局及粮食安全保障能力产生了重大消极后果，很多国家的农业出现不同程度倒退且对美依赖度不断加剧。即便是在2008年美国经济进入衰退以来，这种趋势非但没有改变反而进一步加强。[①] 作为美国农业出口最大目的地——亚洲——的重要组成部分，东亚地区集中了美国几大最重要农产品贸易伙伴，东亚对美国农产品依赖真实而深刻。2011年，中国首次超过加拿大，以210亿美元的年度贸易额成为美国第一大农产品进口国。同年，日本和韩国则分别以100亿美元和65亿美元的进口额成为美国第四和第七大农产品进口国。[②] 东盟一直是美国重要的农产品出口地，2007—2011的5年间，东盟进口美国农产品总额实现翻番（2011年高达90.6亿美元），成为美国第六大农产品出口市场。[③] 进口额的持续增长同时也意味着东亚很多国家农业产出呈下降趋势。中国市场早已被美国的转基因大豆所垄断[④]，泰国、马来西亚、印尼、越南等国农业产值不及本国GDP的20%，菲律宾由原来的粮食出口国变成了世界第一大米进口国。[⑤] 在美国粮食战略的强大渗透作用下，东亚地区粮食安全合作所面临的现实基础更加薄弱。

美国于2009年正式启动重返亚洲战略，全方位参与构建东亚地区秩序和制度架构。为了塑造其在东亚地区粮食安全进程中的主导地位，美国主要采取了两方面重大措施。一是通过加大资金支持拉拢东盟国家。美国凭借一系列密集的双多边外交举动全面强化了与东盟的关系，支持东盟粮食安全进程就是其中的重要组成部分。2008年2月，美国启动了总

① 张丽娟、高颂：《美国促进农业出口政策机制研究》，载《美国研究》，2012年第3期，第8—12页。

② Charles E. Hanrahan, Carol Canada and Beverly A. Banks, “U.S. Agricultural Trade: Trends, Composition, Direction and Policy”, *Congressional Research Service Report for Congress*, July 29, 2011, p.11.

③ Michael Mcconnellus, “Agricultural Exports to ASEAN Grow—But Face Competition”, *Asia Pacific Bulletin*, Eastern -Western Center, No.155, March 22, 2012, p.1.

④ 赵丽红：《美国全球粮食战略中的拉美和中国》，载《拉丁美洲研究》，2009年第4期，第26页。

⑤《中国与东盟联合应对“粮食危机”建立互助机制》，新华网广西频道，2009年10月21日，http://www.gx.xinhuanet.com/newscenter/2009-10/21/content_18006781.htm，登录时间：2013年10月20日。

金额为15亿美元的“推动东盟国家间合作与经济一体化——东盟发展愿景”（ADVANCE）援助项目。自2010年起，在ADVANCE援助项目资金的支持下，美国通过实施美国—东盟技术援助与能力培训项目（TATF），资助东盟各国政府与私营部门在促进粮食自由贸易中协调与合作。[①] 2012年3月，美国又推出了“农业收入最大化：知识、企业发展与贸易”项目（MARKET），接替已执行完毕的TATF项目，继续加强地区粮食贸易中的公私合作伙伴关系及支持东盟粮食安全信息系统建设。[②] 二是积极推动TPP进程。力推TPP是美国通过塑造和引领东亚地区经济合作多边机制进而构建美国主导下的地区秩序的重要手段。美国世界头号农业经济强国的实力及其在保证世界粮食供需平衡中绝对优势地位决定了打通并主导国际粮食贸易市场成为其明确的战略指向，因此农产品开放必然是TPP的核心内容之一。[③] 以东亚为核心的亚太地区是美国农产品出口最大的目的地，因此在东亚地区积极推进TPP框架下的农产品谈判正是美国试图以全新的、符合自身利益的“规制”设计地区粮食安全合作框架、规范和主导东亚粮食安全合作进程的集中表现。

美国力推TPP不仅离散了东盟以及东亚各国[④]，而且还将东亚粮食安全体系建设纳入了美国领导的亚太层面，打乱和冲击了东亚粮食安全合作的既有进程和制度模式。TPP作为一个新兴的自贸安排，已经在东亚国家，尤其是东南亚国家间引发了很强的分裂效应[⑤]：有些成员因为担心被边缘化而寻求加入，而另一些国家则因为担心国内农业经济等承受能力而拒绝加入。目前，越来越多的东亚国家加入了TPP谈判，东亚地区粮农贸易与投资合作机制所面临的“意大利面条碗”效应被继续放大，势必弱化东亚各

① ASEAN Secretariat, “Overview of ASEAN-US Dialogue Relations”, June 2012, http://www.asean.org/asean/external-relations/united-states/item/overview-of-asean-us-dialogue-relations, 2012-06-02.

② U.S. Department of State, “U.S Institutional Support for ASEAN”, November 19 2012, http://www.state.gov/r/pa/prs/ps/2012/11/200825.htm, 2012-12-01.

③ 《美国强力推销TPP寻求对粮食和石油的核心控制力》，中新网，2012年1月30日，http://finance.chinanews.com/ny/2012/01-30/3629342_4.shtml，登录时间：2013年9月28日。

④ 全毅：《TPP对东亚区域经济合作的影响：中美对话语权的争夺》，载《亚太经济》，2012年第5期，第16页。

⑤ 在加入TPP问题上，东亚“10+3”国家已明显产生分歧并逐渐分化为三大阵营：13个国家中已有6个国家正式加入谈判，其中既包括创始国新加坡、文莱，也包括希望借此机会促进国家转型和发展的越南和马来西亚，还有经过一番政治与外交权衡后顶住本国农业遭受巨大冲击压力而后加入的日本和韩国。印尼是目前唯一一个明确表示不加入的国家。而剩余国家（中国、缅甸、柬埔寨和老挝）则因不同原因而持观望态度。

国在现有地区经济一体化框架下推进农产品贸易的向心力，多年来苦心经营的“10+3”、各个“10+1”框架下的粮农合作可能面临被架空和肢解的危险。不仅如此，TPP对东亚粮食安全合作制度模式和进程维系的冲击可能更为强烈。强大的农业保护和农业促进政策使得美国在农产品贸易上拥有别国无法比拟的竞争力优势，因此美国主导的TPP框架下的农产品贸易投资自由化程度远远高于亚太地区其他自贸安排。对于东亚国家来说，要想加入TPP必须做到两点：一是接受近乎苛刻的所谓“白金标准”的TPP农产品贸易规则，这将意味着东亚很多发展中国家因大幅度的农业开放而面临粮食主权遭侵蚀的危险；二是接受节奏快、密度高的谈判方式，而这必然从根本上挑战了“东盟方式”主导下的东亚地区粮农合作的基本运作模式（虽然存在低效率的缺陷，但历史及现实原因决定它是目前唯一可行的模式），东盟制度中心将不保，“10+1”、“10+3”继续存在的现实合法性将遭质疑。按照美国贸易代表办公室公布的数据，2011年美国在TPP国家和地区的农产品出口额已高达980亿美元，占美国当年全球出口额的72%。[①] 试想像，假如TPP成员如期就农产品贸易自由化议题达成一致（即便这一过程可能是相对漫长和艰难），其非常可观的贸易量将足以改变东亚现有的粮食生产和贸易格局，原本就零散的区内粮食贸易量可能会日渐式微，东亚各国粮食生产及安全保障被美国石油农业所掌控的预言或许不是空穴来风。

三、东亚粮食安全合作中的中国作用：战略认知与政策选择

目前东亚粮食安全合作所面临的困境是粮食问题本身特殊性所造就的，也是这一地区国家在长期互动博弈过程中所造就的，历史及现实的原因决定了东亚粮食安全合作机制化困境具有长期性，不可能在短时期内消失殆尽。在目前情况下，坚持以开放包容的态度对待多重多元的合作架构，促进各机制间的相互补充与相互促进，保持和加强东亚粮食安全合作的动力和活力，将是逐步改善合作困境、提升合作效率的现实选择。未来，作为农业大国和地区大国的中国发挥何种作用、采取什么政策对于改善东亚粮食安全合作机制化困局、推进东亚粮食安全合作来说至关重要。

---

① Office of the United States of Trade Representative, “Fact Sheet: The United States in the Trans-Pacific Partnership: Increasing American Exports, Supporting American Jobs”, June 2012, http://www.ustr.gov/about-us/press-office/fact-sheets/2012/june/us-tpp-increasing-american-exports-supporting-american-jobs, 2013-09-30.

（一）提升对粮食安全合作的战略认知。粮食安全合作属于经济领域内的功能性合作。功能性合作一直被视为东亚地区合作主要驱动力和取得巨大进展的重要成功经验。甚至有观点认为，东亚共同体建设就是在走功能性合作之路。① 在东亚多样性、差异性问题突出的情况下，这种低度政治合作具备两方面明显优势：一是能使得各方从共同的实际需要入手、以一种不设定政治目标、平等协商的方式开展务实合作，② 从而能保证各方在合作中更容易达成共识、形成合力；二是粮农领域的功能性合作有可能外溢至基础设施建设、贸易投资便利化及人员交流等其他相关领域，通过带动其他领域的合作为整个地区进程的深化创造条件和基础。由此可预见，在未来相当长一段时期，推动包括粮食安全合作在内的功能性合作仍将是各国推进地区进程的现实路径选择。当前，东亚地区面临着日益突出的粮食安全问题，尽快改善合作困局、提升合作水平与成效已上升为地区发展的核心议程之一。在这种情况下，中国经济实力的快速崛起和在地区粮食安全中的关键作用越来越成为相关国家的重要倚重和期望所在③，农业已成为中国整体外交的优势资源④。中国可将粮食安全合作作为我地区一体化的重要推手，通过积极主动参与地区制度建设和提供公共产品充分发挥地区大国效应，在推动粮食安全合作与地区信任建设良性互动的过程中实现中国与地区的共同发展和共同安全。

（二）重点推进“10+1”、“10+3”粮食安全机制化建设与务实合作。未来一段时期，中国应该着力提升“10+1”和“10+3”粮食安全合作的制度化建设与务实合作的成效与水平。在“10+1”层面中国可能需要重点做好这样三方面事情：一是加强制度建设投入，可考虑牵头在中国—东盟农业部长会议机制之下成立具有实权的委员会制度，具体负责《中国—东盟粮食综合生产能力行动提升计划》和《中国—东盟农村发展推进计划》的执行与评估。二是本着向东盟加大让利幅度的原则，深化与东盟的农业贸

① Jusuf Wanandi, Toward East Asian Community Building, APAP, JCIE paper, 2004, p.12.

② 张蕴岭：《对东亚合作发展的再认识》，载《当代亚太》，2008年第1期，第11页。

③ 这不仅体现在中国技术、资金和管理的传统优势上，更体现在地区各国对中国的深度依存上。中国在与东盟的农产品贸易中一直处于入超地位，随着中国—东盟自贸区的全面建成，2011年来自东盟的农产品净进口额较之2010年增长了46%，达到194.12亿美元。中国已经成为东盟谷物、温带水果和活动物的重要来源国。同时，2013年1—6月份，韩国和日本又分别成为第一和第二大中国大米进口国。可以说，中国已经成为地区粮食安全稳定的关键力量。对此，很多周边国家期待中国加大农业对外投资和“南南合作”力度。

④《牛盾副部长在全国农业国际合作工作座谈会上的讲话》，2013年8月9日，载《农业部情况通报》，第45期，2013年9月16日，第3页。

易投资合作。贸易领域，中国可通过率先削减谷物类农产品关税及非关税壁垒和加强农产品快速通关（绿色通道）建设等方式进一步提升中国—东盟自贸区农产品贸易规模与水平。投资领域，抓住中国—东盟投资合作基金将拓展到产业合作领域的机遇加大中国企业对东盟的农业投融资力度。三是在推动多边合作的同时做好双边及次区域合作。鉴于印尼和马来西亚在东盟中的特殊重要地位，中国应着重加强与两国的粮农合作，发挥其以点带面、以双边促多边的效应。

在“10+3”层面，中国应通过强化对“10+3紧急大米储备库”的资金和制度建设投入引领整个东亚地区粮食安全合作进程。中国不仅可考虑通过追加注资成为第一出资国，而且还要着重加强对该机制功能建设的引领和塑造。这主要包括两方面工作：一是近期内借鉴东盟经验探索该储备库具体机制运作及功能拓展，二是主动规划该机制长远的发展方向和路线图。

（三）以开放的心态看待美国因素，加强对美协调与合作。美国在东亚粮食安全事务中拥有根深蒂固的利益诉求并发挥了利弊交织的重大作用。加强与美国的沟通、协作是确保其在东亚粮食安全进程中最大限度发挥建设性作用的关键，也是决定东亚地区粮食安全合作质量和方向的关键。中国在东亚粮食安全合作中应该始终保持一种开放包容的大国心态，尊重和接纳美国合理利益诉求，客观看待并有的放矢地引导塑造美国作用。这既包括学习借鉴美国在农业发展和对外贸易促进方面的成功经验以及其粮食外交中的某些合理因素，更包括通过加强对美机制化沟通与协调引导美国在地区粮食安全进程中发挥积极的建设性作用。为此，中国一方面可充分利用一切机制和平台加强与美国在地区粮食安全事务中的磋商和沟通，另一方面可考虑通过与美携手共同出资支持东盟粮食安全进程实现中国、美国和地区三方的互利共赢。[①] 此外，正确对待TPP问题同样重要。应当看到，TPP并不是美国为了遏制中国而量身订造的，而且从长远看TPP框架下农产品很多贸易条款和规则也是中国农业农村经济改革的重要领域，是中国建设“规模化、标准化、产业化、集约化和信息化”为主要特征的现代化大农业的努力方向。因此，在短时期内不能加入TPP的情况下，中国要首选推进中国—东盟自贸区升级版建设、中日韩FTA谈判和RCEP进程培育巨大的国内终端消费市场和锤炼农产品国际贸易规则制定能力，通过

① 中美两国已分别就支持东盟地区粮食安全一体化框架及其战略行动计划做出了各自的安排和投入，其中不乏重合的地方。例如，中国多年来出资连续举办东盟粮食安全信息系统培训班，而美国新一期的MARKET项目资助的两大重点领域之一就是东盟粮食安全信息系统的建设。

提升自身国际粮农事务参与能力为将来加入 TPP 奠定基础。同时，中国可积极主动探讨加入 TPP 的可能性及其对中国和地区农产品贸易的影响，早作长远打算与规划。

五、伙伴探究

HUOBAN TANJIU

内容提要

本篇是对亚洲地区合作中几个重要国家的对外战略与地区政策研究，主要包括日本、印度和澳大利亚。这三个国家都是东盟的伙伴国、东亚峰会的成员国，和地区全面经济伙伴关系的谈判国，在东亚地区合作中发挥着重要作用。

《印度对华认知变化与谨慎平衡政策》指出，2013年以来，印度“谨慎平衡”中国实力上升和影响力扩张的倾向日益明显。主要表现为，在应对边界危机、发展政治关系和推进“东向战略”的过程中，更加注重维持合作与竞争、秩序与实力的动态平衡。作者指出，莫迪政府上台后，不会大幅调整目前推行的谨慎平衡政策，但将增加参与地区和国际事务的力度，外交上更为主动和活跃，这对于中国而言挑战与机遇并存。中国应提升印度在周边外交布局中的地位，在缩小彼此诉求差距的同时，加强多层次政策协调与合作。

《战略戒拒与战略调适：日、澳对中国崛起的反应》通过对调整中的日、澳对华政策的比较分析发现，日本对华政策呈现出“战略戒拒”，即在政治、经济、军事和地区合作各方面进行不同程度的戒备，拒绝与排斥中国主导的各种双边、多边倡议或地区安排架构，并表现出政策上前后矛盾、起伏不定的特点。而澳大利亚对华政策却体现出“战略调适”，具体表现是澳大利亚开始逐步、全面、系统地转变其对华政策，以适应中国崛起，其政策呈现出内在一致性和稳定性。文章指出，地缘上的临近与否、经济上的依赖程度、国家身份认同、国内政治因素是造成日、澳对华政策差异的主要原因。

《日本与东亚合作》和《解读〈亚洲世纪中的澳大利亚〉》是2012年度的日本和澳大利亚对外战略与地区政策的研究报告。2012年日本所处的情形是，民主党自2009年9月以来，先后经历鸠山由纪夫、菅直人和野田佳彦内阁，其主政日本已经进入第三个年头，外交政策经过整合已经趋于成熟，但是党首的个人色彩对民主党的内外政策仍具有重要影响。2012年澳大利亚外交的最大亮点在于澳大利亚政府于10月28日发表的白皮书《亚洲世纪中的澳大利亚》。本篇论文对白皮书的具体内容以及澳大利亚国内外的评价予以评述，并重点分析了这份白皮书对其未来亚洲政策的潜在影响。

印度对华认知变化与谨慎平衡政策
——基于《不结盟2.0》报告的解读

吴　琳*

一直以来，印度秉持坚定的现实主义原则，视中国为潜在的战略对手和有限的合作对象，将防范中国作为对华政策的主轴。①2010年，中国GDP超过日本成为仅次于美国的全球第二大经济体，包括美国、印度在内的国际社会对中国的看法和态度开始发生程度不一的改变。②面对中国实力的快速崛起和国际格局的重大变化，新德里政策研究中心（CPR）于2012年2月发表了题为《不结盟2.0：印度21世纪外交和战略政策》（以下简称为"《不结盟2.0》"）的报告。以此为标志，印度政府积极酝酿对外战略反思和对华政策调整。本文基于对《不结盟2.0》报告的解读，考察2013年以来印度在应对边界危机、发展政治关系和推进"东向战略"过程中的对华认知变化和政策调整，并对印度对华政策的未来走向和中国应对做出评判和建议。

一、《不结盟2.0》报告与印度对华认知变化

《不结盟2.0》报告的官方背景强大，不仅时任国家安全委员会军事顾问普拉卡什梅农（Lt.Gen Prakash Menon）、前外交秘书希亚姆萨兰（Shyam Saran）、新德里政策研究中心主席、世界事务研究所主任等参与了报告撰写，时任国家安全顾问希夫尚卡尔梅农（Shivshankar Menon）和两位副手也参与了他们的讨论，多位政府高官还出席了报告发布会，足以见得政府对这份报告的重视。报告一经发表，引起印度国内外巨大反响，被视为印

* 吴琳，外交学院亚洲研究所助理研究员。本文发表在2014年第5期《国际论坛》。

① Amitabh Mattoo, "Imaging China", in Kanti Bajpai and Amitabh Mattoo, eds., *The Peacock and the Dragon: India-China Relations in the 21st Century*, New Delhi: Har-Anand Publications, 2000, pp. 13-25.

② 金灿荣、段皓文：《当前中美关系的困境与出路》，载《国际观察》，2014年第1期，第72页。

度精英战略思维更新和对华认知变化的重要标志，由此引发的广泛讨论也为印度外交战略反思和对华政策调整奠定了思想基础。

报告开篇就提出了对外战略反思的重要背景和核心问题，即面对总体有利于印度发展的国际环境，以及未来10到15年发展成为繁荣国家的重要机遇期，印度应采取什么样的外交与安全战略以更好地保障国内经济发展、社会包容和政治民主。① 印度国内经济、社会和政治发展成功很大程度上取决于与外部世界的关系，因此，报告并不期望确立某种全新的具体政策，而是试图就印度融入国际社会的方式达成基本的国内共识。② 基于以上判断和考虑，报告提出“不结盟2.0”作为印度外交与安全政策的基本原则，将对未来10年的印度外交战略产生指导性作用。③ 所谓“不结盟2.0”，是指根据变化的国际环境，对自独立以来印度处理国际关系所奉行的“不结盟”原则进行更新和再解读。随着印度经济增长对外依赖性的增强，国家利益的多元化，以及全球权力分散和多中心的出现，“不结盟2.0”必须抛弃抽象的理想主义，不再局限于“避免成为超级大国冲突的前沿国家”，取而代之的是一个广泛的政策框架。明确国家利益或对外交往方式的界定不受意识形态等因素影响，确保战略自主（strategic autonomy），以及加强国家实力以建构更为公平正义的全球秩序，将是“不结盟2.0”的核心目标。④

基于印度对外战略反思和对不结盟原则的全新解读，报告在“中国篇”重点阐述了对中国的定位和期待，以及对印中关系在双边、地区和全球层面发展前景的预期和展望。首先，报告将中国因素提升至前所未有的高度，认为处理好与中国的关系是未来印度外交战略的重中之重。⑤ 印中关系已具有超越双边范畴的全局性意义，因此，应以推动实现新不结盟原则的三大核心目标为出发点，制定务实有效的对华政策。

其次，报告延续了印度一贯以来对中国的基本定位，即视中国为印度

① Centre for Policy Research, “Nonalignment 2.0: A Foreign and Strategic Policy for India in the Twenty First Century”, p7, p.III, p.8-9, p.1, p.15, http://www.cprindia.org/sites/default/files/NonAlignment%202.0_1.pdf, 2014-3-21.

② Ibid.

③ Ibid.

④ Ibid.

⑤ 事实上，将中国置于优先重要的地位已在印度政府现实的政治表态和政策实践中有所体现。See “Manmohan Singh Tells President Xi Jinping that China Occupies ‘High Priority’ for India,” http://www.dnaindia.com/india/report-manmohan-singh-tells-president-xi-jinping-that-china-occupies-high-priority-for-india-1907717, 2014-3-21。

的威胁或挑战[①]。报告开篇就提出，“在可预见的未来，中国仍将是印度外交政策和安全的巨大挑战。作为一个主要大国，中国直接冲撞印度的地缘政治空间。随着中国经济和军事能力的增强，印中实力差距将会扩大。”[②]基于不平衡的对华心态，报告对印中关系中边界争端、大国关系、贸易不平衡等问题的看法总体趋向消极。这表明印度对华认知的基础并未发生根本变化。

再次，作为新形势下印度政府及其国内精英对华认知变化的主要方面，报告在对华战略思维和手段上提供了新思路和新思想。报告对甚嚣尘上的“联美制华”战略予以否定，认为出于平衡中国的战略需求，印美应加强战略合作，但与美国结成制华联盟，充当美国在亚洲反制中国的“马前卒”，将会损害印度自身的战略自主性，加剧地区局势动荡。对华实行“两面下注”，一方面利用地区国家平衡中国的杠杆作用，加强印度与它们的战略互动，增强印度的地区影响力，缩小与中国的实力差距，另一方面在双边、地区和全球层面上，稳定与中国的政治关系，扩大与中国的政策协调与合作，解决两国共同关心的发展和安全问题，将有助于更好地实现印度国家利益。为此，报告建议，“印度对华战略必须维持谨慎平衡，即合作与竞争的平衡，经济利益与政治利益的平衡，双边与地区的平衡。鉴于印中两国目前和将来实力和影响力的不对称性，印度必须把握好这一平衡，这或许是未来印度战略最为重要的挑战。”[③]

由此可见，印度国内精英的对华认知正逐渐趋于全面、长远和理性。对两国实力不对称的消极认知不再是他们对华政策选择的逻辑起点，而是开始尝试从构建双边制度框架和重塑国际秩序的观念出发，为中印关系创造新的利益共同点和合作增长点，减轻或抵销因实力对比差距拉大给双边关系带来的负面影响。国内精英的对华认知变化推动了印度政府对华政策

① 印度对华主流认知将中国视为威胁，但在是否构成现实威胁上存在分歧。务实派倾向于将中国视为潜在的长期威胁或挑战，认为两国存在竞争，但可以通过发展经济关系和以国际体系主要大国的身份制衡中国来管控可能出现的冲突。强硬派则将中国视为短期和长期的战略对手。See Harsh V. Pant, “Indian Foreign Policy and China”, *Strategic Analysis*, Vol. 30, No. 4, October-December 2006, pp. 771-772; Steven A. Hoffman, “Perception and China Policy in India”, in Francine R. Frankel and Harry Harding, eds., *The India-China Relationship: What the United States Needs to Know*, New York: Columbia University Press, 2004, pp.40-49.

② Centre for Policy Research, “Nonalignment 2.0: A Foreign and Strategic Policy for India in the Twenty First Century”, p7, p.III, p.8-9, p.1, p.15, http://www.cprindia.org/sites/default/files/NonAlignment%202.0_1.pdf, 2014-3-21.

③ Ibid.

调整。2013年以前，尽管中印在双边、地区和全球范畴开展了多领域多渠道的对话与合作，但防范中国作为印度对华政策的主轴，始终主导着印度的外交实践和双边互动。进入2013年以来，为应对中国实力上升和美国亚太再平衡带来的中美博弈加剧和亚太变局，印度政府在防范中国的基础上，加强了对华战略平衡的力度，表现为在应对边界危机、发展政治关系和推进“东向战略”的过程中，更加注重合作与竞争、秩序与实力之间的谨慎平衡。

二、应对边界危机：制度管控与战略优势的谨慎平衡

冷战时期及之后的很长一段时间里，边界安全问题始终是中印关系中的一个根本问题。[①]1962年中印边境战争结束至今，两国基本维持了边界和平与稳定，但近年来形势发生了新变化。双方在边境地区修筑公路等军事基础设施，改善和提升边防部队装备，导致双方巡逻队在边境前线相遇的机会较之以往大为增加。加之印度私营电视和中国网络媒体的迅速发展，两国民族主义情绪的上升，边境事务越来越频繁地展现在大众视野中，使得实控线两侧军方的回旋余地较之前有所缩小。2008年夏天，两国在边境东部锡金段“指尖地区”（Finger Area）发生了“人链对峙”，2013年5月又在边境西段拉达克东部地区发生了“帐篷对峙”。危机之下，中印两国都意识到加强边境地区管控合作的重要性，以及构建和完善管控机制的紧迫性。

2013年10月，在辛格总理访华期间，边界问题出现重要转机。中国军方副总参谋长孙建国和印度国防秘书马瑟（R.K.Mathur）代表两国政府签署了《边防合作协议》，为推进边境管控合作提供了新的制度保障，有利于维护边境地区和平、稳定和安宁。解读这份协议可以发现，印度对于制度管控边境危机态度积极，两国就密切合作达成了很多重要共识，包括保持最大克制，避免采取挑衅行动和使用武力或威胁使用武力导致重大危机的发生；加强信息交换，联合打击边境地区的武器、野生生物等走私活动；保持边境人员、军方、国防、外交等多层次沟通机制；举办多样化活动，

① 宋德星：《21世纪的中印关系：印度的根本战略关切及其逻辑起点》，载《南亚研究》，2007年第2期，第4页。

增强边防部队相互了解和合作等。[①] 然而，在实际控制线的划定和边境地区的前沿部署等关键性问题上，分歧仍显著存在。

尽管印度积极构建边界危机的管控机制，但其核心关切仍是目前的边境地区现状。印方认为中方在该地区的基础设施建设远远早于和优于印方，为扭转实力对比的劣势地位，印方必须寻求改变现状。因此，在协议谈判中，印方尤为强调“相互且同等安全原则”（principle of mutual and equal security）的重要性[②]，认为印中在边境地区的情况和条件存在很大差异，不能用同一标准对双方的军力部署、设施建设等进行相同限制。从表面上看，印度主张该原则是为维持双方力量均势和边境地区稳定，其实质则是为了提升印度在边境地区的战略能力，确保己方在战略博弈中获取相对优势。在目前的边界形势下，对实力对比优势地位的追求是印度应对边界危机的首要目标，推动制度管控合作只是实现这一目标的重要手段。印方在制度管控与战略优势之间寻求平衡的做法决定了《边防合作协议》不可能彻底解决印中边界问题，未来印度还将继续加强边境地区军事基础设施建设，改变边境地区实力对比现状，为引发新的纠纷和对峙埋下了隐患。

三、发展政治关系：利益分享与诉求错位的谨慎平衡

中印两国于2005年确立了“面向和平与繁荣的战略合作伙伴关系”，但长期以来，两国间缺乏足够的战略互信，贸易不平衡、领土争端、军事互信、巴基斯坦问题等问题长期存在，制约了两国政治关系的发展。为进一步巩固和发展两国政治关系，推动各领域全面深入的务实合作，双方于2013年取得了边界问题的重要突破，实现了两国总理的年内互访，还发表了《印中战略合作伙伴关系未来发展愿景》的联合声明，为搭建中印战略合作新框架创造了政治和制度条件。在两国高层政治互动不断加强的过程中，辛格政府一方面体现出对构建未来双边政治秩序的重视，强调责任分担和利益分享对于两国政治关系发展的重要性；另一方面受制于利益分歧和诉求错位等消极因素的影响，与中国在个别问题上竞争态势不减。为将

① Ministry of External Affairs of India, “Agreement between the Government of the Republic of India and the Government of the People’s Republic of China on Border Defence Cooperation,” October 23, 2013, http://www.mea.gov.in/in-focus-article.htm?22366/Agreement+between+the+Government+of+the+Republic+of+India+and+the+Government+of+the+Peoples+Republic+of+China+on+Border+Defence+Cooperation, 2014-3-20.

② Ibid.

分歧和竞争控制在一定范围内，不至于影响双方合作大局，印度的战略选择是在利益分享与诉求错位之间寻求谨慎的动态平衡。

利益分享是国家间政治关系维护和巩固的基石。基于两国在国家发展、地区合作和全球秩序上的共同利益和相互责任的认知，印度政府积极推动在双边、地区和全球层面建立和完善与中国的利益分享机制。首先，在“发展是首要”的共识基础上密切务实合作。两国在2013年5月的联合声明中指出，“多年来，中印探索出一种行之有效的友好相处、共同发展的模式，成为相邻大国之间关系的典范。”“中印面临经济社会发展的历史机遇，实现两国的发展将促进亚洲乃至世界的和平与繁荣。双方欢迎对方的和平发展，认为这是一个相互促进的过程。世界有足够空间供中印共同发展，世界也需要中印实现共同发展。”[①] 辛格总理还公开表示，印中关系对于两国和平发展和经济持续增长的重要性不断上升，对地区和世界的稳定与繁荣而言也意义重大。[②] 可见，两国在共同发展方面已达成了基本的战略共识。基于共同的政治承诺，两国积极开展跨境河流管理、和平发展核能等发展领域的沟通与对话，未来将为维护喜马拉雅生态系统和保障本国能源发展与安全加强协作，并履行各自的国际义务。

其次，在地区事务中加强多边协调。近年来，随着印度“东向战略”的不断推进，印中日益加深的地区互动已经成为两国关系发展新的亮点和增长点。以东亚峰会、上合组织、南盟、亚欧会议等多边机制为主要依托，两国在地区经济一体化、互联互通、能源安全、人文社会等领域逐步建立起地区层面的利益分享机制，不仅加深了两国在地区共同物品提供上的责任分担意识，凸显了地区性大国的示范性作用，也是对两国双边利益分享机制的必要补充。

再次，共同塑造全球多极秩序。中印在全球秩序改革、气候变化、能源和食品安全、全球治理等诸多领域立场一致[③]，为两国共同塑造全球多极

① 中华人民共和国驻印度共和国大使馆:《中华人民共和国和印度共和国联合声明》，印度新德里，2013年5月20日，http://www.fmprc.gov.cn/ce/cein/chn/zygx/zywx/t1041929.htm，登录时间：2014年3月25日。

② Ministry of External Affairs of India, “Media Statements by Prime Minister of India and Chinese Premier in New Delhi”, May 20, 2013, http://www.mea.gov.in/incoming-visit-detail.htm?21728/Media+Statements+by+Prime+Minister+of+India+and+Chinese++in+New+Delhi, 2014-3-20.

③ 中华人民共和国驻印度共和国大使馆:《中华人民共和国和印度共和国联合声明》，印度新德里，2013年5月20日，http://www.fmprc.gov.cn/ce/cein/chn/zygx/zywx/t1041929.htm，登录时间：2014年3月25日。

秩序、维护新兴发展中国家的话语权和国际地位奠定了利益基础。借助金砖组织、G20、联合国等主要机制平台，中印两国在制度重塑、议程设置、利益分配、合作方式等方面加强了利益协调与相互配合，初步形成了双方在全球层面的利益分享机制。在全球化深刻影响国际关系事务的时代，两国在双边、地区和全球层面的利益分享机制相互促进、彼此强化，已然成为印度巩固和深化对华政治关系的主要动力基础。

然而，在努力构建中印利益和责任共同体的同时，印度也对双方政治关系发展的局限性及其内在根源有着清醒的认识。对于目前中印关系的总体定位，印度前外长库尔希德曾直言，中印可以成为战略伙伴或朋友，但目前两国是“良好的工作关系”（a good working relationship），还有很多问题未得到彻底解决。[①] 换言之，中印政治关系发展现实与战略合作伙伴关系的未来发展愿景之间仍存在很大差距。究其原因，很大程度上源于双方诉求错位带来的互信不足。对印度而言，其对华需求主要表现为对中国承认印度世界大国地位的渴望，对长期支持巴基斯坦立场的放弃，以及在领土问题上接受“阿鲁纳恰尔邦”属于印度的现实等；并且要求中国的承诺清晰而明确，不存在模糊空间，一旦作出承诺即不可变更或撤销，进而直接显著地增加印度的不可逆收益。而对中国而言，印度之于中国的重要性并不如中国之于印度的重要性高，因而，在对印需求上显得利益目标不清晰，要求对方做出不具约束力的外交表态往往成为中国解决分歧和化解矛盾的主要方式。[②] 中印在相互诉求上的严重错位导致两国无法充分理解和满足对方的需要，政治互信缺失，双方战略合作新框架的更新和重塑面临严峻考验。正是基于对两国政治关系局限性的清醒认知，印度政府在积极推动利益分享机制的同时，明确表达和宣示自我诉求，在合作与竞争、双边秩序构建与诉求错位现实间寻求平衡。

四、推进“东向战略”：亚太均衡与地缘战略的谨慎平衡

印度“东向战略”始于1991年上台的拉奥政府，其初衷主要是为了拓

---

① P. S. Suryanarayana, “ISAS Interview with India’s External Affairs Minister”, *South Asia*, Issue No. 19B, December 2013, http://www.mea.gov.in/outgoing-visit-info.htm?2/645/External+Affairs+Ministers+visit+to+Singapore+October+2324+2013, 2014-3-15.

② 参见叶海林：《合作、协调、竞争与冲突并存：21世纪的中印关系》，载《国家人文历史》，2013年第20期，第41—42页。

展印度的经济发展空间。[①] 该政策延续至今，无论是在地域范围、合作内容，还是合作方式上，都进行了延伸和拓展。印度积极推进“东向战略”不仅导致了中印利益交织程度的加深，也为双方加强对话与交流、协调与合作、竞争与博弈创造了地区互动平台。面对中美相互竞争的东亚二元格局，在亚太均衡与地缘战略间寻求平衡日益成为印度应对中国快速崛起和地区变局的重要手段。

近年来，印度大力推进“东向战略”，既有经济、政治、安全等方面的考虑，也融入了自身对于维护地区和平与稳定的均衡地区秩序观。一方面，印度支持美国通过强化与亚洲盟友的关系，在亚洲加强军事部署，积极介入亚洲事务，以平衡中国日益增长的地区影响力，但另一方面，印度也对由此带来的秩序失衡和局势动荡深感担忧。为了在制衡中国力量扩张的同时，确保印度在大国博弈中的战略自主性和在地区秩序中的独特地位，印度主张通过构筑包容开放多元的东亚地区机制，开展多领域多渠道多层次的务实合作，维持各大国势力均衡，塑造亚洲新秩序。

以地区经济一体化发展路径的选择为例。美国主张通过强力主导跨太平洋战略经济伙伴关系协定（TPP）谈判进程推动亚太自由贸易格局的“跨洋”框架[②]，稀释中国在东亚一体化中的核心作用。对于美国制华的这一经济举措，印度并未选择与其站在一起，相反，印度与中国一道大力支持在东盟主导的区域全面经济伙伴关系（RCEP）框架下推动东亚经济一体化。类似情况还出现在东亚峰会的未来发展方向上。自美国于2011年加入东亚峰会以来，各大国关于东亚峰会的性质定位和合作方向争论不断。美国试图改变东亚峰会作为战略论坛的一贯定位，主张将东亚峰会建成应对地区安全挑战的首要架构[③]，将南海、东海等问题国际化，进一步压制中国的外交活动空间。对此印度并不认同，主张将焦点放在RCEP谈判进程，基础设施建设、互联互通、医疗卫生、教育等发展议题的务实合作，以及灾害管理等非传统安全领域的经验分享与协作上。对于中国提出的“金边发展倡议”，辛格政府也积极响应，最终促成了《东亚峰会金边发展宣言》的签

① Ministry of External Affairs of India, “Annual Report 2009-2010”, p. 136, http://mea.gov.in/mystart.php?id=500415660, 2011-11-20.

② 竺彩华:《东亚经济一体化：TPP还是RCEP？》，载魏玲主编:《东亚地区合作：2012》，北京：经济科学出版社2013年版，第252—278页。

③ Hillary Rodham Clinton, “Remarks on Regional Architecture in Asia: Principles and Priorities”, Honolulu, January 12, 2010, http://www.state.gov/secretary/rm/2010/01/135090.htm, 2013-4-14.

署和发表。由此可见，在东亚目前以中国为核心的地区经济秩序和以美国为主导的地区安全秩序下，印度并不寻求跟随美国、制衡中国的简单策略，而是综合考虑自身利益和地区因素，开展与中国的有限合作，进而达到平衡中美地区势力、塑造亚太均衡秩序的目的。事实证明，印度不仅从与中国的多边协调中获取了收益，而且有效地在中美竞争态势中凸显了印度的独特地位。

在以美国为主导的地缘安全格局中，印度则采取了不同的政策选择。区别于对以中国为核心的地区经济秩序的积极维护，印度倾向于借重与美、日、越等国的战略互动，拓展地缘战略利益，发挥制约中国的杠杆作用。为牵制中国海上力量的“扩张”，拓展印度海洋地缘利益，确保东亚地区海上通道安全，印度在深化经济合作的同时越来越注重与美国、日本、越南等国发展海上安全合作。基于2006年签署的“海事合作框架”（MCF），印美加强了在印度洋和南中国海的非传统安全领域的海上联合行动，在联合军演、军备贸易等方面的合作与协调也日益紧密。印日海上安全合作也得到了快速发展。2012年以来，两国在日本附近海域和印度洋海域举行了两次双边海上联合军演，并已确定将每年举行双边海军演习。在2013年5月印度总理辛格访日期间，两国领导人还就在中国南海地区附近开展联合演习达成了共识，辛格还邀请日本自卫队参加2014年的“马拉巴”（Malabar）海军作战演习[①]，打破了此前印方一直坚持的在印美两国间进行的惯例。在军购方面，印日合作也日益紧密。随着两国军事合作关系的深化，今后印度全部港口将可能向日本舰艇开放，从而实现地缘和军事资源的共享。除此之外，印度还同越南等国增强了南海争议海域的能源开发、安全协作等战略互动，使中国地缘安全环境面临更多不确定性因素。

五、结语

近年来，中国因素在印度外交战略中的地位不断提高。面对新的国际形势和难得的发展机遇期，印度在反思外交战略的同时，对对华关系进行了重新思考，制定了在合作与竞争、秩序与实力之间维持谨慎平衡的新

① “马拉巴”演习是印度与美国之间的年度双边海军联合演习。Ministry of External Affairs of India, “Joint Statement on the occasion of Official Visit of the Prime Minister of Japan to India”, New Delhi, January 25, 2014, http://www.mea.gov.in/incoming-visit-detail.htm?22772/Joint+Statement+on+the+occasion+of+Official+Visit+of+the+Prime+Minister+of+Japan+to+India+January+2527+2014, 2014-3-22.

政策。

进入2014年，印度国内政局变动和美国亚太再平衡战略调整给印度对华政策走向增添了新的变数。在印度国内，纳伦德拉莫迪当选新一届政府总理，上任之初，他就表现出务实、积极、主动的外交风格。[①] 与此同时，美国继续调整亚太再平衡战略，进一步突出和强化亚洲盟友和地区大国对中国的牵制作用，对印度新政府在平衡中国力量方面寄予期望。尽管国内政局变化和美国因素可能会给印度对华政策带来一些不确定性，但由于中印关系的大局没有发生根本改变，未来印度不会大幅调整目前推行的谨慎平衡政策，但将增加参与地区和国际事务的力度，外交上更为主动和活跃，这对于中国而言挑战与机遇并存。

面对新的国际和地区形势，中国应显著提升印度在周边外交布局中的地位，加强对印认知和应对能力。一方面深刻理解和理性看待印度复杂的大国心态和因实力不对称导致的对华不平衡心理，明确对印诉求，在不损害中国国家利益的前提下，适当照顾对方的利益，缩小彼此诉求差距，增进两国战略互信。另一方面对印度加强与美、日等国的战略合作以及推进“东向战略”的发展态势保持足够清醒认识，同时积极强化与印度在边界问题、政治关系、地区合作等主要议题的战略共识，推动两国在双边、地区和全球层面的协调与合作，不断充实和丰富中印面向和平与繁荣的战略合作伙伴关系的内涵。

① 莫迪上任后的外交动作印证了其在竞选纲领中所宣扬的，“我们将凭自己的实力积极主动地参与周边外交及其他事务，而不是被别的大国势力所领导。”“一个复兴的印度必须在国际社会获得合适的位置。” See Sabka Saath and Sabka Vikas, “BJP Election Manifesto 2014”, p.40, http://bjpelectionmanifesto.com/pdf/manifesto2014.pdf, 2014-5-1.

战略戒拒与战略调适：日、澳对中国崛起的反应

苗 吉 李福建[*]

一、导论

在后冷战时期中国外交总体布局中，大国被置于特别重要的地位。虽然中国的外交政策文件中，并未有对外交优先次序的清晰表达，中国同大国的关系，尤其是中美关系事实上被置于中国外交的中心地位。这种大国中心主义，一方面源于中国战略文化中所存在的现实主义传统[①]和历史形成的大国心态，另一方面也是当前世界权力结构高度集中的真实体现。其结果之一，是对中小国家关注不足。随着中国国力的进一步增长，其外部性将更加明显。尤其是因国力有限而主体性不足的本地区中小国家对中国崛起的反应更为敏感、复杂。一方面中小国家本身具有趋强和逐利特性，这使之愿意同中国密切发展经贸关系；另一方面这些国家在安全方面对中国国力的增长本能地担忧，形成了所谓"政经悖论"。中国新一届领导人主政以来，根据周边形势的变化，在既有的"睦邻、安邻、富邻"政策的基础上，提出"亲、诚、惠、容"的周边外交理念，倡导建立命运共同体，体现了中国对大国外交的反思与调整，并决意在中小国家外交方面投入更多的资源。

尤其是伴随着新兴大国的群体性崛起和全球化的深入发展，国际权力格局重构，全球议题出现，非国家行为体作用上升，世界政治呈现出多元化发展趋势。这使世界政治中大国作用减弱，中小国家尤其是中等强国作用上升。中等强国是具备一定规模和实力的国家的集合概念。它们通常掌

---

* 苗吉、李福建，外交学院亚洲研究所助理研究员。本文发表于2014年第1期《外交评论》。

① Alastair Iain Johnston, *Cultural Realism: Strategic Culture and Grand Strategy in Chinese History*, Princeton, New Jersey: Princeton University Press, 1998.

握一定的国际资源，熟悉国际社会运行法则，有的还同霸权国保持着同盟关系，这使它们在国际事务中具备一定影响力。深入、细致地研究中等强国的政治、外交及其对华政策，对于我发展更为完善的对外关系格局，优化外交结构，维护日益多元的国家利益，具有十分重要的意义。

这一现实情况的变化也为学术研究提出了新的要求。我们以往对于周边国家政策的分析，由其是对于美国盟友的分析常常是基于大国关系分析的框架，对于相关国家政策选择的自主性和多样性认识不足。传统的“遏制”“接触”等话语更多是来自美国的经验，并不能准确概括本地区中等强国对华政策实质。在我国外交战略思考中，也往往视中美关系为中国与相关国家发展关系的准绳。然而，在安全关系与经济关系相背离的情况下，我们便有必要重新审视相关国家的对华政策，并将各国对华政策细化到政治、经济、安全及地区多边合作等具体领域，避免以偏盖全。而对于外交政策的解释也要摆脱美国中心论的束缚，而从研究对象国自身国家利益出发，并分别从对象国地缘政治利益、经济利益、身份认同及国内政治博弈等多元视角进行分析。只有如此，才能为进一步的政策制定奠定更为扎实的基础。

日本和澳大利亚是亚太地区除中、美两国外对地区秩序最具塑造力的国家之一。[①] 研究在中国崛起及亚太正成为世界政治、经济中心背景下的日、澳对华政策转变具有重要的理论和现实意义。

为了准确概括日、澳在中国崛起和美国战略东移背景下的对华政策转变，本文分别提出“战略戒拒”和“战略调适”的概念。“戒”即警戒、防范，“拒”即拒绝，排斥。“戒拒”既是一种心理状态和战略动向，也是一种政策行为。“战略戒拒”（strategic vigilance）是指随着中国崛起，日本在政治、经济、军事和地区合作各方面同中国保持整体合作态势的情况下，展现出一定程度的警戒和防范，拒绝、排斥中国主导的各种双边、多边倡议或地区安排架构。作为心理反映，日本对华“戒拒”的主要体现是其对中国崛起焦虑不安、无所适从。在具体政策方面，日本呈现出战略上对美一边倒和对华全面竞逐，海外协力中步步紧追、军事领土领域针锋相对和

① 我们将日本与澳大利亚两国放在一起进行考察，是综合评估二者对国际及地区政治经济秩序塑造能力后作出的决定。“中等强国”的概念在澳大利亚政学两届是被广泛接受的话语。日本通常被认为也自认为是地区大国。然而，我们认为日本“大国身份”的不完整性（即所谓经济大国，政治侏儒）事实上阻碍了其大国作用的发挥。且相对于中国的快速崛起而言，日本在中国外交政策视野中也面临降格为中等强国的危机。因此，我们认为日、澳在本文分析中均可被归为中等强国一类，具有可比性。

地区合作中另起炉灶。日本的“战略戒拒”呈现出过渡性色彩，并表现出前后矛盾、起伏不定的特点。“战略调适”（strategic adaptation），是指澳大利亚基于其对中国崛起性质及影响的判断，开始逐步、全面、系统地转变其对华政策，以适应中国崛起，甚至开始通过接触积极塑造良性的中澳关系，其政策呈现出内在一致性和稳定性，代表了澳大利亚在一定时期内对华政策趋势。下面分别论证日、澳上述对华战略在具体政策领域的表现并采取折中主义方法利用多维视角解释其原因。

二、美国战略东移背景下的日、澳对华政策

（一）政治领域的对华政策

日、澳均在中美关系解冻的1972年同中国建立了外交关系。从建交至上世纪80年代末，是中国与日、澳关系平稳发展的时期。冷战结束以后，中国经济实现了腾飞，为中国与日、澳的双边关系增添了经济内涵。经过20年左右的发展，中国已成为除美国以外对日、澳最重要的国家，并有后来居上之势。日本在坚持美日同盟的基础上，大力发展同中国的战略互惠关系。澳大利亚则于2013年吉拉德总理访华时将中澳关系提升为相互信任、互利共赢的战略伙伴关系。

对于中国崛起，日、澳态度呈现出一定的差异性。日本经济崛起的过程中，始终不渝谋求大国地位，并不时体现出对美独立性，中、美并重的倾向。但是晚近以来，中国的快速发展导致东亚双强并立，并在2010年实现中日经济地位易位，加上中日围绕历史问题和岛屿争端趋于紧张，使日本对中国崛起严重不适，对中国的防范在增强，并在多个领域同中国展开了全面竞逐。在政治上逐步体现出一边倒态势，意在借助美国战略东移，抑制中国影响力的快速扩充。而澳大利亚在短期内似乎更担忧对中国的过分依赖，另一方面也不愿给中国造成联合美国制衡中国的印象，更希望在中美之间寻求某种平衡。近年澳大利亚对中国崛起的认识趋于乐观，开始表达对中国崛起的欢迎态度。

日、澳在对华人权与价值观外交方面的政策也有不同。作为中国的近邻，日本与中国有相似的文化传统，崇尚权威，重视秩序，因而对中国的政治制度以及人权等敏感问题持宽容和理解态度。长期以来，日本并未像西方国家一样在民主、人权问题上持续向中国施压。1989年政治风波之后，日本也率先解除对华制裁，体现了同西方国家不同的立场。近年随着中国

进一步崛起和中日之间竞争加剧，日本利用价值观联盟孤立、牵制中国的势头有所增强。安倍首次执政时期，其外相麻生太郎提出“价值观外交”和“自由与繁荣之弧”，并称之为除日美同盟、国际协调、重视亚洲近邻关系之外的第四大“外交基轴”。其核心内容，一是积极开展“重视民主、自由、人权、市场经济等普遍价值”的外交，二是要与拥有共同价值观及战略利益的美国、澳大利亚、印度及北约各国密切合作。日本提出价值观外交，与美国的人权外交、价值观外交遥相呼应，以此巩固美日同盟，并塑造同其他民主国家的“我们”认知，凸显中国在社会制度和价值观方面的另类，藉此配置国际力量，共同应对中国崛起的挑战。

澳大利亚则不然。由于政治制度和价值观同中国存在根本差异，澳大利亚有较强的人权价值观，来自党内外反对力量和公众的压力使任何执政党在人权问题上丝毫不敢含糊；人权外交也是其外交政策的重要支点。因此时常成为影响中澳关系的重要因素。以陆克文（Kevin Rudd）第一次担任总理时期（2007—2010年）为例，作为第一位能用熟练中文进行交流和对中国文化有深入了解的西方国家政要，陆克文在中澳关系的发展上曾被寄予厚望。但是在其任期内多次在西藏问题上批评中国，邀请疆独份子热比娅访问墨尔本，并试图在胡士泰案上干预中国司法，使原本有望成为中西方国家关系典范的中澳政治关系遇到了不少挫折。出现这一状况固然和陆克文个人外交理念有关，其深层次原因还是中澳两国间的意识形态及价值观差异为双边关系发展造成了一定障碍。然而，最新动向却是，澳大利亚近年逐步意识到人权问题对中澳关系带来的困扰，因而积极在这方面进行政策调整。吉拉德 (Julia Gillard) 替代陆克文出任总理后更为关注国内议题，对华政策更为务实，中澳政治关系逐步回暖。举例来说，达赖曾于1996—2011年期间六次到访澳大利亚。其中，1996及2007年两次与自由党国家党联盟政府总理霍华德（John Howard）会见。而自2007年以后，就再未能见到澳大利亚总理。[①] 事实上，即使是2007年的会见也主要由于正值大选年，两党领袖均不希望被对方抓住在人权问题上对华“软弱”的把柄，才冒着惹恼中国的风险，决定接见。澳大利亚对中国态度之转向可见一斑。

（二）经济领域的对华政策

经济合作是中日、中澳关系最为重要、发展最快的领域。冷战结束后，

---

① James Reilly, “Counting on China? Australia’s Strategic Response to Economic Interdependence”, *Chinese Journal of International Politics*, Vol. 5, No. 4, 2012, pp. 369-394.

随着中国经济快速发展、市场扩大，日、澳对中国市场的依赖增强，这是比较日、澳对华政策异同的重要起点。

作为东亚最大的两个经济体，中日经济合作经过逾20年的飞速发展，形成了深度相互依赖。中日贸易总额由1980年的89亿美元增至2012年的3449.6亿美元。虽受国际金融危机和中日政治关系的影响，中日贸易在2012年有所下滑，但仍占日本外贸总额的20.6%。其中日本对华出口1614.7亿美元，占日本对外出口总额的19.7%，从中国进口1834.9亿美元，占日本进口总额的21.5%，中国继续为日本第一大贸易伙伴、第一大出口市场和第一大进口来源国。① 加上经过香港的转口贸易，实际上中日贸易数据更为可观。② 在中日贸易占日本对外贸易分额居高不下的情况下，发展稳定的中日经济关系、扩大中日贸易是日本的既定政策，即便在中日政治关系严重紧张的小泉时期亦是如此。2007年美国次贷危机引发全球经济危机以来，来自欧美的需求减少，中国市场更为重要。投资方面，1986年，日本对华投资2.82亿美元，2012年已增至834亿美元。对华投资在日本对外投资中的比重波动较大，比重最高的2004年曾达到18.9%。2012年，日本对华投资134.79亿美元，占日本对外投资总额的11%，相对减少。③

日本对华经济政策的一个新动向是随着近年日本对华战略戒拒态势增强，开始设法减少对中国的依赖。中日政治关系的波动，加上近年中国劳动力成本上升，日本政府开始着手引导驻华企业向劳动力更为廉价的印度和东南亚国家转移。特别是对印度的投资从2006年的5.12亿美元上升到2008年的55.51亿美元，剧增10倍，超过对华投资增速。④ 对于钓鱼岛争端之后中国民间和学界提出的通过限制战略资源稀土对日出口的动议，日本开始推进稀土多元化战略，一方面加大在其领海和专属经济区稀土资源勘探力度，另一方面加强同印度、越南、俄罗斯和蒙古的稀土合作，以减少对中国的依赖。

在东南亚、非洲、拉美等海外市场上，日本同中国展开竞争。其中中日在非洲的竞争颇具代表性。日本早在1993年就启动了“东京非洲发展国

---

① JETRO “Survey: Analysis of Japan-China Trade in 2011 and Outlook for 2012”, http://www.jetro.go.jp/en/news/releases/20120223142-news, 2013-09-23.

② Staff Reporter, “Factbox: How Much is at Stake Between China and Japan?”, *South China Morning Post*, September 19, 2012.

③ JETRO, “Japan's Outward FDI by Country/Region (Balance of Payments Basis, Stock and Flow)”, http://www.jetro.go.jp/en/reports/statistics/, 2013-09-22.

④ Ibid.

际会议”，通过对非投资和提供开发援助，为非洲经济增长做出了贡献。但自“中非合作论坛”于2000年开启后，中非经济合作飞速发展，重要性上逐步取代了日非合作甚至美非合作的地位。2000—2012年间，中非贸易总额从106亿美元增至1984.9亿美元，占非洲对外贸易总额由3.82%增至16.13%。[①] 这促使日本近年加大对非洲投入，开始同中国的竞争。2013年，继习主席访问非洲，提出向非洲提供200亿美元贷款后，日本立即于同年6月举行的非洲开发会议上宣布，今后五年内将向非洲提供多达3.2万亿日元（320亿美元）的援助，其中包括1.4万亿日元（139亿美元）的政府开发援助。日本要与中国竞争的心理可见一斑。

在对华经济依赖方面，澳大利亚和日本高度相仿，中国为澳大利亚第一大贸易伙伴、出口市场和进口来源地。2012年澳大利亚联邦政府所发布的白皮书——《亚洲世纪中的澳大利亚》，主要就是围绕如何更好地利用亚洲经济崛起所带来的机遇这一主题而制定的一份政策文件。[②] 据中方统计数据，中澳1972年建交时双边贸易额仅为8655万美元，2012年已达1223亿美元。[③] 资源贸易是中澳经济合作的重要内容，其在中澳贸易中的份额逐步增大，如矿产资源在澳大利亚对华出口中的比重由2006年的53.60%增至2010年的78.60%。[④] 资源贸易的蓬勃发展对澳大利亚国内经济体系产生了极深远的影响。一方面，来自中国的资源需求使澳大利亚经济在西方经济下滑的背景下一枝独秀，另一方面也对澳大利亚经济结构造成一系列负面影响。矿业及能源产业的蓬勃发展引起澳元升值及资本向资源产业高度集中，进而造成澳大利亚制造业萎缩，并使澳洲在旅游业及教育业的优势丧失。这就造成所谓“双速经济”问题。[⑤]

在投资方面，自1979年以来，澳大利亚即展开对华投资，但所占比重

① 国务院新闻办公室:《中国与非洲的经贸合作（2013）》白皮书，2013年。

② Australian Government, “Australia in the Asian Century White Paper”, 2012; Li Fujian, “‘Australia in the Asian Century’: A White Paper or a White Lie?”, 载喻常森主编:《中澳关系的历史经验与发展现状》，广州：中山大学出版社2013年版，第80—99页。

③ 中华人民共和国外交部:《中国同澳大利亚的关系》，http://www.fmprc.gov.cn/mfa_chn/gjhdq_603914/gj_603916/dyz_608952/1206_608954/sbgx_608958/，登录时间：2013年12月27；喻常森、常晨光:《中澳关系面面观：写在中澳建交40周年之际》，载常晨光、喻常森编:《中澳关系大趋势：利益共同体的构建与展望——纪念中澳建交40周年》，广州：中山大学出版社2012年版，第37—54页。

④ Ding Dou, “The Economic Imbalance Between China and Australia”, 载喻常森主编:《中澳关系的历史经验与发展现状》，广州：中山大学出版社2013年版，第80—99页。

⑤ 马克·比森、李福建:《中澳关系：地缘政治抑或地缘经济？》，载《国际问题研究》，2012年第3期，第38—49页。

并不突出。在2000—2010年间，澳大利亚在华投资占中国吸引外资总额的0.41%至1.09%。[①] 相比之下，近年中国对澳大利亚的投资，特别是对矿产资源的投资快速增长。2002年至2010年八月间中国完成的49项有关煤、铁矿石的对外投资中，有36项去往澳大利亚，价值270亿澳元。[②] 由于这些投资主要由国有企业进行，这在澳大利亚内部引起了激烈讨论，澳联邦政府也增大了对中国国企投资的审查力度。虽然最后未通过审查的投资项目为数不多，但已引发人们对于澳大利亚是否存在资源民族主义的争论。[③] 在中国看来，澳大利亚的资源保护主义十分明显，其投资审查制度具有明显歧视性。华为进军澳大利亚遭拒即是典型的例子。[④] 而从澳大利亚角度，中国国有企业的商业投资行为被认为是有中国政府支持的战略性行为，澳大利亚十分担心其资源产业自由化程度因为中国资本的介入而降低。[⑤]

为促进相互贸易的进一步发展，两国于2005年开始进行自贸区谈判，迄今已举行19轮，虽然中澳双方领导人多次表达推动谈判的政治意愿，但仍然在农产品准入、投资审查等问题上徘徊而进展缓慢。[⑥] 中国方面一直希望澳大利亚的投资审查门槛额能提高，甚至取消审查制度，以保证中国国有企业在澳大利亚的自由投资。澳大利亚方面最为关切的便是澳大利亚农产品对中国的出口。中国出于保护本国农业部门的考虑，很难在农产品市场全面放开上作出太大的让步。竞选时，中澳自贸区谈判便是自由党国家党联盟阵营的主打牌。联盟阵营批评前工党政府的好高骛远，并声明自己会采取循序渐进的方式来推进自贸区的建设，而非一开始就要达到很高的标准，并承诺将在一年内结束谈判。胜选后，在总理阿博特（Tony Abbott）与习近平主席的首次会见中，自贸区建设问题再一次被提到主要议程，澳

① Yu Chang Sen, "Sino-Australian Economic Relations: A General Review", in James Reilly and Jingdong Yuan, eds., *Australia and China at 40*, Sydney: UNSW Press, 2012, pp. 104-120.

② Jeffrey D. Wilson, "Resource Nationalism or Resource Liberalism? Explaining Australia's Approach to Chinese Investment in Its Minerals Sector", *Australian Journal of International Affairs*, Vol. 65, No. 3, pp.283-304.

③ Ibid.

④ 2012年，华为申请参与到澳大利亚的国家宽带网络建设（NBN）中，然而被澳政府以安全理由拒绝。见：China Daily, "Australia Blocks Huawei from Broadband Bid", March 2012, http://www.chinadaily.com.cn/kindle/2012-03/27/content_14919607.htm, 2013-09-28.

⑤ Jeffrey D. Wilson, "Resource Nationalism".

⑥ Department of Foreign Affairs and Trade, "Australia-China Free Trade Agreement negotiations", http://www.dfat.gov.au/fta/acfta, 2013-12-27.

政府表示希望加强与中国经贸合作的愿望。①

（三）安全领域

安全方面，日、澳均在一定程度上将中国军事力量的增长视为潜在的安全威胁。由于两国国力均不足以应对来自中国的挑战，日、澳均将与美国的同盟关系视为其安全政策的核心，因此对于美国保持和扩大在亚太地区的军事存在，两国均表示支持。但两国在安全领域的政策目标、手段和范围方面存在显著不同。下文将从对中国军事现代化的认知、战略目标及应对方式等方面分析日、澳在安全领域对华政策的异同。

对中国军事现代化的认知，一定意义上是日、澳对华军事政策的出发点。日、澳对中国军事现代化的态度近年来发生了相反的变化。具体表现是日本近年对中国军事现代化的认识渐趋消极，而澳大利亚则由消极转为积极。这从日、澳的防卫大纲或国防白皮书中可以看出。2010年前，日本的防卫大纲及年度防卫白皮书涉华部分尚属克制。但近年对中国的军事戒惧和防范明朗化。如2010年的日本防卫大纲强调，日本将削减在本土的防卫力量，以大力加强对“西南海域”的防御，将“密切关注中国”提升为“警戒监视”，这预示着日本开始将军事防御重点从主要防范俄罗斯开始向西南方向的中国转移。日本高官也开始对中国军事现代化进行公开指责。2011年10月16日，上台不久的野田首相在航空自卫队阅兵式上说：“由于中国在地区水域活动的加强及迅速的军事扩张，加上朝鲜反复的军国主义挑衅，围绕我国的国家安全环境越来越不明朗。”② 野田内阁批准的2012年日本《防卫白皮书》中进一步指出，中国连续两年对外采取“高压”姿态，试图扩大在日本“近海与南海的活动范围并将活动常态化”。③2013防卫白皮书指出：“在同邻国存在利益冲突的事务上，中国试图根据其单方面主张，通过武力改变现状，而其主张与现存的国际法不符。中国这种企图被认为“霸道”而遭受批判，并采取可能导致不测的冒险行为，因此其未来

① Katharine Murphy, “Tony Abbott Expects Free Trade Pact with China in the Next 12 Months”, October 2013, http://www.theguardian.com/world/2013/oct/07/abbott-free-trade-deal-china, 2013-12-26.

② 「平成23年度航空観閲式野田内閣総理大臣訓示」、首相官邸ホムペジ、2011年、http://www.kantei.go.jp /jp /noda/statement/2011 /1016kunji.html，登录时间：2013年9月20日。

③ 防衛省・自衛隊『平成24年版防衛白書』、2012年、http://www.mod.go.jp/j/publication/wp/index.html，登录时间：2013年9月20日。

发展方向值得关切。”[①]

澳大利亚对中国军力的看法却发生了相反变化。澳大利亚政府在2009年发布的《国防白皮书》中曾将中国的军事崛起视为影响亚洲安全的最大威胁。[②] 引起中国政府的强烈反对，甚至连澳国内也出现批评的声音。[③] 这一反华基调在2013年出版的《国防白皮书》及《国家安全战略》中已经褪去。[④] 在这两份文件中，澳大利亚政策制定者对于中国军力发展表现出更加理解的态度，认为中国推行军事现代化是经济发展后的必然结果，是中国国家利益扩大化后的合法化要求，有一定的合理性。只是澳大利亚强调中国应向其邻国说明其军事现代化的节奏与意图。2013年及2009年的两份国防白皮书对华政策上的变化折射了澳大利亚政治精英和民众对中国军事现代化的认识发生了积极的变化。特别是考虑到本地区日趋紧张的战略局势，各国正密切关注中国动向并试图评估中国军力为地区局势带来的影响，这一变化便更显积极意义。

在军事方针上，日、澳一方面积极支持美国在其国土范围内的军事部署，一方面也着力强化自身的防卫力量。但在动机和力度方面存在显著差别。某种程度上，日本对美国战略东移的支持是积极、全面和一贯的。为巩固美日同盟，日本积极支持美国在其本土及亚太区域的军力部署，强化联合作战、责任分担和军事一体化机制。日本不顾冲绳县民反对，同意美军在日本部署“鱼鹰”运输机，还将在关岛以及北马里亚纳群岛建立日本自卫队和美军共同训练基地。面临共同的财政制约难题，日美通过提升军事合作水平，提高军事力量机动性，保持在局部冲突中的优势，寻求东亚安全局势的主导权，牵制中国军事力量的发展。双方还加大在打击海盗、防扩散、网络安全、海洋安全等非传统安全责任方面的共同负担，推动自卫队基地和美军基地的共同使用，并在日本海、东海进行针对中国的军事演演习。

---

① 防衛省・自衛隊、『平成25年版防衛白書』、2013年、http://www.mod.go.jp/j/publication/wp/wp2013/pc/w2013_00.html，登录时间：2013年9月20日。

② Australian Government, “Defence White Paper 2009”, 2009, http://www.defence.gov.au/whitepaper2009/index.htm, 2013-9-20.

③ Ross Cottrill, “Spruiking a China Threat is Foolish”, *The Australian Financial Review*, July 21, 2009.

④ Australian Government, “Defence White Paper 2013”, 2013, http://www.defence.gov.au/whitepaper2013/index.htm, 2013-9-20; Australian Government, “Strong and Secure: A Strategy for Australia’s National Security”, 2013, http://www.dpmc.gov.au/national_security/national-security-strategy.cfm, 2013-9-20.

需要说明的是，日本并非止于支持、配合美国在东亚的行动，而是试图通过其盟友身份，主动塑造美日同盟的性质和范围，以便服务于日本自身国家安全和战略需要。如在1997年的日美防卫“新指针”中，日本就力推将日美军事合作的范围从“日本有事”扩大为“周边有事”，以进一步将日美同盟涵盖范围扩展至台湾问题。中日钓鱼岛冲突之后，日本又通过外交运作，促使美国方面表态将美日同盟范围涵盖钓鱼岛。某种程度上，日本在安全领域对美国政策倾力支持，是以牺牲中国国家利益为代价的，或者说以中国为对象的，其中包含不惜卷入美国对华冲突的意图（如倘台海发生变故，日本势必支持美国介入台湾问题）。

澳大利亚则有限度支持美国的在亚太的军事战略，在其他并不涉及澳大利亚直接利益的地方履行盟友职责，如阿富汗战争和伊拉克战争，但是在涉及中国的南海、台湾问题方面，不愿意过分刺激中国，更不愿贸然卷入同中国的冲突。在台湾问题上，澳大利亚的态度尤其捉摸不定。早在2004年，还是霍华德执政时期，资深外长唐纳（Alexander Downer）便曾在北京宣称澳大利亚在一场可能的台海危机中不会因与美国的同盟关系而贸然卷入其中。① 尽管事后，因遭到澳大利亚国内及美国盟友的诘难，澳政府很快收回了上述表态，但这足以证明澳大利亚决策当局内部对此事的举棋不定。

巩固美日同盟和发展自身军力之外，日本还主动出击，寻求更广泛的国际同盟。日本与部分南海岛屿声索国互动频仍，以期与后者联手应对中国。2011年9月27日，野田首相与来访的菲律宾总统阿基诺举行会谈，双方一致同意将确保海上交通安全定位为“共同的战略利益”，并决定在当年11月的东亚峰会上提议成立“东亚海洋论坛”。越南总理阮晋勇于2012年10月下旬访问日本，日本与新加坡于同年11月首次举行海洋磋商。日本与马来西亚、文莱等国也加强了在“南海问题”上的沟通，为加强南海合作谋求“共识”。玄叶外相也相继出访印度尼西亚、马来西亚和新加坡三国，就南海的安全合作与三国展开所谓的磋商。尽管东盟国家并不会联合日本应对中国，但基于对中国的共同防范，南海岛屿声索国与日本之间的互动无疑会为使问题进一步复杂化，从而造成中国的被动局面。与日本不同，在有关地区热点问题，诸如南海争端上，澳大利亚表示不选边站队，而是呼吁各方能够通过国际法，包括《联合国海洋法公约》来解决相关问题。②

① Hamish McDonald and Mark Forbes, “Downer Flags China Shift”, *The Age*, August 18, 2004.

② Australian Government, “Australia in the Asian Century White Paper”, 2012.

澳大利亚在南海的最大利益体现在维持地区局势的稳定及贸易通道的安全，与中国不存在严重的战略冲突。

与日本相似，作为自身安全需要，澳大利亚对美国重返亚太所做的关涉澳大利亚方面的调整表示支持，如2011年11月奥巴马访问澳大利亚时，澳政府同意美国派驻海军陆战队员在达尔文进行轮训，到2016年逐年增加至2500名。澳国内舆论界及学界都未回避这一决策背后的逻辑。中国的导弹技术使得美国感到其在日本及关岛的军队的脆弱性增加，而澳大利亚相对的远距离便成为了一大优势。显然这一举动有针对中国的意味。澳大利亚的政策精英们非常清楚这样做的后果。如前国防部副秘书长休·怀特（Huge White）教授便一针见血地指出，澳大利亚的这一决策将对中澳关系产生相当不利的影响。① 中国也的确对澳大利亚的此行为抱有很大顾虑，认为澳大利亚此举显然有明显的冷战思维。② 和日本不顾中国反对、强化美日同盟并采取针对中国的举动不同，澳大利亚在诸多敏感事项上体现出寻求中国谅解的姿态，比如在上述支持美国在达尔文轮训的事项上，澳大利亚曾不断派出高官赴中国进行解释，宣称美澳之间的合作并不指向中国，这只是澳大利亚履行其盟友职责的一部分。显然这一解释并不为中国所接受。

由于中日之间脆弱的军事互信，钓鱼岛争端之后，开启不久的中日军事合作即告中断。但中澳两军在军事交流方面却取得了一定的进展，两军互信有所加强。迄今为止，两军高层间的战略磋商已经进行了15次。2011年11月，两军的首次人道主义救援减灾演习在成都举行。2012年10月，中国、澳大利亚、新西兰在澳举行“合作精神–2012”人道主义救援救灾演习并取得了很大的成功。③

总之，安全领域的日、澳对华政策差异最为明显。日本对中国军事现代化极为戒备，通过巩固、强化和主动塑造美日同盟，强化自身军力，谋求国际价值观联盟对中国进行防范，并在军事领域展现出针锋相对、步步紧逼之势。而澳大利亚对中国军事的现代化逐渐体现出理解的态度，其安全战略是通过巩固美澳同盟和有限支持美国在亚太的军事战略换取后者的安全保证，避免过分刺激中国。另一方面则通过对华军事接触，缓解后者带来的军事压力，体现了较强的“调适”色彩。

---

① Peter Hartcher, “US Marine Base for Darwin”, *The Sydney Morning Herald*, November 11, 2011.

② Li Xiaokun and Li Lianxing, “US Base in Australia Shows ‘Cold War Mentality’”, *China Daily*, December 1, 2011.

③ 中华人民共和国外交部：《中国同澳大利亚的关系》。

（四）日、澳在地区合作方面的政策

地区合作政策是日、澳对外政策的重要内容，也是对华政策的一个方面。自1997—1998年亚洲金融危机以来，中国着力实施其地区合作政策，适应以东盟为核心的地区架构，并积极塑造地区机制的发展，借此改善了中国与周边国家的关系。① 经过十余年的发展，东亚合作取得了巨大进展，并随着第二个十年的到来逐步走向全面和深入。然而伴随着美国的重返，东亚一体化的现有节奏和进程被打乱了。② 美国试图重塑以其为核心的地区架构。政治安全上，美国在东亚的幅轴模式很久以来便是东亚地区形成多边安全机制的重要阻碍。通过此次战略东移，美国强化了其与亚太国家的多个同盟，对东亚地区原本稳定的权力格局构成一定影响。经日本的关键努力，美国加入东亚峰会，并试图以其巨大经济军事实力重塑东亚峰会进程。经济上，美国所提倡的TPP冲击了东亚的经济整合进程，扰乱了原有的地区经济合作秩序，将东南亚十国分为TPP成员与非TPP成员两类，对于进行中的东盟经济共同体建设亦构成不小冲击。美国战略东移所蕴含的战略机遇及其挑战对日、澳的地区合作政策也构成巨大影响。

日本和澳大利亚都是亚太地区合作的主要推动者，但是日、澳在地区合作的立场有所不同。在并行的东亚机制和亚太机制中，一度出现日本更为重视东亚机制，而澳大利亚则力推亚太机制的局面，这也体现了日、澳在地区合作方面的利益差别。随着晚近东亚局势的发展，日本也开始朝亚太机制倾斜，从而导致日、澳在地区合作政策方面的趋同。

日本是东亚首屈一指的大国，自东亚合作开启以来，日本即表现积极。虽然东盟主导了“10+1”、“10+3”和“10+6”等东亚合作进程，日本却可以借助强大的经济实力以及在东盟国家中良好的软实力获得实质性影响。尤其重要的是，东亚合作成为中日撇开纷繁历史和现实困扰，展开政策协调的重要渠道。东亚机制是日本区域合作政策的核心内容。在民主党执政之初的2009年，首相鸠山还基于其“重视亚洲、回归亚洲”的外交理念，提出了建立东亚共同体的构想。鸠山还在题为《日本的新道路》的文章中写道，“日本是个位于亚洲的国家，应把正日益显出生机活力的东亚地区确定为日本的基本生存空间，并建立起覆盖全地区的稳定的经济合作与

① Ren Xiao, “Between Adapting and Shaping: China’s Role in Asian Regional Cooperation”, *Journal of Contemporary China*, Vol. 18, No. 59, 2009, pp. 303-320.

② 魏玲：《东亚进程与中国外交：新格局、新均衡、新作为——从东亚峰会说开去》，载《外交评论》，2011年第6期，第49—60页。

安全的框架”。[1]

但是，随着中国近年的快速发展和在东亚影响力的显著增强，日本难以发挥领导作用，加上日本同中、韩存在的岛屿争端为东亚合作蒙上阴影。近年来，日本逐渐调整了其区域合作政策，在东亚机制和亚太机制中两面下注，并开始偏向亚太机制，在“亚太经合组织”（APEC）和美国近年主推的TPP中表现出积极态度，并力推东亚峰会由“10+3”扩大到“10+6”，进而扩大到“10+8”（东盟十国、中国、日本、韩国、澳大利亚、新西兰、印度、美国、俄罗斯），意图通过紧靠美国，同时拉拢澳大利亚、新西兰、印度等民主国家，平衡中国在地区的影响。[2] 尤其是美国自2010年后主推TPP以来，更促成了日本政策进一步向TPP倾斜。日本加入TPP谈判既有迎合美国主张、深化日美同盟的一面，也有削弱中国、进而联合美国主导亚太区域经济一体化过程的意图。

相比于日本在“东亚”与“亚太”机制上左右摇摆和两面下注，澳大利亚作为南太平洋国家，不在东亚传统地域范围之内，自是积极推进亚太地区合作。冷战末期以来，主推亚太范围内唯一的区域一体化组织——APEC。亚洲金融危机之后，欧美国家转嫁危机和世界银行、国际货币基金组织等国际组织的应对乏力、APEC则结构松散、议程空洞而更作用有限，使东亚国家开启了以“10+”为基础的东亚合作，并成为接下来十多年地区合作的主渠道。自此澳大利亚经历了一段时间的焦虑。但澳大利亚对亚太地区合作的热情从未消退。陆克文还曾于2009年提出亚太共同体的概念，并积极推销之。[3] 但其后并未在地区内引起广泛共鸣，并因为陆克文的下台而逐渐退出了人们的视野。究其原因，澳大利亚所推动的地区合作如果不能在当前以东盟为核心的区域架构中找到位置，便很难取得成功。但是随着中日在本地区合作中的竞争态势加剧，东盟亦担心中国实力的快速上升而使其中心地位不保，原本以“10+3”为主渠道的东亚合作走向泛化。这为澳大利亚参与东亚进程提供了良机。东亚峰会是澳大利亚连接东亚机制的现实选择。因此，澳大利亚于2005年成为首届东亚峰会的成员后，力促该框架内的务实合作，在救灾、传染性疾病、教育合作等多个领域里积极

---

① Hatoyama, “A New Path for Japan”, *The New York Times*, http://www.nytimes.com/2009/08/27/opinion/27iht-edhatoyama.html?pagewanted=all, 2013-09-28.

② Benny Teh Cheng Guan, “Japan–China Rivalry: What Role does the East Asia Summit Play?”, *Asia Pacific Viewpoint,* Vol. 52, No. 3, December 2011, pp. 347-360..

③ 魏玲：《澳大利亚的“亚太共同体”倡议》，载秦亚青主编：《东亚地区合作：2009》，北京：经济科学出版社2010年版，第351—378页。

发挥作用。随着美国战略东移，澳大利亚对东亚峰会的重视程度进一步提升，大有改变东亚峰会战略论坛性质的意图。在《2013年国防白皮书》中，澳大利亚政府又开始推销“印太”的概念。对“印太”概念的追捧显然与美国的“印太”战略一唱一和，配合默契。“印太”概念意图将印度洋与太平洋连成一体。澳大利亚东临太平洋，西临印度洋，但传统上，澳大利亚更加重视对“太平洋”地区的投入。为了增加对印度洋地区的影响力，并借此加强与印度的合作，澳大利亚推出“向西看”战略。“印太”战略就是“向西看”战略的重要延展。这同时亦证明了澳大利亚对于地区合作所采取的泛化的态度。“印太”概念在澳大利亚国内的政策讨论中已日益重要，成为其制定地区政策的主要框架。① 需要说明的是，日本与澳大利亚在导入印度因素方面也有异曲同工之妙。2006年安倍首相访问印度时就曾在印度国会作了题为“两洋交汇”的演讲，称“太平洋和印度洋作为自由与繁荣之海正带来充满活力的联结，一个打破地理疆界的‘更为辽阔的亚洲’正在形成”。他进一步呼吁作为太平洋大国的日本与印度洋大国的印度携手应对挑战。②

因此，相比较而言，虽然日、澳在地区合作政策上表现出了一定的相似性，但这相似的背后却蕴含着不同地思考逻辑与动力因素。对于日本来说，与中国争夺在地区合作中的主导权始终是关键的考量因素。在地区机制建设上，支持什么，反对什么，日本无不要以中国之角色为其决策的参照系。澳大利亚便有所不同了。澳大利亚对地区合作的参与并不以遏制中国或是与中国争锋为主要目标，甚至还有要借地区合作拉近与中国经济之联系的意图在其中。“戒拒”战略与“调适”战略在地区合作政策中的不同表现十分明显。

总之，日本对华政策体现出战略焦虑，在政治、经济、军事、地区合作等各个方面展现出针锋相对、全面竞争的态势，甚至有学者指出，日本即便在软实力方面都同中国展开了激烈的竞争。③ 相比而言，澳大利亚的对华政策却体现出调适的一面，并展现出相对的稳定性和一致性。

---

① David Scott, “Australia’s Embrace of the ‘Indo-Pacific’: New Term, New Region, New Strategy?”, *International Relations of the Asia-Pacific*, published on line, June 26, 2013.

② インド国会における安倍総理大臣演説「二つの海の交わり」Confluence of the Two Seas、平成19年8月22日；Shinzo Abe, “Confluence of the Two Seas,” Speech by H.E.Mr. Shinzo Abe, Prime Minister of Japan at the Parliament of the Republic of India, August 22, 2007, http://www.mofa.go.jp/region/asia-paci/pmv0708/speech-2.html, 2013-09-20.

③ Ding Sun, *Japan and China as Charm Rivals: Soft Power in Regional Diplomacy,* Ann Arbor: University of Michigan Press, 2012.

三、影响日、澳对华政策异同的原因

日、澳既同为美国的重要盟友，按照现实主义同盟理论，似乎在对华政策上应该表现出更高的一致性，然而为什么实际情况却不尽然？下文将从地缘因素、经济相互依赖程度和性质、身份认同和国内政治四个维度对上述日、澳政策异同的原因进行解释。

（一）地缘因素

在地缘形势上，日、澳两国具有一定的相似性。首先，二者均为海洋国家，日本是位于亚洲边缘的岛国，而澳大利亚更是独立于亚洲的大陆。从亚洲的视角看，日、澳均处于地缘政治和国际体系的边缘位置，具有明显的海权国家特性。这种边缘地位使日、澳两国均长期存在不安全感。日本是危机意识非常浓厚的国家。而在澳大利亚的战略决策界内也一直存在着某种“被侵略焦略”。[①] 这种边缘地位还使得两国在外交政策传统上均有一种趋势，即对于亚洲大陆事务采取平衡的策略，以寻求自身的安全。因此当中国实力迅速增强时，日、澳均表现出拉美制中的战略特点，依靠与美国的同盟关系以平衡中国日益增长的影响力。

日、澳地缘位置之相似所表现的另一特点在于他们均对于“亚太”概念情有独钟。我们从日、澳对待东亚合作均采取的开放泛化而非封闭深化的态度上就可见一斑。上世纪80年代末，在日、澳的推动下，APEC 得以成立。尽管 APEC 的发展并未如一开始预期的那样真正实现地区经济的一体化，但是“环太平洋地区主义”的概念却得以被建构。[②]

尽管日、澳之间在地缘位置上存在非常多的相似之处，但是也存在一些差别，并直接影响其对华政策的差异。对于澳大利亚来讲，事实上并不存在与中国直接的战略冲突。虽然澳大利亚的安全的确和整个地区的安全结合在一起，地区局势的恶化会对澳大利亚造成影响，但是中澳距离遥远，不存在领土争端，军事冲突可能性极小，澳大利亚可以充分享受到距离的红利。虽然作为美国的铁杆盟友，当中美之间发生军事冲突时，澳大利亚必然要有一定反应。然而澳大利亚会被卷入多深却是可以打问号的。

---

① Anthony Burke, *Fear of Security: Australia's Invasion Anxiety*, Melbourne: Cambridge University Press, 2008.

② John Ravenhill, *APEC and the Construction of Pacific Rim Regionalism*, Cambridge: Cambrdige University Press, 2001.

而日本与中国隔海相望，地缘冲突十分明显。中日领海交错，至今仍然存在着东海、钓鱼岛等争端。而在台湾问题及南海问题上，日本均具有切实的地缘利益。台湾水域及南海水域是日本海上生命线，日本原油进口的90%均需通过此水道。日本国内资源匮乏，海底油气开发对日本的能源安全至关重要。这就加剧了中日对于海洋控制权的竞争。近几年来，不仅中日因钓鱼岛问题摩擦不断，日本还积极拉拢南海的其他声索国，意图对中国形成合围之势。而且相较于澳大利亚，日本周边的安全环境更为严峻。日本的北边与俄罗斯存在北方四岛的争议。朝鲜核危机也构成了东北亚的不稳定因素。日本对自身的战略安全环境评估便更加悲观，更容易造成误判，从而可能导致悲剧性的局面。

（二）经济结构

如上文所述，中国已经成为日本和澳洲最大贸易伙伴、最大出口市场和进口来源国。中澳与中日之间所构成的经济相互依赖对于稳定双边政治关系具有很大作用。当政治安全关系出现紧张的时候，经济上的相互依赖客观上可以起到一定的降温作用。比如新世纪以来中日之间发生的几次政治摩擦，均因造成的经济损失过大，而使两国政府不得不迅速着手降低民众对抗情绪，控制事态进一步恶化。中澳在陆克文执政时期因为西藏问题，疆独问题及胡士泰事件所引发的政治隔阂也很快可以因贸易关系的稳定而得以迅速的修补。

但中澳及中日之间经济上的相互依赖在性质上却有较大差别，而这些差别使日、澳在同中国的经济关系中居于不同的地位。日本是先进的工业国家，向中国出口大型电子、工业设备，从中国进口消费品，并长期在中国进行着巨额投资。日本企业持续的巨额在华投资，使日本产品在华销售量远高于可见的出口数据。由于日本企业杰出的创新能力和工业制造能力，日本产品对中国消费者具有巨大的吸引力，纵然长期以来不乏抵制日货的声音，但与此相对的事实是，日本工业设备、汽车、电子产品等仍逆势上扬，赴日旅行的中国游客数量也迅速增长。即便受到政治僵局严重打击的日本汽车产业，也在低迷一段时间后强劲反弹。而中国极高的对外贸易依存度和巨大的就业压力，也使中国难以承受中日政治经济双冷的后果。从另一个角度看，日本企业对华出口，如其汽车出口并非如国内一般认为的以中国为主要市场，比如受钓鱼岛争端冲击最大的丰田，中国市场在其全球市场中的份额大致在10%—15%之间。且日本对中国经济领域的渗透非常成功，形成了对中国多个行业的全链条控制。更重要的是，近年来随着中国劳动力成本上升和潜在的政治风险，已经有不少日本企业将制造业转移至劳动力更加低廉的印度、越南、印尼等国家。日本虽依赖从中国进口稀土等自然资源，但是由于中国缺乏深加工技术，只能进行初级产品销售，并不掌握定价权。因此，纵然日本绝不可以放弃中国蓬勃兴起的市场，但中日之间的依赖是相互的，并且某种程度上讲，日本在中日经济格局中仍然占据优势。这使中日经济关系具有一定程度上独立于政治的韧性。

澳大利亚则不同。在中澳贸易关系中，澳大利亚对华贸易出口产品较为单一，矿产品及羊毛等纺织原料居多，而中国已经成为澳大利亚铁矿石的第一大买家。较高的贸易依存度，使澳大利亚经济与中国经济紧密的联系在一起。澳洲国内普遍倾向于认为澳洲经济过度依赖中国存在较大风险。毕竟目前支撑澳洲经济增长的主要产业是矿业及能源产业，其出口的40% 均为矿产品，中国经济的好坏很容易的就会反映在澳洲经济的平衡表上。[①] 而从中国的视角看，结论又是截然相反的。中国舆论界普遍认为在矿产贸易中，中国常常处于非常被动的局面。[②] 因为国内经济发展的需要，中国对资源的需求量巨大，离开了稳定的资源供给，中国经济发展的高速列车就要慢下来。世界资源市场虽因中国的崛起而异常蓬勃，然而中国企业却并不掌握定价权。在面对澳洲铁矿石生产巨头必和必拓、力拓等公司年年涨价的趋势，中国企业显得束手无策。两个视角或许都有道理，但有一点是肯定的，那就是双方都认为稳定的经贸关系是两国政治关系的压舱石。而中澳间若发生冲突，经济上的损失是双方都难以接受的。相对于日本经济来讲，澳大利亚经济的自主性较弱。澳大利亚决策者在思考对华关系时，必会将经济安全与军事安全放在同样重要的位置，而非将经济领域仅看成是“低级”政治。

（三）身份认同

身份认同决定一国对己之国家利益的认识，进而影响到一国外交政策的制定。日、澳两国在身份认同问题上均存在着一定的纠结。澳大利亚国家的形成是殖民主义的历史结果。身在大洋洲，或者也可以说是亚洲的边

---

① 例如澳大利亚储备银行助理行长 Philip Lowe 曾承认澳大利亚 GDP 与中国 GDP 的相关性正在加强。Anonymous, “Australian Economy ‘More Dependent on China than Ever’ – RBA”, http://www.news.com.au/business/breaking-news/australian-economy-more-dependent-on-china-than-ever-rba/story-e6frfkur-1225924853004, 2013-12-27.

② 彭国华:《中国钢铁依赖进口铁矿石国外收购远水难解近渴》，载《南方日报》，2011年7月28日，A16版。

缘，但是长期奉英国为其宗主国。其政治制度、法律等均沿袭了英国的传统，英语作为澳大利亚的通用语言，英国文化作为其主导性文化。然而澳大利亚毕竟身在亚洲，它长期面临历史和地理之间的选择。选择历史，则是选择其作为欧洲国家身份的认同，采取防范亚洲，或至少是与亚洲相区别的政策。选择地理，则是选择其作为亚洲国家身份的认同，尽可能地融入亚洲。澳大利亚的外交政策就在地理与历史中左右摇摆。① 相似的，日本在面对脱欧入亚还是脱亚入欧的问题上同样面临纠结。早在日本明治维新时期，日本便开始了脱亚入欧的进程，力求全面融入西方体系，自视为西方国家的一员。尽管二战中日本提出大东亚共荣圈的说法，力图在亚洲谋求霸权，但其实质并不是返回亚洲，而是要统治亚洲。战后，日本又融入了以美国为主导的西方政治经济体系之中。但自上世纪八、九十年代以来，日本的亚洲身份认同问题却得以突显。日本的东西方认同纠结又一次加重。

中日关系受两国间巨大的国家（身份）认同鸿沟所困扰。② 随着日本率先完成现代化进程，日本逐渐形成对自己成为亚洲领袖的定位。日本寻求成为亚洲领袖的努力也从未停止。其中以第二次世界大战为其领袖欲望最为直接和破坏性的表达。战后，日本专注于发展经济，在政治安全上依附于美国，在冷战中成为反抗共产主义阵营的先锋，其谋求领袖地位的诉求暂时被搁置起来。然而进入到上世纪70年代，随着日本经济的腾飞，其在亚洲经济中的领袖地位逐步得以确立。在80年代至90年代初日本经济增长的最高峰时期，日本甚至要在世界经济领域与美国分庭抗礼。然而这一趋势很快伴随着日本经济的泡沫而停滞。取而代之的是，90年代以来的日本开始追求政治地位的提升，决心要改变其经济巨人、政治侏儒的状态。日本着力推动东亚地区合作，并有意成为这一地区整合进程中的领袖。

对日本而言，美国战略东移是其难得的战略机遇。日本经济长期萎靡不振，政治大国目标屡屡受挫，东亚合作中中国因素显著上升，海外角力中又呈中国捷足先登、日本疲于跟进之势。2010年，中日经济易位，加重

① Pauto Gorjao, "Australia's Dilemma between Geography and History: How Consolidated Is Engagement with Asia?", *International Relations of the Asia-Pacific*, Vol. 3, No. 2, pp. 179-196.

② Gilbert Rozman, ed., *National Identities and Bilateral Relations: Widening Gaps in East Asia and Chinese Demonization of the United States*, N.W., Washington, DC: Wilson Center Press with Stanford University Press, 2012, pp.1-14, 155-72. Also see Ming Wan, "National Identities and Sino-Japanese Relations," in Gilbert Rozman, ed., *National Identities and Bilateral Relations: Widening Gaps in East Asia and Chinese Demonization of the United States*, N.W., Washington, DC: Wilson Center Press with Stanford University Press, 2012, pp. 65-94; Ming Wan, *Sino-Japanese Relations: Interaction, Logic and Transformation*, Palo Alto, California: Stanford University Press, 2006.

了日本的挫败感。而美国的战略东移，无疑增强了日本的战略存在感，部分地缓解了来自中国的战略压力。日本希望全力支持美国重返亚太并重新引领亚太合作进程，从而一定程度上分享领导权，并通过振兴经济重拾日渐削弱的领导地位。

与日本的领袖身份，大国定位不同，澳大利亚自始至终便坚持自己的中等强国定位。[①] 澳大利亚的政策精英们十分清楚自己地处边缘，且地广人稀，虽然经济上比较发达，但在综合国力上算不得是大国。因硬实力有限，澳大利亚必须通过制度性框架来确保自身的利益并进而对地区及全球治理作出贡献，而非使用传统的军事或经济手段。这就导致澳大利亚对于多边外交更感兴趣，更加热衷于多边机制的创新和建设。例如，在全球气候变暖议题上，澳大利亚便十分活跃。在哥本哈根会议上，澳大利亚积极劝说中国做出妥协，承担更多的责任。澳大利亚还试图提出亚太共同体等概念，推动地区合作机制的建立，以构建起实现其国家利益的平台。中等强国的定位也使澳大利亚天然地倾向于在大国政治中采取平衡的策略，而非像日本等具有大国心态的国家那样拥有更多的战略主动性。澳大利亚也仅仅是在美澳同盟关系的背景下，才在安全领域与中国存在利益相悖的情况。中澳之间也没有对领袖地位争夺的问题，竞争面较小。诚然，我们不应否认澳大利亚的西方身份认同确实阻碍了其与亚洲的进一步融合及与中国建立起更密切的政治关系，但是这种认同却并不足以让澳大利亚与亚洲或中国为敌。况且身份认同总是处于不断再建构的过程之中。近年来，在澳大利亚国内，关于西方世界衰落、亚洲崛起的讨论变得越来越激烈，许多政策精英均已认真考虑澳大利亚身份认同转换的可能性与必要性。[②]

（四）国内政治

日、澳对华政策差异有其国内政治因素。日本经济的长期低迷、2011年以来受地震、海啸、核泄漏和外部金融危机多重打击，时局艰难，因此日本民众呼吁强势领导人。加上近十年来中国国力快速提升和晚近中日经济地位易位引起日本朝野严重不适，“中国威胁论”颇有市场。中国在钓鱼岛争端中坚决捍卫主权的作法引起日本民众反弹，政治家与民众的恶性互动加剧了日本政坛的右倾。经过参、众两院大选，安倍及其执政联盟政权

① Andrew F. Cooper, Richard A. Higgott and Kim Richard Nossal, *Relocating Middle Powers: Australia and Canada in a Changing World Order*, Vancouver: UBC Press, 1993.

② 前总理保罗·基廷（Paul Keating）便是其中之一，请见 Paul Keating, “Asia in the new order”, Speech at the Keith Murdoch Oration, November 14, 2012.

得以稳定运行，更能借其高支持率推进其强硬路线。尤其是钓鱼岛争端加剧致使日本民众对华好感下降、恶感增强的情况下，对华强硬似乎成为政治正确的重要标准，而岛屿争端的性质又决定了政府在这一敏感问题上的政策空间有限，这就导致了不管是两党竞争或者自民党一党独大，政府均需采取对华强硬的政策结果。日本民意的最新发展反映了这一变化。2013年8月公布的民调显示，90.1%的日本民众对中国持负面看法，较去年的84.3%又有所升高。而导致负面看法的原因中，钓鱼岛问题又首当其冲，53.2%的日本民众都对此问题不满。政治好感下降的同时，日本民众对于中日经济关系的看法也日趋消极。40.1%的日本民众相信双边政治关系与经济关系将同时经历低迷，而只有32.1%的人预期“政虽冷，经会热”。对于中日经济依赖的看法也在发生变化。仅有19.8%的日本人相信两国经济高度互补，可以取得双赢，而上一年的民调还有43.4%的民众持这一看法。与此相对，有42.8%的受访者认为两大经济体的竞争性在加强，且不可能互惠共赢。① 日本国际协力银行调查显示，日本主要公司高管已不再将中国列为最受欢迎的投资目的地。只有37.5%的企业选择优先投资中国，较去年下降24.6%。中日政治摩擦是中国吸引力下降的主要原因之一。② 民意的悲观让政治右倾分子有机可乘，着实不利于双边关系的改善。

澳大利亚对华政策在澳大利亚内部则不存在较大的政治分歧。虽然总体上讲，工党更倾向于接触亚洲，而自由党国家党联盟则更倾向于与美国、英国等西方国家保持一致，两党也经常批评对方的中国政策，但是并不存在根本分歧。澳大利亚国内的主流政治精英持有的基本立场是，要继续维护好和美国的同盟关系，但又要充分利用中国经济发展所带来的机遇。例如，在工党2007年上台执政前，保守的自由党国家党联盟对华政策反倒比较稳定。霍华德任总理时期突出与中国的经济联系，而对于民主、人权等因素则采取淡化的态度。中澳两国关系的稳定性反倒更强。当前，澳大利亚大选已经尘埃落定，自由党国家党联盟上台执政。但政党利益并不会超越于国家利益，澳大利亚对华政策不会有明显变化。预计新任总理阿博特仍然会继承霍华德的对华策略，采取更加务实的作风，继续扩大中澳间的经贸往来。更何况，中澳接近也有着扎实的民意作为基础。与精英层观点类似，澳大利亚民众也寻求在经济利益及安全利益上实现平衡。在罗伊国

① Li Xiaokun, “Islands Dispute Hammers Attitude”, *China Daily*, August 8, 2013, p.1; Li Xiaokun, “Poll Reveals Gloom over Ties”, *China Daily*, August 8, 2013, p.12

② AFP, “China Losing Lustre for Japanese Companies”, *The Edge Financial Daily*, December 3, 2013.

际政策研究所2013年民调中[①]，87%的受访者认为澳大利亚可以同时与中国及美国保持良好关系。在经济关系重要性上，76%的民众认定中澳经济关系最为重要。九成民众认为政府应协助澳大利亚企业赴亚洲投资。然而，澳大利亚民众对于中国实力的快速崛起也表现出一定的不适。在中国对澳投资方面，有57%的民众抱有疑虑，认为政府已允许太多来自中国的投资。而在安全上，仍有41%的受访者认为中国在未来20年可能对澳大利亚来讲会成为一个军事威胁。民调的结果显示出澳大利亚民众一方面在战略上对中国的信任度还很有限，与美国的战略盟友关系仍然为民众所普遍支持。但另一方面，在经济上却期望与中国及亚洲加强联系。民众层面有明显的乐观主义倾向，认为可以在对美及对华关系上保持平衡，这便为政治精英层积极调适政策留下了较大的转寰空间。

结　论

国际政治风云诡谲。日、澳曾是二战中你死我活的敌手，如今却似再次命运相连。昔日，当美国决意重新武装日本的时候，属澳大利亚最为忧心忡忡。作为补偿，《澳新美安全条约》得以签署，从而奠定了此后六十余年里澳大利亚安全政策的基石。冷战时期，日、澳成为美国在亚太地区与共产主义阵营相对抗的重要支撑。“9·11”以后，日、澳再一次坚定地站在了反恐战争的前沿。《日澳安全保障联合宣言》也在一片质疑声中诞生，成为一个所谓基于共同价值观的“美—日—澳”三边同盟的最佳注脚。日本作为澳大利亚第二大贸易伙伴及第三大投资来源，双边经贸联系也不可谓不深。美国与日、澳同盟的强化以及日澳的进一步接近，似乎中国崛起仍是最便易的解释。

然而，真实的世界远不如理论推演那样简单，国际关系的表象确需要研究者的洞见。历史虽可鉴，毕竟已远去。新世纪以来，特别是全球金融危机以后，新兴经济体的群体崛起及美欧强权的相对衰落却成为一场刚刚开始的宏大叙事。国际政治经济秩序正在经历一场前所未有的变革，而中国的崛起无疑是这场变革中最为引人注目的一页。就像地壳变动会引发火山与地震一样，国际格局的变动也必然会导致国家间的竞力与冲突。在中美实力愈益趋近，合作逐步深入而竞争也明显加剧的情况下，日、澳均看

---

① Alex Oliver, “The Lowy Institute Poll 2013”, June 2013, http://lowyinstitute.org/publications/lowy-institute-poll-2013, 2013-12-25.

到了在能动世界主动塑造地区秩序的机会，从而不断调整着自己的外交政策坐标。两组不同的地缘政治背景，经济依赖关系，国家身份认同及国内政治博弈，驱使着日、澳在相似的时空背景下采取了不同的对华政策。

面对中国的崛起和美国战略重返，日、澳虽均乐见其成，但却各怀心思。“一衣带水”而大国初心未泯的日本备感焦虑，复受国内政治左右，对华政策日趋消极；对中国军事防范、戒备之心日浓；对中国推动和主导的多个国际政治、经济议程本能地抵触与拒斥；尤其是具有保守倾向的国际战略派领导人安倍再度执政后，日本经济复苏在望，扭曲国会掣肘解除，欲借美国战略东移整充军力、提振经济，并通过主动重塑美日同盟，服务其复兴大国地位的目标。相比而言，享受一定安全距离的澳大利亚满足于获得南太平洋有重要影响的中等强国国家地位，对中国崛起疑虑而不排斥，满足于通过有限支持美国的亚太战略换取其安全保证，避免过分刺激中国，并试图通过接触和政策调适积极塑造中澳关系。我们认为“战略戒拒”与“战略调适”是一定时期内界定日、澳对华战略态势的合适框架，以此抛砖引玉，推动学界对于日、澳等亚太国家对中国崛起的政策回应及相关理论的重新反思，进而服务于我国新时期的周边外交战略的缔造与实施。

日本与东亚合作

苗 吉*

2012年日本所处的情形是，民主党自2009年9月以来，先后经历鸠山由纪夫、菅直人和野田佳彦内阁，其主政日本已经进入第三个年头，外交政策经过整合已经趋于成熟，但是党首的个人色彩仍将影响民主党的内外政策。野田佳彦自2011年9月继菅直人之后成为日本第95任首相，直至2012年12与26日野田宣布内阁总辞职，正式辞去日本首相职务。这一时期的野田内阁在东亚合作方面的政策与其前任有显著不同。

一、2012年野田内阁面临的国际、国内形势

野田上台伊始，面临着与自民党时期大为不同的国际国内形势，甚至和民主党鸠山和菅直人内阁时期相比也有显著不同。这些内政外交形势是野田内阁拟定政策的出发点。尤其是新内阁面临的诸项难题盘根错节、彼此联动，牵一发而动全身，严重掣掣民主党政权的稳定运行，这也对其东亚合作政策产生着巨大的影响。

（一）民主党执政，开启崭新的外交政策框架和外交议程

民主党上台执政，是日本1955年自民党执政以来第一次真正政党轮替。民主党提出的并致力推行的一系列与自民党大为不同的政策主张，为日本外交开启了崭新议程。

与自民党长期以美日同盟为核心的政策不同，民主党在强调美日同盟重要性的同时，主张不依赖美国，发展独立自主的外交政策。民主党上台伊始，鸠山首相提出重新定义美日同盟，争取“美日对等关系”，推动建立“中美日等边三角形”。2009年，鸠山在《纽约时报》撰文，称“由于伊拉

* 苗吉，外交学院亚洲研究所助理研究员。本文载于魏玲主编:《东亚地区合作：2012》，北京：经济科学出版社2013年版。

克战争的失败和金融危机的发生，美国主导的全球主义时代正走向终结，我们正迈向一个多极化的时代。”①

作为鸠山由纪夫智囊的寺岛实郎在其论文中称日本外交的行为模式仍然没有摆脱冷战思维，“重要的是，日本不要再相信美国的完美无误，而将命运托付给它，而是应主动地将外交框架转变成为脱冷战型”。进而寺岛主张在维持日美军事同盟的前提下，逐步缩小美军驻日基地，修改日美地位协定。其最终目的是日本外交不受中美两大国关系的影响，实现对美和对华的正三角形关系。② 鸠山一改自民党积极支援美国的伊拉克战争以及在印度洋地区供油的立场，对上述问题采取慎重态度，在美军普天间基地迁址问题上态度更是强硬，坚持把普天间基地迁出冲绳县外。

为了摆脱美日主从地位，鸠山政府还发起对原“美日密约问题”的调查。所谓“密约”，就是过去日美达成的四个密约，即1960年日美修订《日美安全保障条约》时，关于美国将核武器运入日本的密约；关于朝鲜半岛“有事时”展开战斗作战行动的密约；1972年冲绳返还时“有事”情况下运入核武器的密约；关于代替偿还恢复原状补偿费的密约。由于“密约”主要属自民党主政时期的政治遗产，自民党政权一直予以否认。民主党主政后，由外相冈田克也牵头，成立由东京大学教授北冈伸一牵头的“关于所谓密约问题的专家委员会”，并于2010年3月9日以报告的形式对当时日本领导人与美方达成秘密约定的事实予以了确认，并认为密约问题的根源在于日本在安全上依赖美国，后者在激烈的美苏对抗中，为完成对盟国的防卫义务，需利用日本基地。③

在对美体现独立性的同时，鸠山展现出“重视亚洲、回归亚洲”的外交理念，提出了建立东亚共同体的构想。鸠山由纪夫曾在题为《日本的新道路》的文章中写道，“日本是个位于亚洲的国家，应把正日益显出生机活力的东亚地区确定为日本的基本生存空间，并建立起覆盖全地区的稳定的经济合作与安全的框架”。④ 基于这一观点，鸠山内阁还提出了在贸易、金融、能源、环境、救灾、防灾等领域与东亚各国建立区域合作机制的构想。民主党在2005年制定的竞选纲领中就提出了建立“东亚共同体”的构

① Hatoyama, “A New Path for Japan,” *The New York Times*, http://www.nytimes.com/2009/08/27/opinion/27iht-edhatoyama.html?pagewanted=all,2007-08-27.

② 寺島実郎、「米中二極化日本外交のとるべき道」、『文芸春秋』2009年10月、pp. 115-118。

③ 北岡伸一、「日米同盟における密約問題」、『日米同盟とは何か』、中央公論出版社2011年、p275。

④ Hatoyama, “A New Path for Japan”.

想。冈田克也任党首时在其外交政策构想中提出了加强中日关系的必要性，强调中日两国应在政治、经济、军事以及文化等领域广泛合作，进一步加强两国间的相互信任关系。

基于对亚洲和中国重要性的认知，在困扰中日关系的历史认识问题上，民主党核心成员都曾表示反对政治家参拜靖国神社，并提出“以史为鉴，面向未来”、“增强相互理解与信任，逐渐填补彼此间鸿沟”的外交路线，从而赢得了中韩等亚洲国家的好评。

野田内阁的对外政策，大致不出上述民主党的主要政策框架。

（二）民主党面临多重挑战，巩固政权成首要

野田主政后的首要任务是要巩固和维持年轻的民主党政权。鸠山首相和菅首相先后下台，使原本经验不足的民主党执政能力遭受削弱，支持率下滑。临危受命的野田面临着党内派阀斗争和在野党控制着的“扭曲国会”的双重夹击，步履艰难。

野田上任之初，采取了较为务实、灵活的做法。一是在民主党领导层和内阁组成上，吸取菅直人内阁教训，平衡各方派势，推动举党融合和“政治主导”，尤其是安抚菅直人内阁时期受到打击而严重反弹的“小泽派”，后者作为民主党内最大的派别，对民主党的稳定运行具有重大影响。二是改进决策机制，新设由民主党干部与内阁阁僚组成的“政府 / 民主党三役会议”，提高执政党的地位，同时修复政官关系，增强政官联动，强调“仅仅依靠政治家无法实现日本再生，需要各府省诸位的全力支持”。[①] 三是推进朝野合作，尤其是推进与最大的在野党自民党与公明党的合作，寻求后者在灾后重建、社会保障 / 税制一体化改革、日元升值等政策领域的支持与合作。

事实证明，野田的党内融合与朝野合作的政策取得了一些成效，党内严重分裂的局面有所缓解，部分因不满菅直人内阁对前党首小泽一郎惩处措施的民主党众议员撤回了脱党申请。2011年9月下旬，民主党与政府先后达成2011年度第三次补充预算案与旨在复兴财源的增税案达成协议，内阁通过的《复兴厅设置法案》也于12月6日由众议院审议通过。但是，民主党主政以来酝酿的社会保障 / 税制一体化改革，尤其是提高消费税的目标

① 「事務次官会議、『震災限定』撤廃に含み藤村官房長官」、朝日新聞ホームページ、2011年9月7日、http://www. Asahi.com / politics / update /0907 / TKY201109070218.html，登录时间：2012年12月31日。

困难重重，也是党内分裂最为严重的议题。

民主党政权遇到的最新挑战，是日本政治右倾背景下“第三极”势力的崛起。民主党的崛起是民众对自民党政权失望的回应。但是民主党鸠山内阁和其后的菅直人内阁的种种表现，尤其是多项对民众承诺未能兑现，客观上促进了日本国内右翼保守势力的崛起，以大阪市长桥下彻为首的“维新会”异军突起，得到相当数量民众的支持，并通过与东京都前知事石原慎太郎合作，进一步整合极右势力，积极参与国政，形成日本政坛第三极，对民主党政权也形成制约。

日本外交也处于被动局面。鸠山内阁执政时期，由于倡导“美日对等外交”和推动建立“东亚共同体”，尤其是在普天间基地搬迁的问题上态度强硬，导致美日关系产生裂痕。而菅直人内阁在外交上成绩乏善可陈，在其任内，美日关系没有得到的根本改善，却因打破中日搁置钓鱼岛领土争端的政治默契，一手制造非法抓扣我船长的“9·7钓鱼岛事件”，造成中日关系的紧张。野田政府同时面临着改善美日关系和中日关系的任务。

（三）外部经济环境恶化，日本内部结构性矛盾凸显

在经济和社会发展方面，日本面临外部环境恶化和内部固有矛盾日益加剧的局面。2011年7月以后，受欧债危机拖累，世界经济复苏乏力，第二次探底的风险骤然加大。美国经济陷入持续低迷。欧洲的主权债务危机则显现恶化之迹象。继希腊之后，西班牙、葡萄牙陆续出现债务危机，意大利的财务状况也风险初现。整个欧元区的财务、经济状况一片哀歌。穆迪、标准普尔和惠誉国际等国际信用评级机构接连不断地下调美国以及欧洲国家的国债信用级别。世界经济的颓势使坚持“贸易立国”、严重依赖出口的日本经济受到巨大打击。

而日本国内，短期面临着日元升值、电力供应紧张、金融市场不稳与财政恶化的严峻形势；长期则面临产业空洞化、人口急剧老龄化、财政结构失衡的问题。这是日本经济的深层隐忧。目前日本出生率为1.35左右，大大低于自然繁衍所需的2.3的更替率。根据这种速度，至2060年，日本人口将由现在的1.28亿减少到8674万。[①] 伴随着人口骤减的是人口的急剧老龄化。当前，日本的65岁以上人口占总人口的23%，65岁以下的劳动人口与老龄人口比率为2.8:1，至2060年比率将降至1.3:1。青、壮年劳动力

① 「50年後の人口3割減少人口問題研の推计」、『朝日新闻』2012年1月31日。小沢系・参院を厚遇、『読売新聞』2011年9月6日。

的减少和老龄人口的增加大大降低了日本经济运行效率，并导致消费需求下降、公共支出增加，这是造成日本经济长期低迷的结构性因素。

财政结构的持续恶化则是日本经济的又一顽疾。与人口结构问题相关，日本的社保支出在财政支出中所占比例逐年上升，而且社保支出额也正以每年1万亿日元的幅度继续增长。2011年底日本的公共债务已增至985.36万亿日元，加上预计于2012年发行的44.2万亿国债和2.7万亿的“复兴券”，日本的债务将高达1085万亿日元。① 而受国内灾害打击、日元升值影响和欧债危机拖累，日本2011年经济增长率为-0.4%，野田手中的杠杆非常有限。野田极力推进的社会保障/税制一体化改革与政治行政改革困难重重。为了减轻财政负担，推行灾后重建，进一步推动社会保障和税制改革，野田政府致力于通过提高消费税率的相关法案，计划消费税税率于2014年4月提高至8%，2015年10月提高至10%。为了推动消费税增税，2012年1月13日，野田首相改组内阁，民主党前干事长冈田克也出任副首相兼社会保障/税制一体改革担当大臣。但是这一计划困难重重。共同社2012年1月民调显示，反对野田内阁提高消费税方案者占52.9%，支持者为45.6%。而在民主党内，提高消费税的计划，不仅得罪选民，也招致原党内外激烈反对，这成为野田面临的最大考验之一。

（四）美国加大战略东移步伐，重塑亚太地区秩序

“美国战略东移”是美国对中国崛起及亚太地区成长为世界地缘政治中心的两大战略趋势的战略反应，其本质上是以攻为守，分享上述两大战略趋势带来的机遇，直面其带来的挑战，防止被排除在亚太政治、经济、安全进程之外。其第二位的考虑是趁中国尚未完全崛起，而亚太地区合作因大国竞力，尤其是中日紧张而裹足不前的机会，先行介入，塑造有利于美国的地区秩序。其本质是要维护美国在亚太和未来世界的领导地位，确保21世纪是“美国的太平洋世纪”。2011年10月14日，希拉里在关于美国外交的讲话中声称“世界的战略与经济重心正在东移，我们正在更加关注亚太地区”。“战略东移”思想产生于冷战结束后初期，几经延宕而于奥巴马任内开始实施。政治上美国拉紧其与日、韩、澳、菲、泰等盟国的同盟关系及加强与印度、越南、新加坡等国的战略关系；军事上加强在亚太的“前沿部署”和军力投入，经济上则推进跨太平洋战略经济伙伴关系协定（TPP），从而形成其战略东移的三个支柱。

① 「国の借金最大1085兆円12年度末」、『日本経済新聞』2012年1月25日。

美国的战略东移，被日本视为难得的战略机遇。日本经济长期萎靡不振，政治大国目标屡屡受挫，东亚合作中中国因素显著上升，海外协力中又呈中国捷足先登、日本疲于跟进之势，比如中国--东盟率先建立自由贸易区，中非合作论坛开启后不久，日方紧急启动同类机制。上述种种，已经给经济上长期引领亚洲的日本带来紧张感和不适感。2010年，中日经济易位，加重了日本的挫败感。而美国的战略东移，增强日本的战略存在感。日本可能紧跟美国步伐，全力支持美国重返亚太并重新引领亚太合作进程，从而一定程度上分享领导权，并通过振兴经济重拾日渐削弱的领导作用；军事上进一步密切与美国的情报共享和任务分担，巩固美国的安全承诺，并伺机扩大军事自主权，寻求与邻国领土争端中的有利地位。如近期中日钓鱼岛争端中，美国政要多次表态《美日安保条约》适用于钓鱼岛，得到美国撑腰的日本态度强硬，展现出毫不妥协的姿态。

美国在东亚地区的军事前沿部署、经济上的主要框架TPP，均仰仗其在亚太的关键盟友日本，这势必大大提升日本的战略地位。而在美国已经将中国锚定为未来主要竞争对手的情况下，中国实力愈增长，美国对日本的倚重越甚。随着中美实力趋近，发现手段和工具不足的美国将被迫要求日本在中美角力中发挥更大的作用，从而有可能给予日本更大自主权，包括允许日本解禁"集体自卫权"和修改"宪法第九条"。这是冷战结束以来坚持不懈追求"正常国家"地位的日本所梦寐以求的。这恐怕是日本积极配合美国战略东移的深层考虑。

二、野田的东亚合作政策

野田的东亚合作政策主要着力于以下五个方面：在日美关系上，通过调整普天间基地政策修复日美关系，重新定义和强化"美日同盟"；在中日关系上，坚持中日战略互惠，军事上加大对中国防范力度；在岛屿争端中采取冒进立场，区别对待同中国、韩国和俄罗斯的立场；经济上采用务实、大胆、开放的政策；大力推动价值观外交。

（一）野田对"美日同盟"的修复与强化

二战结束后，美国单独占领日本，主导制订"和平宪法"和日本民主化进程，并成为半个多世纪以来对日本政治、外交影响力最大的国家。对美国而言，日本是其实现亚太军事战略的最重要的支撑点，任何时候都将对美日同盟施以严格的控制，防止日本任何离心倾向。[1] 鸠山内阁寻求改变美日主从关系，建立“中美日等边三角形”，推动“东亚共同体”建设的努力为美国所警觉。加上其有关国内改革的方针受到国内保守力量的强烈反对，执政仅8个月。菅直人继任后被迫从“回归亚洲”、“美日对等”回归到“美日同盟基轴”的政策。但是由于发生了东日本地震、海啸和核泄漏三重灾难，菅直人将主要精力用于处理灾后重建，美日关系改善空间有限。而至野田内阁上台时，吸取前两任教训，坚持以美日同盟为核心，以维持民主党政权的稳定运营为第一要务。野田内阁秉承了菅直人内阁回归“日美同盟基轴”的政策，但是其态度更积极，目标更明确，手段也更为丰富，体现了野田对美日同盟更为全面和复合的考虑，具有鲜明的野田个人色彩。

1. *妥善处理普天间基地问题，寻求美国的谅解*

强调县内搬迁原则，修复美日同盟裂痕。鸠山坚持将普天间基地搬出冲绳县外的主张是其改变美日主从关系的初步尝试。而对美国而言，能否履行自民党时期达成的关于普天间基地的协议是美日同盟是否稳固的试金石。有鸠山的前车之鉴，野田政府不得不延续菅直人的现实主义路线，即改变鸠山时期必须将普天间基地搬出冲绳县外的强硬主张，强调县内搬迁，对美作出关键妥协，作为对奥巴马“将普天间问题作为最优先的课题”的要求的回应，修复鸠山内阁造成的美日关系裂痕。

采取切实步骤，争取冲绳官民谅解。其政策之一是派遣要员访问冲绳，展开说服策略。野田政府上台后，民主党副代表北泽、防卫大臣一端、外相玄葉相继访问冲绳各地，从防止美国将基地永久化的立场出发，说服冲绳官民改变立场，重新回到2006年方案的执行上来，从而展示了野田一贯的平衡各方的风格和“用心感知国民的想法以及面对他们”的亲民哲学。其二是通过增加财政投入，支持冲绳振兴方案，综合解决基地和经济问题。内阁府冲绳局计划的2012年度财政预算额为2437亿1900万日元，较2011年增长了6%；防卫省提出的2012年预算中冲绳部分总额达1678亿1900万日元，较2011年增长了7.1%；嘉手纳 / 普天间机场住宅噪音防治费用61亿7600万日元，较2011年增长了11.8%。[2] 野田政府通过财政政策力求冲绳官民的谅解。其三是计划派驻常驻冲绳机构，即时解决相关难题。

---

① ジョセフ・ナイ氏、「空・海での日米協力重要」、『日本経済新聞』2012年1月23日。

② 『読売新聞』2011年09月23日，http://www.cssn.cn/news/514200.htm，登录时间：2012年12月25日。

坚定承诺，灵活实施，达成阶段性协议。积极落实2006年美日关于普天间基地问题上达成的协议，并设置具体日程表，一方面取信于美，另一方面向冲绳官民施压。野田明确要求在2011年12月之前完成搬迁的环境评估报告，2012年6月前完成填海施工工程具体方案，正式启动新基地建设工程。2012年2月8日，日美两国政府发表了有关修改驻日美军整编计划的基本方针，在确认坚持将普天间基地迁往边野古地区的同时，决定将普天间基地迁移与驻冲绳美海军陆战队转移分开落实，这表明日美就普天间基地搬迁问题达成阶段性协议，大大缓解了民主党在这一棘手问题上的压力。

2. 重新定义美日同盟，赋予美日同盟以新内涵

野田改变了菅直人内阁时期单纯从现实主义立场出发巩固美日同盟的立场，从日本国家发展道路、地区秩序和价值观的高度出发，赋予美日同盟以新的内涵。如果说菅直人时期回归“美日同盟基轴”是对鸠山“改变美日主从关系，寻求美日对等”和“回归亚洲”政策的反弹，是基于修复美日关系裂痕的现实主义考虑，野田内阁则是基于其自身对美日关系的认知。这种认知与与日本国家发展道路，地区秩序和其根深蒂固的自由主义思想有关。

首先，巩固美日同盟是日本“海洋国家战略”的要求。日本的岛国特性使其一贯重视海洋权益的开发与拓展，而岛国易受攻击的特性则使其注重同盟的作用。1994年《联合国海洋法公约》生效后，日本加大了海洋开发与管理的力度，并提出了“海洋立国”的主张。[①] 野田在其上台前夕发表的《我的政治哲学》一文中便表示：“20世纪初期，日本与英国结成同盟，赢得了日俄战争的艰苦胜利，在后来的国际秩序中构筑起稳定的立场。遗憾的是，以后日英同盟关系解除，日本的外交进入漂流状态，这成为日本在第二次世界大战中失败的重要原因之一。”“为了避免重蹈覆辙，在21世纪，理应加强日美同盟。”他又表示，“认为日本‘领土狭窄，资源贫乏’是错误的，日本有海，其排他的经济水域面积位居世界第六，如果加上深度的要素，则位居世界第四。”如能开发利用好日本如此广阔的水域，“日本的前途洋洋可观”。[②]

其次，美日同盟是地区秩序的保证。2012年4月30日，美国总统奥巴马与到访的日本首相野田佳彦共同发表题为《面向未来的共同蓝图》的共

① 比较著名的是日本经济团体联合会（经团联）、海洋政策研究财团提出的政策报告。详情可参阅：日本経済団体連合会、『海洋開発推進のための重要課題について』2005年11月；海洋政策研究財団、『海洋白書2006』2006年。

② PHP研究所、《Voice》2011年9月10日号。

同声明，宣称："日美同盟是维系亚太地区和平、安全和稳定的基础。60年来该区域生气勃勃的发展与繁荣，有赖于这种同盟关系。"声明为亚太地区秩序及规则创建等规划了合作方向。[①] 维护美日同盟在亚太地区秩序中的主导作用，防范中国的崛起，是美日同盟存在和发展的内在动力。声明发表后，野田首相表示，"日美同盟已经达到了一个崭新高度。"

再次，美日同盟是价值观联盟，是"国际公共资产"。野田首相曾撰文指出："日美同盟既是日本安保和外交的基轴，同时也是日本最大的资本。我们不仅要从现实利益的角度，而且必须从民主、人权和'保障航行自由、保护网络及宇宙空间'等共同的基本价值观的角度，认识其重要性。日美同盟不仅发挥着保障日本的和平、安全与繁荣的不可替代的作用，而且还是实现亚太乃至世界稳定与繁荣的'国际公共资产'。"《面向未来的共同蓝图》也称："日美之间分享着在民主、法治、开放的社会、人权、人类安全保障和自由且开放的市场等共同的价值观。这些共有价值观成为今天我们共同应对全球化课题的指南。"[②]

在优先次序上，再次确立美国的中心地位。野田强调，"日本外交的'主轴'毫无疑问是日美关系。在明确这一点的基础上重新构建日本的外交。""今后重要的是要进一步深化日美同盟关系，以坚固的日美同盟为基础，推进与中韩俄等近邻国家及亚洲各国的合作。"[③] 显然，野田已经修改了鸠山时期偏向亚洲，寻求"中美日等边三角形"的主张，回归到以日美同盟为核心，这使野田的对美政策与自民党趋近。

在态度上，较前任更为主动积极。野田佳彦当选首相不久，就与美国总统奥巴马进行通话，强调"以日美同盟为外交基轴"。野田指出，今后加强日美同盟是非常重要的。[④] 野田访问美国，加强能源合作是其主要目标之一，但是野田仍不忘将能源合作与美日同盟联系起来："从国家安全保障和人类安全保障的角度出发，应该注重今后两国之间在能源领域方面的合作。以坚定不移的日美同盟为基础，充分发挥与韩国、中国、俄罗斯等周边国家及亚洲各国在地域内的合作关系，不断扩展亚太地区上的合作网络。"[⑤]

---

① "United States-Japan Cooperative Initiatives," http://japan,usembassy.gov, 2012-1-31.

② Ibid.

③ 野田佳彦、「わが政権構想」、『文藝春秋』2011年9月特别号。

④ 「野田氏、オバマ氏と9月下旬に会谈へ电话协议で一致」、『朝日新闻』2011年9月2日。

⑤ 『日米共同声明：未来に向けた共通のビジョン』、http: / / www.mofa.go.jp/mofaj/kaidan/s_noda / usa_120429/pdfs/Joint_Statement_ jp.pdf，登录时间：2012年12月3日。

东日本大地震之后，驻日美军展开“朋友作战”，协助日本救灾，使得日本国内对日美同盟的认同感增强，同时也表明美日在非传统安全领域的合作加强。2011年6月，日美“2＋2”会议发表的共同文件还专门指出，在地震后，“自卫队和美军实现了过去所没有的共同行动，使得两国对日美同盟的信赖增强，两国过去半个世纪构筑的友谊得到深化。”[①] 日本外务省前事务次官谷内正太郎认为，这是日本民主党政权下就日美同盟未来指明正确方向的文件，并且给予了日本国民一种放心感。[②]

3. 积极配合美国战略东移战略

美国战略东移是在亚太逐步成长为21世纪世界政治、经济中心，在美国经济、军事战略中的地位上升，世界多极化进一步发展，中国快速崛起以及美国最终结束伊拉克战争背景情况下作出的重要战略调整。在2012年1月3日发表的美国新国防战略前言中，奥巴马表示：“在我们结束今天的战争之际，我们将会把工作重点放在范围更为广泛的挑战和机遇上面，包括亚太地区的安全和繁荣。”[③] 在中美相互依存日益加深的同时，结构性矛盾也逐步凸显，美国对华的防范与遏制的一面在扩大，这使美国对亚太地区的战略盟友更为倚重，中国的近邻日本自然首当其冲。“与亚洲盟国和重要伙伴国的关系对于该地区今后的稳定与经济增长至为重要。”[④]

美国的战略重心东移提升了日本的战略存在感，[⑤] 野田政权的外交安全走向较其前任更加明确。日本把美国战略重心东移作为自己的战略机遇，利用其头号盟国的特殊身份，积极介入美国在亚太地区的战略行动，充分发挥其作为战略支撑点的作用。日本最终同意美军在日本部署“鱼鹰”运输机，两国还将在关岛以及北马里亚纳群岛建立日本自卫队和美军共同训练基地。这为日美双边安全合作持续发展，开拓了更为广阔的战略空间。

2011年6月21日，美日两国外交部长和国防部长在华盛顿举行了新一轮安全保障协商委员会会议（简称“2＋2”会议）。会后发表的题为《走向更加深入和广泛的美日联盟》的“联合声明”宣称：“美国政府重申将运用全部军事能力（包括核武器和常规武器）保卫日本和维护地区的和平与

① U.S. Department of State, “Toward a Deeper and Broader U.S.-Japan Alliance: Building on 50 Years of Partnership, Joint Statement of the U.S.-Japan Security Consultative Committee,” June 21, 2011, http://www.state.gov/r/pa/prs/ps/2011/06/166597.htm, 2012-1-31.

② 蟻川靖浩等編著『変容するアジアと日米関係』、東洋経済新報社2012年、p84。

③ U.S. Ministry of Defense, “Sustaining U.S. Global Leadership: Priorities for 21st Century Defense,” January 3, 2012, http://www.defense.gov/news/defense_strategic_guidance.pdf, 2012-1-31.

④ Ibid.

⑤ 李薇：《2012年野田政权面临的挑战》，载《日本学刊》，2012年第2期，第7页。

稳定。日本政府重申向美军提供可以稳定使用日本设施和领土以及支持美军作战行动的承诺。”[①] 这次会议对自民党执政时期于2005和2007年召开的两次“2+2”会议制定的共同战略目标进行了修改和更新，制定了新的美日共同战略目标，突出共同应对所谓“中国威胁”。

（二）野田对中国政策的调整

如前文所述，民主党总的来说注重发展同亚洲国家的良好关系，尤其是重视与中国关系的发展。小泽一郎也采取重视中国的态度，一直推动党内议员访问中国进行交流的“长城计划”。鸠山执政时期，民主党政权强调中日友好，试图推进两国关系的发展。例如，关于东海问题，鸠山指出，使东海成为“友爱之海”。2010年7月，中日两国政府在东京讨论东海问题，虽然没有取得实际进展，但营造了中日友好的氛围。菅内阁时期，任命一直推动中日友好的原伊藤忠商事总裁丹羽宇一郎为驻华大使。丹羽长期从事对华业务，在中国经济界和政治界拥有广泛人脉。前日本驻华大使宫本雄二在《今后如何与中国打交道》一书中指出，建立密切且可预测的两国关系符合国家利益。[②] 但是野田内阁上台后，外交政策由同样出身于松下政经塾的前原诚司和玄葉光一郎主持，保守主义色彩浓厚。而2007年，安倍晋三执政期间，防卫厅被升格为防卫省，由此，防卫大臣就可以出席内阁阁僚会议，使日本军方在日对外决策中的作用上升。在安全领域的“中国威胁论”成为日本对华政策的一个基调的情况下，野田内阁对华政策调整较大。

1. 坚持推进中日战略互惠关系，维持中日友好的基本面

由于中国市场的巨大吸引力和持续快速增长，中国在地区和全球经济中的重要性增强。日本经济受世界宏观经济形势的影响和地震、海啸与核泄漏的三重打击，复苏缓慢，急需扩大外部市场。在中日相互依赖日益加深，尤其是中国连续数年成为日本最大贸易对象国的情况下，谋求推进对华合作仍然是野田内阁外交政策的主打方向。野田个人能较为理性看待中国经济发展，称中国的发展是日本的机遇。发展对华关系是野田内阁的基本方针。

上台伊始，他就主动与温家宝总理通电话，并达成继续推动战略互惠关系发展的共识。2011年9月2日野田首相在宣布内阁人事任命后举行的首

---

① U.S. Department of State, “Toward a Deeper and Broader U.S.-Japan Alliance”.

② 宮本雄二、『これから、中国とどう付き合うか』、日本経済新聞出版社2011年、p13。

次记者招待会上表示："关于中国，我的基本立场是发展互利和战略性的关系。"在主政之前，曾在公开场合称"甲级战犯并非战争罪人"。主政后在这两个重要而又敏感的问题上摆出了灵活的态度。作为政府的一员，他不再质疑远东国际军事法庭的决定，承认二战甲级战犯为战争罪犯，并承诺"首相和内阁大臣将不会参拜靖国神社"，① 以避免在历史问题上与中国发生冲突。为中日关系的改善营造了较好的氛围。

野田佳彦于2011年12月25日至26日正式访华，这是他出任首相后首次对外国进行正式访问，意在显示对中日关系的高度重视，这说明日本虽然在外交和军事上紧跟美国、对中国防范和牵制的一面明显，但又很重视对华沟通、协调和合作。期间，胡锦涛主席、吴邦国委员长会见野田，温家宝总理与之会谈，就深化中日战略互惠关系达成共识，表示将以2012年中日邦交正常化40周年为契机，努力增进政治互信，深化经贸合作，增进国民友好感情，加强在地区和国际事务的协调与合作，推动两国关系迈上新台阶。中日双方通过一系列会见与会谈，就落实让东海成为"和平、合作与友好之海"的协议达成一致，同意建立中日副外长级的磋商机制以管理海上危机，并就日本购买中国国债及推动两国间贸易以日元和人民币结算问题达成一致，就尽早启动中日韩自由贸易协定谈判、扩大青少年交流、在节能环保领域开展合作和签署海上搜救协定等问题上达成原则共识。在同胡锦涛主席的会晤中，野田表示，"增进日中政治互信是发展两国关系的重要基础，中国的发展对包括日本在内的国际社会是机遇。日方愿继续按照日中四个政治文件精神，密切在重大地区和全球性课题上的沟通合作，携手应对挑战，为推动双边关系发展，促进地区和平与繁荣作出积极努力。"②

2. 军事上采取较为进取性的政策，防范中国的一面增加

在军事问题上，野田秉承松下政经塾的一贯强硬作风，采取了较为进取的政策：公开表达对中国军事力量增长的担忧；在加强美日同盟的同时，积极发展独立的军事力量；加大了同菲律宾、越南等南海领土声索国的协调以及与印度等国的军事合作；通过维和等形式，实现海外派兵或者军事行动，突破和平宪法。

公开表达对中国军事现代的担忧。2010年的日本防卫大纲强调日本将

---

① 《日新首相承诺不参拜靖国神社》，载《参考消息》2011年9月3日。

② 《胡锦涛会见日本首相野田佳彦》，外交部网站，http://www.fmprc.gov.cn/mfa_chn/wjdt_611265/gjldrhd_611267/t890433.shtml，登录时间：2013年4月1日。

削减在本土的防卫力量，以大力加强对“西南海域”的防御，将“密切关注中国”提升为“警戒监视”。2011年10月16日，上台不久的野田首相在航空自卫队阅兵式上说：“由于中国在地区水域活动的加强及迅速的军事扩张，加上朝鲜反复的军国主义挑衅，围绕我国的国家安全环境越来越不明朗。”[①] 野田内阁批准的2012年日本《防卫白皮书》中继续用大量篇幅渲染“中国威胁论”，认为中国连续两年对外采取“高压”姿态，试图扩大在日本“近海与南海的活动范围并将活动常态化”。[②]

加强日本独立的军事力量。为了有效应对中国的军事现代化，野田在财源匮乏的情况下，仍决定引进多达40架美国最新型隐形战机F-35，在冲绳部署美国MV-22鱼鹰作战运输机，并加紧制造大型驱逐舰和潜水艇，日本在东海、南海加强了军舰、飞机部署，在南海加强侦查、加强情报控制等。2012年4月9日，日本防卫省宣称，为应对朝鲜发射卫星，日本已经完成了“爱国者-3”型导弹在全国的部署工作。以朝鲜卫星、导弹发射为借口加快导弹防御系统的配置和部署，也明显反映出其对中国加强防范的意图。

巩固美日同盟，加强联合作战、责任分担和军事一体化。面临共同的财政制约难题，日美通过提升军事合作的水平，提高军事力量机动性，保持在局部冲突的优势等方式，寻求增强在东亚安全局势的主导权。特别是针对中国海军的活动，日美正在联合行动，采用责任分担、基地共用的形式加大协调与合作，推动一体化，牵制中国军事力量的发展。在责任分担方面，加大双方在打击海盗、防扩散、网络安全、海洋安全等非传统安全责任方面的共同负担，而在常规安全方面日本将承担更多的情报监视和侦察功能；在基地共用方面，推动自卫队基地和美军基地的共同使用。2011年10月27日至11月22日，在不到1个月的时间，日本接连进行了三场大规模军演。10月27日至11月4日，日美海军在冲绳东南海域联合军演，美国“华盛顿”号航母和日本“日向”号护卫舰等50艘军舰、130架战机及1.5万名士兵参加了演习。演习以“日本周边遭遇不测”为目的，进行反潜作战、对空作战和舰载机起降训练等等。11月10—22日，日本自卫队单独在九州大分县展开军演，动用了30架战机、1500辆坦克和5400名自卫队参加。此次演习中的关注点是驻扎在北海道的日本精锐第七师团掉头南下千

① 「平成23年度航空観閲式野田内閣総理大臣訓示」、首相官邸ホムペジ、2011年10月16日、http://www.kantei.go.jp /jp /noda/statement/2011 /1016kunji.html，登录时间：2011年10月16日。

② 防衛省・自衛隊『平成24年版防衛白書』、2012年、p28、http://www.mod.go.jp/j/publication/wp/index.html，登录时间：2013年1月31日。

里参与军演。演习以假设冲绳诸岛遭到进攻，日本如何调动北海道精锐坦克师增援、配合，如何跨越数千里参与战斗而展开。

构筑环中国军事同盟体系约束中国。一个最新动向是，日本一方面通过强化美日同盟，重新定义和明晰美日安保条约涵盖的范围和内容，威慑中国；另一方面，加强与美国在亚太其他盟友之间的联动，试图将中国纳入以所谓民主国家为核心的国际制度框架，提高中国在亚太地区军事行动的现实和国际声誉代价。菅直人内阁智囊、日本防卫大学校长五百旗头真2010年在日本《每日新闻》发表文章说："要让在经济力量和军事力量即将超过日本的国家不能动手的方法是，采用两种对策相结合：一种是自助努力，通过提高自身防卫能力和运用政治、外交手段将'问题国家'引入和平、合作的国际框架；二是让日美同盟发挥作用，以日美为中心的国际关系保持良好，任何国家都不能轻易动手。"①

2011年9月27日，野田首相与来访的菲律宾总统阿基诺举行会谈，双方一致同意将确保海上交通安全定位为"共同的战略利益"，并决定在当年11月的东亚峰会上提议成立"东亚海洋论坛"，越南总理阮晋勇将于10月下旬访问日本，日本与新加坡将于11月首次举行海洋磋商。日本与马来西亚、文莱等国也加强了在"南海问题"上的沟通，为加强南海合作谋求"共识"。玄葉外相也相继出访印度尼西亚、马来西亚和新加坡东盟三国，就南海的安全合作与三国展开所谓的磋商。

通过维和行动向海外派兵，突破和平宪法。与其他民主党内阁在军事议题和历史议题一向比较谨慎的主张相比，野田采取了颇具进取性的政策，比如他主张日本对宇宙进行军事利用，认为日本应该制定《安全保障基本法》和《紧急事态法》，在参与联合国维和上态度积极。2011年11月1日，日本内阁会议决定派遣自卫队工程部队赴南苏丹参与联合国的维和行动（PKO）。2011年1月，第一批日本自卫卫队员奔赴南苏丹首都朱巴建立行动基地。2012年2月20日，120名日本陆上自卫队的工程师和支援队员前往苏丹参加联合国援助任务，帮助苏丹建设急需的基础设施，如公路、桥梁及港口。日本以维和的名义出兵海外，除了提高国际地位、维护国家形象之外，还有通过维和扩大在非洲的影响力、同中国竞争的意味。而非洲维和的根本意义，在于它突破了"和平宪法"对日本海外用兵的限制。小泉时期，日本借口支持美国的反恐，派兵伊拉克，并在印度洋为美军提供补给，从而实现了二战后的首次突破。野田内阁延续了这一做法，使日本

① 五百旗頭真、「矜持と備え、若い世代に」、『每日新闻』2010年11月28日。

海外用兵常规化。

（三）领土争端中的保守、冒进立场

与日本进取性的军事政策有关的是日本在一系列岛屿争端，尤其是钓鱼岛争端中的保守、冒进立场。东亚地区的领土、领海争端是地区的不安定因素之一，也是东亚合作的主要障碍之一。日本与他国之间的岛屿争端较多，在北与俄罗斯存在“北方四岛”（俄罗斯称南千岛群岛）之争，中与韩国存在独岛（日称竹岛）争议，南同中国存在钓鱼群岛（日本称尖阁列岛）争端。这些岛屿争议均和日本明治后的殖民侵略有关，其最终解决关系到战后秩序的存废。冷战后，原本受两极格局约束的各种领土矛盾逐渐显现。特别是1994年11月16日，《联合国海洋法公约》生效后，有关海岛争端迅速升级。根据该公约规定，沿海国可拥有12海里领海、200海里专属经济区和最多不超过350海里或2500米等深线外推100海里的大陆架。这是冷战结束以来日本与其他国家岛屿争端升级的宏观背景。但是，不能据此认为上述联合国公约所预示的领海和大陆架相关权益是日本掀起岛屿争端的全部因由。实际上，日本经略海洋有较为悠久的思想和实践渊源，是事关日本国家定位和对外战略的全局性问题。作者将另文叙说，在此不予累述。

1. 罔顾历史事实，推进钓鱼岛“国有化”

钓鱼岛是中国的固有领土，中国对钓鱼岛拥有无可争辩的主权。对此中国政府已经在不同场合予以说明，并通过白皮书的形式进行了系统阐述。[①] 中国大陆学者、[②] 台湾学者，和部分海外华人学者，尤其是日本华人学者，[③] 都做了相关研究，这些研究所披露的史料和国际法文件均证明钓鱼岛属于中国的事实。一些富有远见和正义感的日本学者也通过翔实的研究，得出了同样的结论。[④]

对领土狭长、缺乏战略纵深、资源匮乏的日本来说，占有钓鱼岛，就可以依据国际法开发“领海”和专属经济区的各种权益，比如钓鱼岛海域据信可能存在的丰富油气资源，同时可以大大拓展自己的战略边疆，扼守中国海军进入太平洋的第一岛链，保护被日本称为“生命线”的石油和贸

① 中华人民共和国国务院新闻办公室：《钓鱼岛是中国固有领土》白皮书，2012年9月。

② 比较有代表性的是黄大慧：《钓鱼岛争端的来龙去脉》，载《求是》，2010年第20期。

③ 如朱建荣：《辨析日本关于钓鱼岛主权主张的结构性缺陷》，载《日本学刊》，2013年第1期。

④ 井上清、『「尖閣」列島一釣魚諸島の史的解明［单行本］』、第三書館1996年10月；村田忠禧、『尖阁列岛钓鱼岛争议』、日本侨报社2004年6月31日。

易通道。因此，20世纪90年代以来，日本开始加紧寻求实际控制钓鱼群岛。最近发生的中日钓鱼岛争端，皆因日本欲进一步“法理”占领钓鱼岛的“国有化”而起。

2012年4月16日，东京都知事石原慎太郎在美国保守智库“传统基金会”演讲时放言都政府将从私人手中购买钓鱼岛，并开始着手募集捐款。2012年5月13日野田首相访华期间，温家宝总理曾就钓鱼岛问题表明了中方的立场。然而，野田首相回国后于竟于5月18日决定研究日本政府“购岛”。日方对此的解释是，“国有化”的目的主要从考虑同中国关系的发展，需要稳定维护管理该岛出发。根据形势的前后发展来看，不排除野田政府有通过“国有化”防止石原购岛的后续行动过分刺激中国、导致局面失控的考虑。但是，日本单方面推进钓鱼岛“国有化”，等于抛弃了中日建交时在钓鱼岛问题上的关于“搁置争议”的政治默契，严重损害了中国的主权。而日本的“实际控制”加上这次的“国有化”，将使日本在国际舆论方面占得先机，并为此后日本同中国的谈判或者国际机构可能的仲裁中增加砝码，这可能是野田政府的潜在考虑。因此必然得到中国政府和人民的坚决反对。9月9日，胡锦涛主席在符拉迪沃斯托克(海参崴)出席亚太经合组织领导人非正式会议期间，当面向野田佳彦首相表示：中日关系因钓鱼岛问题面临严峻局面；日方采取任何方式“购岛”都是非法的、无效的，中方坚决反对；中国政府在维护领土主权问题上立场坚定不移；日方必须充分认识事态的严重性，不要作出错误的决定，应同中方一道，维护中日关系发展大局。① 然而，日本政府不顾中方一再严正交涉，于9月10日宣布“购买”钓鱼岛及其附属的南小岛和北小岛，实施所谓“国有化”。

中国政府当天发表措辞严厉的声明，指出：中国政府不会坐视领土主权受到侵犯。如果日方一意孤行，由此造成的一切严重后果只能由日方承担。② 当天，中国外交部部长杨洁篪紧急召见日本驻华大使丹羽宇一郎，就日本政府非法“购买”钓鱼岛提出严正交涉和强烈抗议。中国驻日本大使程永华也向日本外务省负责人提出严正交涉并递交了抗议照会。作为反制措施，中国政府依据《中华人民共和国领海及毗连区法》划定并公布钓鱼

① 《胡锦涛与野田佳彦交谈就钓鱼岛问题表明中方立场》，中央政府门户网站，http://www.gov.cn/ldhd/2012-09/09/content_2220254.htm，登录时间：2013年4月28日。

② 《中华人民共和国外交部声明》，新华社北京9月10日电。又见《人民日报海外版》2011年9月11日，第01版。

岛及其附属岛屿的领海基点基线，[①] 并于9月14日早晨6时许，派遣国海监50、15、26、27号船和51、66号船组成的两个维权巡航编队，抵达钓鱼岛附近12海里海域。[②] 这是中国政府宣布钓鱼岛及其附属岛屿领海基线后，首次在该海域巡航执法，其规模也是前所未有的，此后中国渔政船开始在钓鱼岛海域进行常态化巡航。2012年9月25日，中国国务院新闻办发表有关白皮书，系统完整地说明了中国拥有钓鱼岛主权的依据。[③]

2. *在北方四岛和独岛争议中立场强硬，但立场有异*

其实，日本不仅在钓鱼岛问题上公开发难，在北方四岛（俄罗斯称南千岛群岛）、独岛（日本称竹岛）问题上也与俄罗斯、韩国尖锐对立，关系紧张。

2009年，日本参议院一致通过《促进北方领土问题特别法》修正案，明确记载“北方领土为我国固有领土”。2010年11月，俄罗斯总统登上北方四岛的国后岛后，外务大臣前原诚司召见俄罗斯驻日大使表示抗议。2011年2月，日本举行北方领土大会，菅直人首相谴责俄罗斯总统梅德韦杰夫登上北方四岛是“不可原谅的行为”。2012年7月，梅德韦杰夫以总理身份再度登上国后岛，再引日本抗议。2012年3月，新当选的俄罗斯总统普京再次表示俄罗斯愿意归还北方四岛中的齿舞群岛和色丹岛，野田佳彦3月8日在众议院预算委员会上表示:“这不是四岛归还一半的问题，这两个岛占（北方四岛面积的）7%，其余93%不归还就算不上公平”，从而给予拒绝。

对于俄罗斯政府在北方领土问题上的示好，日本不为所动，坚持要求俄方一并归还北方四岛的强硬立场。随着美国战略重心向亚太地区转移步伐的加快，日美军事同盟关系也呈现出日益加强的趋势，其中也有针对俄罗斯的意味。日本在北海道部署的陆上自卫队北部方面队现有3.7万名官兵，是日本陆上自卫队五个方面队中最重要的力量，经常进行装甲集群火力演习。在2010年《日本防卫大纲》确定将日本防卫重点向西南诸岛转移后，仍保持了北部的防卫力量。

2012年8月10日，韩国总统李明博登上争议岛屿独岛，引发了日本召回大使表示抗议。2013年3月26日，日本公布的新版高中教科书将独岛列

---

① 《中华人民共和国政府关于钓鱼岛及其附属岛屿领海基线的声明》，中央政府门户网站，http://www.gov.cn/jrzg/2012-09/10/content_2221140.htm，登录时间：2011年9月10日。

② 《中国海监船舶编队抵达钓鱼岛海域》，中央政府门户网站，http://www.gov.cn/jrzg/2012-09/14/content_2224691.htm，登录时间：2012年9月14日。

③ 中华人民共和国国务院新闻办公室:《钓鱼岛是中国固有领土》白皮书，2012年9月。

为“日本领土”，并承认“由韩国实际控制”。韩国外交部表达了强烈抗议。

可以看出，日本对钓鱼岛、北方四岛和独岛的态度虽然都十分强硬，但具体政策又有所不同。因日本在钓鱼岛海域居于实际控制地位，其立场十分强硬，一直宣称钓鱼岛是日本“固有领土”，中日之间“不存在争议”，一直以来不仅派舰机对进入钓鱼岛海域的中国民用、执法船只进行跟踪、监视和骚扰，野田甚至宣称“必要的时候可以动用自卫队”。而北方四岛和独岛因分别处于俄罗斯和韩国的实际控制之下，慑于俄罗斯的强大军力和一贯激进、大胆的风格以及美国对于稳定的日韩关系的要求，表现得较为克制。而在北方四岛和独岛问题上的立场也有不同。相比之下，日本对俄罗斯更为戒备，在北部部署有重兵警戒，并且强调俄罗斯全部归还四岛是与日本达成和平条约的前提。对于俄罗斯军机飞临相关海域的行为，日本均以战斗机紧急起飞予以应对。

在领土争端上保持针锋相对、毫不退让的强硬姿态，野田也注意防止局势失控。事实上，美国也不希望中日关系因钓鱼岛问题失控。美国新国防战略在表示中国崛起对美国构成挑战的同时，强调中美在建立“合作性的双边关系”方面，有着“很强的共同利益”。2012年2月19日，日本内阁官房长官枝野幸男在乘坐飞机从空中视察北方四岛时表示，日本愿与俄罗斯在冷静的环境下就北方四岛问题进行实质性谈判。[①] 2012年3月5日，普京在俄罗斯总统大选胜出当天，野田佳彦即刻与普京举行了电话会谈，野田表达了愿与俄罗斯协商解决领土争端的愿望。[②] 2012年6月19日，在墨西哥举行的G20峰会上，野田再次会晤普京，并就北方领土问题展开讨论。[③] 7月28日，日本外相玄葉光一郎在俄南部城市索契与俄总统普京和外长拉夫罗夫会晤，双方就领土问题展开对话达成一致。[④] 9月8日，在APEC会议上，野田佳彦同普京总统就两国重启北方四岛问题谈判意见一致。[⑤]

① 「官房長官「旧島民の思い、伝わるよう知恵」」、『日本経済新聞』2012年2月19日。

② 「野田総理とプーチン・ロシア連邦首相との電話会談」、外務省ホムペジ、平成24年3月5日、http://www.mofa.go.jp/mofaj/annai/index.html，登录时间：2013年3月5日。

③ 「G20ロスカボス・サミットの際の日露首脳会談（概要）」、外務省ホムペジ、平成24年6月19日、http://www.mofa.go.jp/mofaj/kaidan/s_noda/1206_russia_2.html，登录时间：2012年9月30日。

④ 「玄葉外務大臣のロシア訪問（概要）」、外務省ホムペジ、平成24年7月28日、http://www.mofa.go.jp/mofaj/kaidan/g_gemba/russia_1207/gaiyo.html，登录时间：2012年11月28日。

⑤ 「首相訪ロ「12月めど」で合意　日ロ首脳会談」、『朝日新闻』2012年9月8日。

3. 日本在领土争端中立场强硬的原因

日本在于中、俄、韩的领土争端中，均采用十分强硬的立场。尤其是日本不顾中日建交以来双方恪守的“搁置争议”的政治默契，一意孤行，非法对钓鱼岛进行所谓“国有化”，严重侵犯了中国的领土主权。除上述《联合国海洋法公约》背景下日本展开海洋战略的需要，还有以下两个重要原因：

（1）国内政治生态右倾背景下民主党维持政权的需要

民主党执政以来，面临着堪称严峻的内外困局。全球金融危机的负面影响仍在持续，日本对欧美工业出口锐减。民主党内派阀斗争严重，并面临着“扭曲国会”掣肘和最大的在野党自民党的处处发难，艰难重重；以革新面貌上台的民主党提出的一系列政策如政治体制改革、社会保障/税制一体化改革，尤其是消费税改革和在加入“跨太平洋战略经济伙伴关系协定”，均堪称日本政坛的雷区，各方立场分歧巨大因而难以推进。雪上加霜的是日本又在2011年发生地震、海啸和核泄漏三重灾难，本来已经处于严重赤字的日本财务更是入不敷出，被迫推进财税改革，而推进财税改革，尤其是消费税则引起多方责难，如此反复，一再拉低民主党的支持率。根据《朝日新闻》的民意调查结果，鸠山内阁问世时，支持率高达72%，是战后仅次于小泉纯一郎内阁的第二高记录，但5个月后便跌破50%，至卸任前仅有19.1%；菅直人内阁也是“高开低走”，成立时有62%，而卸任前的2011年7月降为16%；野田内阁2011年9月成立时的支持率只有53%，两个月后的11月降为40%，12月更跌至31%。在石原慎太郎提出购岛设想的2012年4月，野田内阁的支持率已跌至19.8%的“危险水域”。[①] 6月，小泽一郎带头反对野田力推的消费税，稍后带领49名议员脱党，另行组建“国民生活第一党”，这不啻为对民主党的又一个重大打击。[②]

因人口老龄化、产业空洞化而长期经济低迷的日本经济频遇国政失意，使民众呼唤强势的领导人。以桥下彻为首的日本“维新会”异军突起，在野党首安倍晋三呼声日高，加上媒体反复渲染炒作，急于维护政权的野田最终选择迎合国内右倾舆论而置中日友好大局于不顾。《朝日新闻》指出，

① 日本『朝日新闻』、『時事通信』、『読売新聞』、『毎日新聞』、『産経新聞』、『日本テレビ』等媒体均经常进行《世論調査》，其调查结果也不尽相同，但各大媒体舆论调查所显示的日本内阁和政党支持率的变动曲线高度相似，有较高的可信度。本文上述支持率数据均来自共同通信社的历次统计。

② 「新しい政党「国民の生活が第一」の結党にあたって(PDF)」、小沢一郎 website 2012年7月13日、http://www.ozawa-ichiro.jp/20120713_kettoutaiakai.pdf，登录时间：2012年12月31日。

“对野田政权来说，由于提高消费税和启动核电站等‘国民无法接受的政策’造成支持率急剧下降，购买尖阁列岛就有争取国民支持的考虑。”① 据日本主流媒体的调查表明，有65%的受众对野田内阁的“国有化”立场表示赞同。② 而通过将钓鱼岛“国有化”，野田确实在一定程度上扭转了一直走低的支持率。根据时事通信社调查，钓鱼岛“国有化”后，野田内阁的支持率为23.3%，比上月上升了3.5个百分点。而日本雅虎的调查更比上月大幅提升17.5个百分点，达33.2%。③

有学者指出，日本在钓鱼岛问题上表现出的强硬态度是日本走向极右主义的重要步骤。日本是故意挑衅中国，激怒中国，而中国一旦作出强硬反应正好应和了日本所谓的“中国威胁”，为日本加大防卫领域的投入、重整军备提供了口实。④

（2）美国因素的作用

某种意义上说，现代以来中日钓鱼岛之争因美国而起。1972年美日对钓鱼岛“行政管辖权”的私相授受为此后中日钓鱼岛争端埋下了祸根。当时的美国政府对钓鱼岛问题是否适用于《美日安保条约》持模糊立场。进入新世纪以来，中日钓岛争端升级，美国开始采取偏袒日本的立场。2004年2月，美国国务院副发言人艾瑞里声称，1972年归还冲绳施政权之后，钓鱼岛就处于日本的行政权之下。美日安保条约第五条规定，该条约适用于日本行政下的领域。因此，美日安保条约适用于钓鱼岛。⑤ 2010年“钓鱼岛撞船事件”后，中日围绕钓鱼岛展开激烈攻防，美国则在中日间施展微妙的平衡手法。一方面，美国为了防止日本在钓鱼岛问题上过分右倾而将美国拖入钓鱼岛争端，美国一直宣称在钓鱼岛最终主权归属上不持立场。另一方面美国务卿希拉里、国务院发言人、国防部长帕内塔等先后多次表态,《日美安保条约》适用于钓鱼岛，从而为日本注入一针“强心剂”。美国先后调遣最先进的F-22战机进驻日本，并不顾山口县和冲绳县民众的

---

① 「尖閣、国が購入方針　政権、都に伝達地権者側とも交渉」、http://www.asahi.com/world/china/news/TKY201207060791.html，登录时间：2012年12月31日。

② 「尖閣国有化「賛成」65％」,『読売調査』2012年7月16日、

③ http://www.yomiuri.co.jp/feature/20080116-907457/news/20120715-OYT1T00759.htm，登录时间：2012年12月31日。

④ 冯昭奎:《日本最怕中国崛起，图谋打乱中国战略部署》，http://world.people.com.cn/n/2012/0914/c159300-19013754.html，登录时间：2012年9月18日。

⑤ Liu Qing, “Appeasing Abe, the US Retreats from its Stance on the Diaoyu Islands,” February 22, 2013, http://www.chinausfocus.com/foreign-policy/appeasing-abe-the-us-retreats-from-its-stance-on-the-diaoyu-islands/, 2013-1-31.

强烈反对，在山口县岩国市美军基地部署MV-22B鱼鹰战机。先后与日本自卫队进行了多轮以岛攻防为主题的模拟和实战联合军演。

而实际上，中日之间可控的紧张符合美国的利益。在亚洲日益成长为世界政治、经济中心的历史进程中，已先后见证了日本和中国的崛起。前者是过去长期居于第二的经济大国，正积极寻求政治大国地位；后者已是具有广泛影响的政治大国，正经历持续的快速增长。作为当前世界第二大和第三大经济体，中日接近与联合，足以对亚太的政治经济秩序产生决定性的影响，因此美国对此一直保持警惕。上一次是冷战后初期，同中国保持基本友好的日本同美国展开了激烈的经济竞争，政治上也体现出前所未有的独立性。结果是美国对日本的反复“敲打”和美日同盟的再定义。这次是鸠山执政以来寻求建立东亚共同体，结果是美国的战略东移。进入新世纪以来，具有实质意义的东亚合作框架“10+1”、“10+3”、“10+6”等获得了深入发展，中、日的积极推动是其主要原因。更为重要的是，中日韩自由贸易区经过近10年的酝酿，终于进入实质推动阶段。这些机制的共同特点，是没有美国参与的一体化。一个排除了美国的日渐一体化的崛起的亚洲，是美国万万不能接受的，这是美国近年大力推进战略东移的根本原因。而中日围绕钓鱼岛问题展开的攻防，必将大大损害二者间的政治互信，从而阻碍区域一体化进程的进一步深入，为美国的战略东移和继续统摄亚太经济、政治事务创造良机。

（四）务实、大胆、开放的对外经济政策

野田延续了菅直人主政期间推动“平成开国”的政策。经济全球化和一体化是不可抗拒的历史潮流。而受少子化、高龄化困扰的日本国内消费不足、市场萎缩，社保制度高负运行，日本社会也呈现出日益封闭的迹象，迫切需要打开国门，通过与世界各国建立更为密切的经济联系，积极参与区域经济一体化，复兴长期低迷的经济。2009年实现的政权更替，被民主党视为推动日本对外开放的大好契机，日本首相菅直人更是将2011年定为“平成开国元年”，立志实现“继明治维新和二战后的第三次开国”。[①] 野田内阁的对外经济合作政策较为务实、进取和开放。

1. 力推加入“跨太平洋战略经济伙伴关系协定”的政策

“跨太平洋战略经济伙伴关系协定”（TPP）是立足于在亚太区域实现

① 菅総理外交に関する講演「歴史の分水嶺に立つ日本外交」、2011年1月20日、http://www.kantei.go.jp/jp/kan/statement/201101/20speech.html，登录时间：2011年1月31日。

贸易、投资、服务和人员往来等全面自由化的高水平贸易协定。这个发端于小国自贸协定的区域经济协力架构因美国的加入而获得新的发展动力。TPP 要求缔约方完全取消关税和对知识产权、劳工和环境保护等方面的议程与美国奉为圭皋的自由贸易理念相合，自称代表着21世纪自贸协定的高标准。[①] 加入 TPP，可以服务于美国的“出口倍增计划”，[②] 使美国以其价值观念重新塑造21世纪的亚太经济合作秩序。亚太经合组织（APEC）在推进贸易自由化方面的迟缓使美国不得不寻求新的合作架构推进亚太经济一体化进程。[③] 因而，一直担忧被中日主导的东亚经济合作进程排除在外的美国就将 TPP 视为弱化东亚机制、重拾亚太经济领导权的重要工具。[④]

日本政、经界和民众在日本是否加入的问题上分歧明显。在政府部门中，经济产业省主张尽快参加 TPP 谈判，而农林水产省从日本农业现状出发不主张加入谈判或主张有条件地加入谈判。在经济界，日本经济团体联合会(简称“经团联”)和日本汽车工业协会都大力支持加入 TPP，因为工矿业简单关税水平仅有2.5%，而具有国际竞争优势的运输机械、电气、汽车等产品则接近零关税，加入 TPP 能扩大出口、振兴日本经济。全国农业协同组合中央会(简称“JA 全中”)则强烈反对加入，因为日本在农产品方面通过极高关税对弱势的农业进行保护。2011年，野田首相表示参与 TPP 谈判后，反对之声一片，党内反对派十人退党。而自民党内则存在更为坚定的反 TPP 力量。如自民党原干事长加藤纮一就指出，加入 TPP，并不比切实进行日中韩自贸谈判更有利可图，日本与其推动 TPP 谈判倒不如先从自贸谈判着手。[⑤] 但是野田佳彦顶住国内反对势力的压力，及时整合推进各

① 盛斌:《美国视角下的亚太区域一体化新战略与中国的对策选择》，第72页；魏磊、张汉林:《美国主导跨太平洋伙伴关系协议谈判的意图及中国对策》，载《国际贸易》，2010年第9期，第56页。

② Office of the United States Trade Representative, “2010 Trade Policy Agenda and 2009 Annual Report,” March 2010, http://www.ustr.gov/2010-trade-policy-agenda, 2011-1-18.

③ Jeffery J. Schott, “Roadmap for the FTAAP: Take the TPP Turnpike,” Presentation at the APEC Japan 2010 Symposium, sponsored by Peterson institute for International Economics, Tokyo, December 9, 2009; C. Fred Bergsten, “Focus on Trade Agenda Could Reinvigorate APEC,” Peterson institute for International Economics, Interview with C. Fred Bergsten Reposted with Permission of the Asahi Shinbun, November 6, 2010.

④ C. Fred Bergsten, “Asia-Pacific Perspectives on the Future of the World Trade System,” The East-West Center/U.S Asia-Pacific Council 8th Annual Washington Conference, Washington, D. C., May 23, 2011; Ian F. Fergusson and Bruce Vaughn, “The Trans-Pacific Strategic Economic Partnership Agreement,” CRS Report for Congress, December 7, 2009.

⑤ 加藤纮一オフィシャルサイト、「日本はTPPよりFTAを進めるべきである」、2011年1月21日、http: / /www. katokoichi.org/videomsg/2011/110121_4. html, 登录时间：2012年12月31日。

派的意见，于2011年11月11日，做出了日本参加TPP谈判的战略选择。据时事通讯社在2011年11月10日进行的舆论调查显示，有52.7%的民众支持，28.8%的民众反对，18.5%的民众不表态。①

日本加入TPP，可以扩大工业出口，促使农业结构改革，也将是日本自由贸易协定（FTA/RTA）战略方面的一大突破，因此无疑是其"平成开国"的一大进展，日本内阁府公布的《新成长战略实现2011》中就明确将TPP视为目标实现的最有效手段。② 但除了经济上的原因，日本寻求加入TPP还有战略上的考虑。现任民主党政调会长的前原诚司明确指出："日本参加TPP不但经济意义重大，政治意义也非常重大。我将之置于强化日美同盟关系重要一环的位置。"③ 葛西敬之指出："日美同盟是我国的安全支柱，TPP就是这个支柱的具体展现形式。因此，应迅速参加，与美国一起构筑起合作框架。"船桥洋一也强调："TPP是日美同盟的课题之一，日本应积极参加，日美携手共同创造'自由开放的国际秩序'。"④

美国提倡TPP的目的，是在亚洲处于秩序重塑的情况下，通过这一新的合作框架，冲击现有的东亚经济合作进程，削弱中国的影响，并通过美日相同的价值观塑造新的地区经济秩序，在分享亚太经济快速增长好处的同时，防范、牵制中国，并通过最终将中国纳入这一新的规则体系，实质上主导亚太地区的一体化进程。而日本加入TPP谈判既有迎合美国主张、深化日美同盟的一面，也有削弱中国、进而联合美国主导亚太区域经济一体化过程的意图。

2. 采用较为进取、开放的贸易和经济技术政策

由于野田本人具有较为浓厚的自由主义色彩，加上日本经济面临的严峻形势亟需改变，野田在对外经济、技术合作方面采取了较为进取、开放的政策，力求利用日本的科技优势，扩大出口，振兴日本经济。

野田内阁在放宽武器出口问题上迈开了实质性的步子。自上世纪60—70年代以来，日本恪守"武器出口三原则"。"武器出口三原则"是指1967年佐藤内阁制定的"日本不得向社会主义国家、联合国决议禁止的国家、

① 時事ドットコム、「TPP交涉参加、53%が賛成」、2011年11月17日、http://www. jiji.com/jc/zc?k= 201111 /2011111700553，登录时间：2011年11月17日。

② 日本内阁府、「新成長戦略実現2011年」、2011年1月25日、http://www5.cao.go.jp/keizai1/2011/0125_taisaku.pdf，登录时间：2011年1月31日。

③ 「前原外相訪米「同盟」なら何でも許されるか」、『赤旗新聞』2011年1月8日。

④ 船桥洋一、「TPP狙いは日米同盟強化——経済政策より政治選択だった」、『朝日新闻』2010年10月8日、http://ijs.cass.cn/uploadfile/2011/0715/20110715040721905.pdf，登录时间：2010年12月21日。

冲突当事国出口武器”。1976年三木内阁将该原则适用范围扩大，事实上全面禁止了日本武器出口与研发合作。“武器出口三原则”长期以来一直作为日本和平国家的标志。进入新世纪以来，为了促使日本在美日同盟中承担更大的义务，曾经敦促日本放开“武器出口三原则”，但是自民党政府对此持慎重态度。2011年12月，日本政府就放宽武器出口三原则发表官房长官谈话，决定参加武器的国际共同开发和生产，并基于维和及人道主义目的向有关国家提供军事装备。日本防卫大臣北泽俊美对此的解释是，受现行“武器出口三原则”影响，日本难以参与下一代战机等国际武器的共同开发和生产项目，军工业日趋落后。若能取消相关限制，不仅有助于日本与第三国共享尖端技术、研发投入，还将使其通过武器出口获得巨额收入用以国防。①

福岛第一核电站发生核泄漏事故之后，基于对核电安全性的质疑，日本朝野涌现了完全关闭并废止核电站的呼声。但是，野田坚持推进核电，并大力推进对外加强对外核电合作。在越南也决定将首个核电站交给日本企业承建后，野田内阁在印度外长和防长访日和野田访问印度的过程中，大力向后者推销日本核电技术和新干线设备，其主要目的在于利用日本的科技方面的优势，扩大成套项目和先进技术的出口，通过核电合作和向印度等国援建新干线成套设备和技术，密切同后者的关系，以遏制中国日渐增长的影响力，也有同中国的高铁技术展开竞争的意味。

作为世界最主要的稀土需求国之一，日本为了减少对中国稀土的依赖，确保稀土的稳定供应，先后加强了同越南和印度的稀土合作，并同美国建立有关稀土的高层磋商机制。2012年6月16日，日本和越南设立的稀土研究技术合作中心在河内正式落成，表明日越双方正式启动了在稀土领域的合作。②

3. 日本晚近关于亚太区域合作的两个趋势

日本对区域合作的态度、对各种区域合作机制之间的取舍和优先次序、对各种机制之间关系的处理近年来政策较为连续，但是也出现了一些新动向。日本对外经济合作战略主要有三个层面：双边自由贸易协定（Free Trade Area, FTA）/ 经济伙伴关系协定（Economic Partnership Agreement, EPA）、区域合作框架、全球层面以世界贸易组织为核心的自由贸易制度。

① 《欲改‘武器出口三原则’：日本意欲何为》，新华网，http://news.xinhuanet.com/world/2011-10/18/c_111102914.htm，登录时间：2013年3月28日。

② 《日本和越南正式启动稀土开发计划》，国际在线，http://gb.cri.cn/27824/2012/06/20/3245s3735323.htm，登录时间：2013年3月26日。

其中对中国影响最大的是其区域合作战略的转变，概括起来主要有两个趋势值得注意。

偏好双边自贸区 / 经济伙伴关系协定。在双边自由贸易协定和区域合作框架之间，日本近年体现出对双边自贸区（FTA）/ 经济伙伴关系协定（EPA）的偏好，这是因为“10+3”、“10+6”等东亚机制在推进区域一体化方面均出现一定瓶颈，且彼此之间存在竞争。而亚太机制中 APEC 松散、空乏，机制化进展缓慢；TPP 后来居上，研究显示日本将获益匪浅，但国内反对声音仍盛，谈判尚需时日；亚太自由贸易区（Free Trade Area of Asia Pacific，FTAAP）、区域全面经济伙伴关系（Regional Comprehensive Economic Partnership, RCEP）则尚处于初始阶段。日本在 FTA/EPA 的积极态度，也因日本在这一问题上的相对落后，至今日本尚未同美、欧、中、韩等主要贸易伙伴达成任何性质的自由贸易协定，这使日本已经大大落后于韩国，后者已经同东盟、美国、欧盟、新加坡、印度等达成自贸协定，使日本处于更加不利的地位。日本也赋予了 EPA/FTA 政治和战略功能。“经济关系并不是唯一标准。EPA/FTA 可以作为出于政治考虑加强与特定国之间关系的手段使用，也可以作为消除经济方面不利因素的手段来研究。”“在选择对象国时，要注意不能单纯追求经济稳定，还要通过 EPA/FTA 达到地区政治安定。”[①] 这就使日本在进行 EPA/FTA 谈判时首选价值观念一致、具有特定战略价值的国家。比如为了平衡中国的需要，可能选择同菲律宾、越南和印度等国加强经济联系。

在东亚机制和亚太机制中两面下注，但开始偏向亚太机制。区域合作机制中，日本一向倚重东亚机制，视其为区域合作的核心，这体现在日本对“10+1”、“10+3”和“10+6”机制的重视。但由于存在领土领海争端、大国角力等因素，日本又难以发挥领导作用，所以日本开始向亚太机制倾斜；与此同时，紧靠美国，同时拉拢澳大利亚、新西兰、印度等民主国家，平衡中国在地区的影响。野田主政日本期间，这一态度十分明显。日本曾对中日韩自由贸易区寄予厚望。但是中日、日韩岛屿问题上的冲突、互信赤字、领导权之争、利益竞争使刚刚开启的中日韩自由贸易区困难重重。当然，日本不会放弃中日韩自由贸易区，野田在中日韩三国首脑会晤时还强调要继续推进三国谈判。但是在中国和韩国之间，野田有着不同的期许，优先推进同韩国的自由贸易区谈判与建设。日本消极的原因也有美国因素的考虑。与此前的积极推进东亚合作和推进东亚共同体的态度不同，日本

① 北京外国问题研究会:《亚洲区域合作路线图》，北京：时事出版社2006年版，第192页。

在钓鱼岛争端后，对中国更加戒备，目前更倾向于推进亚太区域合作机制，如TPP等。由于TPP较为符合日本"贸易立国"的理念。TPP将扩大出口，促使农业重构，提振日本经济，日本开始倾向于TPP。而美日分别作为世界第一和第三大经济体达成TPP，日本将可占得先机，与美国分享领导作用。

（五）大力推动价值观外交

价值观外交是自小泉执政以来历届日本政府外交的重要内容。小泉时期的价值观外交主要是通过向其"东亚共同体"主张注入法治、自由和民主等普遍的价值观。日本此举旨在借"民主和人权问题"牵制中国，争夺东亚合作的主导权。①

比较明确提出价值观外交的是安倍内阁外相麻生太郎，他提出"自由与繁荣之弧"设想，即希望在欧亚大陆边缘地带成长起来的东北亚、东南亚、南亚、中东、中东欧到波罗的海各新兴民主国家，以民主、自由、人权、市场经济等普遍价值为纽带串联起来，形成"自由繁荣之弧"。② 而这一战略的重要依托则是美、澳、印、欧盟和北约。"日本是与世界体系稳定具有生死攸关利益的大国一员……日本必须和美、澳、印度、欧盟、北约各国等思想和利益相同的友邦越来越牢固地联合起来，努力形成和扩大'自由繁荣之弧'。"③

日本积极推进价值观外交，一是与美国长久以来"输出民主"战略相呼应，以此巩固美日韩联盟。二是同时通过宣扬人类普遍价值观，树立其爱好和平、崇尚自由、促进发展的良好国际形象。但其根本目的，则是增强日本与环绕欧亚大陆的民主国家之间的"我们"认知，并从北朝南，由东向西依次联合韩国、东盟、印度和中东欧，直至欧盟与北约，形成以美国、日本和北约三个核心力量为关键节点，以众多民主国家为链的钳制欧亚大陆的大联盟。

掌握印度洋通道命脉的印度，是日本价值观外交的关键一环。2007年8月，安倍首相在印度国会发表题为《两洋交汇》的演讲中宣称："日印两国是拥有共同价值观和利益的两大民主国家。""同为海洋国家的印度和日本

① 黄大慧：《冷战后日本的"价值观外交"与中国》，载《现代国际关系》，2007年第9期，第45页。

② 麻生太郎、『「自由と繁栄の弧」をつくる－拡がる日本外交の地平』、2006年11月30日、http://www.mofa.go.jp/mofaj/press/en-zetsu/18/easo_1130.html，登录时间：2012年3月1日。

③ 同上。

在海上航线安全方面拥有生死攸关的利益。”① 野田是价值观外交的积极践行者。近年，日本积极发展与印度的关系，日本逐步削减直至2009年停止了对华官方开发援助（ODA）中的日元贷款，仅留下无偿援助和技术合作，而印度则成为最大的ODA援助对象。2011年10月底和11月初，印度外长和防长先后访日，就经济和军事问题展开战略对话。印度外长克里希纳与日本外相玄葉光一郎在东京会谈，达成了推进核能合作、加速推进印度稀土合作开发、并向印度大力推销日本的新干线。对日本而言，不仅缓解了对中国稀土的严重依赖局面，还有利于为其核电和新干线技术与设备打开印度这个大市场。两国防长就军事、安全和反恐等事务进行磋商，其中包括展开联合军演、加强军事技术合作与交流等，大大提升两国的军事互信。日印还加强金融合作，2011年12月27日，野田首相访问印度期间双方签署约100亿美元（约7800亿日元）的货币互换协议。日本近年和加拿大、澳大利亚和盟友美国保持着外务和防卫副部长级对话（2+2），建立密切的安保合作，并于2010年7月和2012年10月先后展开两届日印“2+2”战略对话。2011年12月，美、印、日三边对话在华盛顿启动，并于2012年4月和10月先后在东京和新德里进行第二次和第三次三边会议。其通过价值观联盟防范和牵制中国的意图十分明显。

除了通过价值观联盟对中国进行防范外，野田内阁还试图将中国纳入地区合作与冲突的规则和秩序。这集中体现在野田提出的“太平洋宪章”构想。2012年1月，野田首相模仿“大西洋宪章”，提出名为“太平洋宪章”的外交战略构想，力图构建关于经济合作和解决冲突的全面规则，以确保亚太地区的经济可持续发展和区域稳定。“该战略的基础是，基于美国在经济和安全领域更加重视亚洲的新动向，灵活运用已包括21个国家和地区的亚太经合组织 (APEC) 机制，通过经济和安全这两个支点，加强地区整体关系。”②

经济危机之后美国战略家提出的中美共治治理（G2），让日本仍心有余悸。美国抛开盟友日本，单独与中国发展友好关系，并通过中美协调与合作支配地区事务，是日本最不愿意看到的现实图景。自上个世纪70年代“尼克松冲击”以来始终如此。而在中、美、日联动中，中日近期在钓鱼岛问题上的攻伐，加上长久以来未能避免的领导权之争，而美国又对日本任

① "Confluence of the Two Seas," Speech by H.E.Mr. Shinzo Abe, Prime Minister of Japan at the Parliament of the Republic of India, August 22, 2007.

② 「首相太平洋宪章提唱へ日米軸に中露取り込み」、『産経新闻』2012年1月18日。

何疏离美国、同中国接近的做法保持警惕，这使日本被迫借美国战略东移的良机，紧紧追随美国，通过将中国纳入一个由美国主导的民主国家同盟，以期对前者施以有效约束。而对日本而言最理想的是，在钓鱼岛、南海诸岛以及海峡两岸问题没有彻底解决之前，通过设置行动规则，维持日本对钓鱼岛的长期占领，同时又使中国受国际化的南海争端牵制。

三、安倍再度执政后日本东亚合作战略的调整

自民党在2012年12月16日的日本大选中以294票的绝对多数获得胜利，安倍再度主政日本后，日本对东亚合作的态度势必与民主党时期有较大不同。

安倍内阁近期内政、外交方面有四个重要考量：第一，通过一系列经济、军事和外交动议维持自民党及其联合执政党的绝对多数席位，力争在2013年7月参院选举中获得超过半数，实现“国运的稳定运行”。第二，强化美日同盟，通过借重美国，寻求美国在钓鱼岛问题上的关键支持，同时借助美国战略东移，遏制中国影响力的进一步扩展。第三，重新审视并规划日本的区域合作政策，通过新的区域合作策略，提振日本经济，加强日本在亚太区域合作的影响力，扭转日本经济持续没落的颓势。第四，对内凝聚政治共识，对外寻求美国支持，解禁“集体自卫权”，伺机修改“和平宪法第九条”，为日本“国家正常化”的长远目标服务。

日本晚近政治、外交方面的两个变化值得关注：

（一）政治右倾将进一步发展，中日摩擦面增加，变数增多

逐步摆脱其战后体制，转型为“正常国家”，已经成为日本政治家的普遍要求。近年日本政治右倾，中日钓鱼岛之争加剧了这一趋势，安倍主政后将进一步发展。2012年大选，众院480席中，自民党独获294席，公明党31席，两党联合超过众院2/3绝对多数。民主党仅57席，主张修宪的日本维新会占54席，成众院第三大党。而在自民党内部，安倍所属町村信孝派众议院由43人增至70人，成自民党最大派系。对华友好人士自民党前干事长加藤紘一、田中真纪子、民主党仙谷由人落选。福田康夫、鸠山由纪夫退选。参院252席位，自民党占83席，若联合日本维新会、大家之党，有可能最终走向修宪，这将是日本对战后体制和中日关系的严峻挑战。

与相对重视对华友好关系的民主党相比，安倍统领下的自民党对“修宪”更为积极。2012年，日本自民党公布了第2次宪法修正案草案，要求

允许日本行使“集体自卫权”；将日本自卫队改为“保有战力”的“国防军”；还赋予首相可宣布国家进入紧急状态的权限。[①] 日本自民党前政调会长石破茂在其竞选自民党总裁的纲领中明确提出，允许日本行使集体自卫权，以及把自卫队改编成“国防军”。[②] 在此期间，日本内阁可以临时颁布同样具有法律效应的政令。安倍将修宪定位为“需解决的重大课题”，对外通过密集的价值观外交寻求国际谅解，对内则通过大胆的经济、军事、外交动议巩固朝野支持，并通过操控舆论，力图赢得2013年7月的参院选举，同时保留同维新会等极右势力合作的选项，以推动修宪的完成。这将是中日关系面临的严峻挑战。

安倍在历史问题的立场也为中日关系增添了变数。2007年执政期间，为了扭转中日紧张局势，安倍及其主要阁僚均未参拜靖国神社，但是安倍19名阁僚中，14人是国会跨党派组织“大家一起参拜靖国神社国之会”成员，其中不乏副首相麻生太郎这样的参拜神社坚定分子。不排除其阁员在中日严重对立的情况下，为了7月参院选举而参拜神社。安倍本人还试图修改涉及历史问题的“河野谈话”，从而为中日关系增添了变数。安倍在访问美国前夕接受美国媒体采访时称“与邻国发生纠纷是中国根深蒂固的需求”，在国际上引起轩然大波。日本文部科学省2013年3月26日公布明年春季使用的高中教科书审定结果，全部2册地理教科书及7册正式经济教科书中的6册均明确把中国主张拥有的钓鱼岛和韩国主张主权的独岛称为“日本领土”，这将为中日关系带来更大的不确定性。

（二）对中国防范力度加大，但中日关系大局可控

安倍当局势必在政治、军事上大力配合美国战略东移；对华政策上采用经济互利、外交制衡、军事防范的方针；政治上倒向美国，配合后者战略东移，拉拢菲律宾、越南等南海领土声索国，密切日印关系。安倍内阁成立后，其主要官员先后在年初访问了亚洲的缅甸、韩国、菲律宾、新加坡、文莱、澳大利亚，欧洲的英国、法国、比利时，并向北约递交了安倍亲笔信。安倍本人则先后亲自访问了越南、泰国、印尼，展开“战略外交”，并访问了美国，颇有针对中国的意味。安倍在钓鱼岛上采取更为强硬的立场，比如建立660人的钓鱼岛专属部队，增加国防预算，指示海上自卫队舰艇可以接近到中国军舰3公里的地方监视等措施使中日在钓鱼岛海

① 『読売新聞』2012年4月28日。

② 『共同社』2012年9月10日。

域发生不测事项的风险增加。

经济上亚太机制和东亚机制两条腿走路，但更加倚重亚太机制。在一定程度上弱化10+3，主推由印、澳、新参与的10+6（美俄加入后的10+8），通过价值观联盟稀释中国影响。在亚太机制中，由于2009—2011年期间，APEC先后由美国及其盟友新加坡、日本主办，会议体现了较强的美国意志，但是随着2013和2014年印尼和中国主办APEC，日在APEC会议上将难有作为，所以日本很可能对TPP表现出更大的热情。2012年12月，TPP协定第15轮谈判结束，参加谈判的11国一致同意经过共同努力，争取到2013年10月最终完成所有协定内容谈判。[①] 这使日本的压力骤然增大。2013年3月13日，TPP协定第16轮谈判在新加坡结束。[②] 3月15日，安倍首相宣布正式寻求加入TPP谈判。[③] 但是由于来不及完成同包括美国在内的11国进行的先期谈判，日本并未参加2013年5月15—24日在秘鲁利马举行的第17回合的谈判。11国讨论了“顺利将日本融入谈判”的计划，并表示日本将在“现有成员成功完成各自的国内程序后”加入谈判。[④] 从目前形势看，日本能否顺利参加预计即将于7月15—25日在马来西亚进行的第18轮谈判尚存变数。即便日本顺利参加谈判，在日、美国内均存在较强的反对声音的情况下，日本极难在仅有的一次谈判中同11国达成协议。而TPP谈判也似乎不大可能如奥巴马所愿，在10月APEC峰会召开前如期完成。但是，日本加入TPP已是大势所趋。安倍及自民党在日本国内有较高的民意基础、较为丰富的外交经验和较强的社会资源动员能力，所以有可能在安倍政府的斡旋下，说服党内外的同意，同农业部门、利益群体和地方保守势力达成妥协，最终加入TPP。而中国将面临进退两难：美国虽未明确表态中国不能加入，但是因TPP门槛较高，如中国寻求加入，则被迫做出重大让步，且以目前中国的经济承受力能否较好地规避加入TPP带来

① New Zealand Ministry of Foreign Affairs & Trade, “Trans-Pacific Partnership Negotiations Round 15: Auckland, New Zealand, “http://www.mfat.govt.nz/Trade-and-Economic-Relations/2-Trade-Relationships-and-Agreements/Trans-Pacific/1-TPP-Talk/0-TPP-talk-12-Dec-2012.php, 2012-12-12.

② Office of The United States Trade Representative, “TPP Negotiations Shift Into Higher Gear at 16th Round,” http://www.ustr.gov/about-us/press-office/press-releases/2013/march/tpp-negotiations-higher-gear, 2013-3-13.

③ 「安倍内閣総理大臣記者会見」、首相官邸ホムペジ、平成25年3月15日，http://www.kantei.go.jp/jp/96_abe/statement/2013/0315kaiken.html，登录时间：2013年4月1日。

④ Office of The United States Trade Representative, “Trans-Pacific Partnership Negotiations Maintain Strong Momentum,” http://www.ustr.gov/about-us/press-office/press-releases/2013/may/tpp-negotiations-strong-momentum, 2013-5-24.

的风险尚需深入研究。倘若美国最终同日、澳等亚太主要经济体达成协议，而中国则有被边缘化的风险。这是需要学界和决策界必须深入思考的问题。

2013年3月26日，中日韩自贸区首轮谈判在韩国首尔举行，标志着这一经过十年酝酿的东亚地区最重要的贸易进程进入实施阶段，但在中日韩自由贸易区谈判中，安倍将采取多速推进方式，优先推进同韩国的自由贸易区谈判与建设，这与野田政府并无二致。但是，安倍是具有一定政治手腕和战略见解的领导人，小泉执政时期尖锐对立的中日关系，正是在安倍执政后得到了有效缓解。安倍当时提出的“中日战略互惠关系”仍然是中日关系的基调。安倍在大选期间就提出重振日本经济为第一要务，刚成立的内阁中副相兼财务和金融担当相麻生太郎、贸易相茂木敏允、经济相甘利明、总务相新藤义孝、古屋圭司等均有浓厚的经济背景，是个十足的经济内阁。安倍执政以来，如外界预期的那样加紧实施扩大财政支出和量化宽松的货币政策，日元不断升值的局面得到抑制；大地震、海啸和核泄漏造成的损失小于预期，日本经济已基本从灾害中恢复，灾后重建也取得了巨大进展。但是内部和外在的结构性问题仍然存在。日本经济在短期欲重拾增长动力，必须借重仍快速发展的中国经济。在日本经济面临十分困难局面和安倍视经济复苏为第一要务的情况下，日本更不可能承受中日经贸关系恶化的代价。日本企业界和普通民众也较为理性，对野田政府推动钓岛国有化给日本经济带来的困难多有批评，重新执政的自民党不可能忽略民意。另外自民党有长期执政的经验，处理中国事务时也比较熟练，自民党在中国高层有广泛的沟通渠道与关系纽带，所以有可能采取较为务实的政策，较为妥当地管控中日领土争端，维护中日经贸关系友好发展的基本面。

四、结语

2012年主政日本的野田内阁基本遵从了民主党的基本政策框架，但是同鸠山和菅直人内阁时期有较大调整。野田内阁在对待美日同盟上，延续了菅直人时期回归美日同盟基轴的政策。野田放弃了鸠山力主将普天间基地迁出冲绳县外的立场，承诺执行2006年美日达成的县内变迁方案，修复了美日同盟。同时，野田从“海洋国家战略”、地区秩序和价值观同盟三个方面出发赋予美日同盟新的内涵，并通过密切配合美国的战略东移，使美日同盟得到巩固。在中日关系上，野田坚持了中日战略互惠关系的基本立场，但是军事上防范中国的一面在增加。受日本国内政治右倾和美国因素的作用，致力于维护政权的野田在同中国、俄罗斯和韩国的岛屿争端中采取了强硬和冒进的立场，执意非法将钓鱼岛“国有化”，造成中日关系的极端艰难局面。在东亚经济合作方面，野田采取了较为务实、大胆、开放的对外经济政策，力推加入TPP的谈判，并重新布局了日本对东亚合作框架的取舍，主要表现为：主推双边自贸协定；追随美国，主推TPP。野田内阁延续了麻生外相以来的价值观外交，并提出了“太平洋宪章”，防范、牵制中国，并试图将中国纳入由美、日主导的价值观联盟。2012年12月16日日本大选，自民党重拾政权，安倍再度执政。伴随着日本政坛的集体右倾，安倍在历史观、钓鱼岛争端、修改宪法方面展现了更为激进的态势，并有可能通过推进日本政坛右翼的整合，推动“和平宪法”的修改，从而对中日关系带来严峻挑战。

中国目前的当务之急，是要在坚定维护钓鱼岛主权的基础上，积极调动国内外资源，尤其是日本政坛对华友好人士，形成推动中日友好的压力，从而有效管控钓鱼岛局势。面对东亚合作框架的新一轮变局，中国应根据中国新时期的需要，于众多合作机制中确定优先次序，发展相对均衡的对美、对日关系。中日友好基础上的东亚一体化，应是中长期中国的根本利益所在。

诚如一位中国国学者指出的那样，“谈及国际关系格局的变化，通常人们是以美国为坐标，最重视美国实力地位的变化，关注美国是否衰落，衰落到什么程度。其实，论及战后国际关系格局的变化，特别是在东亚地区，引起国际战略格局变化的最根本原因，并不是‘超级大国’美国的力量消长，而是取决于世界第二经济大国的兴衰和易位。”[①] 诚然，自上世纪70年代世界开始孕育多极化趋势以来，美国是实力最强，对世界体系与国际关系最具塑造力的国家，但是纵观欧洲、东亚、非洲历史，其地区权势格局的发展，仍主要取决于各自地区大国实力对比。美国对各地区国际关系的影响，主要以其分布于各大洲的盟友为抓手，而以一个“离岸制衡手”的身份，从地区外部对区内国际关系实施影响，而非直接置身其中。因而，未来的东亚秩序，在很大程度上取决于世界经济第二位的中国和第三位的日本如何相处。

① 刘江永：《钓鱼岛争议与中日关系面临的挑战》，载《日本学刊》，2012年第6期，第10页。

解读《亚洲世纪中的澳大利亚》

李福建*

2012年，澳大利亚通过“澳大利亚—东盟对话伙伴关系”和“东亚峰会”等平台继续积极参与东亚地区合作。在诸如灾害管理、城市可持续发展、抗击疟疾、教育合作等议题上，澳大利亚都扮演非常重要的角色。与此同时，澳大利亚的大国外交基本上延续2011年的“两面下注”政策，即一方面加强与中国在经贸上的紧密合作关系，另一方面则继续维持美澳同盟关系。陆克文（Kevin Rudd）在2012年初挑战茱莉娅·吉拉德（Julia Gillard）的党首地位失败后，便辞去外长职务。鲍勃·卡尔（Bob Carr）就任新外长后，他并没有像外界猜测的那样疏远美国，但在对华政策上更趋务实，其最终目的是想尽量保持中澳以及美澳关系之间的平衡。除此之外，必须指出，2012年澳大利亚外交的最大亮点在于澳大利亚政府于10月28日发表的白皮书《亚洲世纪中的澳大利亚》（*Australia in the Asian Century*）。

2011年9月28日，澳大利亚总理吉拉德任命了白皮书起草委员会。白皮书的根本目的是帮助澳大利亚抓住“亚洲崛起”的机会以及应对随之而来的挑战。澳大利亚内阁专门设立委员会以监督白皮书的进展情况。白皮书由总理特别顾问、前财政部高官、经济学家肯·亨利（Ken Henry）领衔，其团队包括了政、商、学等各界要人。澳大利亚政府俯顺舆情，向社会广泛征集议案（Issues Paper），以为白皮书的起草广开言路。这一意见征询过程一直从2011年12月17日延续至2012年3月4日，最终澳大利亚政府共收到273份意见书，相关材料多达3000页。在这个意义上，无论白皮书本身的内容是否重要，笔者认为这种长达一年的社会大讨论本身就具有非常重要的意义。在这个背景下，本文试图对白皮书的具体内容以及澳大利亚国内外的评价予以评述，并重点分析这份白皮书对其未来亚洲政策的潜在影响。

---

* 李福建，外交学院亚洲研究所助理研究员。本文载于魏玲主编：《东亚地区合作：2012》，北京：经济科学出版社2013年版。

一、白皮书内容概览

这份长达350多页的白皮书共九章，可分为两大部分。前四章论述“亚洲世纪”的背景，后面五章着重论述澳大利亚如何在“亚洲世纪”中扬长避短。本部分将择要点予以概述。[①]

白皮书认为21世纪是亚洲世纪。白皮书预测到2025年，亚洲地区的经济总量将占到世界一半，数百万人将脱离贫困。亚洲将不仅是世界最大的货物生产地与服务供应地，更将成为主要消费区。这是因为，届时亚洲将拥有世界上规模最大的中产阶级群体。这个群体必将增加对医疗、养老、教育、日常消费品、旅游、理财、高质量食品等商品和服务需求。此外，亚洲经济崛起也推动了地区和全球机制的变革，特别是随着中国和印度经济的快速增长，中印两国的全球利益随之扩展，而这正在改变现有的战略秩序。具体而言，一方面，财富增加将激励本地区国家发展军力，并寻求发展更先进的军事投射能力。然而另一方面，经济增长又对能源、水资源和粮食的需求产生更大压力，进而更容易诱发地区局势趋于紧张。在这个大背景之下，澳大利亚认为随着亚洲战略格局的变迁，一定程度的竞争将不可避免；亚洲的稳定与繁荣将取决于美、印、日、中之间的权力博弈。然而，澳大利亚政府并未对此持完全悲观的态度，因为它认为虽然地区局势可能变得更加复杂，但“复合型相互依赖”及双边互动的增加可以成为强大的稳定力量。

白皮书认为，澳大利亚完全可以充分利用亚洲世纪所带来的机遇。这是因为，澳大利亚的经济与财政状况良好，同时拥有丰富的资源及领先的技术水平；再者，澳大利亚相对成功的外交政策及战略框架，使其能够与本地区内的国家建立良好的关系。简言之，白皮书相信所有这些优势将确保澳大利亚能够充分利用亚洲世纪的机遇。

然而，这并不意味着澳大利亚人从此就可以高枕无忧了。为了能够更好地适应亚洲世纪，白皮书认为澳大利亚需要在五个关键领域继续努力，并决心要在2025年取得成效。

首先，澳大利亚认识到必须在技能与教育、创新、基础设施、税务改革、管理体制改革、环境可持续性、宏观经济及金融框架这八个直接影响生产力发展的因素上，进行不断革新和投资，使之保持现有的优势地

① 本部分内容除特别注释外均归纳总结自《亚洲世纪中的澳大利亚》白皮书。

位，进而成为一个既高效又富有活力的经济体。第二，澳大利亚要重点加强对人力资源的投资，特别是与本地区建立各种合作伙伴联系，推进澳大利亚人对亚洲语言和文化的了解，最终使澳大利亚更加“知晓亚洲（Asia literate）”。第三，澳大利亚的企业要与本地区内其他企业发展合作关系，并调整自己的运营模式，与时俱进。第四，要努力保证本地区的安全与稳定。澳大利亚要继续强化与本地区国家的双边关系，支持现有的地区机制的发展，以保证本地区安全的可持续性。第五，澳大利亚需要在各个层次建立起与本地区的联系。“政治经济联系”仅仅是其中一部分而已，澳大利亚还要加强与亚洲地区之间在社会和文化等多个领域的相互了解和交流。

在以上五大领域之内，白皮书为澳大利亚确定了25个具体目标，并指出了实现这些目标的133个政策。这些政策可以被归为三类：第一类是政府计划将在2013年及其后实施的一些新倡议；第二类是关于如何利用已经正在推进的一些重要改革和倡议来同时实现白皮书的目标；第三类是为未来的政策发展设定方向。这些政策方向、具体目标及政策路径既相互独立又具有内在逻辑。总的来讲，它包括了经济、政治安全及社会文化政策三大部分。

（一）经济政策

亚洲世纪的亮点是新兴经济体（特别是中印两国）的崛起。因此，这份白皮书探讨的核心议题便是经济。白皮书为澳大利亚经济确立的目标是：首先，到2025年，澳大利亚的人均GDP要跻身世界前10位，澳大利亚这一排名在2011年是第13位；其次，澳大利亚国民的平均实际收入要从2012年的62,000澳元增加到2025年的73,000澳元。其三，到2025年，澳大利亚与亚洲的贸易量至少占澳大利亚国民生产总值（GDP）的1/3，而在2011年，这一比例只有1/4。为了实现这三个目标，五大领域都涉及到澳大利亚如何适应亚洲经济腾飞的政策与路径选择，但其中有三项最值得关注，即建设一个多产而又富有活力的澳大利亚经济，以及鼓励澳大利亚企业界在不断蓬勃发展的亚洲市场上进行经营并与其接轨，并保证澳大利亚将对亚洲更加开放且要与亚洲进行更有效的整合。

具体而言，第一，为了使澳大利亚经济拥有更高的生产力而且变得更加富有活力，白皮书提出了八大具体目标，其中包括：（1）改善教育系统，使所有的澳大利亚人都有机会获取未来所需的教育与技能；（2）打造位于世界前列的创新体系；（3）通过系统的规划与建设来保证澳大利亚的基础设施能满足未来20年的需求；（4）澳大利亚信息基础设施及信息技术市场要在亚洲保持领先地位，以支持亚洲地区内商业信息的快速流通；（5）改革澳大利亚的财政转移支付系统，以支撑国家财政的可持续增长并满足公众与社会的需求；（6）在规章制度改革方面，澳大利亚将力争成为最有效率的商业运营地，减少企业的运营成本；（7）实现澳大利亚经济与环境的可持续发展以造福后世；（8）建设更好的宏观经济及金融框架。白皮书力图通过一系列政策实现这八个目标。

第二，经济发展的核心是企业的成长。澳大利亚企业界需要获得全球范围内的认可，并且能够在亚洲市场上成功运营。具体来讲，澳大利亚企业能够提供高附加值的产品与服务，并能融入地区乃至全球的价值链之中，特别是中小企业需要在亚洲市场上表现优异。鉴于此，澳洲政府需要尽可能地发展亚洲地区内政企之间的对话机制，并为澳大利亚企业创造良机。与此同时，确保澳大利亚各政府部门与各行业协会及中小企业一道提升营运能力，进而使这些企业能够在地区价值链内取得成功。澳大利亚出口金融保险公司为此将更加重视对中小企业出口的扶持力度。

最后，如上所述，澳大利亚经济将对亚洲更加开放并要与亚洲进行更有效的整合。货物、服务、资本、观念及人员流动将更加方便，澳大利亚的企业与投资者也需要多接触亚洲。为此，澳大利亚一方面要降低税率、减少对跨境商业行为的不必要管控、增强对外国投资审查程序的透明度等措施改善澳大利亚内部的商业环境；另一方面，澳大利亚也要积极改造外部环境。通过参与本地区的多边及地区论坛——例如世界贸易组织、二十国集团、亚太经合组织、东盟主导的地区合作机制等来减少贸易与投资壁垒。澳大利亚还要积极参与亚太地区的自由贸易协定，即跨太平洋伙伴关系（TPP）与区域综合经济伙伴关系（RCEP）。澳大利亚将积极推动贸易协定中的原产地规则，将成为沟通拉美与亚洲的桥梁，扩展澳大利亚对亚洲市场的投资，积极推动亚洲的市场化改革。白皮书还特别提到进一步发展澳元与人民币之间的直接贸易结算，并且澳大利亚将支持本地区内金融市场规制的完善。

（二）政治安全政策

鉴于白皮书重点谈论如何抓住亚洲经济崛起的机会，因此有关政治安全政策的内容并没有占很大比重。然而，一个稳定的地区安全环境，以及与亚洲国家保持良好关系，无疑是澳洲与亚洲进行经济互动与发展的基础。因此，政治安全政策又必不可少。白皮书认为当前亚洲安全环境发生了巨大变化。澳大利亚的目标是致力于亚洲地区的可持续安全并使合作习惯成为规范；发展能够满足能源、食品及水资源等基本需求的市场以保证人类安全；澳大利亚还要与本地区的国家和组织建立更加深入与广泛的联系。总体而言，在白皮书的政治安全政策部分，有四个亮点值得关注。

第一，白皮书认识到澳大利亚在外交事务上的资源投入严重不足。目前澳大利亚有95个驻外机构，而经济合作与发展组织（OECD）国家的平均数是133个。[①] 为此，白皮书提出了一些改进措施。例如，澳大利亚准备适时于蒙古国乌兰巴托开设使馆，并在中国沈阳、泰国普吉岛及印尼东部开设领事馆。这些被确定为政府近期的优先任务。

第二，白皮书为澳大利亚与区域内五个主要国家（中国、印度、印度尼西亚、日本及韩国）的双边关系做出了更明确的指导。其一，白皮书预测到2025年，印度将成为世界第三大经济体，并将因其充沛的劳动力资源而成为亚洲最富有活力的经济体。因此，印度也将成为澳洲的能源和服务的主要出口国。其二，印度尼西亚作为澳大利亚隔海相望的邻居，白皮书自然多加着墨。其中，加强与印尼的军事合作被重点提及。其三，白皮书阐述的对日政策并没有明显变化。澳大利亚继续鼓励日本参与本地区及其他国际机制，并寻求在国际机制中加强与日本的合作。澳政府还将继续推动与日本的自贸区谈判。同样，澳大利亚也决心加快与韩国的自贸区谈判进程。除此以外，澳大利亚还要加强与韩国的防务合作及军事演习，并加强在气候变化及防核武器扩散等领域的协作。白皮书特别提出要加速推进建立韩澳“2+2”防长及外长双部长会议机制。

第三，有关地区总体形势，特别是中美博弈，这份白皮书还是延续了以往近乎中立的论调。白皮书一面是强调中国经济崛起的机遇并支持中国更加广泛地参与到地区事务之中。与2009年国防白皮书中对中国军力增长的明显担忧相比，此份白皮书对于中国军力增长持更加客观的态度。白皮书认为中国国防开支的增加是其军事现代化进程的必然趋势，是经济实力增长的反映，也是中国国家利益扩大化的结果，而并不是源于本地区出现军备恶性竞赛。白皮书还特意强调在当今世界，“围堵中国”的策略是不可能成功的而且也不符合澳大利亚的利益。但与此同时，白皮书依旧强调美国在亚洲的强有力存在对于地区的繁荣与稳定的至关重要，澳大利亚再次确认将巩固与美国的同盟关系，并加强双边防务合作。白皮书还要求中国应该向邻国说清楚军事现代化的意图与速度。对于本地区内的领土争端问

① Alex Oliver and Andrew Shearer, *Diplomatic Disrepair: Rebuilding Australia's International Policy Infrastructure*, Lowy Institute for International Policy, Sydney, 2011.

题，白皮书强调澳大利亚将保持中立，不选边站，而且呼吁各方按照国际法，以和平方式解决争端。

最后，白皮书强调澳大利亚将在地区及多边制度中扮演更加积极的角色。在2013—2014年，澳大利亚将担任联合国安理会非常任理事国。澳大利亚还将于2014年承办二十国集团峰会。白皮书中特别强调澳大利亚要推动东亚峰会的发展，使之成为本地区最重要的合作机制。白皮书还突出了东盟的重要性，认为澳大利亚应大力发展与东盟国家之间的关系，并积极参与到由东盟主导的各种机制之中。

（三）社会文化政策

在社会文化政策方面，白皮书中提出，增加对亚洲的了解实际上也是促进经济交往以及增进与邻国政治互信的必然要求。从这个意义上讲，社会文化领域是实现澳大利亚与亚洲融合的“粘合剂”。白皮书的社会文化政策大体可以分为“对内”及“对外”两部分。

对内方面，政府的目标是通过中小学、大学、职业教育与培训系统来提高澳大利亚民众和精英适应亚洲世纪的能力，特别是提高对亚洲的理解与其相关技能。澳大利亚的雄心是要使中小学教育系统位列世界前五位。其中，课程设计中要增加亚洲研究的部分，这样所有学生在就学期间都能够接触到亚洲语言，特别是中文、印度语，印度尼西亚语及日语的学习。因此，澳大利亚应该充分利用移民国家本身具有的多语种优势，加强语言教育。澳大利亚也要努力拥有具有世界一流水准的集教育与科研为一体的大学，并计划到2025年有10所大学位列世界前100位。为此，白皮书鼓励澳洲大学与本地区国家的学校结成伙伴，加强合作。而且鼓励澳大利亚学生在大学阶段学习有关亚洲研究的课程并尽量拥有在亚洲留学的经历。此外，澳大利亚要有世界最好的职业教育和培训系统以提高澳大利亚的劳动力素质。政府的长远目标是争取三分之一以上的澳大利亚政商界领袖及公务员拥有丰富的亚洲知识及技能。

在促进国内社会公平层面，白皮书强调澳大利亚的农村地区也要紧紧抓住经济变革及亚洲世纪的机会。白皮书特别提到澳洲联邦政府将与北领地政府一道加速对达尔文市的建设，使之成为澳大利亚通向亚洲的门户，成为本地区货物与服务的集散中心。白皮书希望全体澳大利亚人都能够充分享受亚洲机遇。具体的实施路径包括维护澳大利亚的自由民主体制、保持其世界领先的社会保障体制、政府与企业及社区一道推动多元文化的建设、利用澳大利亚人口的多样性以支持在本地区的关系网络建设、以及建立更加完备的移民政策框架。

对外方面，澳大利亚也认识到民间外交及文化外交是澳大利亚外交政策的重要组成部分。澳大利亚决心与亚洲国家建立更加深入与广泛的民间联系。具体措施包括：（1）在未来五年向亚洲国家的国民提供12000个“亚洲世纪奖学金”以鼓励本地区内的民间交流，并考虑为亚洲世纪奖的获得者提供在澳的工作机会。此外，政府将鼓励私人企业提供更多高质量的奖学金。白皮书建议扩展在澳大利亚接受教育的亚洲领袖之间的校友网络。（2）澳政府还将增加“工作假期签证”的颁发，例如给印尼的工作假期签证增加1000个。（3）通过国家宽带网络及数字技术促进澳大利亚的学校及研究人员与本地区的伙伴进行在线合作。（4）白皮书鼓励澳大利亚的体育、学术、专业群体等参与到本地区的合作之中。（5）白皮书要求澳大利亚媒体能够对本地区发生的重要事件进行及时而又全面的报道，借由媒体合作的平台加深澳洲民众与本地区其他国家民众之间的理解。综上所述，白皮书强调了通过加强文化外交，澳大利亚将在文化、政治、安全及经济层面上与本地区建立互信和理解，并通过上述措施与亚洲国家建立有更强韧、更深厚以及更广泛的文化纽带。

二、国内外评价

白皮书甫一出台，褒贬不一。总的来说，国内舆论多是尖锐的批评，而国际反应则较为冷淡。批评涉及很多方面，但均认为白皮书的笔调过于乐观而且空洞的言辞多于具体的政策。①

在经济政策方面，昆士兰大学经济学者吉姆斯·劳然赛森（James Laurenceson）将这份白皮书与二十多年前的皓若素（Ross Garnaut）报告《澳洲与东北亚的异军突起》（*Australia and the Northeast Asian Ascendancy*）进行对比。② 皓若素曾任澳大利亚总理鲍勃·霍克（Bob Hawk）的经济顾问。他的报告直接催生了澳大利亚自上世纪80年代末至

① Kanishka Jayasuriya, “Asian Century White Paper Is Big on Rhetoric, Small on Ideas,” *The Conversation*, http://theconversation.com/asian-century-white-paper-is-big-on-rhetoric-small-on-ideas-10398, 2013-5-2.

② James Laurenceson, “In the Asian Century, There’s No Such Thing as Success without Sacrifice,” *The Conversation*, http://theconversation.edu.au/in-the-asian-century-theres-no-such-thing-as-success-without-sacrifice-10367, 2013-5-2; Ross Garnaut, *Australia and the Northeast Asian Ascendancy*, Australian Government Publishing Service, 1989.

90年代的一系列经济自由化改革。与那份报告相似，白皮书认为亚洲的经济崛起并不意味着澳洲经济必然成功。然而与皓若素报告不同的是，新版白皮书中并没有将亚洲视为廉价劳动力的代名词，而是突出亚洲中产阶级的扩大将使之成为高附加值产品及服务的出口地。然而实际上，因为澳元急剧升值，澳大利亚制造业在本地区已经根本不具备任何竞争优势。自2009年以来，澳元已经升值了23%。具有高附加值的出口产品的总值已由295亿澳元跌至281亿澳元，成下降趋势。[①] 甚至可以说，白皮书中强调未来澳大利亚对亚洲经济的贡献主要还是大宗商品的出口。例如，矿产产品的出口到2025年要增加65%。制造业产品的出口将从2015年的30%降到2025年的15%。换言之，澳大利亚将继续处于国际价值链的低端。

白皮书认为澳大利亚的食品加工业应该抓住亚洲中产阶级崛起的机会，为亚洲提供高质量的食品，但正如科廷大学教授皮特·巴特（Peter Batt）所担心的，这些年澳大利亚在农业研发方面的投入实际上在下降。况且目前澳大利亚主要是作为食品原料的输出国，而是否能够升级为在深加工领域具有国际竞争优势的国家实际上还不确定。[②] 此外，关于澳大利亚与亚洲之间的投资，事实证明也并非如白皮书所说的那样乐观。中国、印度、印尼，韩国及日本的投资只占澳大利亚外来投资总额的9.6%。如果排除日本，这一比例更是只占到3.3%。[③] 在这一点上，白皮书建议提升与本地区的投资其实并不简单。事实上，这源于澳大利亚政府可能高估了自身的能力，并对亚洲未来的判断也可能过于乐观。

皓若素对此份白皮书也做出了评价，他认为白皮书忽略了一个很重要的方面，即东北亚经济结构的质变。[④] 皓若素分析东北亚经济体内人口结构的变化及其衍生的结构性问题，会对经济增长和发展模式造成影响。随着亚洲国家普遍转变发展模式，比如说发展清洁能源及可持续发展经济，那么澳洲的不可再生能源的出口肯定会受到影响。久而久之，澳洲经济前景

---

① James Laurenceson, "In the Asian Century, There's No Such Thing as Success without Sacrifice," *The Conversation*, http://theconversation.edu.au/in-the-asian-century-theres-no-such-thing-as-success-without-sacrifice-10367, 2013-5-2; Ross Garnaut, *Australia and the Northeast Asian Ascendancy*, Australian Government Publishing Service, 1989.

② Craig Mark et al. "Asian Century White Paper: Experts Respond," *The Conversation*, https://theconversation.edu.au/asian-century-white-paper-experts-respond-10370, 2013-5-2.

③ James Laurenceson, "In the Asian Century".

④ Ross Garnaut, "Will the Asian Century Reboot Our Debate on Growth?" *The Conversation*, http://theconversation.edu.au/ross-garnaut-will-the-asian-century-reboot-our-debate-on-growth-10474, 2013-5-2.

不容乐观。

白皮书的政治安全政策虽然正确地指出了澳大利亚应该努力的方向，但说辞毕竟不能代替行动。澳大利亚在亚洲的外交资源投入过少便是其中一例。白皮书发布后时隔一天，澳议会外交事务委员会主席尼科·章平（Nick Champion）也发表了一篇关于澳大利亚外交力量的报告。① 报告同样认为澳大利亚应该至少再增加20个驻外机构，然而所有这些提议都没有确切的时间表，只是模糊地指出在“情况允许的时候”应当如此，最终落实的也只是澳大利亚派驻了一名常驻东盟大使。其他倡议则因受限于预算，因此无法很快实施。

关于白皮书的另外一个批评便是澳大利亚在中美博弈中模棱两可的态度。正如澳大利亚著名战略分析网站（The Interpreter）编辑萨姆·罗格文（Sam Roggeveen）所言，这种模糊策略，已经使澳大利亚降格为一种小国心态，而并非是像历届政府所宣称的那样，成为一个独立的中等强国。② 悉尼大学教授约翰·坎宁（John Canning）以澳大利亚的武器出口为例，认为不能因为对美国盟友的承诺而放弃亚洲广阔的防务出口市场。③ 在这方面，中美两国对于白皮书的评价却较为冷淡。尽管白皮书刚发布时，中国媒体认为白皮书的核心焦点是中国（事实上，通过文本分析，我们可以看到中国并非唯一焦点），但中国政学两届还是表现得相当冷淡，甚至是漠视。中国学界关注的并不是澳大利亚如何宣传亚洲世纪的重要性，而是2012年其加强与美国的同盟关系。美国方面，美国战略与国际问题研究中心（Center for Strategic and International Studies）认为美国的坚定盟友（澳大利亚）更加深入地融入亚洲对美国的再平衡战略是有利的。④

对于白皮书的社会文化政策，很多澳大利亚学者认为政策固然很好，但能否落实还是未知数。例如，关于增加语言课程这一项，即使学生有了更深入的兴趣，师资和其他资源的配备却未必能够及时跟进。况且，澳大

① See Alex Oliver, “Rebuilding Australia’s Diplomatic Network...when Circumstances Allow,” *The Interpreter*, http://www.lowyinterpreter.org/post/2012/10/30/Repairing-Australiae28099s-diplomatic-network-e280a6-when-circumstances-allow.aspx, 2013-5-2.

② Sam Roggeveen, “PM’s Australia in the Asian Century White Paper Launch: First Impressions,” *The Interpreter*, http://www.lowyinterpreter.org/post/2012/10/28/PMs-Australia-in-the-Asian-Century-White-Paper-launch-First-impressions.aspx, 2013-5-2.

③ John Canning, “Fencing Australia in the Asian Century,” *The Conversation*, http://theconversation.com/fencing-australia-in-the-asian-century-10812, 2013-5-2.

④ Ernest Z. Bower and Elke Larsen, “Australia Establishes a Framework as a Quintessential Asia-Pacific Ally,” *Pacific Partners Outlook*, Vo. 11, No. 11, 2012, pp. 1–4.

利亚的中小学教育的资金支持主要来源于各州政府。联邦政府并不能越俎代庖。联邦政府雄心勃勃的计划必须得到州政府的配合。墨尔本皇家理工大学学者约翰·莱纳西克（John Lenarcic）更加一针见血地指出白皮书有关文化的内容是空洞而无实质的。[①] 他认为亚洲语言的学习是一回事，思维方式的转变又是另外一回事。澳大利亚和亚洲在价值观与行为规范上存在很多不一致甚至冲突的地方，但白皮书却将这一重要问题回避了。

三、白皮书的潜在影响

如上所述，我们看到澳大利亚国内对白皮书的批判较多。对于澳大利亚的威斯敏斯特议会体制来讲，这份白皮书只能算是一个表达现任政府观点的政治文件，而不具备任何法律效力。白皮书中也并没有实质的预算配置。那么我们到底应该如何看待这份白皮书？它的意义又何在？

首先，笔者认为我们必须了解白皮书的出台背景，以此评估它的潜在影响。白皮书的出台有国内及国际两个背景。从国际层面讲，自全球金融危机发生以来，世界经济重心加快向亚洲转移。金融危机的源头美国，至今仍在缓慢复苏之中。欧债危机也使欧洲在世界经济的影响力急剧下降。然而以中国为代表的新兴经济体却一直保持强劲增长。亚洲对世界经济的复苏起着举足轻重的作用。事实上，澳大利亚在本次全球金融危机中之所以还能保持经济的高位增长，主要还是得益于与亚洲国家，特别是与中国的经济互动。澳大利亚清醒地认识到自身经济的未来在亚洲。在战略层面上，重心东移的趋势也愈益明显。正如吉拉德在白皮书中坦诚，“历史经验告诉我们，经济中心的转移往往伴随着战略重心的迁移。”[②] 美国的“再平衡战略”在某种程度上表明，亚太地区逐渐成为世界政治的中心。正是在这样的政治经济格局下，澳大利亚精英认识到必须抓住亚洲世纪的机遇，未雨绸缪，扬长补短。

从国内层面讲，澳大利亚也正在或即将面临不少挑战。尽管澳大利亚并没有像其他发达经济体一样出现严重经济衰退，但越来越多的结构性问题正在浮出水面。其中最严重的就是上文所提及的，矿产贸易推高澳元币值，进而造成双速经济。无疑，较高的币值使得澳大利亚制造业及服务业的优势正在逐渐丧失，最终出现了矿产业蓬勃发展，而其他产业却萎缩的

① Craig Mark et al. “Asian Century White Paper”.

② “Australia in the Asian Century White Paper,” Australian Government, October 2012, p.ii.

不正常经济现象。[1] 鉴于此，澳大利亚必须通过一系列国内改革来扭转这一趋势。此外，随着近些年来中美在东亚地区竞争加剧，澳大利亚国内关于战略导向的讨论也越来越激烈。以战略家休·怀特（Hugh White）为代表的少数澳大利亚知识分子建议政府与美国保持一定距离，以自身的国家利益为衡量标准，而不是恪守同盟关系。[2] 虽然持这个观点的人并不算多数，但也足以引发国内讨论，我们甚至可以说澳大利亚正经历一种“战略犹豫期”。在这个意义上，澳大利亚政府也需要一份新的亚洲政策文件作为指导。

除此之外，白皮书的酝酿也可以从个人或政党层面进行解读。在个人层面，众所周知，与前任陆克文热衷对外政策相比，吉拉德总理对外交政策并不感兴趣。这样一位靠工会运动起家的政治人物更加关心澳大利亚国内的社会议题，诸如教育、社会公平等。无论我们怎样评价陆克文的外交政策，他的确在世界政治舞台上表现得相当活跃。无论是要充当中国的“诤友”，还是要建立“亚太共同体”，陆克文以“中国通”面目出现，并很快成为亚太地区的重要领导人之一。然而吉拉德总理的外交得分就相对少很多，因此这份白皮书可以说是没有烙上具有陆克文特色的政策倡议，这可以看成是吉拉德的一份政治业绩。

从政党层面，澳大利亚即将于2013年举行大选。目前的民调显示，工党将很可能失去执政权，而由自由党 / 国家党联盟执政。白皮书的出台似乎意味着工党想再捞一笔政治本钱。如仔细阅读白皮书，不难发现其中的很多政策议题其实正是工党这两届政府所力推的很多政策，最典型的是国家宽带网络建设及碳税征收的问题。白皮书中有关亚洲语言及技能的学习就重点提到国家宽带网络对于促进语言学习的作用。在谈到如何与其他区域国家共同应对气候变化的问题时，白皮书也不失时机地提出澳大利亚在应对气候变暖问题上的宝贵经验，比如说碳税的征收等。这份白皮书的出台试图证明工党在过去几年中所做的努力是有意义的。通过将澳大利亚在亚洲世纪所面临的机遇描绘得如此美好，以至于失去这些机会将会付出沉重的代价，进而推理出一个必然的选择，即澳大利亚必须进一步推动各项经济改革措施，这也意味着国家的未来将绑定在工党的议程之上。因此，笔者认为这份白皮书的国内政策涵义要远大于其国外政策意蕴。我们从白皮

① 参见马克·比森、李福建:《中澳关系：地缘政治抑或地缘经济？》，载《国际问题研究》，2012年第3期。

② Hugh White, “Power Shift: Rethinking Australia’s Place in the Asian Century,” *Australian Journal of International Affairs*, Vol. 65, No. 1, 2011, pp. 81–93.

书中对于区域局势的矛盾、模棱两可的态度就可见一斑。只要华盛顿和北京都能在白皮书中找到令彼此舒心的观点，大家就都心满意足了，至于说是不是可以明确地指导外交政策或许并不是此份白皮书的关注点。

前面说过，这份白皮书并不是一份法律文件，只能算作是一种政策宣言。然而必须指出，它对本届政府一定会产生一种约束作用，或是促使本届政府在某些方面采取行动。不仅如此，如果自由党/国家党联盟能够在即将到来的大选中胜出，这份白皮书中的某些内容也不会被完全排斥。虽然目前它们作为反对党，总要对现任政府的施政方针进行质疑甚至批评，但是这份白皮书所传达的很多理念，比如说经济自由化等，也是自由党/国家党联盟所支持的。就在白皮书发布前几天，反对党外交事务发言人还提到若干有关亚洲的建议，如不仅要与亚洲国家成为生意伙伴，更要成为互相尊重的朋友，反对党还鼓励澳大利亚学生到亚洲学习，以及增加澳大利亚学校教育中的外语学习等建议，实际上与白皮书的相关建议不谋而合。[①] 退一步说，正因为这份白皮书大部分都是些宽泛的说辞，缺乏详细政策，自由党/国家党联盟即使执政，也没有什么好推翻的。

因此，笔者认为这份白皮书（White Paper）很有可能变成一个“White Lie”（善意的谎言）。这个“善意的谎言”欺骗的不是区域内的其他国家，而是澳大利亚自身。笔者认为，这份白皮书类似于一种心理安慰，因为白皮书对于战略，经济及社会文化发展的预测竟是如此乐观，以至于完全没有意识到澳大利亚可能面临的危机：比如说中美竞争加剧、中国经济的硬着落、澳大利亚社会对于亚洲认同的排斥等。白皮书的本意是为乘着亚洲崛起的东风，最终成为赢家。它更多是在谈论如何从亚洲索取，但却很少谈及作为亚洲一员应该做些什么。换言之，它谈论的是亚洲能够为澳大利亚做什么，而不是澳大利亚为亚洲做什么。澳大利亚这种“鸵鸟心态”让它始终回避一个重要的问题，即是否要在“历史”与“地理”之间作出抉择。白皮书虽然给出了很多的具体措施论及如何提升澳大利亚人通晓亚洲文化和语言的能力，但这就如同多学一技，而并不是要在思想深处也做出深刻的改变。很有可能出任下一任总理的反对党领袖托尼·阿博特（Tony Abbott）在美国传统基金会演讲中再一次强调澳大利亚不需要在历史与地理之间做出选择，并要坚持澳大利亚的传统价值。[②] 前总理约翰·霍华德

---

① Rowan Callick, “High Expectations from Asian Century White Paper,” *The Australian*, October 27, 2012.

② Tony Abbott, “The Australia-U.S. alliance and leadership in the Asia-Pacific,” *The Heritage Foundation*, http://www.heritage.org/events/2012/07/tony-abbott, 2013-5-2.

（John Howard）在西澳大学的演讲中也强调澳大利亚人要以包括基督教传统在内的母文化为荣。[①] 虽然前总理保罗·基廷（Paul Keating）大声疾呼，要澳大利亚人认识到英美世界的衰落，但是澳洲主流声音仍然是坚定支持与美国的传统盟友关系。[②] 澳大利亚政府还保持着一种侥幸心理。从未遭受过重大灾难的澳大利亚以这种天生的乐观来解读它所想象的亚洲世纪，这不能不说是一种“自欺”。

四、结语

澳大利亚本有一个“中等强国”之梦，即希望在世界政治舞台上扮演更为重要的角色，却无奈得夹杂在大国政治的悲剧之中。澳大利亚人近乎偏执地认为他们必定要在这幕剧中扮演一个忠贞不二的角色，但却没有意识到为此将损害澳大利亚的“国家利益”。笔者认为，这种悲剧性的角色其实是澳洲人自己造成的。所谓“幸运”的国家，乐天的民众，像考拉咀嚼桉树叶麻醉自己一样，用一份华而不实的白皮书来指导自己那虚无飘渺的未来。

所以，我们大可不必在意白皮书中的乐观分析，也许2013年的国防白皮书及政府大选才更加值得重视。或许一个更加务实且保守的自由党/国家党联盟政府会比工党政府更加容易打交道。因为毕竟生意归生意，就像更热衷于与中国谈生意的霍华德政府与中国政府的关系就稳定得多。对比之下，工党政府的白皮书及其之前的种种纠结只让我们增添了不确定感。澳大利亚对于东亚区域合作的态度也不会因为一份白皮书就有任何转变。澳大利亚仍然会推动东亚峰会的发展，因为美国也在这一进程之中。澳大利亚仍然会积极加入东盟主导的“地区全面经济伙伴关系”的谈判，但美国力推的“跨太平洋战略经济伙伴关系协定”还会是它的首选。澳大利亚会继续增加与东亚国家的社会层面交流，但亚洲认同的形成却是遥遥无期。

① John Howard, “A proper sense of history,” Speech at the University of Western Australia, September 27, 2012.

② Paul Keating, “Asia in the new order,” Speech at the Keith Murdoch Oration, November 14, 2012.

六、中国对策

ZHONGGUO DUICE

内容提要

中国是地区研究的目的和落脚点。本篇中的论文既从理论和宏观角度探讨了中国参与东亚地区合作的战略与对策，也从具体实践和特定领域的角度提出了具体政策分析与建议，具有重要战略与政策价值。

《结构、进程与权力的社会化——中国与东亚地区合作》指出，东亚区域化以中小国家为主导，中国的迅速崛起与地区多边合作并行发展，呈现出旺盛的活力；东亚合作是进程主导的，"交感而化"是东亚合作模式的核心，亦即通过合作进程吸引大国参与进程并实现渐进式的社会化。文章对中国参与首次东亚峰会进行了个案研究，探讨了进程主导的东亚合作模式的作用与局限性。

《东亚"开放区域主义"的演进与中国的作用》指出，亚太地区合作奉行的"新区域主义"有利于发展中国家融入世界经济体系，但也可能在某种程度上损害它们的利益。东亚区域一体化进程启动后，包括中国在内的东亚国家所奉行的"开放区域主义"的理念，既注重区域内的合作，又强调对区域外国家和国际组织的开放。它在某种程度上有回归传统区域主义的色彩，但更是新区域主义的超越。

《权力流散与利益分享——湄公河水电开发新趋势与中国的应对》提出，当前湄公河流域各国正在加紧实施水电开发计划，与此同时，流域治理权力也在加速向非政府组织、国际组织以及域外国家流散。作为湄公河上游国家，中国应重视并积极应对这一新趋势，构建行之有效的利益分享机制，扭转中国在湄公河开发中的被动局面，进一步巩固和深化中国同周边国家的友好关系。

《东亚粮食安全合作进程：机制进展、问题与中国对策》指出，目前东亚地区粮食安全合作在以东盟为中心、中日韩以及亚太经合组织三大框架下全面推进，进展显著。但在东亚地区力量对比发生重要改变和美国重返亚太的背景下，地区粮食安全合作面临着地区国家间政治互信脆弱、机制化建设亟待提高和美国加大介入力度等内外双重挑战。作为地区大国，中国应积极承担地区责任，高度重视并主动推进地区粮食合作，加大地区粮食安全合作机制化建设投入，并加强对美的沟通与协调。

《冷战后中国周边政策的历史演进》提出，冷战后中国周边政策的演进可分为三个阶段：过渡期（1989–1995）、调整期（1996–2001）和成熟期（2002–）。这一结构的形成与中国的国家均衡发展战略密切相关，它体现出国内战略和对外战略的联动性，也说明了多层次和多领域的多边合作已成为中国塑造理想地区环境的重要手段。

结构、进程与权力的社会化
——中国与东亚地区合作

秦亚青　魏　玲*

一、导语：为什么东亚地区会出现和平与合作？

欧盟是迄今为止最成功的地区一体化进程的代表。与之相关的著述讨论了国际关系中的一个核心问题——如何避免战争，实现合作。[①] 近年来，东亚也出现了多边地区主义的势头。东亚地区合作始于1967年东盟的建立，1997年东亚金融危机之后又建立了东盟加中、日、韩（“10 + 3”）机制，东亚共同体建设作为东亚合作的长期目标已经得到了正式的确认。[②]

东亚区域化有两个引人深思的特点：第一，由中小国家主导。东亚地区合作与欧洲区域一体化的模式不尽相同：在东亚地区合作进程中，中小国家居于核心地位，试图吸引并整合大国加入其中；欧洲则是大国（尤其是法国和德国）提出了这一主张并且始终位于区域一体化进程的核心。第二，地区大国进入区域社会化进程。东亚区域化的发展与中国的迅速崛起是同时发生的。中国、日本和韩国的经济规模占东亚经济的90%以上。地区大国是否能够被社会化并融入东盟主导的地区规范体系，这也是东亚区域化与欧洲一体化不同的一个重要方面。

中小国家主导的地区多边主义、迅速崛起的地区大国以及一个以建设共同体为长期目标的地区，这三者无论是从以往威斯特伐利亚体系的经验

* 秦亚青，外交学院院长、教授；魏玲，外交学院亚洲研究所所长、教授。本文发表于2007年第3期《世界经济与政治》。

① Karl Deutsch, et al, *Political Community and the North Atlantic Area*, Princeton: Princeton University Press, 1957; Ernst Haas, *Beyond the Nation-State*, Stanford: Stanford University Press, 1964; D. Edward and Helen Milner, “The New Wave of Regionalism”, *International Organization*, Vol. 53, No. 3, 1999, pp. 589 - 627; Peter J. Katzenstein, *A World of Regions: Asia and Europe in the American Imperium*, Ithaca and London: Cornell University Press, 2005.

② 本文中的东亚主要指东盟十国加中、日、韩三国（“10+3”）的范畴。

还是从主流的国际关系理论来看，都是罕见的组合。如果一个地区同质化程度很低，文化、宗教、意识形态和发展水平存在很大差异，这个地区往往被视为冲突多发的地区，难以出现长久的和平与繁荣。但是，为什么和平与合作在东盟国家之间持续了40年、在东亚国家之间持续了近30年之久呢？

二、结构、进程与文化

以结构现实主义、新自由制度主义和社会建构主义为代表的三大国际关系理论分别认为，物质权力、国际制度或国际文化导致了和平或战争、合作或冲突。在东亚地区，是否同样是其中的某个或某些变量导致了这一地区的国家放弃了冲突的手段，共同参与一个和平与共同发展的进程呢？对此，我们需要逐一分析。

（一）地区实力结构是和平的必要条件吗？

以华尔兹（Kenneth Waltz）为代表的新现实主义者认为体系结构是国际关系中的最重要因素。结构是由大国的物质权力分配定义的。[①] 权力结构决定单位（民族国家）的行为，进而决定体系的战争与和平。新现实主义者一直积极致力于探寻何种结构能够导致和平与稳定，主要的理论有权力过渡论、势力均衡论、大国协调论与霸权稳定论。这些理论是否能够解释东亚地区的和平与合作？

权力过渡论认为，“当非主导国家和主导国家的国家实力不均衡时，能够最好地维持和平。”[②] 根据这种理论，最稳定的体系结构是一个主导大国居于顶端、其他国家远落其后的金字塔式的结构。只有出现实力强大而不满现状的挑战国，才可能造成不稳定甚至体系战争。[③] 目前，尽管东亚国家在国家大小、人口、政治体制和发展水平上有很大差异，但是并不存在一个清晰的金字塔形结构。并且，有人认为东亚处于以中国实力上升为标志的权力过渡时期。按照该理论，东亚现在应该是高度动荡而不是和平与

① Kenneth Waltz, *Theory of International Politics*, Reading, Mass.: Addison-Wesley, 1979, pp. 100-101.

② A. F. K. Organski and Jacek Kugler, *The War Ledger*, Chicago: The University of Chicago Press, 1980, p. 19.

③ A.F. K. Organski, *World Politics*, New York: Alfred A. Konpf. Inc., 1968, 转引自 A. F. K. Organski and Jacek Kuglr, *The War Ledger*, p. 19.

合作。

势力均衡理论认为，当体系内存在几个实力基本相等的国家时，便可以“通过外交活动、变换结盟以及公开冲突的方式相互制衡”。[①] 因此，国际体系的制约性和灵活性增大，几乎不可能形成两大敌对集团的对抗或者体系性战争。在均势结构中，没有任何一个大国具有发动全面战争的能力和意愿。华尔兹称只要存在无政府状态，并且系统由谋求自身生存的行为体构成，均势政治就会存在。势力均衡也适用于特殊条件下的两极体系，例如冷战时期的国际体系。[②] 一旦均势存在或是形成，和平就得以维护，一定限度内的合作也就成为可能，但是在东亚地区并不存在一个清晰的多极或两极势力均衡结构。

大国协调论是指几个大国通过多边合作来保证地区稳定。一般来说，小国不可能进入协调安排，而大国协调只在诸大国之间存在着维持现状或避免战争的共同利益时才可能出现，而且大国之间不是严格的结盟关系，只是在一定范围内承认共同的规范和行为准则。1815—1823年的欧洲协调便是一个典型的例子。[③] 东亚地区并不存在形成协调的若干大国。首先，大国之间尤其是中国和日本这两个主要大国之间缺少信任。其次，由中小国家组成的东盟作为一个重要的参与者，其作用不能被排除或代替。

霸权稳定论认为，霸权国实力和体系稳定之间存在着密切的因果关系。[④] 国际霸权是单极结构的一种，是“一个单一国家控制或主导体系中较小的国家”。[⑤] 霸权稳定论的一个重要假定就是霸权国是霸权体系的主要受益者。为了保证自身利益，霸权国向其他行为体提供公共物品，以维持体系稳定。霸权国的实力越强大，国际体系就越趋于稳定，体系内的成员也会更加倾向于合作。在东亚地区并不存在霸权国。日本并不是一个全面的超级大国，而中国仍是一个发展中国家。此外，东亚的一体化进程并非由大国主导，提供规范和规则的是东盟。因此，霸权稳定论也很难适用于东亚地区。

---

① Robert Gilpin, *War and Change in World Politics*, Cambridge: Cambridge University Press, 1981, p. 29.

② Kenneth Waltz, *Theory of International Politics,* Chapter 6.

③ Charles Q. Kupchan and Clifford A. Kupchan, “Concerts, Collective Security, and the Future of Europe”, *International Security*, Vol. 16, No. 1, 1991, p. 120.

④ Robert Gilpin, *War and Change in World Politics*, 1981; Robert Keohane, *After Hegemony: Cooperation and Discord in the World Political Economy*, Princeton, N. J.: Princeton University Press, 1984.

⑤ Robert Gilpin, *War and Change in World Politics*, p. 29.

总之，在东亚地区似乎并不存在清晰的地区结构。沈大伟 (David Shambaugh) 曾经提出八种可能的国际体系结构模式，但认为没有一个适用于东亚。[①] 因此，东亚地区的和平与合作并非是由一个清晰的地区实力分配结构所导致的。

（二）国际制度是地区合作的重要条件吗？

新自由制度主义发现，在同样的系统结构中，国家有时选择合作而有时选择不合作。基欧汉 (Robert Keohane) 指出，新现实主义之所以不能解释权力结构相同条件下国家行为的不同，是因为忽视了进程这一重要的国际关系因素。他进而将国际制度分离出来，将其界定为国际进程的核心概念，并在此基础上建立了新自由制度主义理论。新自由制度主义认为，无政府状态并不意味着无序。如果确实存在国际社会的话，那么必然存在秩序、规则和机制。国际制度通过服务和制裁机制来克服市场失灵，减少无政府状态的负面影响，达成合作。[②]

要检验这一理论的解释力，必须考察东亚地区的制度化程度。西方国际关系理论讨论的地区合作模式多是以法律制度和正式制度为基础，能够有效制定约束性规则的高度制度化水平是保证国际制度运转的必要条件，这也正是新自由制度主义的核心内容。基欧汉理论中自上而下的路径便是以一个有效国际制度网络为前提的，欧洲一体化被视为这方面的范例。[③] 然而，业已扩展到覆盖整个东亚合作的东盟模式强调“非正式性和最小限度的组织性”。[④] 对于制度主义者而言，“10 + 3”机制不过是一个松散的合作框架，而并非建立在法理基础之上的正式制度安排。东亚存在着一种复杂的社会关系网络，它既充满活力，又不以硬性规定约束进程的参与者，所以可以称为软地区主义。

---

① 沈大伟提出的八种模式是：霸权体系、大国竞争、大国协调、大国共管、地区主导国与崛起国之间的结构性非对称及不可避免的冲突、大国的层级体系、区域范围的集体安全网络以及追随地区强国。参见 David Shambaugh, “The Evolving Asian System: A New Regional Structure?”, Paper presented at the Conference of “East Asia Cooperation and Sino-U. S. Relations”, Beijing, China, November 3-4, 2005。

② Robert Keohane, *After Hegemony: Cooperation and Discord in the World Political Economy*, 1984.

③ 欧洲一体化进程以条约为标志，而东亚的区域化进程以宣言为标志。条约和宣言的区别揭示了地区合作的不同方式。

④ Amitav Acharya, *Constructing a Security Community in Southeast Asia*, London and New York: Routledge, 2001, p.5.

由于东亚国家重视协商一致和舒适度，有效性就会降低。西方主流国际关系理论认为，实质性结果是目的，进展过程只是手段，进程也只在能够有效地产生结果时才具有意义。[①] 东亚的制度化发展很明显是与这种观点相冲突的。所以，东亚的制度化不符合新自由制度主义的理论假定：较高的制度化水平是国际合作的重要条件。新自由制度主义的理想模式与东亚多边合作实践的主要区别在于，前者是结果导向（result-oriented）的一体化，是以法律和制度为基础的，而后者是以进程为主的（process-focused）一体化，制度化水平较低，约束力也较弱。

（三）观念结构是身份形成的先决条件吗?

社会建构主义认为观念结构塑造行为体身份。温特 (Alexander Wendt) 建构主义理论中的结构是文化结构而非物质结构，是由观念分配所定义的。[②] 观念结构是被掩盖于实力结构之下的深层结构，是使物质结构具有意义的社会性结构。[③] 社会结构是行为体间社会实践和互动的结果，不同方式的互动可以形成不同的无政府文化。[④] 结构与行为体之间不仅是因果关系，也是建构关系。这其实是在强调主体间互动性及产生这种主体间互动性的进程。事实上，温特早期的论述的确强调了结构与行为者之间的双向互动和相互建构，但在《国际政治的社会理论》一书中却弱化了双向互构，突出了单向建构，强调体系结构对于行为者身份形成的建构作用，而忽略了行为者对于体系的建构作用。由于这种“必要的忽略”，使得单向建构近乎形成因果关系，进程本身失去了“化”的动力。

建构主义的另外一位重要学者费丽莫（Martha Finnemore）讨论了系统性要素是如何塑造了行为者的身份、利益甚至行为体的实有存在。[⑤] 她认为社会结构是不断深化和扩展的世界文化。国际体系由一系列规范支配，从

① Amy Searight, “Process and the Art of Diplomacy in Asian Multilateralism: The United States, Japan, and China Compared”, Paper presented at the Conference of “East Asia Cooperation and Sino-U.S. Relations”, Beijing, China, November 3-4, 2005.

② 这里主要是指以温特为代表的结构建构主义。参见秦亚青主编:《文化与国际社会：建构主义国际关系理论研究》，北京：世界知识出版社2006年版，第70—78页。

③ Alexander Wendt, *Social Theory of International Politics*, Cambridge: Cambridge University Press, 1999.

④ Alexander Wendt, “Anarchy Is What States Make of It: The Social Construction of Power Politics”, *International Organization*, Vol. 46, No. 2, 1992, pp. 39-452.

⑤ Martha Finnemore, *National Interests in International Society*, Ithaca: Cornell University Press, 1996.

提供理性目标和制度建设两方面对国家进行塑造，不仅规范行为者的行为，也塑造它们的社会身份和实有存在。[①] 存在于国际社会结构中的国家不可避免地要经历社会化的进程，它们会遵循适当性逻辑，接受国际体系中的价值观、规范和规则。但费丽莫的论述也强调体系因素建构了行为体，因此也就成为变相的因果关系论证。

主流建构主义理论缺乏对于双向进程的完整描述，因此我们很难理解一个特定的结构是如何形成的、体系的文化是如何转化的。实际上，文化集团的身份形成既是自组织的过程，又是选择的过程；既是给定的，又是被构建的；既是自上而下的，又是自下而上的。因此，如果我们把身份建构的“结构—行动者”单向模型应用于东亚地区时，就会发现东亚地区缺乏一个清晰的地区性观念结构。对于主流建构主义来说，不能辨清观念结构，也就无法理解一个充满敌意与动荡的地区如何转变为一个和平与发展的地区。

综上所述，现有的结构理论和进程理论都不能对东亚地区的和平与合作做出令人满意的理论解释。布赞（Barry Buzan）和利特尔（Richard Little）曾经指出，西方国际关系理论主要是基于西方狭隘的历史经验尤其是威斯特伐利亚的遗产。[②] 对于东亚国际社会来说，这些基于他者经验的理论就出现了超越主流国际关系理论话语体系的现象：东亚缺乏一个清晰的权力结构，也不存在一种明确的观念结构，而且制度化程度很低，但东亚地区合作却得以不断推进。似乎是这一非正式和松散的进程本身塑造了地区内国家的期望和利益。既然结构建构主义也无法提供合理的解释，我们能否提出一种借鉴建构主义的进程理论来加以回答呢？

三、进程主导的社会建构模式

本文试图通过提出一种进程主导的社会建构模式，或称“过程型建构主义（process-oriented constructivism）”模式，以期对上述问题提供初步的解答。[③] 进程主导型模式采用了主流建构主义的三个重要观点：（1）国家

---

① Martha Finnemore, *National Interests in International Society*, pp. 34-68.

② 巴里·布赞、理查德·利特尔著，刘德斌等译：《世界历史中的国际体系——国际关系研究的再构建》，北京：高等教育出版社2004年版，第326页。

③ 参见 Qin Yaqing, “East Asian Regionalism: A Process-focused Model”, Paper presented at the Conference of “East Asia Cooperation and Sino-U. S. Relations”, Beijing, China, November 3-4, 2005。

间合作是一个社会过程；（2）规范具有重要的建构作用；（3）文化具有优先性。① 但是，它弱化了结构建构身份的自上而下的因果型建构主义模式。进程主导型模式的主要论点是：进程在社会化过程中起关键作用，维持进程就会延续建构身份的实践互动。我们所说的进程起关键作用，是指进程本身成为实践活动的中心。如果说行为体进入某种社会性进程，可能是由于利益权衡，那么一旦进入进程之中，就在整合和被整合。行为体仍然权衡利益，但利益的权衡并不意味着它可以任意脱离进程。以进程为主的东亚地区多边主义在合作进程中，通过规范的扩展和对主要国家的社会化，起到了维持地区稳定和促进经济合作的作用。换言之，东亚地区的和平与合作是不断发展的地区进程的产物。主导型进程模式可用下图来表示：

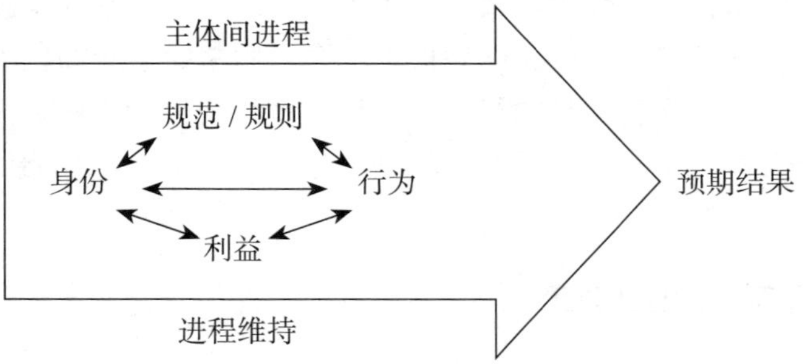

这个模式的核心是“交感而化”，亦即通过交往互动而导致利益和身份的渐进式变化。东亚一体化进程在不同领域和不同层次上展开合作与磋商，孕育共有规范和规则，赋予民族国家之间的互动以意义，催生集体认同，改变地区内的角色结构，从而规定行为体的利益，塑造行为体的行为模式。东亚一体化代表了一种以进程主导的社会建构模式，通过一体化进程实现渐进式的社会化和吸引主要国家参与进程的能力是这个模式的核心内容。由于行为体在采取行动时设定了目标，该目标与为之付出的努力之间的过程往往被视为“手段”因素。在进程主导型模式中，这一路径本身既被解释为手段，也被解释为目的。如果预设目标的实现可能带来进程脱轨的危险，行为体宁愿推迟甚至重新设定目标来维持进程的延续。进程强调的是“关系”，也就是主体间互动本身产生的“化”力。进程主导型模式并不否定结果的重要性，行为体行动的目的是为了取得结果，所以东亚的软地区主义也有可能发展为硬地区主义。但是，在制度化程度尚低或无法

① 王正毅：《亚洲区域化：从理性主义走向社会建构主义》，载阿米塔·阿查亚著，王正毅、冯怀信译：《建构安全共同体：东盟与地区秩序》，上海：上海人民出版社2004年版，第6—7页。

提高的情况下，进程本身的动力和活力保持了地区的和平与合作。

（一）主体间性界定的进程

进程是行为体之间的互动和互动方式。互动可以产生实质性成果，但更为重要的是互动建构了主体间性。主体间性是在以规范和规则为基础的语境中自我与他者之间交往关系的实质，行为只有在互动的意义上才能产生共有意义。[①] 东亚地区的进程可以用主体间性界定为一个使互动具有意义的实践进程和关系建构，国际体系的规范和观念结构在这一实践中产生和发展。[②] 进程性互动关系具有三个特征：第一，国家间的互动实践产生相互经验和相互期望，确定一个国家相对于其他国家的身份。第二，物质权力通过国家间的实践互动和表象系统产生了意义。第三，互动实践使国家不断调整自己的身份定位。行为体凭借规范和规则来赋予行为以意义，使行为体能够理解世界并且自身的行为能够被其他行为体所理解。因此，在主体间互动意义上由实践活动所界定的进程才是有意义的，并能促使体系的政治文化发生改变。

（二）进程主导的社会化

我们将进程定义为产生意义的持续实践互动，其中当然有制度内涵。制度具有两项基本功能：一是为合作提供便利服务，二是建构和重构行为体的利益和身份。理性主义者试图寻找制度与结果之间的因果关联，却未能认识到这些结果恰恰是在行为体的利益和身份被塑造的进程之中产生的。进程并不会直接导致这些观念因素的形成，但是起到了孵化器的作用，为建构某种身份认同提供了环境条件。进程与结果不是因果关系，不是孰先孰后的关系，而是并存并生的关系。进程的维持既意味着观念、规则和认同被持续不断地建构和再建构，共同利益不断地被生产和拓展，也意味着这些被建构的规范、规则和认同对进程的维持起到了促进作用，即物质与观念或规范彼此互动。这种互动的结构产生了行为体之间持续的社会化，

---

① Friedrich Kratchwil, "Is the Ship of Culture at Sea or Returning", in Yosef Lapid and Friedrich Kratochwil, eds., *The Return of Culture and Identity in IR Theory*, pp. 217-218, 转引自 Maja Zehfuss, *Constructivism in International Relations - The Politics of Reality*, Cambridge: Cambridge University Press, 2002, p. 96.

② Rey Koslowski and Friedrich V. Kratochwil, "Understanding Change in International Politics: The Soviet Empire's Demise and the International System", *International Organization*, Vol. 48, No. 2, 1994, p. 216.

行为体的实践活动又促进了这种互动的持续和发展。因此，进程的维持可能比任何实质性的、立竿见影的结果都更为重要。

（三）进程孕育的规则和规范

规范是行为体广泛接受的、适当行为的准则。[①] 规范由规范倡导者发起，通过制度化和社会化两种手段来实现并加以普及。[②] 制度化并非规范普及的必要条件，它可以先于或后于规范普及。在东亚，由于对非正式原则的重视和制度建设的滞后，规范普及显然主要是通过社会化而非制度化实现的。社会化是"一种机制，新兴国家通过这种机制，接受由国家组成的国际社会所赞成的规范，据此改变自己的行为"。[③] 那么国家加入这一社会化进程的动机是什么呢？国家利益的权衡当然是重要的，但同样重要的是，国家想要成为国际社会成员与共同体乐于接纳成员国的相互需求。当社会化进程开始之后，参加的行为体都会感受到"伙伴压力"，即"一个地区许多国家接受新规范后（对新成员）产生的累积效应"。[④] 当规范被广泛接受以后，就被国家当做理所当然之物内化了因此可以说，规则与规范是在社会化进程中孕育的。在东亚，东盟模式具有非正式性、协商一致和渐进性三个特征。"东盟模式不仅源于东盟创建国所同意的、处理国家间关系的原则，也来源于其长期的互动和调整过程。"[⑤] 当前，东盟的规范已经从较小的东盟国家扩展到较大的中、日、韩三国当中，迄今运转基本上是成功的。下一步是否会保持这种势头，主要取决于东亚合作进程的社会化能力。

（四）进程催生的集体认同

集体认同是指认同主导规范和因之确定的相互身份。温特定义了与

① Pete r J. Katzenstein, "Introduction: Alternative Perspectives on National Security", in Peter J. Katzenstein, eds., *The Culture of National Security: Norms and Identity in World Politics*, New York: Columbia University Press, 1996, pp. 1-32.

② Martha Finnemore and Kathryn Sikkink, "International Norm Dynamics and Political Change", in Peter J. Katzenstein, Robert O. Keohane, and Stephen D. Krasner, eds., *Exploration and Contestation in the Study of World Politics*, Massachusetts: The MIT Press, 1998, p. 255.

③ Martha Finnemore and Kathryn Sikkink, "International Norm Dynamics and Political Change", p. 262.

④ Francisco Ramirex, Yasemin Soysal, and Susanne Shanahan, "The Changing Logic of Political Citizenship: Cross-National Acquisition of Women's Suffrage Rights, 1890-1990", *American Sociological Review*, Vo. 162, pp. 735-745, 1997, 转 引 自 Martha Finnemore and Kathryn Sikkink, "International Norm Dynamics and Political Change", p. 263.

⑤ Amitav Acharya, *Constructing a Security Community in Southeast Asia*, pp. 71-72.

集体认同相关的四种主要变量——相互依存、共同命运、同质性和自我约束。[①] 其中“自我约束”是形成集体认同的必要条件，也是核心变量。国家在参与集体认同建设之前首先需要消除被消灭的恐惧，国家必须相信自己的需求会被顾及，自己的个性会被保护。这种信念从本质上讲就是对于其他国家自我约束的信任。国家怎样表现出自己是共同体中具有自我约束力的成员呢？这必须通过互动的进程来实现。在这一进程中，国家强化、内化、习惯规范，在重复博弈中显示自己对规范的服从。国家也可以有意通过牺牲自我利益以保障合作的成功或共同收益，从而打消其他行为体的疑虑。由于自我约束是关键变量，且只能表现于互动的进程中，所以说进程催生了集体认同。在东亚一体化进程中，我们可以看到高度的相互依存、面对区域一体化和全球化大背景下的共同命运感、不断增强的共有规范和大国自我约束的征兆。[②] 当这些方面逐步成熟之时，就会产生源自于这一社会化进程的东亚认同。

（五）进程产生的结果

温特定义了霍布斯、洛克和康德三种文化，并认为它们是递次进化的，但他未能指出这三种文化之间依次演变的动力。由于体系层次的观念结构与行为体的表现、对自身相对于其他行为体的身份界定密切相关，所以文化的转变发生在行为体的集体认同（包括角色结构）发生改变的时候。对一种新的角色结构的内化会导致对客观定位的主观承诺。当竞争对手变为朋友，体系结构便由洛克文化转变为康德文化。当然，一个国家的身份转变会面临诸多国内和国际的约束，而且只有当改变身份的重要行为体的数量足够多、改变的程度超过了临界点的时候，体系文化才会发生改变。进程能够实现互动，通过孕育规则与规范改变行为体的角色结构，所以，不同观念结构之间转变的动力即蕴藏于进程之中。产生动力的是进程而不是结果。结构现实主义总是试图寻找业已成为结果的物质权力结构，并从中推导出某种秩序。它们始终未能在东亚找到这一结构，因而对于存在一个以进程主导的东亚合作模式感到大惑不解，同时也存有极大的戒心。

---

① Alexander Wendt, *Social Theory of International Politics*, Chapter 7.

② 中国加入《南海各方行为宣言》和执行“早期收获计划”就是这方面的例子。

四、个案研究：中国、东盟与东亚峰会

过去40年，进程主导型模式在东盟十国中运转良好，但中、日、韩三国的加入将是对这一模式的巨大考验。最主要的考验是由东盟按照东盟模式发起的共同体建设进程是否能够成功地吸引这一地区中较大的国家并使之社会化。根据上面提出的理论模式，这一问题可以归结到以下方面加以考察：第一，大国是否在参与过程中改变自我身份并促成角色结构的改变。第二，大国是否接受进程孕育和产生的规则与规范。第三，大国是否进行自我约束（包括利益让步）以维持进程的延续。如果大国自愿加入这一进程并且做到以下三点，才可以说进程主导型模式的运转是正常的，即：（1）与其他进程中的行动者由敌对的角色结构向非敌对的角色结构转变；（2）接受在进程中形成的规则和规范；（3）进行自我约束以维持进程的延续。我们将选取第一次东亚峰会作为个案对这一模式加以检验。

（一）中国参与进程：角色结构的改变

我们借用角色结构的概念来表示国际体系文化的特征。霍布斯、洛克和康德这三种国际体系文化的角色结构分别被定义为敌意、竞争和友谊。①大国加入某种进程的时候，可以使角色结构发生变化。从1967年至今，东盟和中国的角色结构从霍布斯文化转变为以洛克文化为主，甚至显现出部分的康德文化萌芽。

20世纪60年代，东盟国家将中国视为一个敌对的大国，中国与东盟角色结构是权力政治思维主导的猜忌和敌对文化。中国改革开放之后，希望同周边国家改善关系，这就涉及一个根本的角色结构转化问题。1991年中国和东盟确立了对话伙伴关系，角色结构转化初显端倪。1997年爆发的东亚金融危机是一个明显的转折点，在中国率先加入下，“10+3”机制得以创建，敌对的角色结构开始向合作的角色结构转变，并引发了双方身份的根本变化。② 中国从总体上改变了对东亚地区一体化的态度。中国在与东盟国家的合作中不断采取重要举措，表明中国约束自身行为、与地区共享发展

① Alexander Wendt, *Social Theory of International Politics*, pp. 246-312.

② “东盟—中国名人小组”提供的报告描述了中国—东盟之间关系的转变：从1967年8月东盟建立到1991年东盟与中国之间建立联系，双方关系从对抗和猜忌转变为对话、合作和建立在平等、睦邻和互信基础上的战略伙伴关系。参见 *Report of the ASEAN-China Eminent Persons Group*, Jakarta: The ASEAN Secretariat, 2005, p. 13.

和繁荣的意愿。[1] 通过更紧密的经济和安全纽带以及全面战略伙伴关系的确立，中国也增强了自身对于东盟的认同。

中国对东亚峰会的态度表现了这种角色结构的变化。召开东亚峰会的构想可以追溯到1990年时任马来西亚总理马哈蒂尔提议成立的“东亚经济集团”。2001年，东亚展望小组提出以构建东亚共同体为东亚合作的远景目标，“将‘10+3’年度首脑会议发展为东亚峰会”。[2] 这清楚地表明，当时预期的结果是在“10+3”的地理范围内建成东亚共同体。2005年12月，第一次东亚峰会在吉隆坡召开，但突破了“10+3”范围，包括“10+3”以及印度、澳大利亚和新西兰在内的16个国家参加了会议。从建设东亚区域化的构想初步酝酿到“10+3”机制的建立和实施，再到“东亚峰会”被正式提议和正式召开，经过15年的历程。这是不同的规范和利益竞争的过程，是大国被社会化的进程。中国加入了这一进程并且改变了它与东盟的认同以及中国—东盟的角色结构，尤其是当中国迅速发展、实力不断加强的情况下，角色结构的转变就更加具有意义。所以，角色结构的改变是中国接受东亚峰会的深层原因。

（二）进程建构中国：规范和权力的相互作用

作为“10+3”机制的对话伙伴和积极参与者，中国转变了身份，接受了东盟的规范。自从中、日、韩三国加入东亚区域化，一种新的规范也随之产生，这就是东盟的领导角色。这是一种规范的规范，使东盟国家具有设定议程和提出规范的主导身份。中、日、韩三国作为地区多边进程的一部分，需要接受上述规范并接受由东盟提出的新的标准和规范。虽然中、日、韩的物质性实力大大超出东盟，但东盟提出规则和设定议程的能力却使其权力地位大大超出其自身的物质性能力。在合作进程中，规范提供和规范接受成为一种频繁的互动形式，从中产生的规范性力量又起到了维持进程延续的作用。中国主要通过规范接受参与了东亚地区社会化的过程。这种似乎不甚平等的做法一方面维持了东盟的核心地位，但更深层的意义是这种做法维持了进程的延续。否则，如果主要国家之间为争夺地区发展的领导权而展开激烈竞争，就很可能导致现有多边区域化的中断甚至崩溃，东亚也会回到权力政治的时代。

---

① 例如，中国于2002年签署《中国与东盟自由贸易区框架协议》、《南海各方行为宣言》；2003年加入《东南亚友好条约》；2005年参与“早期收获计划”等。

② East Asia Vision Group Report, “Towards an East Asian Community”, http://www.aseansec.org.

东亚峰会的参与国问题就是一个很好的例子，可用来考察规范是如何被提供和被接受的。尽管早在2001年东亚展望小组就提出了将“10+3”领导人会议演变为东亚峰会的建议，但召开峰会的决定直到2004年才最终做出，原因是对于谁有资格成为东亚峰会与会国的问题，各方意见不一。日本最先提出将澳大利亚和新西兰纳入东亚峰会之中；[①] 中国起初更强调区域一体化的深化而非扩展；东盟国家也有不同意见。

2005年，东盟达成一致，有条件地同意澳大利亚、新西兰和印度参加峰会。东盟国家为东亚峰会的与会权创设了三项标准：（1）加入《东南亚友好条约》；（2）与东盟国家建立对话伙伴关系；（3）与东盟国家具有广泛而密切的关系。通过这三项标准，东盟守住了东亚峰会的门槛，并保住了自身在这一机制中的主导地位。

随后，东盟国家将自己的一致意见转达中、日、韩三国，并希望三国接受东盟意见。2005年12月12—14日，先后召开了东盟峰会、“10+3”领导人会议、“10+1”领导人会议和东亚峰会，首先在东盟内部就关键问题达成了一致，然后再以宣言和声明的形式在“10+3”和东亚峰会上征得与会国对原则问题的同意，包括东盟在共同体建设中处于驾驶席位、东亚峰会是就广泛的战略问题进行讨论的论坛、“10+3”是东亚共同体建设的主渠道等。[②] 这表明，由中小国家组成的东盟成功地进行了规范扩展和标准设定。

东盟设立的东亚峰会成员国的标准虽与中国的初衷不甚吻合，但是中国（包括日本和韩国）接受了这三项标准，并重申了它对于东盟领导地位的支持。在这一过程中，非物质性权力发挥了主要作用。虽然东亚峰会倡导者们的最初目标是以东亚峰会代替“10+3”机制，但是如果严格坚持“10+3”的地理框架就会导致区域化的分裂和脱轨。因此，这些标准的重要作用是维持进程的延续。接受这些标准使得东亚峰会得以召开，也使得进程得以持续。

（三）进程中的中国：维持进程与界定国家利益

对于进程主导型模式来说，有一个关键的检验，这就是观察在维持进程与维护国家利益发生矛盾时，国家会采取什么措施。根据现实主义的观点，国家利益将会占优，只有当受到来自更强大的权力压力时才会被放

---

① 陆建人：《东亚峰会圆桌博弈》，http://xmzk. xinminweekly.com.cn/hq/t20051216_760112. htm。

② “Chairman’s Statement of the First East Asia Summit” and “Kuala Lumpur Declaration on East Asia Summit”, Kuala Lumpur, December 14, 2005, http://www. aseansec. org.

弃。根据制度主义的观点，对长远利益的考虑会使行为体为长期收益而放弃眼前利益。

首先，我们需要考察一下中国的国家利益。倘若以东亚峰会代替“10+3”机制，就意味着在已经高度相互依存的有限地理范畴内深化一体化。这种机制将会促进中国在地区合作中成为一个有影响力的成员，也使中国能够在一体化进程中更好地实现其国家利益。根据这种推理，东亚峰会成员范围的扩大并不符合中国的国家利益。但是如果中国反对东盟的决议，则会滋生并加强不信任的情绪，破坏地区的一体化进程。为了使合作继续进行，中国做出了妥协，支持了一个开放的东亚峰会机制，并且接受了东盟采取的筛选成员和建设制度的规范。

其次，我们需要考察长远利益的考虑。中国仅仅是因为实现其长期目标而接受东盟意见的吗？中国的长期利益是什么呢？是由原来的13国组成的地区共同体，还是扩大后的共同体呢？西方国际政治学告诉我们，在一个较小范围内，中国更容易成为一个主导国家。而且，成员范围扩大将会使得地区共同体建设更加难以实现，而实现地区共同体建设显然符合中国建设友好周边的外交战略。因此，中国接受东盟的意见似乎并非出于对长期利益的考虑和反复权衡。在这一过程中对长远利益的考虑这一因素也似乎没有令人信服的解释力。

于是，我们只剩下两个答案。一个与国内因素有关：中国的经济和社会发展要求中国保留在进程中，以使得中国能够继续在一个更加稳定的国际环境中集中精力于国内事务。另一个与进程有关：地区多边进程具有其自身的动力和吸引力。这种进程的维持比实质性结果、比对长远利益的考虑更加重要。我们认为两种因素都起作用。①

从另一个发展变化中也可以看出进程的动力。随着东亚峰会的临近，东盟在不同场合不断强调，东盟将会继续保持它的驾驶席位，“10+3”机制也仍是东亚共同体建设的主渠道，东亚峰会则是进行广泛的战略性对话的平台。② 这对中国而言既存在着有利的一面，也有着不利的一面。有利的是由于“10+3”机制仍然是地区合作的主渠道，由西方国家主导地区事务的

① 国内因素的作用十分重要。由于中国将国内发展确定为国家战略的重点目标，将周边确定为实现这一目标的首要关注地域，所以，中国国内进程对于中国参与东亚合作的意义不可低估。本文的重点是在国际层面，因此不对国内因素展开详细讨论。

② 东亚各国代表在2005年8月召开的第三届东亚思想库网络年会（Network of East Asian Think Tanks）、2005年10月召开的第三届东亚论坛（East Asian Forum）以及东亚合作联合研究大会都表达了这种观点，但也有不同的意见，比如日本认为应该着力加强东亚峰会的作用。

可能下降；不利的是中国会面对较强国家更多的制衡。为了增强互信，避免区域一体化进程受到重大挫折，也为了实现与东盟国家更好的认同，中国支持了东盟提出的东亚峰会模式和东盟在共同体建设中的领导地位，并且不断表明了中国支持开放地区主义的立场。

五、进程模式的作用与局限

东亚区域化是一个漫长而开放的过程。对于中国参与这一过程中的政治选择和行为方式，西方国际关系三大主流理论都难以做出充分的解释。

新现实主义不能做出令人满意的解释。在东亚地区不存在一个清晰的物质结构，因此也很难找出决定中国行为的结构性因素。新自由制度主义的解释也相当牵强。无论是东亚区域化的一般程序还是东亚峰会的特例都表明，东亚的制度化水平较低。在东亚峰会问题上，不存在迫使中国合作的制裁性制度。主流建构主义也不能提供充分的解释，因为东亚地区的观念结构仍处于漫长的形成过程中。主流理论之所以不能解释东亚区域化过程中中国的合作行为，是因为它们都以因果律为思维逻辑、以结果为考量标准来看待社会世界。当这些结构、制度或文化不存在或是不明晰的时候，结果就成为无法预测的未知。

东亚峰会的个案告诉我们，从概念到实现这一漫长而复杂的形成过程中，中国采取了不断的合作行为。权力和观念结构的缺位以及地区性国际制度的滞后使主流理论遇到了难以逾越的障碍。进程主导型模式提供了一种新的解释方案。中国在参与进程的实践互动中改变着自己的身份认同，也改变着东亚地区的角色结构。东盟提出的东亚峰会模式未必完全符合中国的利益，但中国的合作表明，由东亚国家主体间性界定的进程在塑造和重塑规范、身份、利益和行为。即便没有明显的结果，这一过程在建构和重构关系方面的意义也是至关重要的。由相互需求和共同利益所引发的中国在东亚地区的社会化与东亚共同身份形成的进程同步推进、相互作用。由东盟发起的、扩展为大国参与的进程是东亚地区合作的主要进程。它既是手段，也是目的。作为手段，这一进程的目的是导向东亚共同体的最终目标；作为目的，它本身既维持着地区稳定、促进地区合作、塑造地区规范．也建构着地区的集体身份和认同。

进程主导型模式有三个突出特点：第一，将进程置于集体身份建构的核心。第二，将进程特有的“化”的能力设定为权力资源。第三，对于解释不存在明显结构和制度的环境中国家为什么合作，尤其是大国在社会化过程中为什么采取合作行为，提供了一种不同于西方主流国际关系理论的解释方法。进程主导型模式的重心在过程，进程的意义不仅在于它可以导向结果，而且还在于它能够建构权力和化解权力。进程主导型模式所蕴涵的政策意义是，在权力、制度、观念等因素不确定的条件之下，如果通往目标的进程充满动力并得以维持和加强，这本身就可以促进合作和维护和平。因此，根据目前东亚地区的实际情况，需要将维持区域化的过程既作为手段，也作为目的，将加强区域化过程的动力当做重要的政治意愿，也需要意识到管理区域化的过程比急于取得区域化结果更加重要。

进程主导型模式像所有理论模式一样，既有解释力，也存在其自身的局限性。有三个方面需要特别注意：首先是权力和进程的关系。权力作为国际关系的核心概念是不容忽视的。进程模式的一个重要方面是讨论权力的“化”，即通过社会化进程化解权力，尤其是大国权力。这是进程模式提出的权力与进程的关系。但权力被“化”到一定程度之后会出现什么情况？是否超过一定限度，权力就会拒绝被进一步“化”？进程在多大程度上可以重塑国家利益？也就是说，在权力面前，进程的效力有多大？这里有两个值得深入研究的个案：一是中国作为继续发展的大国，是否仍然会坚持维护东亚合作进程；二是美国作为与东亚有着密切关系的域外大国是否参与“化”的进程，最终使东亚地区的角色结构、东亚与域外大国的角色结构发生根本的变化。

其次是制度。东亚地区合作是在存在共同经济威胁的条件下启动的。在经济危机过去之后，这种合作没有消退，而是得到了进一步的加强和扩展，进程动力十分强劲。迄今为止，东亚地区制度化水平仍然很低。虽然只要有着一定的共同利益，合作就能够得以继续，但是，如果我们以东亚峰会为东亚地区合作的一个新的起点，那么是否在下一阶段的地区合作中会出现新自由制度主义理论所预示的制度保证合作的情况呢？进而，东亚缺乏法律制度的传统，在二战之后又长期受美国双边主义的影响，如果东亚地区合作需要提高制度化水平，并且各方也有意加强地区制度建设，东亚会出现新自由制度主义所定义的制度框架还是出现不同的制度形态？

最后是国际文化转化的动力。温特理论没有解释清楚国际文化的转化动力，也就是说温特建构主义缺乏文化力理论。东亚地区合作过程不仅是一个东亚地区政治文化转化的过程，也是东亚各国之间角色结构转化的过程。从可观察的事实来看，中国和东盟从敌对到合作的经验是一个非常值得研究的例子。1991 年中国开始改善与东盟关系，亦即重新定义了自己相对于东盟的身份和利益，1997 年积极参与区域合作进程、参与集体身份的建设，现在成为这一进程的积极维护者和推动者。从中是否可以发现推动中国与东盟角色转化的动力是什么，是否可以发现这些动力与推动西方国家合作的动力的异同之处，这是进程模式需要进一步发掘的问题。

东亚合作仍在继续。东亚峰会之后，针对东亚合作也出现了新的意见分歧，比如，东亚峰会和“10+3”的关系、东亚地区合作的深化和扩展问题、东亚地区合作的领导权问题等等。所以，随着东亚地区合作发展会产生更多的经验事实，我们也需要对进程模式做出进一步的验证。

东亚“开放区域主义”的演进与中国的作用

苏　浩*

国际关系全球化和区域合作一体化是当前国际社会并行发展的两大趋势。在全球化浪潮的冲击下，世界各个角落的政治、经济、安全、社会、文化及人们生活等方面受到了直接或间接的影响。在全球化的发展过程中，同时还经历着一个区域化的过程，① 因为国家在世界上首先是处于某个地区之内的，国家首先是与它的周边相邻的国家发生关系，地域相近的国家更趋向于形成一个整体，以面对全球化浪潮的冲击。因此，全球化与区域化是相互紧密联系的两个国际关系的现象，它们既有联系又有区别，相互作用并相互促进。区域一体化是全球化的基础和支撑，全球化则是区域一体化的最终结果。② 东亚国家通过奉行“新区域主义”的理念，开始逐渐推动区域一体化的进程。东亚的新区域主义可以界定为是一种“开放区域主义”。本文将对东亚的“开放区域主义”进行仔细分析，并对它与“新区域主义”的关系进行梳理。③

一、新区域主义在亚太地区的作用

在对区域主义进行研究时自然会碰到另一个相互关联但内涵不同的概念，即区域一体化。区域一体化包括地区化的自然演进和国家通过推动地区合作促进区域一体化进程两个方面的内容。区域化的自然演进是指地缘

---

*　苏浩，外交学院外交学系教授。本文发表在2006年第9期《世界经济与政治》。

①　Ian Clark, *Globalization and International Relations Theory,* Oxford: Oxford University Press, 1999.

②　苏浩:《东亚区域合作机制的建立及其对地区国际关系的影响》，载袁鹤龄主编:《全球化 VS 区域化: 亚洲地区经济发展的契机与挑战》，台湾: 鼎茂图书出版股份有限公司2003年版，第60页。

③　笔者认为“Regionalism”一词翻译为“区域主义”比“地区主义”更确切，因为“区域”的含义比“地区”要宽泛。地区可以指国家内部的某个小范围，如台湾地区。目前学术界基本以“地区主义”的作为学术研究的通用名词，笔者过去也曾沿用，但建议学术界今后是否可以把它规范为“区域主义”。

相近的国家的人民之间所进行的贸易、投资、产业分工、人员流动、文化交流等活动。这些活动是在民间自然开展，是区域一体化的基础和前提。但区域一体化进程的正式启动，需要地区国家政府以促使地区整合为目标，积极主导并加以推动。鉴于此，中国学者认为区域一体化是“经济（市场）力量与政治（民族国家的政治计划）力量的结合”。[①] 推动区域一体化进程的官方行为需要有明确的理论和政策理念为指导，区域主义由此而产生。

目前，世界各主要地区在不同程度上已经开始了一体化的进程，其重要的标志是这些区域都纷纷建立起了由国家主导的地区性国际合作组织。由此可见，区域主义的发展已成为当今国际关系舞台上的一个突出的特点。在分析一个地区时，我们可以首先将它视为一个自然的区域，如地理上的相对邻近、人种的近似、文化上的内在联系、经济的相互依存、安全上的密切关联性等等，从而体现出这个区域的自然的特性（natural characters），也可以称为固有特性（inherent characters）。因此，所谓“区域性”（或地区性 regionness）的东西，是“限于因在地理、文化或历史上的一些联系，或因经济和财政关系，或因政治上的开明和社会制度相似，或由于所有这些因素的综合而联合起来的”国家，“创建和发展这种‘区域性’或‘功能性’的，或者两者兼而有之的联合体”。[②] 据此，在亚洲，这就有了东亚、南亚、中亚、西亚之分。地区固有的特性可以作为实现区域一体化的自然基础和前提，但地区的固有特性并不一定就决定这一区域将走向一体化。如近代的欧洲，冷战期间的亚洲各地区，并没有实现区域一体化。区域一体化只有在区域主义的主导之下，通过区域内国家政府之间、企业之间和民间社会内的协调、合作与融合，才能最终实现。也就是说，区域一体化是区域融合的自然演进和区域内国家政府和人民有意识的推动和实践的结果。

因此，“区域主义”是推动特定地理区域内国家和其他行为体进行的政治经济的深入合作的进程的一种理念。[③] 它是在区域内国家相互依存度的加深，国家利益出现“外溢”（spillover）的情况下产生。它是指在一些政

① 庞中英：《地区化、地区性与地区主义——论东亚地区主义》，载《世界经济与政治》，2003年第11期，第1页。作者把“地区化”和“地区一体化”加以区分的观点值得商榷，但对地区一体化进程的两个因素的分析非常有价值。

② 卡尔·多伊奇著，周启鹏等译：《国际关系分析》，北京：世界知识出版社1992年版，第304页。Norman D. Palmer, *The New Regionalism in Asia and the Pacific, Lexington:* Lexington Books, 1991, p. 5.

③ Martin Griffiths and Terry O’Callaghan, *International Relations: The Key Concepts,* Routledge, 2002, p. 273.

治、安全、经济和文化联系相对密切的地区，通过建立某种地区性国际组织或某种非机制性安排，形成一种利益相关、相互依赖的特定的国际关系现象。[①] 区域主义可以有广义和狭义的区分。从广义来讲，区域主义是在特定区域内的国家政府、地方政府、组织机构、非政府组织、民间和个人推动地区范围内的合作所形成的相近和共同的态度、主张、战略与政策、以及具体的实践活动的总和。德国奥斯陆大学海姆（Helge Hveem）教授认为，“区域主义是一系列观念的载体，它促使认同的地缘或社会空间向地区计划转变，或是说它体现了一个特定地区认同的客观存在或有意识的构建。这通常与政策和战略相关，并导致制度的创建。”[②] 事实上，由于“地区本身就包括观念建构的含义，地区不只是世界上存在的物质实体，不只是我们认为在地图上能被直接和准确描绘的有形空间（货物和人口在这一空间内流动），地区也是根植于政治实践的社会和认知建构。”[③] 中国的区域主义学者则将区域主义定义为：“同一区域内的各种行为体（包括政府、政府间组织、非政府组织、民间团体和个人等）基于共同利益而开展地区性合作的全部思想和实践活动的总称。”[④] 简单地说，广义的区域主义是指区域内行为体包括政府、民间和个人，对推动地区融合所具有的认识、政策和行为。从狭义的角度看，区域主义是指国家政府之间形成共同的战略与政策，以此来主导和推动地区的整合。英国学者就认为，区域主义指国家带头的“区域合作工程”的理论与实践，它们以政府间对话与合作（包括正式的协定、条约）的形式出现。这与作为一种生产、贸易、投资等带动的自然地区整合不一样。[⑤] 中国有的学者认为，区域主义是指一定地理范围内国家之间合作与联合的思想、政策和运动。[⑥] 可见，狭义的区域主义强调国家的作用。总之，区域主义在国际关系实践的结果，即“由部分组成整体”，“将

① 苏浩：《从哑铃到橄榄：亚太合作安全研究》，北京：世界知识出版社2003年版，第168页。

② Helge Hveem, “Explaining the Regional Phenomenon in An Era of Globalization” in Richard Stubbs and Geoffrey R. D. Underhill, ed., *Political Economy and the Changing Global Order*, Oxford: Oxford University Press, 2000, pp. 1-80.

③ Peter J. Katzenstein, “Regionalism and Asia,” *New Political Economy*, vol. 5, no. 3, 2000, p. 354.

④ 耿协峰：《新地区主义与亚太地区结构变动》，北京：北京大学出版社2003年版，第36—37、82、95页。

⑤ 转引自Shaun Breslin, Richard Higgot and Ben Rosamond, “Regions in Comparative Perspective”, in Breslin et al, eds., *New Regionalism in the Global Political Economy*, London and Now York: Routledge, 2002, pp.13-14.

⑥ 刘新华：《地区认同与东亚地区主义》，载《现代国际关系》，2004年第5期，第18页。

原来相互分离的单位转变成为一个紧密系统的复合体。”① 或者说是“单个的民族经济在制度上结合为更大的经济集团或共同体”。② 这就是区域一体化进程。

区域主义经典的实践是欧洲一体化的进程。冷战期间，西欧国家为维护自身利益而结合，政府积极主导了经济和政治领域的横向协调与合作，其形式带有明显的地区保护的内向性色彩。这是一种传统区域主义（或称“旧区域主义”）。上个世纪80年代中期以来，随着北美自由贸易区的酝酿和欧共体内部整体市场化进程的加速，一种新区域主义开始出现在国际关系舞台上。③ 发达国家为了拓展世界经济中的影响力，愿意与一些发展中国家签订紧密经贸合作协议。如美国通过促使墨西哥开放市场而建立了“北美自由贸易区”；欧盟则在推动西欧与中东欧区域一体化进程上，要求新成员必须经过自我改革以适应西欧的规范。这就改变了传统区域主义注重在经济体制和发展水平相一致的基础上推进贸易融合的“浅一体化”（Shallow of Integration）做法，而是通过在不同经济体制和发展水平的国家之间推行贸易、金融、技术、信息等方面的全面合作的“深度一体化”（Deep Integration），努力推动区域一体化进程。④ 这样，“新区域主义”便应运而生，并由此而掀起了“第二波区域合作的浪潮”。⑤

20世纪80年代以来，新区域主义的现象也在亚太地区出现，其表现是一系列跨区域性的多边合作机制的建立，如1980年建立的“太平洋经济合作理事会”（the Pacific Economic Cooperation Council—PECC），1989年建立的“亚太经济合作组织”（Asia-Pacific Economic Cooperation-APEC），

---

① 卡尔·多伊奇认为，“一体化就是单位中间的一种关系，在这种关系中它们相互依存并共同产生出它们单独时所不具备的系统性能”。见他的《国际关系分析》（Karl W. Deutsch, *The Analysis of International Relations*, Prentice-Hall, Inc. 1988,），世界知识出版社1992年版，第267页。

② Peter Robson, *The Economics of International Integration*, 4th edition, London and New York: Routledge,1998, p.1.

③ Wilfred J. Ethier, “The New Regionalism”, *The Economic Journal*, Vol. 108, Issue 449, July, 1998, pp. 1149-1161; Stefan A. Schirm, *Globalization and the New Regionalism: Global Market, Domestic Policies and Regional Co-operation*, Malden MA: Blackwell Publishers Ltd, 2002, pp. 2-3.

④ Mary E. Burfisher, Sherman Robinson and Karen Thierfelder, “Regionalism: Old and New, Theory and Practice”, paper presented at the International Conference, “*Agricultural Policy Reform and the WTO: Where Are We Heading?*”, Capri (Italy), June 23-26, 2003. 这种在本质上是“小国对大国作出单方面让步或额外支付的现象被称为新区域主义”。陈勇:《新区域主义与东亚一体化》，北京：社会科学文献出版社2006年版，第31页。

⑤ Bjorn Hettne, Andras Inotai and Osvaldo Sunkel ed., *Globalism and The New Regionalism*, London: Macmillan, 1999, pp. 7-8.

1994年分别建立半官方的“亚太安全合作理事会”（Council for Security Cooperation in the Asia Pacific —CSCAP）和第一个官方安全对话机制的东盟地区论坛（ASEAN Regional Forum-ARF），等等。上述亚太地区经济合作组织和安全对话机制有一个突出的特点，即其成员国包括了东亚、北美、南太平洋甚至南美洲国家，从而形成了几乎覆盖整个太平洋区域（the Pacific rim）。鉴于此，美国学者诺曼·帕尔莫（Norman D. Palmer）在分析这种过去还没有出现过的合作机制时，于1991年便首次提出了一个新的概念——“新区域主义”（new regionalism），以区别此前传统的旧区域主义（old regionalism），强调“新区域主义”突出特点是跨区域性，即区域合作应超越单一地区，实现跨区域国家间的合作与融合。[①]

总起来说，亚太地区的新区域主义具有以下特点：第一，普遍性。与传统区域主义基本上在欧洲推行不同，新区域主义是在经济全球化和区域化背景下形成的，世界各个地区都奉行区域主义的理念，推动地区合作的广泛展开，从而使得多个区域同时开始了区域一体化的进程，亚太地区是其中一个重要的表现；第二，包容性（或多样性）。区域内的一体化过程是在不同经济发展水平、政治体制和文化宗教国家间进行的。第三，多元性。亚太地区合作机制建设的突出特点是“两个轨道”并行，及政府间组织、半官方机制和非政府共同参与。第四，跨区域性。与旧区域主义的内向性（inward-turning）相比，它更具外向性（outward），对外联系加强了地区的地位而不是削弱它。这样的世界是一个跨地区性的（transregional dimensions），而不是地区系统 (regional system) 所构成的。[②] 因此，这被称为“开放区域主义”。[③] 第五，多层次性。区域化的过程体现出一种从小区域逐渐扩大的散射式的层次，使得区域内呈现多种层次的合作机制的并存。“新区域主义”为人们认识冷战后相互依存的国家间关系提供了宽阔的视野，同时也为不同区域的国家间的协调与合作提供了政策选择。特别值得指出的是，新区域主义为发展中国家与发达国家建立直接的经济关系提供了契机，它促进双方通过贸易投资合作，进行技术交流，从而使发展中国家经济得到提升。所以，有的中国学者认为新区域主义对旧的国际政治经济格局产生强大的冲击，孕育着建立更加公正合理的世界政治经济新秩序的趋向与契机。[④]

---

① Norman D. Palmer, *The New Regionalism in Asia and the Pacific,* pp. 1-5, 12.

② Ibid, p. 2.

③ 西方学者强调“亚太经合组织”中所提倡的“开放区域主义”是新区域主义的主要内容之一。

④ 王庭东：《论东亚新地区主义》，载《当代亚太》，2003年第1期，第53页。

上述“新区域主义”具有两个重大效用，第一，通过所谓“深度一体化”，促使发展中国家改变自身，通过政治经济体制的调整改革，接受优势国家（西方发达国家）标准，而被纳入到区域一体化体制中。因此在包容的多样性中却表现出同质性倾向。第二，发达国家通过跨区域的“开放区域主义”方式，通过贸易与投资自由化（便利化）措施的施行，扩大自身经济利益，主导整个区域经济，甚至区域的政治和安全事务。鉴于这种巨大的效用，西方学者往往给予十分肯定的评价。他们还将“开放区域主义”作为新区域主义的积极因素加以强调，认为这一概念有利于促进贸易集团的对外自由化，即在成员国之间实行贸易自由化的同时，应减少对非成员国的进口壁垒，从非成员国进口的自由化程度不应高于成员国间的进口。此外还可以有三个标准：1. 成员开放（*Open membership*）：任何机制外的国家只要满足标准便可加入贸易集团；2. 非禁止性条款（*Nonprohibition clause*）：一项贸易协定可以允许任何成员单方面地将其互惠自动延及非成员国；3. 选择性自由化和开放的互惠（*Selective liberalization and open benefits*）：成员国可以基于最惠国待遇的原则，将自由化集中在它们世界贸易中占主导地位的领域，从而不必再给非成员国以特惠待遇。① 西方国家正式在这种新区域主义的作用下，深度卷入了一些发展中国家所在的区域。这虽有利于这些将发展中国家引入全球市场从而促进它们的经济发展，但同时居于弱势地位的发展中国家的生产和金融等领域的活动被发达国家所主导，加重了它们经济的脆弱性。这正是20世纪90年代后期东南亚金融危机和后来的拉丁美洲国家金融及社会危机的重要根源。因此，对于亚太地区的发展中国家（特别是东亚国家）来说，这种“新区域主义”具有受发达国家主导和控制的消极含义，并不完全符合它们的利益。②

---

① “开放区域主义”上个世纪90年代中期的APEC会议和拉美国家讨论区域合作时曾被正式引进。Shang-jin Wei and Jeffrey A. Frankel, “Open Regionalism in a World of Continental Trade Blocs,” *IMF Staff Papers*, Vol. 45, No. 3 (September 1998); Choi, Seok Young, *Revisiting the Open Regionalism of APEC: Assessment and New Challenges*, Seoul: Korea Institute for International Economic Policy, 2004, p. 41; Eduardo Gudynas, “ ‘Open Regionalism’ or Alternative Regional Integration?,” *Hemispheric Watch*, October 26, 2005, pp,1-3; 王萍：《走向开放的区域主义——拉丁美洲一体化研究》，北京：人民出版社2005年版。

② 我们知道，在亚太经合组织中长期存在着发达国家与发展中国家在贸易投资自由化与技术转让合作“两个轮子”间的矛盾。Nicola Phillips, “The Rise and Fall of Open Regionalism? Comparative Reflections on Regional Governance in the South Cone of Latin America”, in Kanishka Jayasuriya, ed., *Governing the Asia Pacific: Beyond the “New Regionalism”*, New York: Palgrave Macmillan, 2004, pp. 19-36.

二、东亚的“开放区域主义”：新区域主义的超越

为了摆脱西方发达国家的控制，保障并扩大自身利益，东亚国家开始探询新的区域合作的新路子，形成了具有东亚特色的“开放区域主义”，从而更加丰富了“新区域主义”的内涵，甚至是实现了某种程度的超越。

早在20世纪90年代初期，为应对“关贸总协定”谈判所产生的困难和欧洲及北美区域一体化趋势的加强，东盟国家在讨论寻求建立东盟自由贸易区的可能性时，马来西亚就主张地区经济合作的范围不仅限于东南亚国家，而应扩大到整个东亚国家。1990年12月，马来西亚总理马哈蒂尔表示，如果关贸总协议谈判失败，马来西亚将建议成立一个“东亚经济集团”（East Asia Economic Group—EAEG，后又改称East Asia Economic Caucus—EAEC），以便加强作为一个整体的东亚国家的地位，防止西方贸易集团化所造成的损害。尽管这一倡议由于各种原因在当时并没有得到东亚国家的广泛响应，但一种新的东亚区域合作的理念产生了。

20世纪末和21世纪初的三件事使东亚国家开始以新的视角和态度来对待地区合作问题。首先，1997年爆发的金融危机，由于区域外发达国家态度冷淡，袖手旁观，使东亚国家感到只有自救自强和相互帮助，才能捍卫自身利益；第二件事是中国在金融危机中负责任的态度，以及中国经济的高速发展给周边国家经济复苏所带来的积极影响，使东亚国家间紧密的经济合作获得巨大动力；第三件事则是“9·11”悲剧发生后恐怖主义袭击给世界安全形势带来新的挑战，使东亚国家意识到了在非传统安全领域所面临的共同威胁，从而为促进相互间的合作注入了新的因素，进一步增强了东亚地区凝聚力。这些经历使东亚国家产生了一种共识：它们之间在经济上相互依存，荣辱与共，只有加强东亚内部的协调与合作，才能为解决自身所面临的挑战创造良好条件，为此，东亚国家间有必要建立某种合作机制。

20世纪90年代后期以来，以下一些因素大大促进了东亚国家间直接的协调与合作。

第一，相近的地缘平台。目前世界上的地区性合作组织，都是由地缘上相互接近的国家组建的。从地缘来看，世界上可以分为以下一些相对独立的地区：欧洲、东亚、南亚、东欧中北亚、西亚北非、撒哈拉以南非洲、南太平洋、北美和中南美洲。目前这些地区基本上都已经建立起了相应的地区性合作机制。在亚洲，东北亚和东南亚是一个地缘接近、相互密切

联系的一个整体，东亚可以成为亚洲太平洋部分的一个相对独立的地理区域。上文提到的马哈蒂尔总理的东亚合作理念，使"东亚"作为一个政治与经济的概念正式出现在国际关系舞台上。①

第二，外在压力是动力。冷战结束后世界许多区域合作加强一体化建设，如欧洲联盟的建立和北美自由贸易区的形成，使东亚国家感到巨大压力。而在因西方国家的金融投机诱导的1997年东南亚金融危机中，以美国为首的西方工业国家迟迟不采取行动予以救助。继而，为了防止危机再次发生而进行的全球金融结构改革未能成功，世界贸易组织1999年西雅图成员国部长会议和2001年的多哈会议并没有找出良方以解决全球化浪潮冲击下发展中国家的经济困境的问题。东盟国家和韩国力图在全球体制内求得发达国家帮助的"幻想破灭了"。它们从过去的痛苦经历中汲取了教训，开始寻求东亚国家间直接的经济合作，东亚合作机制由此产生。② 可以说，东南亚金融危机的爆发，在客观上催生了东亚区域合作机制。这应证了美国著名学者哈斯的论断："国家的挫折导致各国的经济联合，并最终走向政治统一。"③

第三，内在需求是驱动器。20世纪80年代日本通过产业分工建构的"雁行模式"，在东亚国家间建立起了内在的经济联系，推动了东亚经济的发展。随着中国经济的迅速发展，中国既成为东亚国家的最重要贸易伙伴之一，也成为旅游和投资的来源地，从而直接刺激中国周边国家经济发展，促使东亚经济逐渐发生结构性的变化。此外，"10+3"东亚国家间合作机制的建立，大大促进了区域内各经济领域的合作。这样，在东亚地区通过产业分工、区内贸易、相互投资、货币互换和人员流动，形成了区域内经济循环体系，从而自然地带动了东亚地区经济一体化的进程。

第四，文化是维系地区合作的粘合剂。在区域内主要国家间的共同或相似的文化和价值观，有助于它们相互沟通和理解，从而更好地开展合作。所以说，"文化统一从来就是政治统一的先决条件"，"文化统一在整个政治统一总的地位不容忽视。"④ 东亚地区在文化上虽具有突出的多样性，

① 苏浩：《东盟：热情促进东亚携手》，载《人民日报》，2004年03月26日，第7版。

② 美国学者以其特有的视角来看待东亚的区域合作趋势。他指出：同当年美国西部的拓疆者一样，他们认为，大家在马车周围围成一圈要比一家一户单独作战更有利于抵御前来劫掠的印第安人。Hugo Restall, "Asia's Mini-IMF", *The Asian Wall Street Journal*, May 10, 2000, p.8.

③ Ernst B Hass, "The Uniting of Europe and the Uniting of Latin America", *Journal of Common Market*, June 1967, p. 184. 转引自詹姆斯·多尔蒂和小罗伯特·普法尔茨格拉夫：《争论中的国际关系理论》，北京：世界知识出版社1987年版，第465页。

④ 田志力：《全球开放论》，北京：东方出版社1990年版，第92页。

但儒家文化和佛教文化在东北亚发挥着主导作用。在伊斯兰文化为主体的印度尼西亚和马来西亚，以及天主教文化为主体的菲律宾，由于华人在这些国家中的经济生活中的独特地位，儒家文化也可作为增进相互沟通的重要黏合剂。随着区域一体化进程的发展，区域内国家将逐渐将主体文化与地区利益需要相结合，最终内化为一种区域意识，[①] 形成地区共同体观念。

第五，维护共同安全是地区合作组织建立的又一个重要动因。目前，东亚国家面临着许多非传统安全问题，如恐怖主义、海盗、走私、毒品交易、环境污染、传染病防治。东亚国际社会的多样性，决定了这一地区是一种"混合性的社会"，而"混合社会也可能是混合的安全社会"。这种区域内部的混合安全社会"不仅要维持和平，而且还要付出更大的力量来完成一般的和特定的政府性服务和目的，并可能要为社会精英和人民大众提供更大的特征和心理保障感"。[②] 东亚国家间建立地区合作机制，可以为其成员国提供良好的地区安全合作的平台，使它们能够在机制内密切协调与合作，解决共同面临的安全问题。

第六，区域内各国政府的积极态度和措施，是地区合作机制得以建立的保障。上文已经提高，区域一体化的过程必须通过国家明确的意志来推动，因为"自由国际经济的确立、维持和成功地运行，需要一个政治领导"。而"在一个由许多独立国家组成的高度相互依存的世界经济中，各国政策竞争的可能性是一直存在的"。因此，"国际经济性质的变化，已导致对多边领导和政策协调的需要"。[③] 在竞争与相互依存并存的国际社会中推动区域一体化进程，"从一开始，便需要重要的政治妥协，以便将这些一体化运动与广泛的超阶级联盟团结在一起。……合作伙伴必须找到一条途径互换政治实惠，并且在双方都有极其重大的利益上配合默契，作出真正和实质性的让步，而不是相互构成障碍。"[④] 区域一体化过程，需要国家间共同努力建构地区合作机制，需要国家将某些主权让渡给超国家的地区机制，需要国家安排权利分配、安排区域内的产业结构和多边安全保障措施，需要通过国家权力调整一体化过程中国内利益集团的得失。在东亚地区，由于地区政治安全状况的复杂性，国家间虽然在安全和经济的综合利益有共

① 文化在国际社会建构中的内化作用分析，见亚力山大·温特著，秦亚青译：《国际政治的社会理论》，上海：上海人民出版社2000年版，第318—387页。

② 卡尔·多伊奇著，周启鹏等译：《国际关系分析》，第334、335页。

③ Robert Gilpin, *The Political Economy of International Relations*, p. 364, 366.

④ 卡尔·多伊奇著，周启鹏等译：《国际关系分析》，第304页。Norman D. Palmer, *The New Regionalism in Asia and the Pacific*, p. 342.

同需求，但在具体领域和特定问题又存在巨大差距和竞争关系。这就需要区域内国家从整体和长远利益考虑，发挥主导性的作用，运用政治和外交的手段，推动地区合作机制的建设。此外，东亚国家还明确了东亚合作的长远目标是"建立东亚共同体"，这就为区域合作的未来确定了方向，设计了远景规划。

第七，从其他区域一体化的实践经验来看，区域内主要国家具有核心的作用。"一体化进程往往起源于某一个核心地区，由一个或若干个较强、较高度发展以及在一些重要领域比其他地区更先进、更具吸引力的政治单位构成。"[①] 欧洲联盟的德国和法国，以及北美自由贸易区的美国在推动区域合作中发挥了决定性的作用。20世纪90年代，作为世界第二经济大国日本曾经是地区经济发展的领头羊，它提出了按"雁行模式"引导地区经济发展的设想。到了20世纪90年代末21世纪初，经济飞速发展的中国日益成为东亚地区经济发展的稳定器和新的动力源。中国已经日益显现出其"地缘重心国"的作用，她将逐渐成为东亚地缘板块的支撑力量。[②] 当然，从长远来看，中日两国既有推动东亚区域合作的意愿，又都有较强的综合实力，将来如果两大国能够协调好相互关系，它们在东亚区域合作的进程中必然发挥更加强大的推动作用。

第八，区域外国家具有特殊的影响力。在东亚国家广泛开展合作的同时，一个重要的事实是，它们与区域外国家继续保持着自近代以来就形成的密切联系。这种联系体现在两个方面，一是双边政治、安全与经济的制度化协调，二是以"新区域主义"指导下建立的跨区域性的亚太地区多边经济合作（APEC）和安全对话（ARF）等机制作用突出。东亚区域内的国家并不愿意以削弱与区域外国家的传统关系为代价，来专注于区域内的合作。相反，它们大都希望通过区域内的整合和区域外的联系，获取双重的利益。这就形成了一种区域内合作机制建设与区域外协调体制建构的两层构架。

在上述因素的作用下，东亚国家自20世纪90年代后期起开始在区域主义理念指导下，建立了"10+3"东亚区域合作机制，并以此为平台形成了多层次的区域合作安排。东亚区域一体化进程开始正式启动。与"新区域主义"相比，东亚区域主义被赋予了新的意义，更适合东亚地区一体化进

---

① 卡尔·多伊奇著，周启鹏等译：《国际关系分析》，第304页。Norman D. Palmer, *The New Regionalism in Asia and the Pacific,* p. 338.

② 苏浩：《地缘重心与世界政治的支点》，载《现代国际关系》，2004年第4期，第58—59页。

程的现实需要。1）将东南亚和东北亚两个次区域结合为一个东亚区域，作为推动合作的平台，以此为基础建立东亚共同体；2）建立一种整个东亚的政治、经济、安全、文化等各个领域的协调与合作的网络；3）以经济合作为主要合作领域，在金融、贸易、投资、科技领域开展广泛的合作；4）为应对其他地区的一体化所带来的挑战，进行自身的整合，才能更好地维护和扩大东亚地区的整体利益；5）在承认文化多样性的同时，应提倡共同的价值观念，形成地区共同意识和认同；6）提倡开放的区域主义，主张与东亚地区以外的其他地区组织和国家保持和发展合作关系。因此，我们可以将东亚区域主义做出如下定义：东亚国家间政府和民间（governments and other societal sectors）在推动区域一体化的进程，制定的促进相互合作的战略和政策，加强与区域外国家和组织的协调，最终实现建立东亚共同体的目标。

基于以上分析，东亚区域主义可以定义为“开放区域主义”，它具有三个基本要素。其一，相对明确的地域性。东亚国家基于内部自然融合的作用和面对世界其他区域的一体化压力，逐渐形成了较为明确的东亚区域意识（regional awareness），并形成了区域认同感（Common Sense），从而决定共同推进东亚一体化，建立东亚共同体。因此，“开放区域主义”首先要求有相对明确的地域范围作为一体化的平台。这是某种程度的传统区域主义回归。当然，东亚区域一体化进程是在政治多元化和经济多层性的基础上推进的，突出地体现出一种包容性（inclusiveness）。也就是说，东亚区域化是在承认多样性的基础上，逐步实现区域整合体，将形成一个多样性中的统一体（Unity with Diversity）。①

其二，内部的开放。东亚国家在推动东亚区域合作中十分强调“一致性”、“舒适度”以及“协商”与“合作”，这决定了东亚合作机制的观念开放、进程开放和体制开放。所谓观念开放，指的是，东亚各国处于一个平等互敬的大家庭中，无论是大国还是小国，只要能够提出符合本区域整体利益的建议，便可以得到鼓励和支持。这就是一种开放式的观念主导模式。所谓进程开放，指的是东亚一体化进程中并不要求成员国的政治变革和经济发展处于同一水平。所谓体制开放，是指东亚国家反对大国以自身利益主导区域合作而危及小国利益，反对一些国家将自身需要强加于别国而损害整体的协调，反对国家间相互激烈竞争与对抗而破坏区域的稳定与

① Su Hao, “Nature of East Asian Regionalism: A Chinese Perspective”, in Zhang Yun-ling, ed., *East Asian Regionalism: Trend and Response,* Beijing: World Affairs Press, 2005, pp. 43-48.

和谐。在东亚合作进程中，中日韩三国都愿意支持东盟的主导作用，实力相对较弱的东盟所保持的这种特殊地位，保障了东亚合作机制的有效和稳定。

其三，外向的开放。东亚国家在推动区域一体化进程中，并不排斥区域外组织和国家，相反对它们以某种形式的参与持欢迎的态度。迄今为止，东亚国家以东亚区域为基础与区域外国家和组织建立一系列多边合作机制，这些机制有“东亚峰会”（东亚国家与印度、澳大利亚和新西兰的合作论坛，可能今后还会有其他与东亚关系密切的国家参加）、“亚太经济合作组织”（东亚国家与其他环太平洋国家合作机制）、“亚洲外长对话会议”（东亚与其他亚洲国家对话机制）、“亚欧会议”（东亚与欧盟合作机制）、“东亚—拉美合作论坛”、“亚非次区域组织会议”（东亚与其他亚非国家协调机制），可见东亚国家几乎与整个世界其他区域都建立了对话与合作的平台。

由此可见，东亚“开放区域主义”所决定的东亚区域合作模式，既吸纳了传统区域主义的合理因素，注重区域性，强调一体化应在特定区域内进行，同时又将新区域主义的意义加以深化，强调内部的包容性，并容纳区域外国家以某种形式参与，从而实现了对“新区域主义”的一种超越。正是在这一基础上，东亚区域合作机制逐步形成了一个双层结构的框架，即一方面以“10+3”为平台深化东亚区域一体化进程，另一方面，在以东亚13国为一方，积极开展与东亚区域外的国家和国际组织的合作。这样，东亚地区通过这些多边的机制化安全，将自己很好地编织进相互依存的全球化网络之中。

美国学者帕尔莫认为，“亚太地区成为了世界秩序形成和未来国际关系进程的一个主要实验场。”① 随着东亚的“开放区域主义”的演进，它在国际关系舞台上已显现出普世性的效应。事实上，世界其他地区在不同程度的一体化进程中，并不排除与区域外其他国家和集团，相反都建立了各式各样的协调机制。如果我们聚焦于特定的地区，都可以画出一个类似东亚与其他地区和国家协调的机制化建设的多层次景象。这样，整个世界便形成了国家——区域——全球三个层次的结构体系。这或许是未来世界秩序建构的一种新形式。

① Norman D. Palmer, *The New Regionalism in Asia and the Pacific*, p. 126.

三、中国与东亚的“开放区域主义”

在东亚区域合作的酝酿和合作机制的建立过程中，中国一直保持着积极支持的态度，而且在参与区域一体化进程中，接受了“开放区域主义”的理念。虽然东亚地区形势的复杂和利益价值取向不尽相同，东盟各国、日本、韩国和中国之间对秉持东亚区域主义的观点和策略会存在差异，① 但从本质上说，各方对“开放区域主义”认识的基本点是一致的，并在此基础上共同推动东亚区域合作向前发展。

从理论上说，区域主义应该是区域内各国所持有的共同主张、理念和政策。但在民族国家为主体的国际体系中，国家制定战略和政策都是以实现国家利益为核心的。绝对超国家的区域主义是不存在的。在东亚地区，无论是东盟、日本、韩国、还是中国，在推动东亚区域合作的进程中，都要考虑如何体现自身的国家利益。由此，它们对东亚区域主义都有着各自的理解，从而形成某种程度的所谓“竞争性区域主义”，② 即各国都希望在推动东亚合作的过程中发挥主导作用并能更多地体现自身利益。但需要指出的是，东亚区域主义并不是各种“放大的民族主义”间竞争的结果，③ 也不是各方所持观点的简单相加，而是各方利益的妥协、协调、融合的博弈结果。因为区域主义的本质是，国家通过地区事务中的合作与融合的过程中，是国家利益在相互交汇中得到更好的体现。这是一种互利互惠的双赢或多赢的结果。那么，中国对东亚区域主义所持的态度怎样呢？

与世界和东亚区域许多国家不同，中国是一个多样性和多元化融为一体的独特国家。第一，中国国内经济结构存在着发展的层次性，但能够形成相互协作的统一经济体；第二，中国是一个文化多样化的国家，但能够

---

① 中国学者认为，“东亚地区的历史和现实表明东亚地区的归属性地区认同（attributive identity）较弱且十分散乱，回应性认同（responsive identity）尚处于萌芽状态，而功能性地区认同（functional identity）则呈现出不断强化的态势。相应地，东亚地区主义的内聚性（cohesion）和对外性较弱，因而东亚地区主义是松散的；而实用性却日益突出，东亚地区主义在功能领域表现活跃。”刘新华：《地区认同与东亚地区主义》，载《现代国际关系》，2004年第5期，第22页。

② 庞中英：《东亚地区主义的进展与其问题——能否打破现实主义的思维牢笼》，载《东南亚研究》，2003年第3期，第6页。

③ 庞中英认为东亚各国提出各自的地区主义，“是东亚各国的地区战略、地区政策、地区意识形态、地区观念。……东亚各种地区主义都是名副其实的各种‘放大的民族主义’”。庞中英：《地区化、地区性与地区主义——论东亚地区主义》，载《世界经济与政治》，2003年第11期，第10—11页。

共存和相互交融；第三，中国国内不同地区存在不同的管理体制，但能够实现政治大一统；第四，中国正在通过改革开放融入世界，但又能保持自身的特性。从某种程度上说，中国本身就是东亚“开放区域主义”的实践范例，是东亚大陆历史上某种形式的一体化进程的结果。

中国与区域主义的关系有一个发展的过程。中国一直注重与周边国家发展友好合作关系，上世纪50年代倡导“和平共处五项原则”，就主张与亚非国家建立和平合作的关系。但由于冷战期间东亚一些国家与西方国家建立的军事安全关系，在某种程度上具有针对中国的因素，致使中国对多边主义的安排持有一定的怀疑，对参加一些跨区域性合作组织持谨慎的态度。因此，上个世纪80年代一些亚太地区合作机制建立时，中国并没有参与。

冷战结束后，中国政府在坚持独立自主的和平外交政策的基础上，将维护和平稳定的国际环境作为外交的总体战略目标，将发展与周边国家的友好合作关系放在重要地位。90年代初，中国与印尼、新加坡和韩国恢复和建立的外交关系，实现了与所有东亚国家间的关系正常化。随着中国与亚太地区国家的合作日益加深，中国对区域主义的态度逐渐积极起来，认识到亚太地区的合作框架对中国是有利的。中国先后加入亚太地区几乎所有的民间和官方的合作机制，并参与建立“东盟地区论坛”。[①] 中国融入到了亚太“新区域主义”的进程中。起初，中国更多的考虑是，与其在机制外受到对方的约束，不如直接参与其中以消除不利因素造成的消极影响。但随着对亚太地区多边合作机制参与度的加深，中国越来越感到强调多边的“新区域主义”的安排与中国总体外交方针是相协调的，符合中国的国家利益。90年代中期以来，中国政府制定的“立足亚太，稳定周边”的外交方针，就具有了“新区域主义”的内涵。“立足亚太”的战略决策，为中国在亚太地区开辟了有利而广阔的活动空间。环顾四邻，中国已没有一个敌对国家，睦邻、友好与合作的关系已成为中国与亚太国家关系的主旋律。

自东亚区域合作进程开始以来，中国从一开便持积极的态度。早在1990年马来西亚总理提出“东亚经济集团”的倡议时，中国就表明了积极支持的态度。1997年“东盟 +3”机制建立后，中国以负责任的态度，参与了各个层次的区域合作。中国把推动东亚区域合作的战略选择具体化

① 中国1986年加入“太平洋经济合作理事会”，1991年加入“亚太经济合作组织”，1994年5月加入太平洋盆地经济理事会（Pacific Basin Economic Council-PBEC），1991年中国出席东盟对话会议并于1996年成为正式对话伙伴国，1996年加入“亚太安全合作理事会”。

为“以邻为善，以邻为伴”的外交方针。这是中国深度参与区域一体化进程的战略决策。从地域范围来看，中国与东亚国家建构了多种合作圈，包括东北亚经济合作圈的酝酿、中日韩自由贸易区的设想、中国与东盟国家“10+1”合作特别是自由贸易区的建构、中国与湄公河流域次区域开发合作、图门江流域合作项目、大北部湾经济圈、以及各种双边合作安排。从参与合作机制来看，中国是东亚领导人会议、各种部长级会议、高官会议和司局长会议的成员。从合作内容上看，中国与东亚国家进行了广泛的经济合作，包括贸易、金融、投资、基础设施建设、一定程度的产业分工等等，同时，中国与东亚国家间非传统安全领域的对话与合作已开始进行。

作为多样化的统一体，中国有着良好的条件与东亚周边国家进行多层次多样化的合作与融合。作为正在和平发展的东亚地区大国，中国已经成为东亚经济进步与繁荣的新的引擎。可以说中国正在深度融入东亚区域合作的进程中，当前东亚“开放区域主义”的理念与中国自身发展状况是相协调的。因此，以东亚“开放区域主义”理念为指导，推进东亚区域一体化进程，是中国合理的政策选择。中国对区域内部事务持一种开放的态度，它所执行“睦邻、富邻、安邻”的外交政策就是最好的体现。中国一贯支持东盟主导地位，在区域合作中采取切实的措施东盟协调；通过扩大进口和减税让利的行动，给东亚国家（特别是东盟国家）带来切实的经济利益；对区域合作模式的选择中国采取灵活的态度，决不强加于人。中国并没有将东亚视为一个封闭区域的狭隘观念，而是支持区域外国家和组织参与东亚合作。作为一个“跨区域大国”，中国的实际国家利益并不仅仅体现东亚地区，它还需要与南亚、中亚、南太平洋甚至更远的区域建立直接的合作关系。在2005年底召开的“东亚峰会”时，中国对印度、澳大利亚和新西兰等域外国家的参加持开放的态度，并将这一机制视为中国拓展跨区域合作的重要平台。[①] 这是一种突出的“开放区域主义”的态度和政策的体现。事实上，中国不仅是所有东亚与区域外合作机制的积极参与者，中国还与中亚国家共同创建了“上海合作组织”，2005年还作为观察员参加“南亚区域合作联盟”活动。中国已经在自己的周边建立了多环的区域合作圈，在自己编织进“开放区域主义”的各个区域合作组织的网络之中。

① 温家宝：《坚持开放包容，实现互利共赢》（首届东亚峰会上的讲话，2005年12月14日），http://www.fmprc.gov.cn/chn/zxxx/t226426.htm。

结　论

学术界对传统区域主义大多给予负面评价，而对新区域主义都持积极肯定的态度。但是，事物总有它们的两面性。传统区域主义是在特定历史条件下产生的，有它的合理性。而新区域主义是西方发达国家推动区域合作的政策理念，对于发展中国家来说，有它的局限性，甚至存在消极作用。东亚区域一体化进程是以发展中国家为主体所推动的。东亚国家所奉行的“开放区域主义”完全是从自身需要和利益出发，它吸收了传统区域主义的合理因素，调动东亚作为区域一体化的平台作用，又沿用了新区域主义的开放性特点，较好地协调了与区域外国家和组织的关系。作为一个跨区域大国，中国同样需要“开放区域主义”的理念来指导自己参与东亚区域合作，而且通过自己的多环区域合作圈的建立，将这一理念扩展到世界其他地区。

区域主义有助于创造世界政治新的平衡。[①] 一位中国学者曾经说过，“全球共同体大厦是否能够真正地建立起来，有赖于地区共同体的建立；全球共同体大厦是否坚实牢固，也有赖于它的基石——各个地区共同体和全球性国际组织的联系，是否紧密而不易松散。”[②] “开放区域主义”的理念既注重强化区域一体化，又主张各区域之间建立紧密联系。如果这一理念在国际关系实践中得到真正运用，国家通过区域一体化进程被编织进区域社会的网络中，而区域则通过“开放区域主义”被编织进国际社会的网络中，从而使国际体系真正形成国家、区域和国际社会三个有机连接的层次。这将使国际社会全球化和区域化两大趋势得到良性的相互交汇，最终有助于建构起一个相对稳定的国际秩序。

---

① Richard Falk, “Regionalism and World Order After the Cold War” in Bjorn Hettne, Andras Inotai and Osvaldo Sunkel ed., *Globalization and The New Regionalism*, p. 245.

② 田志力:《全球开放论》，东方出版社1990年版，第180页。

权力流散与利益分享
——湄公河水电开发新趋势与中国的应对

郭延军 *

一、引言

权力流散是冷战后国际关系中出现的权力结构性变化的一个重要现象，其主要标志是权力从主权国家手中日益流散到包括国际组织、跨国公司、非政府组织、市民社会以及个人等行为体那里。权力流散带来了利益的多元化及治理方式的变革，从而对国家的治理能力提出了新的要求。利益分享（benefit sharing）概念的出现则为国家应对由权力流散所引发的公共资源治理挑战提供了一个有益的思路和解决方案。

国际河流具有流经多国、影响波及流域各国的整体性和共享性特征。① 国际河流所特有的这一生态边界与政治边界不一致现象可能导致国家在主权原则、水资源所有权与分配、安全及环境等方面发生冲突，② 国际河流治理因而成为公共资源困境的典型代表，即一方的使用意味着他方潜在利益的减少，并突出表现为上游的污染、取水及水坝拦水会直接影响下游的水质和水量。尤其是鉴于水、粮食和能源安全之间的紧密关系，“水安全”已

* 郭延军，外交学院亚洲研究所副所长、副研究员。本文发表在2014年第10期《世界经济与政治》。

① 周海炜、郑爱翔、胡兴球：《多学科视角下的国际河流合作开发国外研究及比较》，载《资源科学》，2013年第7期，第1363页。

② 学界对于国际河流与冲突之间的关系多有探讨，总部设在美国加利福尼亚的太平洋研究所（Pacific Institute）就用水冲突问题整理了一个数据库。参见 Pacific Institute, “Water Conflict,” http://worldwater.org/water-conflict/, 2014-06-05; Aaron T. Wolf, “Water and Human Security,” AVISO: An Information Bulletin on Global Environmental Change and Human Security, No.3, 1999, pp.29-37; Alex Stark, “Conflict and Cooperation over International Rivers: A Global Governance Proposal,” December 31, 2010, http://www.e-ir.info/2010/12/31/conflict-and-cooperation-over-international-rivers-a-global-governance-proposal/, 2012-11-7；肯·康克：《水，冲突以及国际合作》，载《复旦大学国际关系评论》，2007年第1期，第75—99页。

经成为跨境水资源管理中的一个重要关切点，[1] 深刻影响着国家间关系的互动。因此，在对利益分享的研究中，国际河流治理问题占据了重要位置。

近年来，作为推动国际河流合作的一种方式，利益分享概念逐渐受到学界广泛关注，但大多数文献研究的是利益分享可以给合作带来的机会，而对适用于国际河流水坝建设中利益分享的具体机制却鲜有探讨。同时，利益分享也已从过去单纯的分水问题发展为分享水资源利用中的综合权益，这些权益涉及到农业生产、生态维持、渔业发展、电力分配等社会经济和民生的众多方面。水坝与这些问题具有密切的联系，并在其中发挥着重要的作用，但这种作用迄今尚未得到系统化探讨。[2]

在湄公河流域，随着水电开发的不断推进和人们环保意识的增强，水坝建设对生态环境和当地居民生活所产生的现实或潜在的破坏性影响逐渐受到各方重视，流域国家及利益攸关方围绕国际河流水资源开发所产生的矛盾与分歧不断凸显，并已超越单纯的技术层面，呈现出明显的政治化与安全化趋势。在权力流散的背景下，湄公河水资源开发治理中的利益分配问题进一步凸显。水电大坝建设已不单纯是一个国家内部的问题，而成为一个多行为体参与、多利益诉求交织的国际问题。无论是何种利益，均是有关行为体在合作开发过程的中利益诉求的体现。[3]

目前，湄公河沿岸国家尚未建立起覆盖全流域的水资源开发治理机制，在新的形势下构建合理的利益分配机制，实现多行为体间的利益分享，符合未来湄公河水资源治理趋势。作为湄公河上游国家，中国应在确保自身权益的前提下，与下游国家一道，积极探索流域水资源治理的有效途径，共同分享水资源开发收益，避免由于水电开发问题影响与周边国家的关系。这不但是中国参与湄公河水资源治理的重要课题，也是顺利实施周边外交战略的客观要求。本文将从权力流散和利益分享的视角，分析湄公河水电开发的新趋势及流域治理面临的挑战，并在此基础上提出中国构建利益分享机制的路径选择。

① 流域国际组织网、全球水伙伴等编，水利部国际经济技术合作交流中心译:《跨界河流、湖泊与含水层流域水资源综合管理手册》，北京：中国水利水电出版社2013年版，第11页。

② Oliver Hensengerth, Ines Dombrowsky and Waltina Scheumann, “Benefit-Sharing in Dam Projects on Shared Rivers”, Bonn: German Development Institute, 2012, p.1.

③ 周海炜、郑爱翔、胡兴球:《多学科视角下的国际河流合作开发国外研究及比较》，第1366页。

二、权力流散与利益分享：跨境水电开发的新趋势

权力与利益是政治活动的中心内容，贯穿政治行为的始终。在国际无政府状态下，支配国家间关系的基本逻辑仍然是实力对比和权力结构，国际政治的基本逻辑体现为“权力决定利益”。① 在传统国际关系中，权力集中在民族国家手中，如冷战时期美苏两个超级大国形成的两极对抗体系。冷战结束后，全球化带来的跨国性流动削弱了国家的控制力，加强了国际组织、跨国公司等非国家行为体的力量；网路技术的普及降低了权力的门槛，跨国公司、恐怖组织以及个人等网络行为体开始和国家共享权力舞台。同时，随着国际权力格局的变化，欧美等发达国家对国际事务尤其是全球公共问题的控制力下降，更多国际行为体参与到全球治理中，国际权力由少数国家垄断的局面发生改变，权力分布由集中转向流散，权力流散日益成为国际关系的总体趋势，② 并表现为两大特点：一是从西方大国向新兴大国中国、印度等流散；二是由民族国家向非国家行为体流散。相比国家之间的权力转移，权力从国家手中的流散更为重要，对国际关系的影响也更为直接。例如，国际市民社会的迅速兴起，非政府组织的数量和影响力大大增强，它们组成跨国倡议网络，设定世界事务的诸多议事日程，传播国际规范，成为影响各国民意和政治进程的重要力量。权力流散现象反映了在全球化不断深入、技术迅速发展和国际格局深刻变革的背景下，权力主体日益多元化，绝对权力缺失，新行为体作用和影响增强的事实。③ 权力流散现象要求人们改变传统权力观以适应新的权力结构现实。如约瑟夫·奈曾指出，为了应对各国共同面临的威胁和挑战，要求人们重新理解权力的概念，不再把权力看成对别人的控制，而是如何与别人共享权力，

① 程晓勇：《弱国何以在不对称博弈中力量倍增》，载《当代亚太》，2014年第6期，第69页。

② 国际政治经济学代表人物苏珊·斯特兰奇在其代表作《权力流散：世界经济中的国家与非国家权威》中指出，权力正在全球范围内发生着大转移。国家权力（权威）正在衰落，而非国家权威却正在兴起。一系列的非国家行为体已经和正在挑战国家的权力，包括那些最强大国家的权力。参见苏珊·斯特兰奇著，肖宏宇、耿协峰译：《权力流散：世界经济中的国家与非国家权威》，北京：北京大学出版社2005年版；尉洪池：《国际关系中的权力流散》，载《求索》，2013年第3期，第240页。

③ 尉洪池、孙吉胜：《国际政治中的权力》，载秦亚青主编：《当代西方国际思潮》，北京：世界知识出版社2012年版，第160页；秦亚青：《全球治理失灵与秩序理念的重建》，载《世界经济与政治》，2013年第4期，第6页。

因为赋予别人权力可以帮助人们实现自己的目标。[①] 对于跨国问题的治理而言，需要的不是权力的集中，而是权力的共享。[②]

权力流散导致的最直接后果是利益诉求的多样化和治理方式的变革。在传统的国家"管制"型模式下，很大一部分非国家行为体的利益诉求被掩盖或压制而得不到充分表达，而权力流散极大地改变了这一状况。为了实现各自的利益诉求，新的权力主体要求与国家分享治理权力，建立信息上更加公开透明、程序上更加民主平等、利益分配上更加公平合理的治理模式。这也许是主权国家面临的一大挑战，即便权力流散并不必然会削弱主权国家的权力，[③] 但主权国家也必须接受权力日益分散化的现实，并调整和改革现有的管理模式，努力找到一种能够体现多行为主体利益诉求的新的治理模式，从而保证社会的有序运行。"利益分享"概念的提出正是这一努力的集中体现。

利益分享并不是一个新的概念。早在20世纪90年代，全球第一份有关保护和可持续利用生物多样性的协定——《生物多样性公约》——就明确将利益分享和主权原则作为遗传资源获得和利用的基本原则。[④] 目前，学界已就利益分享的概念、主要内容及参与利益分享的主体达成了基本共识。从概念上看，利益分享主要是指如何在资源的使用者（使用国）与提供者（提供国）之间分享由资源利用所带来的收益。在内容上，与单纯的经济补偿不同，利益分享在时间跨度和空间范围上都有所扩展。不仅包括有形的经济补偿，还包括改善教育和健康水平、提高生产生活技能等"软件"方面。在参与利益分享的行为体上，不仅包括直接受影响的群体，还包括其他相关跨国和跨流域组织、特殊利益群体以及私人部门等。[⑤] 利益分享概念的提出为国家探索新的多行为体参与的治理模式提供了有益的思路，近年来越来越多的研究开始着眼于如何构建利益分享机制，使之成为解决全球或地区有关公共资源共享问题的有效方案。

鉴于国际河流明显的"公共性"特征，利益分享尤其适用于解释和解

① Joseph S. Nye, *The Future of Power*, New York: PublicAffairs, 2011, pp. 150-151.

② 尉洪池、孙吉胜：《国际政治中的权力》，第159页。

③ 参见理查德·克拉曼著，郦菁、张昕译：《国家与权力》，上海：上海世纪出版集团2013年版。

④ 《生物多样性公约》，http://www.cbd.int/doc/legal/cbd-zh.pdf, 2013-12-12。

⑤ 参见郭延军、任娜：《湄公河下游水资源开发与环境保护——各国政策取向与流域治理》，载《世界经济与政治》，2013年第7期，第136—145页。

决国际河流水资源治理中的相关问题。[①] 水电大坝建设因其与“水安全”的密切关系，又成为国际河流水资源管理中的核心问题之一。

2000年，世界水坝委员会发布了一份报告，在其《战略重点五：承认权利与分享利益》中写到：“承认受不利影响的居民应首先得到项目的好处。磋商相互同意且受法律保护的利益分享机制，以确保实施。”[②] 这是“利益分享”概念首次出现在水电领域。此后，水电专家围绕着水资源开发的利益分享展开了理论层面的研究。2008年，利益分享的研究进入实践层面。2009年3月，世界银行公布了新的水电政策，利益分享成为此轮水电开发投资浪潮中的核心概念。[③] 湄公河委员会（MRC）在其2011年发布的关于利益分享的指导文件中指出，在流域管理和发展可持续的河流基础设施方面，利益分享已被广泛视为一个能够促进合作的有力和实用的工具。[④]

强调水电开发中的利益分享，就是一方面认可水电开发对经济发展的重要作用，另一方面注重对水电开发所带来的收益进行分配，这也代表了当前水电开发的主流思路。如何在水资源治理中建立起真正有效的利益分享机制，在很大程度上取决于各利益攸关方能否在持续的互动中找到利益的契合点，并建立起稳定和相互信赖的关系，为制度化安排创造条件。

三、湄公河水电开发：权力流散及其治理困境

当前，湄公河水电开发呈现出两个显著的特点：一方面，各国都制定了雄心勃勃的水电开发计划，水电开发呈现加速推进的趋势；另一方面，权力向各个层面的流散趋势正在显现，主权国家的水电开发活动日益受到来自其他利益攸关方的制约，水资源开发治理的难度有所增加。

（一）湄公河水电开发规划与进展

作为一种重要的可再生能源，水电约占目前世界电力供应总量的

① Oliver Hensengerth, Ines Dombrowsky and Waltina Scheumann, “Benefit-Sharing in Dam Projects on Shared Rivers”, Bonn: German Development Institute, 2012, p.1.

② 世界水坝委员会编:《水坝与发展：决策的新框架》，北京：中国环境科学出版社2005年版，第184、186页。

③ The World Bank Group, “Directions in Hydropower”, The World Bank Working Paper No. 54727, March 1, 2009, http:// siteresources. worldbank. org/ EXTENERGY2/ Resources/ Directions_in_Hydropower_FINAL. pdf, 2014-1-5.

④ MRC, “Knowledge Base on Benefit Sharing”, Vol. 1, MRC Initiative on Sustainable Hydropower, 2011, p. 7.

20%。然而，受到技术和资金等因素的影响，不同国家和地区的水电开发程度并不同步。一方面，西方发达国家凭借先进的技术和雄厚的经济实力，大多在19世纪末就开始开发水电，经过长期发展，其水电开发已经较为充分。例如，美国的水电资源已开发约82%，日本约84%，加拿大约65%，瑞士约86.6%，德国约73%，法国、挪威则均在80%以上。总的来看，西方发达国家水电开发的高峰时期已经过去，其国内最经济的水电开发坝址也已基本开发完毕，进一步大规模开发水电的潜力有限，目前面临的主要问题是修复河流生态。[①] 另一方面，全球尚有20亿人生活在没有电的世界里，100多个国家存在不同程度的缺水，有2/3的经济可行的水电资源仍待开发，其中90%在发展中国家，非洲的水电开发率还不足8%。[②] 尽管国际社会就是否应进行水电大坝建设所展开的激烈辩论仍在继续，但不可否认，对于发展中国家和正处于经济转型期的国家而言，水电是非常有效的、清洁的可再生能源，正如湄公河委员会前首席执行官奥利弗·考格斯（Oliver Cogels）所说，水电因为没有碳排放而具有巨大的优势。[③] 而且，通过水坝建设可以带动国内基础设施建设和工业发展，或通过水电贸易增加外汇收入，这将有助于改善国家经济面貌、减轻贫困。正是由于水电在促进区域发展和消除贫困方面所具有的重大意义，2009年，世界银行在对水电开发进行了持续多年的全面评估后，推出《水电发展方向》（*Directions in Hydropower*）的报告，宣布正式重新投资水电。

出于对水电的巨大需求，包括中国在内的湄公河流域各国都制定和规划了大批水电建设项目。

澜沧江[④] 水能资源理论蕴藏量约3656万千瓦，其中干流2545万千瓦，约占全流域的70%，支流1111万千瓦，约占全流域的30%。澜沧江中下游70%的水能资源集中在云南河段，是中国12大水电基地之一，具有良好的开发条件和广阔的开发前景。[⑤] 根据规划，澜沧江中下游8个梯级电站总装机容量17750兆瓦，自上而下分别为功果桥电站、小湾电站、漫湾电站、

① 参见世界水坝委员会编:《水坝与发展：决策的新框架》，北京：中国环境科学出版社2005年版；禹雪中、杨静、夏建新:《IHA水电可持续发展指南和规范简介与探讨》，载《水利水电快报》，2009年第2期，第1—5页。

② 《水电与可持续发展北京宣言》，联合国水电与可持续发展国际会议，北京，2004年10月29日。

③ Oliver Cogels, “Mekong Hydropower Development Is Good”, *Bangkok Post*, January 9, 2007.

④ 湄公河中国境内段称为澜沧江。

⑤ 中国水利国际合作与科技网:《世界江河数据库——湄公河—澜沧江》，http://www.chinawater.net.cn/riverdata/search.asp?cwsnewsid=17970，登录时间：2014年8月11日。

大朝山电站、糯扎渡电站、景洪电站、橄榄坝电站和勐松电站。当前，澜沧江中下游水电大坝建设已基本完工，预计到2015年，8个梯级电站除勐松[①]外将全部建成投产。

相比之下，湄公河中下游的水电开发历程较为复杂。因涉及多个流域国家，同时受制于历史、技术、资金、流域局势以及环保组织的反对等因素的影响，所以，尽管湄公河干流开发规划时间较早，但实际开发行动较晚。据估计，湄公河中下游四国可开发水电资源潜力为30000兆瓦，其中，老挝13000兆瓦，柬埔寨2200兆瓦，越南2000兆瓦。目前，其水电潜力仅开发了5%。根据2000年湄公河委员会秘书处制定的“湄公河干流水电站规划”，中下游将建设11座梯级电站，包括老挝境内的本北（Pak Beng）、琅勃拉邦（Luang Prabang）、沙耶武里（Xayaburi）和巴莱（Pak Lay）四个水电站；老挝、泰国交界河段的萨拉康（Chiang Khan）、巴蒙（Pamong）、班库（Ban Koum）三个水电站；老挝、柬埔寨交界的栋沙宏（Don Sahong）水电站；柬埔寨境内的上丁（Stung Treng）、松博（Sambor）、洞里萨（Tonle Sap）三个水电站。2012年11月7日，位于老挝境内的沙耶武里水电站举行开工奠基仪式，成为中下游干流首座水电大坝。2013年10月，老挝再次向湄公河委员会通报了建设栋沙宏水电项目的决定。该项目计划于2013年11月开工，2018年2月竣工。电力将全部出售给老挝国家电网，以满足其日益增长的国内需求。[②] 目前，中下游国家已经在干流或支流建成了36座水电站，还有大约60—100座水电站在规划之中。可以预见，中下游国家新一轮水电开发高潮即将到来。

（二）湄公河水资源开发中的权力流散及其主要维度

对于湄公河水资源治理来说，由于国家治理能力的不足以及缺乏一个强有力的流域管理组织，水资源治理的权力正快速向相关利益攸关方流散，并主要体现在三个维度：权力向社会流散、权力向国际组织流散以及权力向域外国家流散。由国家、国内群体、域外投资者以及各种国际非政府组织构成的错综复杂的关系给跨境水资源的有效治理带来了相当的难度。

首先，权力向社会流散。随着东南亚各国政治民主化进程的快速发展，各种市民社会组织和非政府组织迅速壮大。有人提出，湄公河地区已经形

---

① 为防止阻隔下游洄游鱼类的通道，中方主动停建了最后一级电站——勐松水电站。

② MRC, “Lao PDR Submits Notification on Don Sahong Hydropower Project”, http://www.mrcmekong.org/news-and-events/news/lao-pdr-submits-notification-on-don-sahong-hydropower-project/, 2014-2-10.

成了一个“湄公市民社会”。[①] 其中，环境非政府组织的影响力尤为显著。它们关注的焦点是湄公河次区域的生态环境和当地居民的利益，在实践中相互配合，开展调研，制造舆论，给各国政府实施开发计划施加了强大的压力。针对比较敏感、政府不便出面的问题以及政府触角难以延伸之处，非政府组织往往充当政府的执行伙伴。在其影响下，流域民众的政治参与意识明显提高，民意对政府决策的影响也越来越大，有时甚至能够给民选政府制造足够大的压力并迫使其改变原有政策或决策。由于流域国家治理能力普遍较低，在水电站建设过程中，政府往往不能很好地处理移民安置与就业问题，较少关注环境的跨境影响等。而这些问题正是众多非政府组织和社会组织所关心的。因此，尽管政府经常面对来自非政府组织强大的压力，但也越来越认可它们所发挥的积极作用。[②]

越南政府已经允许国内非政府组织举行反对大坝建设的公众集会，目的是利用其活动为政府反对老挝沙耶武里项目提供合法性。[③] 2014年9月11日，柬埔寨环保组织启动了一项号称包括全世界27万人参与的行动，呼吁老挝停止开发栋沙宏水电站项目。[④] 此外，西方国家支持的非政府组织在这一地区也十分活跃。例如，澳大利亚在2012年启动了“澳大利亚湄公河地区—NGO参与平台”（AM-NEP），旨在对受澳大利亚资助的非政府组织进行更好的指导与管理，使其发挥更大的影响力。[⑤] 再如，总部设在美国的“国际河流网（International Rivers）”通过联合区域非政府组织倡导“拯救湄公河（Save the Mekong）”行动，并以此为平台试图将湄公河水资源治理问题国际化，给沿岸国家的水电开发项目施加压力。由于非政府组织的活动呈现日益跨国化和网络化的趋势，因此常常被称为“跨国倡议网

① Philip Hirsch, “Globalisation, Regionalisation, and Local Voices: The Asian Development Bank and Rescaled Politics of Environment in the Mekong Region”, *Singapore Journal of Tropical Geography*, Vol.22, No.3, 2001, p.249.

② 笔者曾于2014年9月在湄公河流域开展有关水电开发的调研，以上观点来自笔者对老挝外交研究院院长永·查哈琅思（Yong Chanthalangsy）大使的访谈。

③ Richard Cronin and Timothy Hamlin, “Mekong Turning Point: Shared River for a Shared Future”, Washington, D. C.: Henry L. Stimson Center, January 2012, p.17.

④ 中国—东盟研究院：《柬埔寨研究所舆情周报（2014.9.7—9.13）》，总第24期，2014年9月15日。

⑤ Australia Government and AusAID, “Australia Mekong-Non-Government Organization Engagement Platform”, Final Design Document, June 2012, http://aid.dfat.gov.au/Publications/Documents/mekong-ngo-engagement-platform-design-doc.pdf, 2014-6-8.

络（transnational advocacy networks）”。[①] 尽管这些跨国网络尚未发展成为正式的政府间安排的补充机制，但因其可以显著提升流域治理中的公众参与，[②] 其作用不可忽视。

根据对水坝建设所持立场，非政府组织可分为两种类型：一种是水坝建设的最坚定的反对者，认为所有水电站都会对生态环境和当地居民生计带来负面影响，因而通过各种途径敦促政府放弃或暂停水电站建设。另一种并不完全否定水坝建设，而是主张应在开展充分、科学和可信的环境评估的基础上开发水电资源，且所有的相关项目信息必须向公众公开，所有水坝项目的经济、环境、社会利益以及项目成本都需要得到独立专家的验证和受影响民众的同意之后才可以进行。[③] 不论持何种具体立场，这些非政府组织均已经成为国际河流开发进程中不可忽视的力量。它们或是通过改变国家和国际组织等国际关系行为体的行为，影响国际环境决策；或是通过增强自身实力和影响，直接组织和参与国际环境保护项目。[④]

其次，权力向国际组织[⑤] 流散。国际组织在湄公河次区域的活动十分活跃，根据其职能的不同可划分为两类：一类是开发型国际组织，主要致力于水电项目投资，另一类是管理型国际组织，主要从事流域水资源的管理工作。

前一类组织包括世界银行、亚洲开发银行和大湄公河次区域经济合作（GMS）机制等，它们均在湄公河次区域有大量项目和投资，其中也包括水电开发。由于湄公河沿岸国都是发展中或欠发达国家，它们十分欢迎甚至高度依赖国际组织的开发援助，尤其是在水电项目上，如老挝等欠发达国家的建设资金几乎全部来自国际组织或发展伙伴。尽管如此，政府与国际组织之间的合作也时常面临一些困难。以世界银行为例。由于其在泰国水电项目投资中曾经有过不愉快的经历，2010年，世界银行宣布不会对湄公河干流水电项目进行投资或提供资金支持。2013年，世界银行宣布重启对

① Margaret E. Keck and Kathryn Sikkink, *Activists beyond Borders: Advocacy Networks in International Politics*, Ithaca: Cornell University Press, 1998, p.1.

② 关于跨国倡议网络在湄公河水资源开发中的影响及作用机制，参见 Pichamon Yeophantong, “China’s Lancang Dam Cascade and Transnational Activism in the Mekong Region: Who’s Got the Power?”, *Asian Survey*, Vol.54, No.4, 2014, pp.700-724.

③ 国际河流网站：http://www.guojiheliu.org/a/movement/faq/2012/0214/383.html，登录时间：2013年11月18日。

④ 张海斌：《环境与国际关系：全球环境问题的理性思考》，上海：上海人民出版社2008年版，第123—124页。

⑤ 本文主要指政府间国际组织。

东南亚大型水电项目的支持，但没有提及湄公河水电项目。① 这从一个侧面反映了世界银行与流域国家、尤其是和老挝等国在湄公河水电项目上的合作存在分歧。在老挝看来，世界银行所执行的水电建设标准过高，对于老挝来说很难达到其要求，客观上会阻碍其水电开发进程。因此，老挝更乐于接受来自中国或泰国的投资。这就使得世界银行在水电开发中陷于一种尴尬局面：一方面表示支持东南亚的水电开发项目，另一方面却在湄公河水电项目投资方面表现得犹豫不决。

后一类组织的典型代表是湄公河委员会。湄公河委员会是一个专门性的国际组织，主要关注湄公河流域的水资源管理和可持续发展。但是，湄公河委员会所发挥的作用长期以来饱受诟病。例如，它只是一个咨询机构，对成员国的水电开发项目没有强制执行力；② 其资金主要来自西方发达国家和发展伙伴（包括国际组织），因此其政策有时并不能完全反映流域国家的意愿和需求；中国尚未加入该组织，使其在全流域治理中缺乏广泛代表性，从而限制了其有效性，等等。尽管如此，不能否认的是，它仍是下游国家进行水资源管理的唯一一个地区性国际组织，其对下游水电的战略规划、国际协调和标准程序设定会在一定程度上影响各国的水电开发计划，即便是未加入该组织的中国和缅甸，也尽量与其保持较为密切的合作关系，以期本国的水资源开发项目不会引起下游国家的强烈反对。

可见，下游国家对于资金的需求以及自身国家治理能力的低下，需要国际组织为其水电站建设提供大量投资并对相关问题进行管理，国际组织也因此被赋予了更多的流域治理权。

最后，权力向域外国家流散。在中国地区影响力不断提升、与东南亚国家间关系日益紧密的背景下，出于制衡中国影响力、加强自身存在的考虑，美国、日本、印度和澳大利亚等国纷纷提升与该地区的合作水平。③ 考

---

① Save the Mekong, http://www.savethemekong.org/news_detail.php?nid=727, 2014-5-23.

② 甚至有批评指出，湄公河委员会支持的一些发展项目恶化了国家与社会之间因水资源而产生的紧张关系。而当非政府组织以及受到影响的当地社区组织变得越来越完善并在国际倡议网络中越来越接近时，湄公河委员会仍然没有能够很好地处理那些发生在跨国层次上的社会冲突。参见 Philip Hirsch, "Development Assistance in a Transboundary River Basin Settings: The Role of Institutional Mechanisms in Safeguarding Poor People's Livelihoods and Rights to Land and Water in the Mekong Region", in Jannik Boesen and Helle Munk Ravnborg, eds., *From Water Wars to Water Riots?-Lessons from Transboundary Water Management*, DIIS working paper, No. 2004/6, Copenhagen, 2004, p.98.

③ 参见马燕冰、张学刚：《湄公河次区域合作中的大国竞争及影响》，载《国际资料信息》，2008年第4期，第15—20页；毕世鸿：《试析冷战后日本的大湄公河次区域政策及其影响》，载《外交评论》，2009年第6期，第112—123页。

虑到中国与湄公河下游国家在水资源问题上存在的矛盾与分歧，域外国家将水问题作为介入该区域的重要切入点，试图将这一流域内问题演变成一个国际性问题，进一步增加了水资源治理的复杂性。

奥巴马政府提出“重返亚太”后，湄公河次区域成为其战略支点之一，美国通过一系列措施加强了在该地区的投入和影响力。其中，美国提出的“湄公河下游倡议”已成为其“亚太再平衡”战略的重要组成部分，并投入了大量资金。2009—2012年美国向下游国家提供了超过2亿美元的援助，用于推动卫生、教育、环保和基础设施等领域的合作。2013年美国又宣布增资5000万美元，用于上述项目的合作。[①] 与此同时，美国还借助与湄公河流域国家的各种双边或多边平台，公开指责中国在湄公河上游的水电开发对下游造成了不利影响。[②] 日本更是不惜血本，大幅增加投入。2009年，日本承诺三年内向下游国家提供5000亿日元的政府开发援助，用于经济发展、环境保护、基础设施建设和民生改善等一揽子援助计划。2012年，日本又宣布向这一计划续资6000亿日元，用于支持未来三年下游地区的发展。除此之外，在2013年举行的日本与东盟特别首脑会议期间，日本还分别向越南、缅甸、老挝三国提供了960亿日元、630亿日元和104亿日元贷款，用以发展其国内基础设施、消除贫困。[③] 目前，日本已成为湄公河次区域最大的援助国和投资国。

域外国家的大力投入所带来的一个直接后果是，一些下游国家为了应对中国快速增长的影响力从而实行“两面下注”政策，因此有意愿接受域外国家的援助，以减少对中国的过度依赖。可见，域外势力的介入固然可以促进流域内国家经济和民生等领域的发展，但也使水资源治理形势更加复杂化，权力呈现更为分散化的态势。

综上所述，在权力流散和缺乏有效制度约束的情况下，干流水电站建

---

① 参见《美国与湄公河下游诸国开展环境、健康和教育合作》，http://iipdigital.usembassy.gov/st/chinese/texttrans/2010/07/20100722170610xdiy0.1841853.html#ixzz3DkcbInmB;《〈湄公河下游倡议〉2010/2011年进展情况》，http://iipdigital.usembassy.gov/st/chinese/texttrans/2011/07/20110722155538x0.3225628.html#ixzz3Dkc2LbjW, 登录时间：2014年7月11日。

② 2013年12月，美国国务卿克里（John Kerry）在访问越南时提及湄公河的生态环境保护问题时，指责中国的大坝会影响下游的人口和生态系统，并承诺再提供1700万美元的发展援助，用以应对气候变化。参见“John Kerry Returns to Vietnam's Mekong Delta 45 Years after He Heroically Patrolled the Waters during the War”, http://www.dailymail.co.uk/news/article-2524303/John-Kerry-returns-Vietnams-Mekong-Delta-45-years-heroically-patrolled-waters-Vietnam-War.html#ixzz3DkfqZ1Tj, 登录时间：2014年3月5日。

③《日本与东盟特别首脑会议闭幕》，新华网，2013年12月15日，http://japan.xinhuanet.com/2013-12/15/c_132970035.htm, 登录时间：2014年3月18日。

成后，国家之间、社会之间的成本和收益难以实现公平分配或将成为湄公河水资源治理的最大挑战。[①] 据预测，到2030年湄公河干流12座计划中的水电站全部建成时，电力产能将超过14697兆瓦，但这也只能够满足下游国家总电力需求的6%—8%，而且绝大多数电力将输往泰国电网。[②] 而根据国际环境管理中心（ICEM）向湄公河委员会提交的“战略环评（SEA）”的计算，水坝可以为其所在国的经济发展做出巨大贡献，但也会对柬埔寨和越南带来消极影响。考虑到渔业和农业是下游多数国家的主要产业部门，SEA判断12座拟建中的干流大坝造成的损失将是“比实际收益更大的一个数量级”。[③]

四、构建利益分享机制：中国的政策选择

中国拥有的国际河流数量和跨境水资源均居世界前列，且是多条重要国际河流的发源国，[④] 当前面临着开发、利用和保护跨界水资源的艰巨任务。这一问题不仅涉及国际政治、地缘政治关系、睦邻友好、地区稳定和安全，也涉及中国能源开发战略转移、边疆地区经济发展、社会稳定和民族团结。跨境水资源开发显然已成为影响中国与周边国家间关系的重要议题。[⑤] 在权力流散的背景下，中国在湄公河流域的水资源开发面临着更为复杂的局面，如果处理不好，不但会影响到中国的既定开发计划，而且会对中国同流域国家的友好关系造成负面影响。

具体来讲，中国面临的挑战至少来自以下四个方面：（1）社会层面。针对中国在澜沧江的水电开发，下游非政府组织时常指责中国拦水建坝不但改变和破坏了流域生态环境，还给下游的渔业和农业等民生问题带来了消极影响，甚至有非政府组织指责中国可能将大坝作为“武器”来达到控制下游国家的目的。非政府组织利用其网络化的传播手段，大肆宣传其观点，

① Richard Cronin and Timothy Hanlin, “Mekong Turning Point: Shared River for a Shared Future”, p.7.

② Ibid.

③ International Centre for Environmental Management, “Strategic Environmental Assessment of Hydropower on the Mekong Mainstream: Summary of the Final Report”, final report, October 2010. p.18, http://www.mrcmekong.org/assets/Publications/Consultations/SEA-Hydropower/SEA-FR-summary-13oct.pdf, 2012-6-8.

④ 参见何大明、汤奇成等：《中国国际河流》，北京：科学出版社2000年版。

⑤ 参见李志斐：《水资源外交：中国周边安全构建新议题》，载《学术探索》，2013年第4期，第28—33页。

通过歪曲事实对各国政府和民众进行误导，不但给中国外交造成了巨大压力，也抹黑了中国的形象。（2）科学层面。针对中国做出的水坝建设和运行的环境影响评估，外界仍有不少质疑的声音。除此之外，流域内有关国家对待同一个科学问题往往会基于国家利益考量而得出不同结论。如何达成水资源治理中关键问题的科学共识，是中国需要着力解决的问题。（3）制度层面。作为上游国家，中国自1996年成为湄公河委员会的对话伙伴国以来，一直与该组织保持着较为良好的合作关系，但这种基于技术合作为主的低水平合作，已不能适应流域治理的新形势。随着流域治理整体观的不断强化，下游国家对中国在上游活动的信息公开和参与制度化合作等有了更高的期待。中国未来如何参与流域制度化合作，也是需要认真思考的问题。（4）大国关系层面。域外国家的介入使得水资源治理问题更趋复杂，中国能否与域外国家加强协调，避免或减少同域外国家的恶性竞争，同样是未来面临的一大挑战。换句话说，中国面临的挑战主要表现为如何与众多利益攸关方建立一种稳定和有效的利益分享机制，而这已被广泛视为湄公河可持续水电发展中不可分割的组成部分。①

国际流域的整体性决定了流域各国在流域开发中享有共同利益，寻找到利益的共同点是水资源开发具有可持续性的重要保障。对于中国来说，构建利益分享机制，对各方实现其利益诉求都是有利的。对于流域内居民，尤其是直接受影响的当地居民来说，利益分享机制有助于保证他们在决策过程中发出声音，使其成为水电项目的优先而非最后一个受益者，从而使他们成为水电开发的支持者而不是反对者。对于下游国家来说，利益分享机制是一个有效的政策工具，有助于在水电项目规划、建设及运行中更好地实现社会、经济与环境的包容与平衡发展。对于水电站的开发商和运营商来说，利益分享有助于规范其行为并提升其处理与当地社区关系的能力，从而建立起企业和民众之间良好的社会关系。对于潜在的水电投资者来说，上述良好基础的建立能够有效降低投资风险，增强投资者的信心，推动水电发展。② 更为重要的是，通过利益分享机制建立起来的利益攸关方之间的

① 在1995年湄公河下游四国签署的协议中就提出了平等与合理利用、不造成损害以及航行自由三项水资源治理的主要原则，这是利益分享理念的早期体现；在2011年湄公河委员会通过的《流域发展战略》（BDS）中，提出了多行为体参与的整体流域发展计划，表明流域国家对构建利益分享机制更加重视。参见 MRC, “Knowledge Base on Benefit Sharing”, p.29; Mekong River Commission, “Basin Development Strategy”, January 2011, http://www.mrcmekong.org/assets/Publications/strategies-workprog/BDP-Basin-Dev-Strategy-2013-Eng.pdf, 登录时间：2013年7月26日。

② MRC, “Knowledge Base on Benefit Sharing”, pp.28-29.

良性互动，可以让中国更加有效地应对权力流散带来的诸多挑战。

体现在政策层面，中国应顺应潮流，积极探索建立流域利益分享机制，处理好与市民社会及非政府组织、国际组织以及域内外国家的关系，努力将自身的国家利益与流域各国利益更好地结合起来，构建可持续发展的水资源治理模式，实现全流域的可持续发展。

首先，重视与社会行为体的互动，寻求在价值层面达成谅解。包括非政府组织和市民社会组织在内的社会行为体往往是通过一种网络化的行动，用“科学的”证据来建构话语，强调河流之于生态、民生和安全等方面的“价值”，在尽可能广的范围内形成一个认知共同体，进而对水资源开发中的相关问题做出价值判断，占据道义制高点，呼吁或迫使政府改变决策。例如，2013年12月，“自然之友”等国内19家环境非政府组织共同发布了《中国江河的“最后”报告——中国民间组织对国内水电开发的思考及“十三五”规划的建议》，提出政府应撤消或搁置一些水电项目。[①] 非政府组织在东南亚地区的活动更为活跃，影响也更大。例如，由于泰国市民社会的长期反对，导致泰国多年来未在国内修建新的大型水坝。从积极的角度看，这些非政府组织及其非正式的网络植根于本地区，是通过一种“自下而上”的进程鼓励地方和本地区公众的参与，以此来弥补现有地区机制的不足，从而试图寻求水资源开发中出现的一系列特定问题的解决方案。[②] 对于政府来说，如何利用其正面作用并与其形成良性互动，塑造其价值判断或至少达成某种谅解，是政府在水资源开发中面临的一大挑战，也是实现区域水资源开发善治的客观要求。要实现这一目标，应从以下三个方面做出努力。

一是建立和完善利益攸关方与社会行为体的参与和协商机制。非政府组织和当地民众等多元利益攸关方的存在意味着利益的多元化和差别化。在水资源治理中，应改变传统的由国家主导的垂直化的管制模式，采取一种包括各种利益攸关方参与的平行化的治理模式。利益攸关方和社会行为体的广泛参与对于地方层面利益分享的执行非常重要，不但可以大幅提高利益分享进程和机制获得成功的可能，也是机制保持长期有效性以及水电

① 李波等:《中国江河的“最后”报告——中国民间组织对国内水电开发的思考及“十三五”规划的建议》，2013年12月，http://www.rivers.org.cn/Action/201312/414.html，登录时间：2014年1月20日。

② Philip Hirsch, “IWRM as a Participatory Governance Framework for the Mekong River Basin?”, in Joakim Ojendal, et al., eds., *Politics and Development in a Transboundary Watershed: The Case of the Lower Mekong Basin*, Dordrecht: Springer, 2012, pp.69-155.

项目取得成功的关键。通过构建各种利益攸关方的参与机制，推动伙伴关系建设，尤其是实现公私部门的良好合作关系，是利益分享机制具有可持续性的重要保证。①

二是重视水坝所在国与所在地居民的利益分享。水电开发地一般处于贫困边远地区，当地居民对生活环境改变的适应能力有限，而下游国家的国家治理能力亦有待提高，且常常面临地方（民族）冲突等棘手问题，使得当地居民的利益难以得到有力保障，甚至会由于地方与中央利益的分歧导致尖锐的对立。例如，在缅甸密松水电站事件上，克钦地方势力的坚决反对是最终迫使吴登盛政府叫停这一项目的重要原因。当前，中国积极参与湄公河水电开发，在水电项目的规划、建设和运行中，必须充分考虑对当地环境和居民生产、生活产生的负面影响，并建立完善的利益补偿机制，从而保证水电开发项目的顺利推进。②

三是要有重点、有选择地培育中国的社会组织。目前，中国的社会组织、尤其是国际非政府组织还相对薄弱，已不能适应中国周边外交社会化转型的需要。③ 中国应培育一批政治上可靠、专业上过硬的社会组织，并逐步建立广泛的以社会组织为主体的海外活动网络，使其成为中国外交的得力助手。这些社会组织所编织的网络系统，在信息搜集和反馈、专业知识咨询、加强多层次社会交往并建立多渠道接触机制等方面，都能起到积极作用。④

其次，与国际组织建立更为密切的合作关系，寻求在科学层面达成共识。在湄公河水资源的开发和利用及其影响方面，当前还存在大量的科学争论。虽然有关国家和非政府组织进行了大量研究，但在很多情况下，各国出于维护自身利益的考虑或政治目的，对其他国家或非政府组织得出的结论并不完全认可（而无论其是否客观）。缺乏科学层面的共识，不但造成各国在水电项目的设计和建设中难以达成或遵守统一的标准，而且给决策者制定科学有效的政策增加了难度，甚至会导致国家间的相互猜疑和指责。

① 郭延军：《湄公河水资源治理的新趋向与中国应对》，载《东方早报》，2014年1月17日。

② 老挝有识之士指出，西方公司在水电开发中只关注环境保护，对移民安置等民生问题关注很少，这正是中国可以充分发挥优势的方面。来自笔者2014年9月对老挝外交研究院院长的访谈。

③ 有学者指出，国际政治社会化趋势使中国外交的对象不仅包括他国政府，也包括各种政治势力组成的“世界社会”。中国在外交姿态、心态和理念上应更加开放包容，与各国的各种政治势力都发展外交关系，推进立体外交。参见赵可金等：《中国外交进入怎样的时代》，载《环球时报》，2013年1月4日。

④ 朱锋：《2012：新周边外交元年》，财经网，http://magazine.caijing.com.cn/2012-01-29/111641896.html，登录时间：2014年9月29日。

如前所述，本地区活跃着大量国际组织和国际机构，既有世界银行这样的全球性组织，又有亚洲开发银行这样的区域性组织；既有湄公河委员会这样的专门性组织，又有大湄公河次区域经济合作这样的综合性合作机制。一般来说，这些政府间国际组织在对待科学问题方面会更严肃、更客观、更具说服力。例如，2010年湄公河下游地区遭遇严重干旱，一些媒体及非政府组织指责干旱是由于中国在上游筑坝所致，而湄公河委员会则明确表示这一说法缺乏科学依据。[①]

中国也面临同样的问题：一些本国做出的研究结果，尽管在科学性方面是站得住脚的，但有时并不能被下游国家接受和认可。为改变这一状况，中国应与该区域的国际组织建立更为密切的合作关系，尤其应加强联合研究的力度，力争在有争议的科学问题上做出更具权威性的解释，改变中国在科学领域的被动局面，推动区域科学共识的达成，为水资源开发奠定知识基础。

再次，与域外国家建立对话关系，寻求在治理层面形成明确分工。当前，美、日、韩、澳、印度等域外国家相继加大在这一地区的投入，各国的规划大都是一揽子计划，不可避免地造成项目之间的重复，不但浪费资源，而且可能会导致国家间的恶性竞争。如果没有有效的沟通与协调，对次区域的整体发展将产生不利影响。尽管各国在战略目标和具体利益上存在差异，但我们看到，各国在支持湄公河次区域发展方面的目标是一致的，这给国家之间的协调与合作提供了可能性。

流域内外国家应充分利用地区现有的东盟与中日韩（“10+3”）、东亚峰会、中美亚太事务磋商等机制，就湄公河次区域合作问题进行协调，明确分工。例如，中日两国可在湄公河次区域南北走廊和东西走廊的建设中分享经验、制定统一标准、整合资源，共同促进次区域的互联互通。目前，日本方面比较积极，中国可利用这一契机推动双方的合作，作为改善中日关系的一个途径。韩国强调在湄公河流域的“绿色发展”，中韩可在环保及绿色经济领域加强政策协调和技术合作，共同推动湄公河次区域可持续发展。美国在湄公河次区域的投入主要集中在民生领域，中美可以在教育、公共卫生等领域加强协调与合作，中方可发挥地缘和资金的优势，美方可利用技术及经验优势，开展一系列务实合作，共同改善湄公河次区域的民生问题。

---

① 《泰国湄公河流域大旱与中国无关》，载《世界新闻报》，2010年3月29日，http://gb.cri.cn/27824/2010/03/29/5005s2798466.htm，登录时间：2014年7月5日。

具体到水电开发方面，鉴于目前中国在澜沧江中下游段的开发即将完成，下一步协调与合作的重点将转到水资源的合理分配、流域生态的修复和保持、农业和渔业的增产以及下游国家水电站的建设标准及运行模式等方面。在这些领域，中国应更加主动地与域外国家进行合作，开展联合研究，参考国际通行的最佳做法，综合、全面地考虑各种因素，努力将水电运行的潜在负面影响降到最低程度，保证流域水资源治理的有效性和可持续性。

最后，与流域内国家加强合作，寻求在政策层面实现突破。尽管非政府组织及政府间国际组织等在价值层面和科学层面对水电开发进程发挥着重要影响，但对于全流域的水资源治理来说，国家、尤其是流域内国家的政治意志和决策仍是治理成功与否的关键。随着中国国力的快速提升，中国对周边外交的信心也逐步提升。这种源于实力增长的信心体现在政策上，应当是以一种更加合理和更易接受的方式与周边国家开展合作，以增加它们对中国的信心而不是担心。在湄公河水资源治理方面，中国应在充分照顾下游各国利益的基础上，逐步推动建立全流域的治理架构，形成一体化的水资源治理模式，以期从根本上改变目前流域水资源开发的无序状态。

流域及其水资源一体化管理应当包含以下要素：（1）流域各国共享水资源，对流域水资源享有平等的管理权、利用权、水益权和补偿权；（2）通过所有流域国的合作和参与，制定并实施全流域利用和保护规划、方案、协议等；（3）签订和实施全流域条约，建立和运作全流域的联合管理机构；（4）实施综合生态系统管理，将水资源的管理与水生生物、陆地、森林、海洋等其他资源的管理适当结合。据此，一体化管理可遵循以下路径：数据和信息交流——签订局部流域水条约——建立和运作局部流域管理机构——单纯的水量分配——进行联合开发——签订全流域水条约——建立和运作全流域管理机构——进行流域一体化管理。[①] 信息共享往往是走向正式合作的第一步，通常可以在技术层面实现。在进行信息交流的基础上，通过谈判和协商，沿岸国可以达成流域水条约，为开展进一步合作提供法律依据。

建立全流域的、职能多元的联合管理机构是实现共同利益的理想途径，也是最高程度的合作形式，甚至是实现共同利益的必要手段，但是这种机构的建立和运作效果受制于沿岸各国的政治意愿、信任和合作程度等

① 何艳梅：《中国跨界水资源利用和保护法律问题研究》，上海：复旦大学出版社2013年版，第38页。

因素。因此，实践中较为常见的还是仅覆盖流域一部分或者职能单一的联合管理机构。如湄公河委员会就是仅由湄公河下游国家组成的水资源治理机构。

对于中国来说，参与流域水资源治理机制的建设，推动建立全流域水资源治理架构，应当把握几个基本原则，即不损害国家利益、各方接受、中方主导、逐步推进。具体有以下几个政策备选项可供考虑。

一是保持或进一步密切同湄公河委员会的合作关系，但不寻求加入。这一政策的优势在于中国可以相对自由地在境内澜沧江段进行水电开发而较少受到下游国家的约束。但近年来，这种基于技术方面的有限合作政策面临越来越多的挑战。一方面是面临来自下游国家的压力，主要是下游国家对中国在上游建坝所带来的现实或潜在的对生态环境、农业、渔业、径流量、甚至国家安全的负面影响表示担忧，[①] 个别国家甚至公开反对中国在上游建坝。另一方面，全流域治理已日益成为当今世界跨境河流管理的通行做法，中国长期游离于流域性组织之外，给有关国家炒作中国“水霸权”提供了口实，也增加了下游国家对中国政策的担忧。事实上，近年来水资源问题已成为中国与湄公河国家关系中的核心问题之一，也成为西方国家在这一地区制衡中国的主要手段之一。因此，尽管中国与湄公河委员会保持长期合作关系，但维持一种松散的、有限的、游离于地区组织之外的合作模式，已无法适应新的形势，在某些情况下还会使中国陷于非常被动的局面。

二是选择加入湄公河委员会，并对其进行改造。努力将中国吸纳为正式成员，是湄公河委员会多年来的愿望，至今仍未放弃这一目标。但对于中国来讲，是否加入这一下游国家间组织，需要准确评估面临的风险和挑战，并解答两个关键性问题。（1）加入后是否会限制中国在澜沧江的水电开发？有学者担心，加入湄公河委员会最大的代价是影响中国境内水资源的自由开发。[②] 这种担心不无道理，但随着中国在澜沧江中下游7座梯级电站的陆续建成，下游国家对中国境内的水电开发带来的压力会随之下降。（2）如何处理同西方国家的关系，加入后是否会受制于西方？有学者指出，中国加入可能会成为湄公河委员会的“少数派”，有被孤立的危险。[③] 事实

① 例如，2014年9月，中国云南降雨量大，下游国家担心中国若开闸泄洪可能会导致湄公河水位上涨，受到洪水侵害。参见《老挝当局密切关注中国大坝运转情况》，载《万象时报》，2014年9月11日。

② 卢光盛：《中国加入湄公河委员会，利弊如何》，载《世界知识》，2012年第8期，第32页。

③ 同上。

上，下游各国在水资源问题上的利益不尽不同：老挝和泰国主要目标是发展水电，促进经济发展；越南重点关注农业灌溉；柬埔寨则关心本国渔业生产。所以，中国如果能够根据下游不同国家的不同需求，处理好与它们的利益分享问题，出现被边缘化的可能性并不大。中国加入后面临的真正挑战也许在于如何处理与西方国家的关系。原因在于现阶段湄公河委员会大约有80%的资金来源于西方发达国家或国际组织的援助，这些援助大多用于该机构的能力建设、流域环境保护与可持续发展项目，以及支持成员国和非政府组织的研究活动。因此我们看到，湄公河委员会的一些研究结论以及主张在一定程度上体现了西方国家利益和主张。而要改变这一状况，无疑是十分困难的。可以说，中国若选择加入，单从对这一组织进行改造的角度看，其困难程度丝毫不亚于创建一个新的机制。

三是建立新的全流域治理机构。从湄公河委员会的成员构成和宗旨来看，它只是一个下游国家间的组织，缺乏广泛的代表性，加之自身能力建设问题，这些都影响了其治理的有效性。要真正实现全流域的综合治理，建立新的机构成为一种可能选择。相对于湄公河委员会较为单一的职能，新的机构应当扩展职能，从水资源保护和利用到气候变化、生态保护、渔业、农业增产、联合护航等多个领域。在资金来源、组织架构、法律框架以及运行机制上都应有所创新。

需要指出的是，未来即便建立了新的流域性机构，新的机构有新的功能定位，并非要取代现有的合作组织，而是要与之形成良性的互动、协作，甚至功能整合。例如，在新机构建成后，中国可考虑把澜沧江西藏段水坝项目纳入湄公河流域整体发展规划，展现中国负责任大国形象。当然，新的全流域性机构不会一蹴而就，需要与各方充分沟通和协商。在建立新的机构之前，可以考虑推出过渡方案，即首先在GMS项目中增设水资源合作议题，推动GMS机制成为未来建立全流域治理的试验平台。[①] 这一过渡方案的重要作用就是以项目合作的形式，尽量减少水资源合作的敏感性，使流域各国形成合作的习惯，为创建新的流域治理机构奠定基础。

五、结语

周边外交是中国外交的优先方向，湄公河次区域则可谓是优先中的优

① 参见郭延军：《大湄公河水资源安全：多层治理及中国的政策选择》，载《外交评论》，2011年第11期，第84—97页。

先。在湄公河水资源开发与治理方面，各方仍存在不同乃至相互竞争的利益主张，水资源开发因此超越了单纯的水问题而涉及一系列政治、安全和经济议题，成为次区域开发中的热点问题之一。能否处理好这一问题，不但关系到流域水资源治理的成效，而且影响到中国与流域国家间的关系。经过多年发展，湄公河次区域合作进展顺利，取得了丰硕的成果。然而，与其他领域相比，作为次区域合作核心领域的水资源治理却进展缓慢。为此，应把湄公河水资源治理放到中国周边外交的总体战略中予以考量，积极构建利益分享机制，破解湄公河水资源开发中的“困局”。同时，也应当考虑以水资源合作为切入点，进一步推动次区域合作，缓解国家间竞争，促进中国周边安全与稳定，为中国崛起奠定坚实的地区基础。

东亚粮食安全合作进程：机制进展、问题与中国对策

崔海宁*

引　言

粮食是稳民心、保民生的重要战略性资源，值得长期高度关注。2008年世界粮食危机的再现、气候变化以及本地区自然灾害频发等因素迫使东亚地区面临着日益严峻的粮食安全问题。大米是东亚地区粮食安全中头等重要的因素。2011年持续数月的东南亚洪灾不仅影响到该地区主要大米产地如泰国大米及粮食的生产和出口，对东盟各国的粮食安全产生威胁，而且最终影响到东盟地区政治经济的稳定性，对整个东亚地区粮食安全与社会稳定也造成冲击。东亚地区大米产量和价格大幅波动及本地区粮食供应不稳等状况的高度脆弱性使得东亚各国均把粮食安全问题和防止粮食价格上涨作为目前首要工作和高度优先议题。2010年以来，东亚10+3粮食安全机制化合作呈现良好发展态势并主要在两大方面取得突出进展。一是10+3大米紧急储备库机制建成。2011年7月的第11次“10+3”农林部长会议签署了《“10+3”大米紧急储备库协议》，该协议已于2012年7月正式生效，标志着“10+3”粮食安全合作机制化建设取得重大进展，为东亚国家应对灾害、平衡供需、加强粮食信息交流奠定了制度基础。另一个就是“东亚粮食安全合作战略圆桌会议”发展成为“10+3”粮食安全合作的长期对话平台。自2009年以来，已连续举办四届的东盟与中日韩粮食安全圆桌会议已逐步发展成为探讨本区域农业可持续发展和保障区域粮食安全有效合作途径的一种常设机制。此外，2012年4月，首届中日韩农业部长会议的召开也标志着三国正式启动加强区域和国际层面的粮食安全合作进程。

多年来，东亚地区合作进程的快速发展吸引了国内外学术界的高度关

*　崔海宁，外交学院亚洲研究所副研究员。本文发表在2013年第5期《东南亚研究》。

注，研究成果十分丰富，但是具体到东亚粮食安全合作领域，其受关注程度和研究成果都略显薄弱。就中国国内而言，虽然改革开放以来，对外粮食安全合作及粮食外交开始进入我国学者视野，相关研究也逐渐步入规范化轨道，但是集中论述东亚粮食安全状况及相关合作进展的学术成果依然比较少见。以2007—2008年世界范围内的粮食危机为时间节点，在这之前我国学者的相关研究主要集中在梳理美国粮食外交史，回顾中国粮食外交史以及初步分析粮食与外交的互动关系等。2007年至今，国内学界很大一部分关注重点转移到跟踪和分析近年来的世界粮食危机及其对中国或东亚国家的影响以及中国对策等方面。为数不多的具体涉及到东亚粮食安全合作的成果或者侧重于从对外经贸关系、国际经济学及农业经济学角度分析，或者着力从农业合作的具体技术层面论述，鲜有从国际关系及整个地区合作视角进行综合性探讨和论证的。

1994年美国学者布朗《谁来养活中国》报告引发国外学界对中国粮食安全的关注和讨论。相比于国内学界，国外学者更关心中国粮食安全国际效应问题并逐渐形成两大对立观点。以布朗为主要代表的悲观派认为，水资源短缺、工业化进程以及人口激增将导致21世纪初中国因大量进口粮食而引起世界粮食价格上涨以致粮食危机。另外一些学者，如联合国粮农组织、世界银行等学者对此表示质疑，在分析和预测中国未来粮食产需基础上较乐观地认为中国可实现粮食自给。迄今为止，专门针对东亚粮食安全及中国因素的研究主要由亚行完成，由于局限于本国利益，其成果偏重粮食价格、粮食安全与贸易、扶贫减贫的关系等问题，没有立足推动地区合作视角的成果。

粮食危机所带来的国际政治后果告诫人们，粮食安全问题不仅仅是个经济问题，更是一个极为重要的政治、社会问题和国际关系问题。在当今东亚地区合作步入关键时期、地区秩序进入深刻变革和重塑时刻，粮食安全合作的战略重要性应当得到高度重视。作为东亚地区大国，中国有义务也有能力在克服困难和障碍、推进地区粮食安全合作进程中承担更多的地区责任、发挥更重要的规范和制度设定作用，引导东亚地区粮食安全合作走中国与地区以致世界互利共赢的道路。本文将在学界已有成果的基础上立足地区合作进程视角，在回顾和梳理东亚地区各种主要的合作机制下粮农合作进展的同时，分析当前东亚地区粮食安全合作面临的复杂地区形势和具体困难与挑战，并在文章最后一部分探讨提出中国积极推动地区粮食安全合作的必要性及政策建议。

一、东亚粮食安全合作现状：多层次、多框架、多主体进程

“粮食安全”是指“所有的人，在任何时间，都能够买得到和买得起足够、安全和营养的食物，以满足活跃、健康的生活所需的饮食需求和消费偏好”。[①] 粮食安全概念的内涵至少包括三方面基础性因素，一是充足的粮食供应量，二是畅通的粮食获取渠道，三是合理的利用及营养状况。[②] 上个世纪90年代以来，东亚经济飞速发展，地区一体化进程加快推进，东亚已成为全球经济增长的重要引擎。然而，这一切并未带来本地区长久稳定的粮食安全。一方面，东亚13国的国土面积总和达14亿公顷，但真正适合耕作和长久种植农作物的土地面积却不足总面积的17%，农业基础条件不雄厚。[③] 如果再将快速增长的人口因素考虑在内，那么东亚地区粮食供应日趋吃紧在所难免。另一方面，由于部分国家农产品贸易保护主义政策等原因，东亚区内粮食贸易量比较小，其中大米的贸易量仅占世界产量的5%—6%，[④] 这会使地区粮食安全面临更大风险。此外，尽管过去20年很多国家在经济上实现了重大发展，但亚太地区处于饥饿和营养不良状态的人口数量仍然约有5.78亿，占全球贫困人口的65%，这其中91%主要分布在中国、印尼、菲律宾、老挝、印度等国。[⑤] 因此，东亚地区粮食安全形势不容乐观。

为了应对粮食危机、确保粮食安全，上个世纪70年代初东盟开始尝试开展内部的粮食安全合作，从而开启了东亚地区粮食安全合作进程。目前，东亚地区内粮食安全及农业合作在双边、三边和多边三个层次、多个框架、多个主体倡导下全面推进。

---

① Food and Agriculture Organization of the United Nations (FAO), “Rome Declaration on World Food Security”, Rome, November 13, 1996, http://www.fao.org/docrep/003/w3613e/w3613e00.htm, 2012-11-01.

② World Health Organization, “Food Security”, http://www.who.int/trade/glossary/story028/en/, 2012-11-01.

③ Food and Agriculture Organization of the United Nations (FAO), “Selected Indicators of Food and Agricultural Development in the Asia-Pacific Region 2000-2010”, October 2011, http://www.fao.org/docrep/014/i2371e/i2371e00.pdf, 2012-11-01.

④ ASEAN Secretariat, “11th AMAF Plus Three Countries Conclude Agreement on Rice”, Jakarta, October 7, 2011, http://www.aseansec.org/26651.htm, 2012-11-02.

⑤《联合国粮农亚太会议召开亚太地区粮食安全问题严峻》，人民网，2012年3月13日，http://world.people.com.cn/GB/157278/17363911.html，登录时间：2012年3月30日。

一、以东盟为中心的地区粮食安全合作

1. 东盟内部粮食安全合作

1978年首届东盟农林部长会议的召开标志着东盟内部粮食安全合作进程的正式启动。时至今日，东盟粮食安全合作已确立了以东盟农林部长会议为主导机构、以农林高官会议为主要监督执行机构、以东盟秘书处为全面协调机构并辅之以相关工作组、联合委员会、专家小组的智力支撑的合作机制，在加强地区粮食安全、促进东盟区内及区外农产品贸易便利化、农业与粮食生产技术转让、农业人力资源开发、私营部门参与、农业资源管理与保护以及合力应对国际及地区粮食安全问题等七大优先领域进行了卓有成效的合作尝试，积累了丰富经验，为东亚地区粮食安全合作打下了基础。2007—2008年的世界粮食危机促使东盟国家进一步认识到确保地区粮食安全将是东盟共同体建设的基础保障和根本目标之一。2008年第十四次东盟领导人会议首次发表了《东盟地区粮食安全声明》，承诺将粮食安全作为东盟一项永久性和优先考虑议题，决定建立“东盟一体化粮食安全框架”。为实施这一框架，会议制订一个为期5年（2009—2013）的“东盟地区粮食安全战略行动计划”，强调将从加强机制化安排、促进粮食贸易、强化粮食安全信息系统、推动可持续性粮食生产、加大农业投入以及解决不断出现的地区粮食安全问题六方面加强地区合作，以确保东盟长远的粮食安全和改善农民生活水平。[①]

2. 中国—东盟农业及粮食安全合作

自2001年11月第五次中国与东盟领导人会议决定将农业作为21世纪合作的重点领域之一以来，中国—东盟粮农合作已经形成了以中国—东盟农林部长会议、高官会为主要机制、内容丰富形式多样的良好合作局面与态势。在中方积极推动下，经过十几年发展，中国—东盟粮农合作进展显著，成果突出。首先，人力资源培训成功推进。2002—2010年，中国政府根据东盟合作需求，结合中国农业发展优势，累计投入资金3055.43万元，为东盟各国举办了80个培训班，培训农业技术和管理人员1154人次。[②] 其次，粮食贸易促进稳步实施。中国政府通过召开中国和东盟各国家政府及

---

① ASEAN Secretariat, “ASEAN Ministerial Meeting on Agriculture and Forestry”, http://www.asean.org/communities/asean-economic-community/category/asean-ministerial-meeting-on-agriculture-and-forestry-amaf, 2012-11-01.

② 《卢肖平副司长在亚洲区域农业合作十年总结会上的讲话》，2010年12月20日，四川攀枝花。

企业间的圆桌会议、商务论坛、农产品展示会等，积极搭建包括粮食作物在内的农产品贸易平台，较好的配合和推动了中国—东盟自贸区建设，促进了中国与东亚国家间的粮食等作物的农产品贸易。① 再次，小型合作示范田项目成果显著。境外示范项目是中国与东盟国家粮食领域合作的主要载体。2002—2010年间，中国共投入2651.36万元在东盟国家实施了51个小型农机技术实验示范项目，对提高合作国当地的农业生产水平起到了较好示范作用。② 最后，农业技术与信息交流成效积极。2002—2010年，中国共投入资金971.13万元，与东盟国家开展了31个技术与信息交流项目，内容涉及农产品生产与加工、作物病虫害防治等多方面，对促进中国与东盟的农业贸易起到了重要作用。③

3. 东盟与中日韩粮食安全合作

1999年第三次“10+3”领导人非正式会议发表的《东亚合作联合声明》首次明确表示将粮食安全作为东盟与中日韩（“10+3”）的重要合作领域之一。经过十多年发展，“10+3”粮食及农业合作不仅确立了以领导人会议、农林部长会议和高官会议为主导、以各类综合性或专门性的论坛及研讨会议为辅的多层级合作机制，而且其机制化务实合作也取得显著成果。2011年的第十一次“10+3”农林部长会议签署了《“10+3”紧急大米储备库协议》（APTERR），顺利的将始于2004年的东亚紧急大米储备项目转化为常设机制，为确保东亚地区长久粮食安全奠定了合作的制度基础。截止2012年底，“10+3”框架下的东盟粮食安全信息系统（AFSIS）项目成功执行两期，中日韩三国通过每年组织工作组会议、培训班和研讨会，帮助东盟相关人员提升其常规农业统计信息收集分析技能、信息网络系统利用率，并通过向东盟成员国发放电脑及服务器、开通和维护AFSIS网站以及发行《早期预警信息报告》和《农产品展望报告》等方式，从物质和技术两个层面加强了地区粮食安全信息网络系统化建设。④ 此外，近年来由中国外交部发起的“东亚粮食安全合作战略圆桌会议”已成为当前国际粮食安全新形势下“10+3”国家提升粮食综合生产能力、加强合作推动区域粮食安全的有益探

① 杨东群、唐盛尧、李先德:《中国和亚洲国家粮食安全合作研究》，载《世界农业》，2011年第8期，第1—5页。

② 《卢肖平副司长在亚洲区域农业合作十年总结会上的讲话》。

③ 同上。

④ ASEAN Food Security Information System, “Midterm Evaluation Report of ASEAN Food Security Information System Project (2nd Phase)”, March 2010, http://afsis.oae.go.th/Midterm_evaluate_Report.pdf, 2012-11-1.

索。[①] 自2009年4月至今，中国政府已连续举办四届“东亚粮食安全合作战略圆桌会议”，为“10+3”国家探讨本区域农业可持续发展和保障区域粮食安全提供了一个重要的长期对话平台。

（二）中日韩粮食安全合作

相比于以东盟为中心的东亚地区粮食安全合作机制，中日韩三国间的地区粮食安全合作起步晚，时间短。2012年4月，首届中日韩农业部长会议在韩国济州岛举行，标志着三国正式启动了加强区域和国际层面的粮食安全合作进程。会上，中日韩农业部长阐述了三国加强粮农合作的必要性并就下一步如何开展和推进三国合作取得重要共识。一是要重点加强三方在东盟粮食安全信息系统、东盟与中日韩大米紧急储备和亚太粮食安全信息平台等区域和国际层面的粮食安全合作。二是通过合办研讨会等方式交流与粮食安全相关的农业政策信息、促进研究人员交流、寻求联合研究契机。三是应当及时分享有关自然灾害的信息，以尽量克服灾害影响，恢复农业生产。四是加强三国在国际粮农组织、二十国集团、东盟与中日韩（“10+3”）和亚太经合组织等全球和区域论坛框架下的合作。[②] 可预见，中日韩农业部长会议机制将成为三国间分享农业信息、推动农产品贸易便利化及协调在区域与国际多边场合立场的重要平台，将为东北亚以至东亚地区粮食安全发挥重要作用。

（三）亚太经合组织（APEC）框架下的粮食安全及农业合作

自上个世纪90年代末期以来，农业合作一直是亚太经合组织（APEC）框架下的传统合作领域之一。截至2009年，APEC逐步形成了领导人会议引领、APEC工商咨询委员会发起倡议、APEC农业技术合作工作组以及各层面论坛具体负责落实的合作机制和架构，主要围绕着建立APEC粮食系统及农业技术合作两大主题开展联合研究及区域合作。近年来亚太地区粮食安全形势的日趋紧迫促使APEC粮食安全机制化合作出现突破。一是APEC粮食安全部长会议机制确立。2010年首届APEC粮食安全部长会议在日本召开，会议发表了《新泻宣言》，就APEC粮食安全合作的目标、行

---

① 《“东亚粮食安全合作战略圆桌会议”在北京召开》，中国中央政府门户网站，2009年4月22日，http://www.gov.cn/gzdt/2009-04/22/content_1292853.htm，登录时间：2009年4月30日。

② 《首届中日韩农业部长会议联合公报》，中国中央人民政府门户网站，2012年4与15日，http://www.gov.cn/gzdt/2012-04/15/content_2114043.htm，登录时间：2012年4月30日。

动计划和具体措施达成共识。[①] 二是建立了 APEC 粮食安全政策伙伴关系。2011年 APEC 高官会宣布建立 APEC 粮食安全政策伙伴关系（PPFS），在政府、私营部门、APEC 次级论坛和多边机构以及各类学术研究组织和非政府组织之间建立一个高层级的长效对话合作机制，以确保在2020年之前建成 APEC 粮食安全系统。2012年9月 PPFS 首次会议在俄罗斯喀山举行，会议制定了2012—2013年 PPFS 行动计划，PPFS 有望成为 APEC 框架下应对粮食安全问题的首要合作机制。[②]

二、东亚地区粮食安全合作面临的障碍与挑战

东亚地区粮食安全和农业合作所取得的进展为进一步推动合作发展奠定了良好的政治基础和制度保障。但在当前东亚地区力量对比发生重要转变、美国等域外力量加大介入力度从而加速地区秩序重塑的新形势下，本地区粮食安全合作也面临着来自自身和外部的双重压力和挑战。

（一）地区国家间政治互信脆弱制约粮食安全合作深入推进

历史及认同等问题造成的东亚国家间政治及战略互信不足始终困扰着东亚地区合作。随着中国的快速崛起，东亚地区力量格局发生重大变化，缺少足够的政治互信以及由此所带来的战略猜疑成为横亘于东亚合作进程中的重大障碍。粮食是极其重要的战略性物资，粮食安全合作是东亚一体化的重要合作领域和组成部分。但遗憾的是，缺乏政治安全互信已成为地区粮食安全合作进程中面临的重大挑战，至少在三方面制约着粮食安全合作的深入推进。

首先，政治互信不足导致粮食安全合作面临日益严峻的地区政治安全环境。东亚国家间缺乏必要的政治信任，领土主权争端和传统安全问题依然存在并不时出现紧张和恶化的情景。近几年来，中国快速崛起触发了区内力量对比的重大改变，导致了域内外一些国家的疑虑、担忧，甚至制衡措施。东亚地区政治安全秩序在各种力量及地区政策相互碰撞作用下进入

① Asia-Pacific Economic Cooperation, “Second APEC Ministerial Meeting on Food Security: Kazan Declaration on APEC Food Security”, Kazan Russia Federation, May 30-31, 2012, http://mddb.apec.org/Documents/2012/MM/FSMM/12_fsmm_jms.doc, 2012-09-05

② Asia-Pacific Economic Cooperation, “APEC Policy Partnership on Food Security (PPFS) Action Plan for 2012-2013”, Vladivostok, Russia, September 3, 2012, http://aimp.apec.org/Documents/2012/PPFS/MC2/12_som_ppfs_mc2_001.pdf, 2012-11-02.

了重塑时期。而美国重返亚洲战略的全面实施又在很大程度上加剧了地区秩序转型的不确定性和紧张程度。因而，无论是在东盟内部，还是中国与东盟国家之间、中日之间以及日韩之间，国家间的领土主权争端均有所激化。地区新旧矛盾的集中浮现和紧张程度的加剧致使地区合作氛围受到一定损害。粮食安全合作属于经济社会可持续发展范畴的问题，如果没有和平稳定的外部环境保障，国家间的粮食安全合作进程不仅得不到维持和推进反而会放缓甚至停滞，地区粮食安全更无从谈起了。

其次，政治互信不足削弱地区国家粮食安全合作政治意愿和行动力。政治互信的缺失会导致国家在合作进程中难以形成应有的凝聚力及合力，从而削弱各国合作的政治意愿和行动力。具体到粮食安全合作，一个自相矛盾的现象由此产生：一方面，多年来各层级会议均肯定粮食安全合作的重要性，并就切实加强地区粮食安全合作达成了重要共识；但另一方面，从现实来看，一些共识仅仅停留在政治口号层面，并未真正付诸实施。很多合作只限于召开论坛、交流经验和信息，缺少具体的实施项目。往往是发表宣言多于制定计划，召开论坛多于实际行动。[①] 由于对中国的战略猜疑，在中方主推的“10+1”、“10+3”粮食安全合作中东盟主动性不够，也很少就地区粮农合作提出指导性议程，而且部分国家还有相当的顾虑，担心中国将当地搞成杂交水稻化，最后水稻品种受制于中国，故在合作过程中设置政策障碍。[②]

再次，政治互信不足导致国家间缺乏必要的粮食安全政策沟通与协调。粮食是关系到国计民生的重要战略性物资，具有高度的政治敏感性。因而在开展地区粮食安全合作中，有关本国国内粮食生产、储备及其对内外粮食安全政策等数据资料具有一定的保密性。而且区内有些国家如日本通过实行高额补贴来推行农产品贸易保护主义政策，这使得在政治互信本来就脆弱的东亚地区，想要实现国家间粮食安全政策的充分交流与协调更加困难。在2007—2008年粮食危机时，这一点表现的更为明显。当时稻米需求量及其价格的猛增导致人们由此而产生了高度的紧张心理，这使得域内原本脆弱的彼此信任度持续下降，加上投机和炒作，促使各粮食生产国政府纷纷采取临时出口限制措施，最终也形成了区域性“粮食危机”，甚至还出现了东盟部分国家提出建立所谓的“稻米输出国组织”的“粮食政治”

---

① 韦红：《东亚区域合作与中国农业农村可持续发展》，载《华中师范大学学报》，2010年第6期，第31—36页。

② 杨东群、唐盛尧、李先德：《中国和亚洲国家粮食安全合作研究》。

的现象，严重影响了东盟内部的团结，也妨碍了更大范围的地区粮食安全合作进程。

（二）制度化务实合作尚有较大提升空间

相比于走在地区合作前列的东亚区域财金合作，东亚粮食安全的制度化务实合作还有较大提升空间。从机制化建设来看，当前地区粮食安全合作存在这样三个问题需要解决。一是各机制发展水平参差不齐，整合不足。其中既有发展程度和合作水平较成熟的中国—东盟合作，也有开展合作最早和积累丰富经验的东盟内部合作，同时还有刚刚起步的中日韩合作。各种次区域合作机制发展不平衡的状况一定程度上制约了东亚“10+3”整体粮食安全合作进程的快速发展。比如，“10+3”粮食安全战略圆桌会议至今已召开四届，但还是停留在对话交流平台水平上，并未设立固定的机制和机构并开展稳定的项目合作，其务虚的色彩依然浓重。因此，如何促进各次区域合作机制平衡发展，特别是下大力气推动相对薄弱的机制化建设（中日韩），从而形成合力带动“10+3”粮食安全合作成为下一阶段的重要课题。二是各机制彼此之间缺乏固定有效的沟通和协调，导致资源利用不足、效率不高。项目的重复设置和开展可以充分说明这一点。例如在“10+1”和“10+3”框架下都有人力资源培训和信息交流等项目，各种合作框架和机制各自为战。没有进行必要的沟通和协作不仅浪费了有限的资金和社会资源，还导致了效率的低下。三是一些具体合作机制的自身能力建设任重道远。以APTERR为例，其机制功能建设似乎也应该像“10+3”外汇储备库建设那样，不仅仅满足于成为一种非危机时期做好监测和预警工作，危机时期快速有效应对的长效机制。从长远来看，如何通过将现有的APTERR机制拓展到其他的主要粮食产品等途径构建类似世界粮农组织的地区合作制度，通过不断推动本地区粮食等农产品生产、贸易等领域交流与合作来全面加强“10+3”国家粮食安全能力建设，实现本地区经济社会可持续发展应当成为APTERR机制建设的长远目标。从这个角度讲，APTERR机制功能建设还有很长的路要走。

除了上述三大机制化建设方面的问题之外，一些技术层面的问题也困扰着务实合作项目的开展。就合作项目资金来源而言，其资源分散有限、难以形成规模和聚合效应的问题比较突出。例如，“10+1”框架下的粮食安全合作项目多采取国际援助的形式进行，资金主要由中国承担，很少有国际组织、第三方政府提供资金支持。资金的有限导致项目多数以举办国际研讨会和圆桌会议的方式实施，大部分技术交流与合作项目也是一些投资比较小的项目，涉及多个领域、多个地区、带动效应广泛的大项目很少。就合作项目行为体而言，参与主体单一的局面未得到改观。目前很多粮农合作项目属于高层及政府间对话性质，区内各国企业、科研机构、协会及其他实体的参与程度不高，企业资本和民间资本都还没有被充分调动起来参与其中，缺乏互利共赢、可持续发展的合作项目作为支撑，其产生的经济及社会效应仍然不理想。三是合作项目的开展遭遇互联互通瓶颈。东亚地区粮食及农业合作不仅涉及到大农业部门，还涉及到海关、进出口检验检疫、税务等多个部门，在境外从事试验田示范，经常会遇到种子、农资和设备在海关和检验检疫方面的障碍和问题，严重的时候会造成项目无法开展。[①]

（三）美国日益成为影响和左右地区粮食安全合作进程的重大外部因素

二战结束后美国借助绿色革命和转基因革命、高额的农业补贴政策以及新能源革命等一系列措施，逐渐推行了以控制国际粮食的种子、生产、销售全过程进而建立粮食霸权为目标的全球粮食战略，对世界及地区粮食安全格局产生了重大影响。作为其全球战略重要组成部分的美国粮食战略历来对东亚地区粮食安全状况及其合作态势发挥着深刻影响力，是东亚地区粮食安全不可忽视的重大外部因素。对于东亚地区而言，美国粮食安全政策的影响利弊交织。一方面，由于东亚农业发展不均衡、区域农业合作水平不高等因素，作为一种暂时的补充，美国在东亚的粮食倾销及其救济性粮食援助对于弥补地区粮食供给不足、维持东亚基本的粮食安全稳定发挥了一定积极作用。但另一方面，美国粮食战略对东亚地区农业生产格局及粮食安全保障能力也产生了重大消极后果。自上个世纪90年代以来美国从东亚地区大量购入工业品的同时廉价出口粮食，很多国家的农业出现不同程度倒退且对美依赖度不断加剧，如中国市场已经被美国的转基因大豆所垄断，泰国、马来西亚、印尼、越南等国农业产值不及本国GDP的20%，[②] 菲律宾由原来的粮食出口国变成了世界第一大米进口国等。东亚国家农业产出呈下降趋势成为地区粮食危机产生的重要原因之一。而与此同时，美国国内推行的新能源战略所导致的玉米等主要粮食作物出口下降、价格飞涨，进一步增加了地区粮食安全的风险。因此，在美国粮食战略的

① 杨东群、唐盛尧、李先德：《中国和亚洲国家粮食安全合作研究》。

② 赵丽红：《美国全球粮食战略中的拉美和中国》，载《拉丁美洲研究》，2009年第4期，第14—26页。

渗透和作用下，东亚国家特别是部分东盟国家的粮食生产率下降，地区粮食自给能力减弱，导致地区粮食安全合作所面临的现实基础更加薄弱。

2008年的全球粮食危机使得粮食安全合作成为东盟高度关注的优先议题。而此时恰逢美国开启重返亚太进程。在这一大背景下，美国全面强化了与东盟的关系。支持东盟粮食安全合作为美参与东亚地区进程提供了新入口，同时也成为其东亚粮食安全政策的新动向。2008年粮食危机以后，美国对东盟的粮食援助政策由以往通过贸易来实施救济性援助转变为资金和技术援助。2008年2月，美国启动了总金额为15亿美元的“推动东盟国家间合作与经济一体化——东盟发展愿景”（ADVANCE）援助资金，通过资助美国—东盟技术援助与能力培训项目（TATF）的实施推动东盟各国政府与私营部门在粮食自由贸易中协调与合作。① 2012年3月，美国又推出了“农业收入最大化：知识、企业发展与贸易”项目（MARKET），接替已执行完毕的TATF项目，继续加强地区粮食贸易中的公私合作伙伴关系及支持东盟粮食安全信息系统建设。② 近年来美国针对东盟粮食安全一体化框架及其战略行动计划的资金投入和大力支持为地区粮食安全合作注入了新的资金来源，得到了东盟国家的认可和欢迎。但同时，我们也不能排除美国新政策背后隐藏的两方面深层次战略意图。一方面，美国试图通过提升东亚地区粮食贸易畅通有效性以及增强粮食贸易政策改革中公私部门的对话关系，增强美国在地区粮食安全合作议程设定上的主导权和影响力。另一方面，美国通过在资金上支持东盟一体化议程强化了与东盟的关系，加深了东盟对美的粮食安全依赖，在一定程度上冲淡了10+3等机制下的合作政治意愿与动力。

三、中国积极推动东亚粮食安全合作政策建议

当前，东亚地区粮食安全合作在呈现出全面推进良好发展态势的同时也在经受着各种政治、经济及战略因素的制约和考验，合作的确走到了一个节点。如何应对挑战、化解困难、突破瓶颈成为维持和推进合作进程亟待解决的重大课题。中国参与和推动东亚地区粮食安全及农业合作历程已

---

① ASEAN Secretariat, “Overview of ASEAN-US Dialogue Relations”, June 2012, http://www.asean.org/asean/external-relations/united-states/item/overview-of-asean-us-dialogue-relations, 2012-06-02.

② U.S. Department of State, “U.S Institutional Support for ASEAN”, November 19, 2012, http://www.state.gov/r/pa/prs/ps/2012/11/200825.htm, 2012-12-01.

经走过了十多个年头。在这一过程中，中国积累了重要的发展经验，与东亚国家在粮食贸易、人力资源开发、技术交流与合作以及我农业“走出去”等具体领域取得了突出成绩，日益成为推动地区粮食安全合作的重要力量。在现今国际粮价高位波动、国际和地区产粮状况缺乏明显改善的严峻形势下，作为世界上重要的农业大国和东亚地区大国，中国有责任也有能力为进一步推动地区粮食安全制度化合作发挥更加关键的能动作用。为此，本文拟提出如下政策建议以供商榷。

（一）从战略高度认识和看待地区粮食安全合作，坚持粮食安全合作优先地位，走粮食安全合作与地区信任建设良性互动之路

我们应该从整个地区合作、国家战略和外交的高度看待地区粮食安全合作问题。近几年，中国的快速崛起的确在很大程度上冲击和改变了现有的地区和国际格局，触发了地区内部一系列变动。域内外国家对我担心、疑虑甚至制衡之心加剧，美国关注重点全面东移，东亚地区格局与秩序正在进行深刻的变革和重组。这些变化动摇了地区国家间本来就脆弱的政治互信根基，不仅使得东亚一体化前程充满变数，而且也为我外交工作提出了新的挑战。在这种情况下，中国周边外交应当树立承担地区责任并积极作为的理念，从人的安全这个角度入手，择取各方共同关心尤其是东盟优先关切议题，去构建地区治理制度、提供公共安全物品。正是在这个意义上讲，地区粮食安全合作恰巧为我提供了一个很好的切入点。中国似应主动推动粮食外交，通过稳定粮食出口来抑制国际粮价过快上涨、向具有重要地缘战略地位的东亚国家增加各种形式的粮食援助，并加大地区粮食安全合作机制建设力度和投入，如 APTERR、“10+3”粮食安全战略圆桌会议等。实实在在的援助和功能性合作将带来长远的正面效应。从地区合作的角度看，积极开展地区粮食安全合作不仅可以为本地区和平、稳定和发展提供必不可少的物质基础，而且还可以激发各方特别是东盟的地区合作热情和政治意愿，为东亚地区进程注入新的活力和动力，增强东亚一体化内生发展动力；从中国战略利益角度看，惠及东亚各国普通民众的地区粮食安全合将增强地区国家彼此之间的互信和友好，部分的化解“中国威胁论”和“中国不确定论”的负面影响，维护中国负责任大国形象，在本地区真正形成友好互信、合作共赢的利益共同体的同时为我和平崛起塑造良好的周边战略环境。同时，积极参与地区粮食安全合作进程还可以增强中国地区合作议程设置能力和话语权，为中国发挥地区大国作用提供有效平台、积累宝贵经验。因此，主动引领、推进粮食安全合作将会为中国国家利益和地区合作进程带来一个互利共赢的良好局面，应成为今后一段时间内中国周边经济外交的重要内容。在未来的地区合作中，中国应该坚持粮食安全合作在东亚制度化合作中的优先地位，重点构建粮食安全合作与地区信任建设间良性互动关系，使粮食安全合作既成为我地区一体化的重要推手，又成为政治互信增强、民间友好加深的受益者。

（二）加强我地区制度建设投入，主动倡导、运筹和引领地区制度化务实合作

我应重点加大地区粮食安全合作制度建设投入力度，充分发挥地区大国作用，积极提供公共安全物品，主动倡导、规划和引领地区粮食安全制度化务实合作。面对东亚粮食安全合作多渠道、多层次、多机制并存的多元多重合作架构，我在地区粮食安全合作中应保持开放心态，积极运作统筹各机制建设及其关系，使之朝着于东亚整体粮食安全有利及实现我战略利益的方向发展。

首先，重点推进“10+1”和“10+3”粮食安全制度化合作。“10+1”是中国参与东亚地区合作的基石，“10+3”是我大力推动的东亚一体化主要机制，因而通过长远规划和持续投入做实这两个机制是重点。为此可考虑做好如下工作：一是做实“10+1”和“10+3”农业部长会议机制，赋予一定的决策权和执行力，并辅之以工作组和联络员机制，具体落实合作措施和决议。二是在中国—东盟农业部长会议机制之下成立专门的委员会或特别行动小组制度，运作、执行《中国—东盟粮食综合生产能力行动提升计划》和《中国—东盟农村发展推进计划》，整合相对分散的项目和资金，在未来一段时期内以“10+1”为主要平台提升地区粮食生产和农村可持续发展能力建设。三是强化、引领 APTERR 机制化建设。中国可一方面加大对“10+3 大米储备基金”的支持力度，另一方面加强对该机制功能建设的引导和塑造。近期可着力研究并解决“触发机制”运作（即储备的管理机制问题——由谁、在什么时间释放储备，向哪些人释放储备）这一瓶颈问题及积极探索将该机制拓展到其他主要粮食作物领域。同时，我应加强对该机制发展长远方向的引导，将之建设成为类似世界粮农组织的地区合作制度。四是启动我主导的“东亚粮食安全合作战略圆桌会议”机制化建设，牵头建立秘书处等常设机构，提出具体的行动计划，切实将之打造成为协调区域间农业及粮食政策、探讨区域农业可持续发展的制度平台。

其次，我应充分参与各机制并利用其相对优势，维持各机制间平衡发展。对于刚刚起步的中日韩农业合作，我可以中日韩自贸区谈判进程启动为契机在三国农业部长会议机制下重点推进东北亚地区农业和粮食政策沟通与协调、农产品贸易以及农业相关的灾害管理合作，增强三国间政治互信及地区合作的凝聚力。2014年APEC主办国是中国，我可借机引领制定2014—2015年PPFS行动计划，加强APEC粮食安全政策伙伴关系（PPFS）建设。同时，我还可借当前东亚峰会强劲发展势头和各方对粮食安全的高度关注，适时倡导将粮食安全合作列为东亚峰会机制下的第七个重点合作领域，建议建立东亚峰会农业部长会议机制，为各方加强宏观粮食政策尤其是粮食贸易政策的沟通与协调提供平台。

（三）加强与美沟通、协调与合作

美国的全面介入使得东亚地区合作泛亚太化的趋势日益明显。如何加强对美沟通和协调，进而实现东亚与亚太合作对接成为不可回避的问题。尽管中美两国在东亚地区粮食安全合作中的存在战略目标、推进方式等方面分歧，但也拥有重要的共同利益。我应顺势而为，加强中美之间机制化沟通与协调。

第一，加强稳定有效的沟通与对话机制建设。目前，中美在亚太地区的互动已经步入了利益相互影响、政策相互塑造的新时期。在地区粮食安全问题上，我应在加强与美在中美战略与经济对话、亚太经合组织、东亚峰会、20国集团（G20）以及世界粮农组织等已有机制中沟通和交流的同时，重点考虑在中美亚太事务磋商机制中增设地区粮食安全议题，就本地区粮食安全形势和各自政策交换看法，妥善处理有关矛盾分歧，推动中美在地区粮食合作中形成良性互动格局。

第二，中美共同出资支持东盟粮食安全合作。当前，中美东亚地区粮食安全政策的利益交汇点之一在于支持东盟地区粮食安全一体化框架及其战略行动计划，两国分别就此做出了各自的安排和投入，其中不乏重合之处。为此，可考虑中美共同出资，针对东盟粮食安全一体化框架下中美共同关心的议题（如地区粮食安全信息系统建设、东亚地区农产品贸易便利化等）设立中美东盟粮食安全合作基金机制，这样既可以避免重复投资、实现资源整合，又有助于加强地区粮食安全问题上中美之间的沟通与协调。

第三，加强与美在生物质能源研发上的务实合作。生物质能源合作是“10+3”农业合作的新领域。在这方面，东南亚很多国家拥有丰富的经济作物资源，如木薯、棕榈油、椰子油等，这些都是发展生物质能源的好原料。而中美都拥有先进的技术和丰富的资金，可联手通过人力资源培训、信息共享、联合研究等方式因地制宜的在东盟地区积极研发推广非粮生物质能源产业。

第四，动员、扶持社会力量广泛参与东亚农业合作。美国看重企业等社会力量在地区粮食安全合作中的作用，强调地区合作中公私伙伴关系的构建。为此，我应顺势而为，继续大力推进企业走出去战略，鼓励和扶持更多的中国企业走出国门，与东亚国家在中国占优势的农业科技、境外农业示范项目、农产品贸易等领域加强合作。此外，我还要与美及东亚国家加大在地区粮食安全合作问题上的联合研究，增强中美双边及多边重要智库之间的交流与合作。

结　语

2007—2008年的世界粮食危机表明，在现代化社会中粮食仍然是最为重要的战略物资，关乎民众生存和社会基本稳定。对东亚地区而言，加强粮食安全合作、维护地区粮食安全是维护和推进地区合作进程以及本地区实现经济社会可持续发展的根本性基础和客观需要。对于中国这个人口大国来说，统筹地区与国内两个市场、两种资源，找准平衡点，开展粮食外交推动地区粮食安全务实合作是促进我粮食安全的必经之路，更是构筑地区政治互信、营造我和平发展良好周边安全环境的战略选择，同时还是我树立负责任大国形象、发挥地区大国引领区域合作进程作用的有效平台。鉴于当前东亚地区粮食安全合作所面临的内外部困难和挑战，中国应勇于和善于承担地区责任，加大地区粮农合作制度化建设投入和影响力，加强与美国的沟通与协调，走粮食安全合作与地区互信建设良性互动之路，最终实现本地区的共同发展与繁荣。

冷战后中国周边政策的历史演进

吴　琳*

近年来，中国确立了“大国是关键，周边是首要，发展中国家是基础，多边是舞台”的外交布局。周边政策逐渐成为这一棋盘上的亮点，并被很多学者称为“新外交”、“积极外交”、“主动外交”。[①] 中国在朝核问题上的“穿梭外交”、对周边国家积极主动而富有成效的外交、与东盟的新型关系、对东亚和中亚地区合作进程的推动等，都成为各国政策研究机构和媒体讨论的焦点。那么，冷战后中国周边外交理念、政策立场及其外交实践是如何演进的？出现了哪些新的特点？其发展方向又将如何呢？对中国周边政策历史演进的梳理有助于我们认清政策形成的动力和机制，理解中国对外行为的内在逻辑。

一、“周边”在中国外交布局中的定位

牛大勇和沈志华认为，所谓“周边”不仅是指在陆上或海上同中国相邻的国家和地区，而且还包括相对而言处于中国边缘的区域。一些对中国的国家安全和外交战略有重大影响的国家和地区，也是不可忽视的。[②] 近年来学界出现一种“大周边”的说法，认为“大周边”外交主要包括两个层次，第一个层次是指中国与传统近邻之间的关系，第二个层次是指中国与俄罗斯、欧盟国家及美国的关系。[③] 可以说，新中国成立以来，中国周边政策的利益内涵得以丰富，利益边界不断延伸。

---

* 吴琳，外交学院亚洲研究所助理研究员。本文发表在2010年第3期《国际论坛》。

① 参见朱立群：《美国学者对中国亚洲政策的认知》，载《外交学院学报》，2005年第2期，第61页；Evan S. Medeiros and M. Taylor Fravel, “China’s New Diplomacy”, *Foreign Affairs*, Vol. 82, No. 6, 2003.

② 牛大勇、沈志华主编：《冷战与中国的周边关系》，北京：世界知识出版社2004年版，前言第5页。

③ 阮宗泽：《构筑新世纪大周边外交》，载《瞭望》，2001年第38期，第3页。

对于一个国家来说，地缘政治环境是影响其对外政策的基础性和首要性因素。中国位于亚欧大陆东部、太平洋西岸，是一个兼具陆地边界和海洋边界的国家。中国与14个国家陆路接壤，与6国隔海相望。这一地缘位置决定了其周边安全形势非常复杂，地缘环境非常脆弱，极易受到周边国家的影响。同时，中国幅员辽阔，是亚洲最大的国家，这一疆土特点决定了维护国内政权稳定是它生存和发展的立命之本。这种内向型的发展模式奠定了中国外交政策的基调，即外交为国内政权稳定和经济社会发展服务，维护“周边”的稳定是中国外交政策的重中之重。因此，中国历来为了保障庞大国家的稳定，尤为关注自身的边界安全，注重加强与邻国的友好关系。然而，近代以来，中国遭受西方殖民者的侵略和压迫，争取民族独立成了国家的首要甚至是唯一任务。认识西方、处理与西方的关系上升为一个民族命题，影响了中国一个多世纪的内政外交思维。改革开放确立了一切以经济建设为中心的战略方针，中国开始用全面发展与各大国的关系和稳定周边安全环境“两条腿走路”。稳定周边安全环境能够增加中国大国外交的砝码，有利于大国关系的稳步发展；而发展与大国的关系，对于稳定周边安全环境至关重要，两者相辅相成，缺一不可。

冷战结束后，以经济实力为基础的综合国力的竞争更趋激烈。各国普遍将战略重点转向发展经济，经济优先已是一种世界潮流。经济利益成为各国制定对外政策的基本出发点。[①] 为了推动国内经济建设的快速发展，中国需要与东亚“四小龙”等经济发达国家开展经济合作，因此政治关系的建立成为冷战结束之初中国首要解决的问题。这时的“周边”更多时候是指“周边国家”，是双边关系的集合。

1997年亚洲金融危机平息后，中国逐渐意识到区域公共问题的普遍性和严峻性。而中国真正开始把“周边”看作一个区域，把自己看成这个区域中的一个重要角色，是进入新世纪以后的事了。2002年中共十六大报告明确指出“加强睦邻友好，坚持与邻为善、以邻为伴，加强区域合作”，将区域合作放在睦邻外交同等重要的地位。2003年温家宝提出的“睦邻、安邻、富邻”则体现出中国的战略意图，即塑造有利于整个区域持续发展和稳定和谐的安全环境。只有立足于周边，中国才能实现其“有限的全球利益”。[②]

---

① 中华人民共和国外交部政策研究室编：《中国外交》，北京：世界知识出版社1995年版，第3—4页。

② Wu Xinbo, “Four Contradictions Constraining China’s Foreign Policy Behavior”, *Journal of Contemporary China*, Vol. 10, No. 27, 2001, p.294.

从历史的维度看，冷战后中国周边政策的发展过程可分为三个阶段：过渡期（1989—1995年）、调整期（1996—2001年）和成熟期（2002—　）。

二、过渡期（1989—1995年）：全面建交与经济外交

与周边国家全面建交和经济外交是过渡时期中国对外政策的重点。以中国与所有周边国家建立外交关系为节点，过渡时期的周边外交可分为两个阶段。

第一阶段，风云突变的国际形势对社会主义中国极其不利，中国走到了必须做出关键抉择的十字路口。在重重压力之下，邓小平提出了“韬光养晦、有所作为”的国际战略方针，在国际上突破西方的孤立，营造有利于自身发展的国际环境。为此，中国制定了以“稳定周边”为主要内容之一的对外方针，从周边入手，广交朋友，增信释疑，开创了对外工作新局面。

中国把改善同周边国家尤其是同东南亚国家的关系作为新形势下对外关系的重点之一。中国同印度尼西亚正式恢复外交关系，同新加坡与文莱建立了外交关系，同越南和老挝实现了国家关系正常化，同其他东南亚国家的关系也分别得到了加强。冷战结束后短短的几年，同东南亚各国间的高层领导人互访接连不断，出现了中国周边关系史上国际关系稳定发展的时期。为了加强改革开放的步伐，尽快把国民经济搞上去，使社会主义市场经济同世界经济接轨，中国对这些国家的经济情况尤感兴趣。[①]

对于中国把外交重点转向睦邻外交，国际关系学界从不同角度进行了解读。一般认为，西方国家的经济制裁和政治封锁压缩了中国的外交空间，迫使中国急需找到外交突破口。在外部环境恶化的情况下，中国选择优先维护周边稳定是无奈之举，更是改革开放的必经之路。这是从国际环境整体的角度看中国对周边政策的改变。而美国的中国问题专家沈大伟（David Shambaugh）从区域环境尤其是周边国家对中国政局变化的反应的角度，指出针对中国“六四风波”亚洲国家与西方国家所做出的截然不同的反应对中国的认知产生了重要的影响。[②] 他注意到当世界其他国家试图孤立中国

① 亓成章、季传亭、徐胜希等著：《中国周边国际环境》，济南：山东人民出版社1996年版，第97页。

② David Shambaugh, “Introduction: The Rise of China and Asia’s New Dynamics”, in David Shambaugh, ed., *Power Shift: China and Asia’s New Dynamics*, Berkeley and London: University of California Press, 2005, pp.1-22.

的时候，东盟国家采取的是一种对华接触而不是孤立中国的政策，使得中国迫切希望通过互动加强它们对自身的正面认识，同时也增强了中国塑造睦邻友好关系的信心和决心。西方阵营内部也并非铁板一块，日本就采取了不同的对应措施，只是努力追求事态的平静化。根据温特对“镜式反映”的界定，行为体对自己的看法是他们认为他者对自己的看法或“评价”的反映，是以他者为镜再现自我。[①] 它表明中国是在互动中通过认识自我与外部环境的关系来界定自身在国际社会的身份和地位的，同时在认知的基础上确定利益的内涵和边界并制定对外政策。

第二阶段，中国大力加强与周边建交国家的政治互信，并在此基础上推动全方位的经济合作。

中国对当时国际形势和地区环境的认知大体包括三个方面。首先，1994年是90年代以来世界经济形势由阴转晴的第一个年头。其次，中国认识到“经济因素越来越成为国际关系中首要的、关键的因素”。[②] 第三，亚洲的国际地位继续上升。[③] 第四，从周边国家与地区加速发展的事实和中国自身发展的经验来看，要更好更快地发展，保持一个较高的发展速度。[④]

从具体实践上看，中国在高层互访、边界争端和经济关系三方面巩固和发展了与周边国家的睦邻友好关系。在高层互访方面，据统计，仅在1992年一年的时间内，便有30个国家的国家元首或政府首脑访问中国，其中有14个是来自中国的邻居。[⑤] 在解决边界问题方面，与俄罗斯和中亚诸国的谈判最具成效，这一谈判机制成就了后来中亚的重要多边组织——上海合作组织。1994年9月，中国与俄哈吉塔四国签署了《中俄边界西段协定》，意味着原中苏西段边界问题的基本解决。相比之下，与印度的边界问题至今仍未解决，但是中国在90年代初刚与印度恢复了正常关系时对边界问题的处理方式，巩固了脆弱的两国关系，同时为两国经济、政治、人文等各领域的交流奠定了基础。[⑥] 在经济关系方面，中国特别重视加强与东盟

① 亚历山大・温特著，秦亚青译:《国际政治的社会理论》，上海：上海人民出版社2000年版，第413页。

② 中华人民共和国外交部政策研究室编:《中国外交》，第3—4页。

③ 同上，第5—6页。

④ 张谦:《从周边国家和地区看我国加速发展的紧迫性》，载《人民日报》，1992年8月10日，第5版。

⑤ 曹云华:《中国与周边国家（和地区）关系中的经济和政治》，载《当代亚太》，1994年第4期，第30页。

⑥ 谢益显主编:《中国当代外交史（1949—2009）》，北京：中国青年出版社2009年版，第392—393页。

的经济联系，以消除东南亚国家对中国长期存在的担忧。在1992年，东盟（不包括新加坡）各国在华协议投资项目共808个，协议金额达13.4亿美元，分别比1991年增长了503%和657%。马来西亚和泰国已逐渐成为中国在东盟投资的重点国家。

与此同时，中国开始与成立不久的区域组织接触，于1991年11月加入亚太经合组织（APEC），1992年7月成为东盟的磋商伙伴，1994年中国外长参加了东盟地区论坛（ARF）的外长会议。尽管中国参与了所在地区最重要的几个多边机制，但从加入的动机和在机制中所扮演的角色来看，表现出明显的被动性和反应性特点。这些区域多边机制对中国来说仍是新生事物，在双边关系尚未稳固下来的前提下，中国的多边参与是有限的而且是处于认识和学习中的。

三、调整期（1996—2001年）：受制于大国关系和大国战略

这一时期中国外交侧重于对美国、欧洲和作为西方集团成员的日本以及俄罗斯的“大国外交”，其中美国是“重中之重”。中国在相当程度上忽视了亚洲。[①] 周边外交主要围绕区域重要大国展开，对与小国或小国集团关系的推动也多是出于稳定大国关系和受制于大国战略的实施。

中国之所以会将大国关系置于头等优先地位，是与当时的国际形势和中国对外关系发展阶段有直接关系的。第一，美国的对华政策是最重要的影响因素。克林顿政府执政之初，把人权问题和不扩散问题作为对华政策的重点，导致中美关系起伏不定。1995—1996年的台海危机使台湾问题在双边关系中再度突出出来，而1996年开始的美日同盟的调整也使中国对美国的战略意图感到忧虑。1999年攻击中国在美从事间谍活动的《考克斯报告》的出台，以及南联盟的炸馆事件再次使中美关系再度走入低谷。[②] 第二，国际格局处于百废待兴的过渡时期，各国都在互相调适和试探，以及建立新的沟通和对话渠道的进程中。中国也不例外，中国对外关系尤其是大国关系的发展不够成熟。以1996年台海危机后的中美关系为例，两国的精英开始意识到两国没有畅通的沟通机制，将重蹈覆辙，甚至引起战争。在这种情况下，中国的当务之急是如何稳定中美关系不至于滑向战争的边缘。

① 庞中英：《中国的亚洲战略：灵活的多边主义》，载《世界经济与政治》，2001年第10期，第43页。

② 吴心伯：《太平洋上不太平——后冷战时代的美国亚太安全战略》，上海：复旦大学出版社2006年版，第88—96页。

因此，一方面，中美双方开始尝试更多的军事交流，保持两军高层互访，建立互信措施和安全磋商机制，从而试探对方的战略实力和意图，以及保证传递信息渠道的畅通；另一方面，在双方的战略博弈中，中国希望通过拓展自身的外交空间获得更多的战略主动和回旋余地。为此，中国开始大力推动与俄罗斯的关系。以建立两国间和平安全信任的边界为契机，两国建立起“战略协作伙伴关系”，并于2001年缔结了“睦邻友好合作条约”。在中亚地区，中俄共同推动建立了第一个以中国城市命名的区域组织——上海合作组织。而在美俄较量中，中国也给予俄罗斯战略支持，支持俄罗斯维护“反导条约”和反对美国“导弹防御系统”计划。① 这些举措形成了对美国的战略平衡，维护了中国的核心利益，同时也为中国扩大与中亚次区域的交往合作创造了条件，为中国发展与周边国家的睦邻友好关系起到了很好的示范作用。

在睦邻外交实践中，中国尤其重视同东盟的关系。1996年7月，中国由东盟磋商伙伴国升格为东盟全面对话伙伴国；1997年12月，双方发表了《中国—东盟首脑会议联合声明》，确定了中国—东盟面向21世纪睦邻互信伙伴关系的方向和指导原则。在政治关系不断巩固和提升的同时，中国与东盟的经贸合作逐年增加。以中国同东盟七个国家的贸易数字看，1986年为33.5亿美元，1996年为203.95亿美元，年均增长率为20%。特别在1994年以后，1995年比1994年增长41.8%。1995年时，东盟已是中国第六大贸易伙伴。而到2001年中国与东盟国家贸易额达到416.2亿美元，比1996年翻了一番，占中国对外贸易总额的8.8%。在双边经济合作突飞猛进的情势下，中国提出建立中国—东盟自由贸易区的建议，受到东盟国家的广泛响应。国内甚至有学者认为中国实施区域战略始于中国—东盟自由贸易区。② 在安全和战略上，中国试图通过对话机制和签订条约等制度化措施达到增信释疑、消除东南亚小国内“中国威胁论”的目的。1994年东盟为了平衡中国日益强大的力量，拉拢美国、日本等大国成立了东盟地区论坛，中国对此采取了谨慎接触的姿态，不仅加入进来，而且利用它来增强互信和消除误会。

1997—1998年亚洲金融危机为中国周边外交带来了观念革新，使亚洲国家包括中国认识到区域性问题的性质和影响，即任何国家不可能独善其身，国家要发展和安全，就必须塑造一个共同繁荣和稳定的区域环境。在

① 谢益显主编：《中国当代外交史（1949—2009）》，第419—428页。

② 张蕴岭：《中国同东亚的经济一体化与合作》，载《当代亚太》，2006年第1期，第6页。

这个认知的前提下，中国周边外交的责任需求与发展需求和安全需求变得同等重要。在危机中，中国坚持人民币不贬值，对维护亚洲的经济稳定和恢复做出了贡献，获得了国际声誉，区域影响力获得极大提升。这个“反馈”加强了中国满足其责任需求的决心和信心，在制定周边政策时逐渐有意识地把自身放在区域中去考虑，使之渐渐脱离受制于大国战略的轨道，一套更为成熟而多层次的周边政策体系开始萌芽。

四、成熟期（2002— ）：次区域—双边—地区多层政策结构的成型

2002年中共十六大报告明确指出：“我们将继续加强睦邻友好，坚持与邻为善、以邻为伴，加强区域合作，把同周边国家的交流和合作推向新水平。”从而为新世纪的中国周边外交确定了方向。2003年10月，中国总理温家宝在出席在印尼巴厘岛举行的东盟与中国领导人会议期间发表讲演，提出了“睦邻”、“富邻”、“安邻”方针，勾勒出我国在政治、经济和安全领域谋求地区稳定和繁荣的战略目标。在这一战略目标的指导下，中国的睦邻外交日益机制化和框架化，地区多边合作全方位推进，同时地方国际化所带来的次区域经济合作进行得如火如荼。中国周边政策的次区域—双边—地区多层政策结构的正逐渐成型。

在次区域层次上，中国的西南、西北、东北地区在西部大开发和振兴东北老工业基地发展战略的指导下，与周边相邻地区开展了次区域经济合作。在中国的西南地区，云南省和老挝、缅甸、柬埔寨、泰国、越南五国于1992年建立起了由亚洲开发银行倡导的大湄公河次区域经济合作机制，从2005年起，中国广西省也加入进来。云南和广西利用地缘优势，大力发展与周边五国在交通、能源、电信、环境、农业、人力资源开发、旅游、贸易与投资等领域的合作，取得了丰硕的成果。[①] 在西北地区，中哈两国建立的口岸互市贸易区将扩展到第三国，这一发展将推动中国和中亚国家的边境贸易进而带动交通、能源等各领域合作。阿勒泰地区围绕资源、环保等课题所进行的多边科技合作是中国在环境问题日益严峻下的初步尝试，对中国在该领域的多边合作发展起到了良好的示范作用。为了拉动东北地区经济发展，缓解东北经济区进出口运输紧张和发展国际运输，中国积极

① 参见周晓莉：《中国参与大湄公河次区域经济合作的回顾与展望》，载《当代经济》，2008年第5期，第112—113页。

推动与朝鲜、俄罗斯、韩国和蒙古政府合作的图们江地区开发项目。2000年4月国家批准在珲春边境经济合作区内设立吉林珲春出口加工区，2001年2月批准设立了珲春中俄互市贸易区，还赋予延边朝鲜族自治州享受西部大开发的优惠政策。吉林省政府也设立了图们江地区开发领导小组办公室，专职研究、协调、指导图们江地区开发建设。[①] 2009年国务院批复《中国图们江区域合作开发规划纲要——以长吉图为开发开放先导区》，包括吉林省范围内的长春市吉林市部分区域和图们江地区，总面积约3万平方公里，作为中国参与图们江区域合作开发的核心地区和重要载体。

在双边层次上，中国广泛建立"伙伴关系"网络，通过签署框架文件巩固和深化政治互信；积极扩展与周边国家在经贸、能源、金融等各领域的合作；遵循国际法和区域规范，利用机制和条约约束和保证自身的安全行为。换言之，中国对外关系已逐渐成熟，国家间的争端和危机能够在通畅的沟通渠道和稳定的共识框架下得以控制和解决。

中国与周边国家建立的"伙伴关系"可分为四种类型，分别是战略型、协调型、建设型和友好型伙伴关系。中国与俄罗斯、巴基斯坦、哈萨克斯坦等国的关系属于战略型伙伴关系，是中国外交的最高定位。但它并非同盟关系，可能仅仅是为国家关系构造一个高层次的框架。[②] 中国与韩国等国的关系属于协调型伙伴关系，它体现为处理诸多国际事务上的共同立场。中国与日本、美国、印度、蒙古等国的关系属于建设型伙伴关系，一般来说，中国与这些国家的关系还有待改进和提升，需要国家间共同的努力。中国与土库曼斯坦、塔吉克斯坦、吉尔吉斯斯坦等国的关系属于友好型伙伴关系，中国与这些国家之间一般不存在利益分歧，保持了良好的合作关系。总体来看，中国在与周边国家的交往中，非常重视加强双边政治互信，促进睦邻友好，在相互理解的基础上发展多领域和多层次合作。

在地区层次上，中国在东北亚、东南亚和中亚不同程度地参与和推动了政治、经济和安全合作。2007年4月中国首次以观察员身份出席了第十四届南亚区域联盟峰会，标志着中国已将地区合作作为国家在全方位实现国家利益必不可少的补充手段。于2001年成立的上海合作组织是由中俄两国主导下的制度化程度很高的地区组织，其发展体现出中国地区多边合

① 于国政：《图们江地区开发与东北老工业基地振兴》，载《西伯利亚研究》，2004年第3期，第3页；《图们江开发项目最新进展及其在东北亚区域经济合作中的地位和作用（吉林省政府图们江开发办副主任张东辉的发言）》，新华网吉林频道，http://www.jl.xinhuanet.com/main/dbyjjlt/006-06.htm。

② 赵华胜：《中国的中亚外交》，北京：时事出版社2008年版，第153页。

作的新特点。“9·11”事件的发生为上海合作组织带来了机遇和挑战。作为上海合作组织的成员国，中国积极推动该组织的机制化建设，促进各成员国在安全、经贸等领域合作的不断扩大和深化。2002年6月7日，上海合作组织成员国元首第二次峰会在俄罗斯圣彼得堡市举行。中国国家主席江泽民提出上海合作组织应加快机制化建设、加强团结协作、加大合作力度等三项主张，明确安全与经贸合作是推动区域合作与上海合作组织发展的两个轮子。此次峰会上，六国元首共同签署了《上海合作组织宪章》、《关于地区反恐怖机构的协定》和《上海合作组织成员国元首宣言》等三个政治文件。《关于地区反恐怖机构的协定》标志着各方在安全领域的合作方面迈出了实质性的步伐，在打击“三股势力”（暴力恐怖势力、民族分裂势力、宗教极端势力）上将会有更坚决的行动。由于上海合作组织所承担的这一主要安全任务符合中国打击“东突”、稳定西部安定的核心利益，相比其他地区多边机制，中国对上合组织投入了更多资源和热情。在2007年上海合作组织成员国元首理事会第七次会议上，胡锦涛主席表示希望中亚地区成为持久和平、共同繁荣的和谐地区，提出“四个坚持”，即坚持睦邻友好，坚持共同发展，坚持文化互鉴，坚持对外开放。成员国元首还共同签署了《上海合作组织成员国长期睦邻友好合作条约》，这是上海合作组织首份规范成员国相互关系准则的重要政治、法律文件。

进入新世纪以来中国与东盟的关系继续快速发展，在多个地区机制中深化合作。2002年中国与东盟的关系取得突破性进展。11月，中国总理朱镕基出席了在柬埔寨举行的第六次“10+3”会议，与东盟领导人共同签署了《中国与东盟全面经济合作框架协议》，决定于2010年建成自由贸易区。双方还签署了《南海各方行为宣言》，为稳定南海局势及和相关国家在南海开展务实合作和共同开发奠定了重要的政治基础。2003年10月，在巴厘岛举行的第七次“10+1”领导人会议上，中国政府宣布加入《东南亚友好合作条约》，并与东盟签署了《中华人民共和国与东盟国家领导人联合宣言》，宣布建立“面向和平与繁荣的战略伙伴关系”。中国因此成为东盟的第一个战略伙伴，成为东盟组织外第一个加入《东南亚友好合作条约》的大国，东盟也成为和中国建立战略伙伴关系的第一个地区组织。[①]

尽管中国参与地区合作的形式均为地区多边机制，但在合作的缘起、性质、参与程度和政策倾向等方面存在很多差异。例如，在安全方面，中国对不同地区的多边主义倾向明显不同。在中亚，中俄于2001年主导建

① 谢益显主编：《中国当代外交史（1949—2009）》，第505页。

立了上海合作组织，体现出其强烈的多边主义政策偏好；对东盟地区论坛的参与则从当初被动加入逐渐过渡为对不同议题分别抱以积极或谨慎的态度[①]；而在六方会谈的发展过程中，中国逐渐意识到朝核问题走向对国际关系和自身核心的国家利益所产生的重大影响，仅以调停者和中介人的身份参与其中并不能最大限度地维护国家安全和地区稳定，积极推动局势向有利于自身利益的方向发展才是明智的选择。在经济方面，这种倾向也显示出不均衡的特点。尽管中国极力推动中日韩自贸区的建立从而带动东北亚经济合作的兴盛，但这一政策始终难以得到各国广泛积极的响应；在东南亚，中国—东盟自贸区的建立推动了地区经济合作的进一步机制化，日本、韩国等国也开始效仿中国与东南亚国家开展自贸区合作，而东盟10+3机制下的金融合作在2008年金融危机的背景下得到了更多前进的动力；中亚的经济合作落后于安全合作，尽管上海合作组织框架内的经济合作已经起步，但仍处于相对初级的阶段。

次区域—双边—地区多层政策结构的成型与中国的国家均衡发展战略密切相关。改革开放以来，东部沿海城市的率先开放拉动了珠三角和长三角的经济社会发展，但中西部地区仍相对落后和封闭。为此，国家提出西部大开发计划，通过采取加速基础设施建设、加大引入外资力度等政策倾斜措施，提高这些地区的经济发展水平。上世纪90年代后期，国有企业亏损状况日渐严重，危及国家的持续发展。在这一背景下，国家相继出台振兴东北老工业基地和推动中部崛起的发展战略，加速了这些地区对外开放的进程。可以说，中国的西南、西北和东北地区不同程度地参与次区域多边合作，反映出国家内部均衡发展和对外开放的战略需求，以及在地方国际化过程中地方政府所发挥的独特作用。以中国在东北亚的政策为例，中国东北地区所参与的图们江流域开发项目是以振兴东北老工业基地和促进东北地区经济发展为出发点的；而维持中朝战略关系是从确保中国国家安全、东北地区经济发展和维护东北亚局势的角度考虑的；中国于2003年开始作为六方会谈的组织者，积极调停和斡旋于朝核问题各相关方之间，也是与振兴东北经济直接相关的，维持区域稳定对于中国的持续经济繁荣至关重要。

---

① 东盟地区论坛（ARF）的发展进程分为三个阶段，即促进建立信任措施、推进预防性外交和探讨冲突解决方式。目前，ARF处在由第一阶段向第二阶段过渡的时期。中国积极参与并推动第一阶段的进程，在ARF的框架内举办了一些增进相互信任的活动，如成功举办东盟地区论坛第四届国防院校校长会议，与菲律宾共同在中国主持ARF加强信任措施会议等。在ARF向第二阶段过渡的过程中，中国认为加强相互信任仍是最根本的，而对预防性外交的实施持谨慎态度。

结 语

对中国而言，稳定国内局势和实现经济发展是国家执政者的首要目标。这种内向型的发展模式奠定了中国外交政策的基调，即外交为国内政权稳定和经济社会发展服务，维护“周边”的稳定是中国外交政策的重中之重。尽管这一政策重心在近代和冷战时期发生了偏移，但在经济优先的后冷战时代中国重新回到了“周边是首要”的外交布局上。然而，“周边”在中国外交布局中的定位已发生了质的变化。“周边”由国家关系的集合，发展为整体的区域概念，中国开始运用系统思维去看待周边与自身的关系。在“周边”观念变化的同时，中国周边政策的重心也在发生着改变。过渡时期（1989—1995年）中国周边政策的重点是全面建交与经济外交。调整时期（1996—2001年）的周边外交主要围绕区域重要大国展开，对与小国或小国集团关系的推动也多是出于稳定大国关系和受制于大国战略的实施。中国周边政策走向成熟（2002— ）的主要标志则是次区域—双边—地区多层政策结构的逐渐成型。这一结构的成型与中国的国家均衡发展战略密切相关。它不仅体现出国内战略和对外战略的联动性，也说明了多层次和多领域的多边合作已成为中国塑造理想地区环境的重要手段。

这一政策结构的延续和发展在很大程度上取决于中国国内的经济社会发展与国家发展战略走向，同时还取决于周边对中国政策结果的反应。一般来说，对中国的反馈模式大体分为两种，一种是积极和肯定中国政策结果的正反馈，另一种则是消极和否定的负反馈。在更多的时候这两种反馈是兼而有之的。周边国家积极和肯定的正反馈将会“鼓励”和加强中国既有政策的延续性，促使中国对周边施以更多善意和承担更多责任；部分消极和否定反馈源于对中国意图的误解，在一定程度上有可能通过对话机制得以缓解甚至消除，但有些负反馈所带来的全局性影响，将有可能迫使中国改变现有的合作型政策结构。